EL HOMBRE DOLIENTE

VIKTOR E. FRANKL

EL HOMBRE DOLIENTE
Fundamentos antropológicos de la psicoterapia

Herder

Título original: Der leidende Mensch. Anthropologische Grundlagen der Psychoterapie
Diseño de la cubierta: Gabriel Nunes

© *1984, Verlag Hans Huber, Berna*
© *1987, Herder Editorial, S.L., Barcelona*

1.ª edición, 8.ª impresión, 2020

ISBN: 978-84-254-1540-1

La reproducción total o parcial de esta obra sin el consentimiento expreso de los titulares del Copyright está prohibida al amparo de la legislación vigente.

Imprenta: Qpprint
Depósito legal: B - 45.845 - 2009
Printed in Spain

Herder
www.herdereditorial.com

Para Alexander

ÍNDICE

Prólogo 11
Prólogo a la nueva edición 12
El hombre en busca del sentido 13
Extravíos del pensamiento psiquiátrico 27
En la frontera entre la psicoterapia y la filosofía 43
Monantropismo 52
El deporte como fenómeno humano (¿catarsis moderna o ascética secular?) .. 55
Amor y sexo 62
Argumentos en favor de un optimismo trágico 67

El hombre incondicionado (Lecciones metaclínicas) 85
Prólogo a la primera edición 87
Prólogo a la segunda edición 90
Introducción 91
   I. El problema cuerpo-alma 96
  II. El problema del espíritu 106
    1. La esencia del espíritu 106
    2. El devenir del espíritu 120
    Patología cerebral y filogénesis del espíritu 120
    Ontogénesis del espíritu y patología genética 141
    Nota a la segunda edición 157
 III. El problema de la mortalidad 162
 IV. El problema de la voluntad libre 176
    Nota a la segunda edición 198

Homo patiens (Ensayo de una patodicea) 201
Prólogo a la primera edición 203
A. Del automatismo a la existencia: crítica del nihilismo 204
   I. El psicologismo 206
    1. Psicologismo y psicoterapia 206
    2. Psicoterapia y logoterapia 212
    Nota a la segunda edición 214

Índice

3. Logoterapia y análisis existencial. 215
4. Análisis existencial y psicoanálisis 220
   a) Placer y valor 222
   b) Instinto y sentido 224
5. Psicoanálisis y psicología individual 230
   Nota a la segunda edición. 233
II. Sociologismo 234
   Patología del espíritu de nuestra época 241
B. De la negación del sentido a la interpretación del sentido 249
   Interpretación metaclínica del sentido del sufrimiento 254
   Apéndice a la segunda edición: ¿Qué es el hombre? 271
C. De la autonomía a la trascendencia: Crisis del humanismo 275
   Preámbulo a la segunda edición 275
  I. Antropocentrismo 278
 II. Antropomorfismo. 291

Selección bibliográfica sobre logoterapia 303
Índice de autores 309
Índice analítico 313

PRÓLOGO

El núcleo de la presente obra está formado por dos libros ya agotados: *El hombre incondicionado* (lecciones metaclínicas) y *Homo patiens* (ensayo de una patodicea). Ambos nacieron de lecciones destinadas a elucidar los fundamentos de la logoterapia. Aquellas lecciones fueron dictadas en la Facultad de Medicina de la Universidad de Viena en los años 1949 y 1950. Remontan, pues, no menos de 35 años atrás. Me he arriesgado, no obstante, a reimprimirlas sin apenas modificaciones por sugerencia de la editorial Huber. Entendí, en efecto, que los puntos eventualmente desfasados pueden conservar un interés histórico y lo que pueda estar superado por el propio desarrollo de la logoterapia sólo necesitaba ser actualizado y complementado con una serie de textos y trabajos más recientes.

Con este fin se han agregado las conferencias y artículos siguientes:

– Como introducción, la conferencia pronunciada por mí a invitación del Congreso Internacional de Filosofía de 1968;

– mi artículo *Irrwege seelenärztlichen Denkens* (Extravíos del pensamiento psiquiátrico), publicado en la revista «Nervenarzt» (1960);

– mi artículo *Aus dem Grenzgebiet zwischen Psychotherapie und Philosophie* (En la frontera de la psicoterapia y la filosofía) aparecido en «Forschungen und Fortschritte» por encargo de las Academias de las Ciencias de Berlín, Gotinga, Leipzig, Munich y Viena (1961);

– la traducción alemana de una ponencia que presenté en la conferencia mundial sobre *El papel de la universidad en la lucha por la paz* (1969);

– mi conferencia *Zur Anthropologie des Sports* (Antropología del deporte) pronunciada en un simposio científico internacional, a invitación del Comité de la Organización Olímpica (1972);

Prólogo

– mi contribución *Liebe und Sex* (Amor y sexo) a una obra colectiva japonesa, editada por Sadayo Ishikawa (Seishin Shobo) y a otro volumen también colectivo danés, editado por Knud Simon Christensen (Pro Publikationer; 1973);

– como nota a *El hombre incondicionado*, extractos de una conferencia encargada por el Akademischer Senat con ocasión del VI centenario de la Universidad de Viena (1965);

– como apéndice a *Homo patiens*, un discurso conmemorativo que pronuncié a invitación de la Sociedad de Médicos de Viena en honor de los miembros fallecidos en los años 1938-1945 (1949).

San Diego, California　　　　　　　　　　　　　　　Viktor E. Frankl
Enero de 1975

PRÓLOGO A LA NUEVA EDICIÓN

Esta nueva edición, que recupera el título de uno de mis libros anteriores, aparece ampliada con un nuevo capítulo: la conferencia que pronuncié en el III Congreso Mundial de Logoterapia, celebrado el año 1983 en la Universidad de Ratisbona. De ese modo el presente volumen recoge trabajos que abarcan un tercio de siglo.

El capítulo *Antropología del deporte* ha sido sustancialmente reelaborado, lo cual aconsejó también un cambio de título.

Viena, San Silvestre 1983　　　　　　　　　　　　　Viktor E. Frankl

EL HOMBRE EN BUSCA DEL SENTIDO*

El título esboza algo más que un tema: encierra una definición o, al menos, una interpretación del hombre. Del hombre como un ser que busca en definitiva el sentido. El hombre está siempre orientado y ordenado a algo que no es él mismo; ya sea un sentido que ha de cumplir ya sea otro ser humano con el que se encuentra. En una u otra forma, el hecho de ser hombre apunta siempre más allá de uno mismo, y esta trascendencia constituye la esencia de la existencia humana.

¿No es cierto que el hombre aspira propia y radicalmente a ser feliz? ¿No lo reconoció ya el propio Kant, añadiendo únicamente que el hombre debe aspirar también a hacerse *digno* de la felicidad? Yo diría que lo que el ser humano quiere realmente no es la felicidad en sí, sino un *fundamento* para ser feliz. Una vez sentado este fundamento, la felicidad o el placer surgen espontáneamente. Kant afirma en la segunda parte de su *Metafísica de las costumbres* titulada «Principios metafísicos del tratado de las virtudes» (Königsberg, bey Friedrich Nicolovius, 1797, p. VIIIs), que «la felicidad es la consecuencia del cumplimiento del deber» y que «la ley debe preceder al placer para que éste pueda sentirse». Pero lo que Kant dice sobre el cumplimiento del deber y la ley tiene, a mi juicio, un alcance mucho mayor y se puede transferir del ámbito de la moralidad al de la sensualidad. Los neurólogos podemos aportar muchos testimonios en este sentido. La práctica clínica demuestra constantemente que el desvío del «fundamento para ser feliz» es lo que impide ser felices a los neuróticos sexuales: al varón impotente o a la mujer frígida. Pero, ¿cómo se produce este desvío patóge-

---

* Sacado de las Actas del XIV Congreso Internacional de Filosofía, Herder, Viena 1971, pp. 17-28. Redacción ampliada.

no del «fundamento de la felicidad»? Por una búsqueda forzada de la felicidad misma, del placer mismo. Cuánta razón tenía Kierkegaard al afirmar que la puerta de la felicidad se abre hacia fuera y al que intenta «derribarla» se le cierra.

¿Cómo podemos explicar este hecho? Diciendo que lo más profundo del hombre no es el deseo de poder ni el deseo de placer, sino el deseo de sentido.

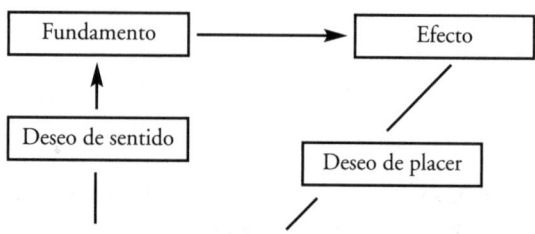

Mis ideas sobre la motivación humana y el concepto de un deseo de sentido se han visto confirmados recientemente por las investigaciones llevadas a cabo en el Instituto de Psicología Experimental de la Universidad de Viena por Elisabeth Lukas; las investigaciones se basaban en las declaraciones de 1340 personas, y los miles de datos fueron elaborados mediante ordenador. La psicóloga Lukas introdujo un nuevo test a modo de complemento y para una detección más precisa de la frustración del deseo de sentido (sin excluir las posibilidades de intervención, no sólo a nivel terapéutico, sino también profiláctico): el logotest (cf. Viktor E. Frankl, *Der Wille zum Sinn*. Con una colaboración de Elisabeth S. Lukas, Berna/Stuttgart/Viena 1972).

En virtud de su deseo de sentido, el hombre aspira encontrar y realizar un sentido, pero también a encontrarse con otro ser humano en forma de un tú. Ambas cosas, la realización de un sentido y el encuentro humano, ofrecen al hombre un fundamento para la felicidad y el placer. Pero en el neurótico esta aspiración primaria se desvía hacia una búsqueda directa de la felicidad, hacia un deseo de placer. En lugar de ser el placer lo que debe ser: un efecto (el efecto secundario de un sentido realizado o del encuentro con otro ser), se convierte en el objetivo de tina intención forzada, de una *hiperintención*. La hiperintención va acompañada de una *hiperreflexión*. El placer pasa a ser el contenido y el objeto de la atención humana. Pero cuando la persona neurótica se preocupa por el placer, pierde de vista el fundamento del mismo... y no puede producirse ya el efecto deseado. Cuanto más busca el placer, más se le sustrae.

Es fácil calcular cómo la hiperintención e hiperreflexión, o su influencia deletérea en la potencia y el orgasmo, se refuerzan cuando el hombre condenado a fracasar en su deseo de placer intenta salvar lo que puede recurriendo a una *técnica del amor*. La *industria de la ilustración sexual* le despoja de los últimos restos de esa espontaneidad que es una condición y supuesto del funcionamiento sexual normal. La *obsesión del consumo sexual* produce una hiperreflexión, especialmente en los jóvenes; de ahí el incremento del índice de neurosis sexuales en nuestras clínicas.

El hombre actual tiende a la hiperreflexión. La profesora Edith Joelson, de la Universidad de Georgia, ha demostrado que la autointerpretación (*self-interpretation*) y la autorrealización (*self-actualization*) ocupan estadísticamente el lugar más elevado en la jerarquía de valores de los estudiantes americanos. Es obvio que se trata de una comprensión de sí mismo influida por un psicologismo analítico y dinámico, que impulsa al americano culto a sospechar siempre detrás de la conducta consciente unos móviles inconscientes. Pero yo me atrevo a afirmar, en lo concerniente a la autorrealización, que el hombre sólo es capaz de realizarse en la medida en que realiza un sentido. El imperativo de Píndaro, según el cual el hombre debe llegar a ser lo que ya es, necesita de un complemento que puede expresarse con esta frase de Jaspers: «El hombre es lo que es gracias a lo que hace suyo.»

Como el bumerán sólo vuelve al cazador que lo ha lanzado si no alcanza el blanco, la presa, se puede afirmar también que sólo fracasa en su autorrealización *el* hombre que ha fracasado primero en la realización del sentido o que es incapaz de encontrar el sentido que importaba realizar.

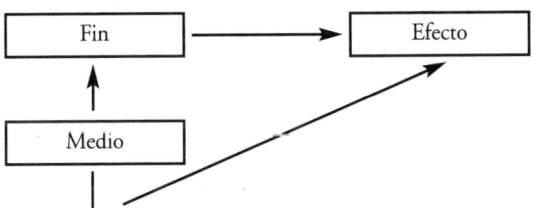

Algo análogo cabe decir del deseo de placer y del deseo de poder. Pero mientras que el placer es un efecto secundario de la realización del sentido, el poder es un medio para alcanzar un fin, ya que la realización del sentido está ligada a ciertas condiciones y presupuestos sociales y económicos. Pero, ¿cuándo está atento el hombre al mero efecto secundario y cuándo se limita al simple medio para conseguir un fin que es el poder? El deseo de placer y el deseo de poder sólo surgen cuando se ha frustrado el deseo de sentido; en otros términos: el principio de placer es un móvil neurótico, lo mismo que el afán de prestigio. Así se comprende que incluso Freud y Adler, pese a haber establecido sus principios en contacto con neuróticos, ignorasen la orientación primaria del ser humano hacia un sentido.

Pero ya no vivimos, como en tiempo de Freud, en una época de frustración sexual. La nuestra es una época de *frustración existencial*. Y es particularmente el joven el que se siente frustrado en su deseo de sentido. «¿Qué dice Freud o Adler a la joven generación actual? –pregunta Becky Leet, redactora jefe de un periódico editado por estudiantes de la Universidad de Georgia–. Tenemos la píldora que libera de las consecuencias de la actividad sexual: actualmente no hay razón médica alguna para estar reprimido sexualmente. Y tenemos poder: basta observar a los políticos americanos, que tiemblan ante la generación joven, y a la guardia roja de China. Pero Frankl afirma que la gente vive hoy en un vacío existencial y que éste se manifiesta sobre todo en el aburrimiento. Aburrimiento, esto nos suena más familiar, ¿verdad?, ¿o es que usted no conoce a muchas personas que se quejan de aburrimiento –a pesar de que sólo tienen que estirar el brazo para poseerlo todo–, aburrimiento incluso ante el sexo de Freud y ante el poder de Adler.»

Hoy, en efecto, són cada vez más numerosos los pacientes que acuden a nosotros con la sensación de un vacío interior que he descrito y calificado de «vacío existencial», con la sensación de un absurdo radical de su existencia.[1] Y sería un error suponer que se trata de un fenómeno exclusivo del mundo occidental. Dos psiquiatras checos, Stanislav Kratochvil y Osvald Vymetal, han hecho notar en una serie de publicaciones que «esta enfermedad actual, que es la pérdida del sentido de la vida, especialmente en la juventud, franquea "sin pasaporte" las fronteras de los sistemas sociales capitalista y socialista». El segun-

---

1. Gracias a Herbert Spiegelberg he podido leer una descripción del vacío existencial que se encuentra en la obra póstuma de Alexander Pfänder: «Vivimos en una época de pérdida de fe en los valores que es, en consecuencia, una época de desesperación y de creencia en el absurdo de la vida. Como la escuela y la educación no han iniciado a la gente en la comprensión de los valores y desvalores objetivos, nos encontramos hoy con una ceguera axiológica y una secreta increencia en los valores que están ampliamente difundidas en el mundo. La humanidad ha entrado así en un ocaso de los valores. La generación que crece en este ocaso es axiológicamente ciega sin saberlo; no es capaz de ver ningún valor. El utilitarismo individual y social es la única teo-

do de ellos, que en un congreso de neurólogos checos se declaró seguidor entusiasta de las teorías de Pavlov, afirmó, sin embargo, que frente al vacío existencial, el psiquiatra no tiene bastante con una psicoterapia de orientación pavloviana. Y los seguidores de Freud reconocen la presencia del vacío existencial al igual que los seguidores de Marx. Los primeros destacaron en un congreso internacional la frecuencia de casos en que los pacientes no presentan síntomas clínicos palpables y sufren más bien de una carencia de contenido para sus vidas; y en lo que respecta a los marxistas, Christa Kohler, directora del departamento de psicoterapia e investigación de neurosis en la clínica psiquiátrica de la Universidad Karl Marx de Leipzig, pudo «constatar a menudo el vacío existencial en sus propias investigaciones».

Cabe mencionar, en fin, a Klitzke, profesor invitado americano en una universidad africana, que pudo confirmar en un informe (*Students in Emerging Africa-Logotherapy in Tanzania*) aparecido en «American Journal of Humanistic Psychology» que el vacío existencial se hace sentir visiblemente en el Tercer Mundo, sobre todo entre los jóvenes académicos.

Es lo que Paul Polak había predicho en 1947 al afirmar en una conferencia en la Sociedad de Psicología Individual que «la solución de la cuestión social haría visible y movilizaría la problemática espiritual; el hombre, al verse libre para ocuparse de sí mismo, descubriría lo problemático en su propia existencia». Y recientemente Ernst Bloch abundó en lo mismo al afirmar: «Los hombres reciben el obsequio de aquellas preocupaciones que sólo se solían tener en la hora de la muerte.»

En cuanto a las causas que provocan el vacío existencial, cabe enumerar dos: la pérdida del instinto y la pérdida de la tradición. Los instintos no dicen al hombre, contrariamente al animal, lo que debe

---

ría vigente de los valores. El interés general no sólo se considera como un interés más elevado, sino simplemente como valor único y supremo. No se percata uno de que éste presupone otro valor no utilitarista. El pensamiento llega hasta el final; no profundiza. Pero al desaparecer del horizonte los valores y los desvalores, el mundo y la acción del hombre pierden sentido y son vanos. La libre creación de los valores es imposible por naturaleza. La palabra «valorar» no puede designar una actividad humana creadora de valores, porque no se da tal actividad. El único remedio está en agregar paulatinamente ala formación de la mente la iniciación en el conocimiento de los valores. La pérdida de la visión axiológica libera por doquier los fantasmas de la desesperación y del absurdo de la vida» (Alexander Pfänder, *Schriften aus dem Nachlass zur Phänomenologie und Ethik*, ed. por Herbert Spiegelberg, 1, Wilhelm Fink Verlag, Munich 1973, p. 127ss).

hacer; las tradiciones tampoco dicen al hombre actual cuáles son sus deberes; y muchas veces éste parece no saber lo que quiere. Entonces se siente tentado a querer lo que los demás hacen o a hacer lo que los demás quieren. En el primer caso topamos con el conformismo y en el segundo con el totalitarismo; el uno, difundido en el hemisferio occidental, y el otro, en el hemisferio oriental.

Pero no son únicamente el conformismo y el totalitarismo las secuelas del vacío existencial, sino también el neuroticismo. Además de las neurosis psicógenas o neurosis en sentido estricto, hay también neurosis noógenas, como yo las llamo, neurosis que, más que una enfermedad psíquica, son una pobreza espiritual y que no pocas veces son consecuencia de un *sentimiento radical de falta de sentido*. En un centro de investigación psiquiátrica de Estados Unidos se han confeccionado algunos tests destinados al diagnóstico de las neurosis noógenas. James C. Crumbaugh ha aplicado el test PIL (PIL = *Purpose In Life*) en 1200 casos. Después de evaluar mediante ordenador los datos obtenidos, llegó al resultado de que la neurosis noógena constituye un cuadro patológico nuevo que desborda el marco de la psiquiatría tradicional, no sólo en el aspecto diagnóstico, sino también en el terapéutico. Investigaciones estadísticas efectuadas en Massachusetts, Londres, Tubinga y Viena han llevado a la conclusión de que el 20% aproximadamente de las neurosis es de tipo noógeno.

A propósito de la difusión del vacío existencial (no de las neurosis noógenas), puedo referirme aquí a un muestreo estadístico que efectué hace muchos años entre los asistentes a mi clase en la Facultad de Medicina de la Universidad de Viena; resultó que no menos del 40% habían experimentado la sensación de falta de sentido; entre mis alumnos americanos, la proporción no fue del 40, sino del 81%.

¿A qué obedece esta diferencia de resultados? Al reduccionismo que domina en los países anglosajones más que en otras partes. El reduccionismo se delata en expresiones como «no es más que...» El fenómeno existe también en nuestros países... y no es de hoy precisamente. Hace al menos 50 años mi profesor de historia natural decía paseando por el aula de enseñanza media: «La vida no es más que un proceso de combustión... un fenómeno de oxidación.» Entonces me levanté sin pedir la palabra y le lancé impetuosamente la pregunta: «Entonces, ¿qué sentido tiene la vida?» El reduccionismo se concretaba en aquel caso en un oxidacionismo.

Habría que ponderar lo que supone para un joven la cínica afirmación de que los valores son *nothing but defense mechanisms and reac-*

tion formations (nada más que mecanismos de defensa y formas de reacción), como apareció en el «American Journal of Psychotherapy». Mi propia reacción a la teoría de las formas de reacción fue entonces la siguiente: nunca estaré dispuesto a vivir por mis formas de reacción ni a morir por mis mecanismos de defensa.

No quisiera que se me interpretara mal. *The Modes and Morals of Psychotherapy* nos ofrece la siguiente definición: «El hombre no es más que un mecanismo bioquímico, movido por un sistema de combustión que da energía a unos ordenadores.» Como neurólogo, reconozco que es legítimo comparar el sistema nervioso central con un ordenador. El fallo está en la afirmación de que el hombre *no es más que* un ordenador. El hombre es un ordenador, pero es al mismo tiempo infinitamente más que eso. Es indudable que las obras de Kant y de Goethe constan de las mismas letras del alfabeto que los libros de Courths-Mahler y Marlitt. Pero eso es lo de menos. No se puede afirmar que la *Crítica de la razón pura*, o *La nieta del molinero*, sea la mera acumulación de unas mismas letras del alfabeto. Es como si poseyéramos una imprenta y no una editorial.

El reduccionismo tiene razón dentro de sus límites. Pero sólo dentro de ellos. Su peligro es el pensamiento unidimensional. Este pensamiento priva de la posibilidad de encontrar un sentido. La afirmación de que el sentido de una estructura excede de los elementos de que ésta se compone, significa en definitiva que el sentido está localizado en una dimensión más elevada que los elementos. Así puede ocurrir que el sentido de una serie de acontecimientos no se encuentre en la dimensión de éstos. Entonces los acontecimientos en sí carecen de conexión. Si se trata de mutaciones, éstas constituyen simples fenómenos fortuitos, y toda la evolución no sería más que un puro azar. Ocurre como en el plano secante. Una curva senoidal cortada por otro plano perpendicular no deja en el plano secante más que 5 puntos aislados carentes de conexión. Con otras palabras, lo que se echa de menos es la sinopsis, la visión del sentido más elevado o más profundo de los acontecimientos: las partes de la curva senoidal por encima o por debajo del plano secante.[2] Véase figura en página 21.

---

2. Donde hay dimensiones, hay proyecciones. Yo puedo proyectar un fenómeno desde su propia dimensión a otra dimensión inferior; por ejemplo, un fenómeno humano aun plano subhumano. Este procedimiento es perfectamente legítimo, y es propio de la ciencia prescindir a nivel heurístico de la dimensionalidad global de un fenómeno y partir de la ficción de una realidad unidimensional. Yo personalmente soy

Introducción

Volviendo al tema de la sensación de falta de sentido, hay que decir que el sentido no se puede «otorgar». «Dar sentido» significaría moralizar. Y la moral, en su significado tradicional, pronto no tendrá nada más que decir. Tarde o temprano nos veremos obligados, no ya a moralizar, sino a ontologizar la moral: habrá que definir el bien y el mal, no como algo que debamos o no hacer, sino el bien como aquello que favorece la realización del sentido que se encomienda a un ente y se le exige, y el mal como aquello que impide esa realización.

El sentido no se otorga, sino que se encuentra. A una lámina de Rorschach se le da sentido, cuya subjetividad «delata» al sujeto del test (proyectivo); pero en la vida no se otorga el sentido, sino que se encuentra. La vida no es un test de Rorschach, sino un enigma. Y lo que yo llamo deseo de sentido va más allá de la simple aprehensión de una figura. El propio Wertheimer apunta en esta dirección cuando habla de un carácter exigitivo inherente a toda situación, y de la naturaleza objetiva de esta exigencia.

El sentido es para encontrarlo y no para crearlo. Aquello que se puede crear será un sentido subjetivo, una mera impresión de sentido

---

neurólogo y psiquiatra. Como neurólogo sólo veo en el paciente sus reflejos, y como psiquiatra, sólo sus reacciones. Pero si «sólo una buena persona puede ser un buen médico», como se dice, o si el médico debe ser un ser humano, como formularía yo en términos más modestos, el neurólogo y el psiquiatra ven también detrás de la enfermedad al enfermo, al hombre doliente, y detrás del *homo sapiens* al *homo patiens*. El médico, pues, busca como hombre al paciente y lo estudia en su dimensión humana. En una palabra, se mantiene abierto a esta dimensión.

Pero también el científico debería ser consciente de la unidimensionalidad ficticia que adopta y permanecer abierto a otras dimensiones más elevadas. Si lo hace, es señal de sabiduría. Porque la sabiduría se puede definir como *un saber que es consciente de sus límites*.

Y cuando se dice que la ciencia natural no puede constatar ninguna teleología, este enunciado abstracto debería formularse con más cautela: en el plano de proyección de las ciencias naturales no se perfila la teleología, y este plano secante no la alcanza nunca. Esto, sin embargo, no excluye, ni mucho menos, que la teleología no exista en una dimensión superior. Se podría hablar, pues, de una *teleología negativa*, en analogía con la «teología negativa», que renuncia a decir lo que Dios es y se limita a decir lo que no es.

No abrirse a la posibilidad de la teleología en una dimensión que trasciende a la ciencia natural, negar esa posibilidad, combatirla y defender la imposibilidad de la teleología, todo esto nada tiene que ver con la experiencia, sino que es filosofía; no una filosofía de reflexión crítica, sino una filosofía diletante, anticuada, apriorística.

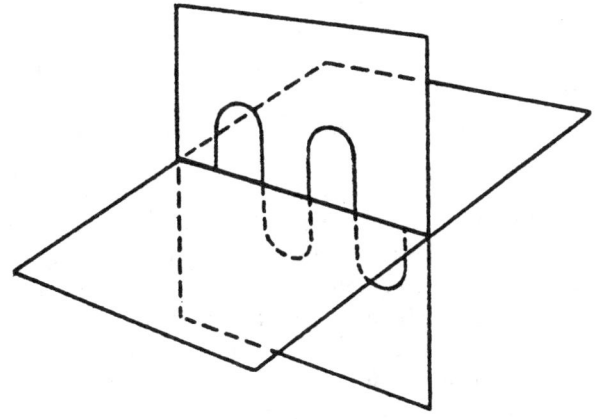

o un absurdo. Y así se comprende que el hombre incapaz de encontrar un sentido en su vida, o de inventarlo, para escapar de la sensación de absurdo, llegue a engendrar el absurdo o a crear un sentido subjetivo: lo primero ha acontecido ya en los escenarios (teatro del absurdo) y lo segundo ocurre en la embriaguez, sobre todo la que se induce mediante el LSD. Pero esta embriaguez implica el peligro de olvidar el verdadero sentido, las auténticas tareas del mundo (frente a las vivencias meramente subjetivas). Esto me recuerda siempre a los animales de laboratorio, a los que los investigadores californianos implantaban electrodos en el hipotálamo. Cada vez que se cerraba la corriente, los animales experimentaban la satisfacción del impulso sexual o del impulso alimentario; cuando aprendieron a conectar ellos mismos la corriente, hacían caso omiso de la pareja sexual y del alimento que se les ofrecía.

No sólo es necesario encontrar el sentido, sino que es posible, y la conciencia moral guía al hombre en esa búsqueda. La conciencia moral, en suma, es un *órgano de sentido*. Se puede definir como la facultad de intuir el sentido único y peculiar que late en cada situación. Por otra parte, nosotros hemos partido del supuesto de que el vacío existencial implica una pérdida de la tradición; al perderse las tradiciones, ¿no desaparece el sentido que éstas transmitían? Hay que contestar negativamente, por la sencilla razón de que la desaparición de las tradiciones no afecta al sentido, sino a los valores. El sentido permanece intacto en el derrumbe de las tradiciones, ya que es algo único y pecu-

Introducción

liar,[3] algo que siempre cabe descubrir; los valores, en cambio, son ciertas categorías universales sobre el sentido, no inherentes a situaciones únicas y peculiares, sino típicas, recurrentes y que caracterizan la condición humana. La vida conservaría su sentido aunque desaparecieran todas las tradiciones de la humanidad y no subsistiera ningún valor general.

Pero la conciencia moral puede también extraviar al hombre. Es más: hasta el último instante, hasta el último suspiro, el hombre no sabe si ha cumplido realmente el sentido de su vida o más bien se ha equivocado: *ignoramus et ignorabimus*. Pero el hecho de que no sepamos ni siquiera en el lecho de la muerte si el órgano de sentido, que es nuestra conciencia, no ha sufrido una ilusión, significa que la conciencia de los demás puede haber tenido razón. La tolerancia, sin embargo, no equivale a la indiferencia, ya que el respeto a la fe ajena no significa en modo alguno la identificación con esa fe.

Vivimos en una época en la que predomina la sensación de una falta general de sentido. En nuestra época la educación no debe limitarse a impartir el saber, sino que ha de favorecer la depuración de la conciencia moral, de suerte que el hombre se sensibilice lo suficiente para poder captar el postulado inherente a cada situación. En una época en la que los diez mandamientos han perdido para muchos su vigencia, el hombre debe capacitarse para percibir los 10 000 mandamientos incluidos en las 10 000 situaciones con las que le confronta su vida. Entonces no sólo recuperará el sentido de esta vida, sino que él mismo se inmunizará contra el conformismo y el totalitarismo, las dos secuelas del vacío existencial; en efecto, sólo una conciencia lúci-

---

3. El sentido es tan único y singular como las situaciones que nos crea la vida, y a ello se añade que nosotros mismos, los afectados, somos también personas únicas y singulares. Esto no significa que no exista un sentido general que englobe la vida como tal, en su integridad. Pero este sentido sólo se puede realizar llenando y realizando el sentido latente en cada situación, el «valor situacional» (Max Scheler), y sólo este «sentido concreto» se puede descubrir y encontrar, mientras que el sentido de la vida en su integridad sólo se puede conocer y saber *a posteriori*; no en vida, sino *post mortem*, cuando ya no *puede* vivirse ni experimentarse. En efecto, este «sentido integral» se compone de «sentidos parciales», de «sentidos situacionales». Es más: ese sentido sólo se puede y se debe descubrir y encontrar, cumplir y realizar en forma de sentidos situacionales. Como en una película, el espectador no contempla la película de una vez, sino en distintas escenas y la «acción» sólo se comprende terminada la proyección.

da le capacitará para la «resistencia», para no amoldarse al conformismo ni doblegarse ante el totalitarismo.

En cualquier caso, la educación debe ser hoy más que nunca una educación para la responsabilidad. Y ser responsable significa ser selectivo, ser capaz de elegir. Vivimos en una *affluent society*, recibimos avalanchas de estímulos de los medios de comunicación social y vivimos en la era de la píldora. Si no queremos anegarnos en el oleaje de todos estos estímulos, en una promiscuidad total, debemos aprender a distinguir lo que es esencial y lo que no lo es, lo que tiene sentido y lo que no lo tiene, lo que reclama nuestra responsabilidad y lo que no vale la pena.

Me atrevo a predecir que tarde o temprano el hombre actual adquirirá una nueva conciencia de responsabilidad. Lo está anunciando ya la marea de las protestas. Sin olvidar que la protesta se convierte muchas veces en «antitest», porque va contra algo y no en favor de algo: no sabe ofrecer una alternativa constructiva. La libertad degenera en arbitrariedad si no está complementada con la responsabilidad.

Señoras y señores: no les estoy hablando, al menos no sólo, como filósofo, sino como psiquiatra. Ningún psiquiatra, ningún psicoterapeuta —y ningún logoterapeuta— puede decir a un enfermo lo que es el sentido, pero sí que la vida tiene sentido; y algo más: que conserva este sentido bajo todas las condiciones y circunstancias; y esto, gracias a la posibilidad de encontrar un sentido en el sufrimiento, de transfigurar el sufrimiento humano en una aportación positiva; el psiquiatra, en suma, puede dar testimonio de algo que el hombre es capaz de hacer incluso cuando fracasa. O en otros términos, con palabras que Lou Salomé escribió a Freud, cuando éste «no acababa de resignarse a la existencia destinada a ser desahuciada»: lo que importa es que «la manera como uno se compadece en favor de todos nosotros, se convierta para nosotros en señal de lo que uno es capaz de hacer».

El logoterapeuta no procede en realidad por la vía moralista, sino por la vía fenomenológica. Nosotros no formulamos juicios de valor sobre determinados hechos, sino que constatamos la experiencia axiológica del hombre vulgar y corriente; es éste el que sabe el sentido que tiene la vida, el trabajo, el amor y, *last but not least*, el sufrimiento soportado con valentía. El hombre corriente encuentra un sentido en el quehacer o crear humano. También encuentra un sentido en hacer una experiencia, en amar a alguien: incluso ve a veces un sentido en una situación desesperada que le sorprende inerme. Lo que importa es la actitud con que afronta el destino inevitable e inexorable. El hombre de la calle sabe todo esto, aunque sea incapaz de expresarlo. Y si es cierto, como afirma Paul Polak, que la logoterapia en su teoría traduce a lenguaje científico la idea que el hombre vulgar y corriente tiene de sí mismo, habrá que decir que ella debe retraducir su propio saber al lenguaje del hombre en su cotidianidad. Como hemos sugerido, el análisis fenomenológico de la experiencia axiológica del hombre de la calle permite destilar una axiología, que se caracteriza por una tricotomía. Hay tres categorías de valores: «valores creativos», «valores vivenciales» y «valores de actitudes». Es interesante señalar que esta tricotomía se vio confirmada mediante análisis factorial con un material de 1340 personas; es más: se pudo confirmar también por el mismo método la jerarquía que existe entre las tres categorías axiológicas: los valores de actitudes están por encima de los valores creativos y los valores vivenciales.[4]

---

4. Augustine Meier (*Frankl's «Will to Meaning» as Measured by the Purpose in Life Test in Relation to Age and Sex Differences*, tesis doctoral, Universidad de Ottawa, 1973) ha podido comprobar mediante tests y estadísticas que el grupo de edad entre los 13 y los 15 años posee una especial lucidez para ciertos valores vivenciales, el grupo entre los 45 y los 55 para valores activos, y el de más de 50 años para valores actitudinales. Pero el autor estima que su trabajo permite concluir inequívocamente que la intuición de valores es independiente de la edad, del grado de formación y del sexo, y también del talante religioso o irreligioso y de la confesión a la que se pertenezca.

Esto coincide con los resultados de una investigación de Leonard Murphy (*Extent of Purpose-in-Life and Four Frankl-proposed Life Objectives*, tesis doctoral, Universidad de Ottawa, 1967), basada asimismo en tests y en estadísticas: «Las personas que han escogido a Dios o a otra persona como objetivo de sus vidas no se distinguen entre sí en la puntuación del Purpose in Life Test. Para ambos grupos la vida tenía la misma importancia.» El resumen de Meier no se refiere a la fe o a la increencia, sino a las confesiones religiosas: «La imposibilidad de hallar una prueba que muestre que los probandos se distinguen en la puntuación del Purpose in Life Test sobre la base de diferencias religiosas, corrobora la idea de Frankl de que Dios, tal como se experimenta por los diferentes grupos religiosos, puede dar a los probandos un mismo sentido de vida.» Meier considera estos resultados estadísticos como «compatibles con la teoría de Frankl que determina que todos los hombres son capaces de hallar objetivos llenos de sentido que orienten sus vidas».

Análogas conclusiones obtuvo el trabajo, basado en tests, de Thomas D. Yarnell (*Purpose in Life Test: Further Correlates*, «Journal of Individual Psychology» 27 [1972] 76) no sólo en relación con el grado de formación, el sexo y la creencia o la increencia, sino también en relación con la edad y el cociente de inteligencia. Según informó Yarnell, se puso constatar mediante *Purpose in Life Test* que ni los 40 miembros del

Insisto: la fenomenología traduce este saber radical al lenguaje científico, y la logoterapia retraduce esa experiencia elaborada al lenguaje del hombre de la calle; y esto es perfectamente posible. Modesto Canales es un peón de albañil... realmente un «hombre de la calle». Después de una conferencia que pronuncié en Nueva Orleans, me dijo que había estado 11 años en la cárcel, que allí le dieron a leer mi libro *El hombre en busca de sentido* y que el libro fue lo único que le había ayudado en todos aquellos años.

¿O debo contarles el caso de Aaron Mitchell? El director de la prisión de San Quentin, en las proximidades de San Francisco, me invitó a dar una conferencia a los reclusos, que eran delincuentes altamente peligrosos. Al final se levantó uno de mis oyentes y dijo que los reclusos de *Death Row*, que albergaba en sus celdas a los condenados a muerte, tenían prohibido asistir a la conferencia, y preguntó si no podía decir unas palabras a través del micrófono a uno de ellos, Mr. Mitchell, que a los pocos días sería ejecutado en la cámara de gas. Me quedé perplejo, pero no pude desatender el ruego. Improvisé estas frases: «Créame usted, Mr. Mitchell, yo puedo comprender de algún modo su situación. Yo también viví una temporada a la sombra de una cámara de gas. Pero créame, Mr. Mitchell, que tampoco entonces abandoné un momento mi convicción de que la vida tiene un sentido en todas las condiciones y circunstancias. Porque si realmente tiene un sentido, lo seguirá teniendo hasta el final. Si no tiene ningún sentido, tampoco lo tendrá por mucho que dure. Aun una vida que aparentemente hemos malgastado puede llenarse retroactivamente de sentido superándonos a nosotros mismos mediante el autorreconocimiento.» ¿Y saben ustedes lo que conté luego a Mr. Mitchell? La muerte de Iván Illich narrada por Tolstoi. La historia de un hombre que se encuentra de pronto con que no va a vivir más y cobra conciencia de haber malversado la vida. Pero precisamente esta conciencia le hace superarse hasta el punto de llenar de sentido esa vida aparentemente absurda.

Ejército del Aire ni los 40 esquizofrénicos internados mostraron la menor correlación entre la conciencia de haber encontrado un sentido y su edad o su cociente de inteligencia.

Esto coincide con la observación de Crumbaugh, según la cual el *Purpose Life Test* no se correlacionaba con el grado de formación. Todo hace pensar que el hombre puede encontrar un sentido en la vida con independencia de factores como la edad, el cociente de inteligencia y el grado de formación, concluye Yarnell.

Mr. Mitchell fue el último hombre que murió en la cámara de gas de San Quentin. Poco antes de su muerte concedió una entrevista a «San Francisco Chronicle» y de ella se desprende que había asimilado perfectamente la historia de la muerte de Iván Illich.

El profesor Farnsworth, de la Universidad de Harvard, pronunció una vez una conferencia ante la American Medical Association, donde dijo: «La medicina se enfrenta hoy con la tarea de ampliar su función. En un período de crisis como el que experimentamos actualmente, los médicos deben cultivar la filosofía. La gran enfermedad de nuestro tiempo es la carencia de objetivos, el aburrimiento, la falta de sentido y de propósito.» Al médico se le plantean hoy algunas cuestiones que no son de naturaleza médica, sino filosófica, y para las que apenas está preparado. Los pacientes acuden al psiquiatra porque dudan del sentido de su vida o desesperan de poder encontrarlo. Habría que seguir el consejo kantiano de aplicar la filosofía como una medicina. Si esa medicina causa repugnancia, cabe sospechar que es por el miedo a afrontar el propio vacío existencial.

Es obvio que se puede ser médico sin apuntarse a tales ideas; pero en ese caso habría que recordar lo que dijo Paul Dubois en una circunstancia análoga: el médico difiere entonces del veterinario en una sola cosa: en la clientela.

EXTRAVÍOS DEL PENSAMIENTO PSIQUIÁTRICO*

El hombre es para la psicodinámica, más que un ser arrastrado por los instintos (como se le ha reprochado), un ser que sólo aspira a satisfacer instintos, a satisfacer necesidades. Así dice D. McGregor: «Toda conducta humana se orienta hacia la satisfacción de necesidades».[1]

Sin embargo, esa satisfacción de mis propias necesidades resulta ser un apaciguamiento o tranquilización de mí mismo. «Mientras vivimos», dice O. Murelius, «tendemos a satisfacer necesidades, es decir, a reducir tensiones».[2] Se trata, pues, de una reducción de tensiones provocadas por estímulos externos o internos; también Freud había concebido el «aparato psíquico» como un mecanismo cuya «intención» consistía en «dominar y aplacar los estímulos y las excitaciones procedentes de fuera y de dentro».[3]

Se trata de crear o restablecer un equilibrio, como explica I. Knickerbocker: «La existencia se puede considerar como una lucha constante por la satisfacción de necesidades, la reducción de tensiones y el mantenimiento del equilibrio».[4] Se trata, en otros términos, del principio de la homeostasia,[5] y Charlotte Bühler afirma con razón: «Desde la primera formulación freudiana del principio del placer hasta la última versión actual del principio de eliminación de tensiones y de

---

* Artículo aparecido en «Der Nervenarzt», vol. 31, fasc. 9, 20 septiembre 1960, pp. 385-392.

1. McGregor, D., «J. social Issues» 4 (1948) 5.
2. Murelius, O., «J. Psychother» 12 (1958) 641.
3. Freud, S., *Gesammelte Werke*, vol. 11, p. 370.
4. Knickerbocker, I., «J. social Issues» 4 (1948) 23.
5. Cannon, B.W., *The wisdom of the body*, Nueva York 1932.

homeostasia (tal como se expresa en el modelo Rapaport, por ejemplo), se ha concebido el objetivo final de toda actividad como una recuperación del equilibrio en el individuo».[6]

Pero no ha faltado la crítica de esta «teoría» o «visión» del hombre. Así dice G.W. Allport: «Se ha considerado la motivación como un estado de tensión que nos mueve a buscar el equilibrio, el reposo, la adaptación, la satisfacción o la homeostasia. En esta perspectiva la personalidad no es sino nuestro modo habitual de reducir las tensiones»; y Allport continúa: «Esta fórmula deja de lado la naturaleza de la verdadera tendencia humana. La característica esencial de ésta es su resistencia al equilibrio: la tensión se mantiene y no se reduce».[7]

Charlotte Bühler parece coincidir en lo mismo cuando declara: «Freud concibe las supuestas orientaciones de la motivación desde una perspectiva homeostática: explica toda acción como algo encaminado a restablecer el equilibrio perdido; pero el crecimiento y la reproducción son fenómenos que no se pueden explicar por el principio homeostático. La hipótesis freudiana, apoyada en la física de su época, de que la descarga de la tensión es la única tendencia primaria del ser vivo no corresponde a la realidad».[8]

Pero no se trata sólo de restablecer un equilibrio intrapsíquico en general, sino también una especie de compromiso entre las diversas instancias psíquicas: el yo por un lado y el ello o el super yo por otro. Ya la supuesta existencia de lo que yo llamaría «datos personales falsos» constituye un atentado científico, puesto que somete la unidad y la totalidad del hombre a una despersonalización, al tiempo que se hipostasian las partes de ese todo e incluso se mitologizan. Por eso J.H. Masserman declara que la mitología psicodinámica no le va en zaga en fantasía a la mitología india: «Después de presentar estas figuras dramáticas, Freud abordó en sus primeros escritos el ello, el yo y el super yo como si estuvieran implicados en extraños fraudes, en alianzas subversivas, en desesperadas resistencias y en pírricas victorias, combates de una viveza y fantasía como sólo cabe encontrar en la mitología india, en la leyenda homérica o en la saga nórdica. Este tipo de

---

6. Bühler, Charlotte, *Basic Tendencies of Human Life. Theoretical and Clinical Considerations*, en: Wisser, R. (dir.), *Sein und Sinn*, homenaje al profesor von Rintelen, Tubinga 1960.

7. Allport, G.W., *Becoming. Basic Considerations for a Psychology of Personality*, Yale University Press, New Haven 1955, p. 48-49.

8. Bühler, Charlotte, «Psychol. Rdsch.» 8 (1956).

literatura se muestra actualmente un poco más cauta (resultando así menos divertida); pero el análisis objetivo de los denominados "dinamismos psíquicos" revela su débil fundamento y su base típicamente animista».[9]

Hay, en fin, otra dimensión en la que ha de realizarse el equilibrio: es preciso alcanzar un compromiso entre el «aparato psíquico» y la realidad, es decir, una adaptación a la realidad; pero ya Charlotte Bühler señala que en la idea freudiana de los procesos de adaptación «la realidad aparece como algo negativo», cuando lo cierto es que «el sujeto activo coloca su producto y su obra en una realidad concebida positivamente»;[10] y también A.H. Maslow había hecho notar: «Homeostasia, equilibrio, adaptación, autoconservación y defensa son conceptos meramente negativos y deben completarse con el aspecto positivo».[11]

Debemos añadir que en el marco de la imagen psicodinámica del hombre la realidad queda degradada a la condición de un simple medio para un fin, el fin de la satisfacción de los instintos y, en definitiva, la obtención de placer. En cualquier caso, el principio de realidad está al servicio del principio de placer, ya que constituye una simple «modificación» del segundo, modificación que «persigue también, en el fondo, el placer»[12] y «significa en cierto sentido una continuación del principio de placer con otros medios».[13] «Se renuncia a un placer momentáneo, incierto en sus consecuencias, pero sólo para obtener por nuevas vías un placer ulterior, seguro».[14]

En el marco de esta imagen del hombre, los objetos que éste encuentra en su «ser en el mundo»: las cosas y también los «semejantes» (*Mitseiendes*, M. Heidegger) y, por tanto, los interlocutores, parecen ser simples medios para el fin de la satisfacción de necesidades, destinados a este servicio.

---

9. Masserman, J.H., *Science, Psychiatry and Religion*, en: Masserman, J.H. y Moreno, J.L. (dirs.), *Progress in Psychotherapy*, vol. 4, Grune & Stratton, Nueva York 1959.

10. Bühler, Charlotte, «Psychol. Rdsch.» 8 (1956).

11. Maslow, A.H., *Motivation and Personality*, Harper & Brother, Nueva York 1954, p. 367.

12. Freud, S., *Gesammelte Werke*, vol. 11, p. 370.

13. Hartmann, H., *Ich-Psychologie und Anpassungsproblem*, en: «Psyche» 14 (1960) 81.

14. Freud, S., *Gesammelte Werke*, vol. 5, p. 415.

Introducción

Esta imagen del hombre que acabamos de esbozar está calcada en el modelo del animal. Coincide, en efecto, con la imagen que podemos hacernos de los animales, concretamente de aquellos animales que fueron sometidos a experimentos de autoestimulación eléctrica por J. Olds, P. Milner,[15] J.V. Brady,[16] G. Werner[17] y otros. Las ratas de Olds, por ejemplo, «llevan instalados electrodos precisos en determinadas regiones cerebrales según el método de Hesse. Si se da la posibilidad a tales ratas de provocar, mediante una presión de palanca con la pata, una corriente débil que estimule eléctricamente esas regiones, harán un uso constante de esta estimulación descubierta por azar. En determinada posición de los electrodos, sobre todo en el hipotálamo y en el rinencéfalo, los animales no hacían al final sino presionar la palanca de la estimulación cerebral. Preferían estos estímulos a una satisfacción normal de los instintos mediante la comida o los objetos sexuales».[18] Vemos así cómo los objetos intramundanos sólo sirven de medios para el fin de (r)establecer ciertos estados intrapsíquicos. R. Jung hace notar expresamente que los animales de experimentación manifestaron una conducta que se puede interpretar en la línea del «principio de placer del psicoanálisis primitivo»;[19] nosotros diríamos que tales animales son como el hombre en la imagen de una psicomecánica que se autodenomina, por eufemismo, psicodinámica, donde el objeto sólo interesa como un medio para (r)establecer un estado: el estado de satisfacción de los instintos. Añádase a esto que «el estímulo eléctrico anormal» produce una «excitación cerebral no fisiológica» y que «el efecto ambiental del aislamiento en la jaula, con la falta de estímulos desviantes, contribuye evidentemente a la conducta anormal».[20]

No es irrelevante ni indiferente la construcción de una imagen adecuada del hombre que no afecta sólo a la «teoría» o «visión», sino a la práctica, a la clínica. Resulta problemático, por otra parte, admitir en el plano teórico una imagen del hombre donde se habla de libertad y responsabilidad, sin que éstas tengan cabida en el plano práctico o sin que estén ligadas a aquella imagen teórica, con una mentalidad que

---

15. Olds, J. y Milner, «J. comp. physiol. Psychol.» 47 (1954) 419.
16. Brady, J.V., en: Jasper, H.H. y otros (din.), *Reticular formation of the brain*, 1958, p. 689.
17. Werner, G., «Klin. Wschr.» 36 (1958) 404.
18. Jung, R., «Klin. Wschr.» 36 (1958) 1153.
19. Jung, R. «Dtsch. med. Wschr.» 83 (1958) 1716.
20. Jung, R., ibíd.

podemos calificar de neoaverroísmo. El averroísmo fue, como se sabe, una doctrina que admitía la coexistencia de dos verdades divergentes: la verdad de fe y la verdad del saber; hoy ocupan su lugar la verdad de una antropología pluridimensional y la verdad de un psicologismo dinámico.

Al margen de ese neutralismo ideológico-científico, la imagen psicodinámica del hombre resulta funesta, sobre todo, porque favorece la neurosis. Cuando la interpretación que el hombre neurótico tiene de sí mismo se encauza en la línea de una concepción de la existencia humana exclusiva y unilateralmente psicodinámica, lo que se hace, en el fondo, es fomentar la autorreferencia de la existencia neurótica. Pues es un rasgo característico del modo específico de la existencia neurótica que el hombre se interese por sí mismo, por sus propios estados internos, olvidando el mundo y sus objetos. Contrariamente a toda existencia auténtica —también a la existencia originaria, previa al modo existencial neurótico—, resulta paradigmático y significativo que el hombre neurótico (como los animales de experimentación de Olds y Milner, de Brady y Werner) no se oriente hacia los objetos, sino que se interese por sus propios estados; ya no busca, como el hombre normal, a personas y a semejantes, cosas y objetos del mundo; su interés se centra más bien en simples estados, en los estados de ánimo («sentimientos de situación», en expresión de M. Scheler), especialmente en los estados de sentimiento de placer y displacer; pero el hombre no presta atención primariamente a los estados anímicos, al placer y al displacer, sino que se orienta hacia los objetos, hacia el sentido y hacia los valores. La logoterapia habla a este respecto de un deseo de sentido,[21] y lo considera como algo originario frente al principio o deseo de placer, y frente al deseo de poder, o considera estas dos últimas tendencias como algo derivado. Pero si se proyectan los fenómenos específicamente humanos, como el sentido y los valores, desde el espacio neológico al plano psicológico y se interpretan a nivel psicodinámico, apa-

---

21. Este concepto no debe malentenderse en un sentido voluntarista. El hecho de que nosotros hablemos de un deseo de sentido y no de un instinto de sentido no significa abogar por un voluntarismo; se trata más bien de no perder de vista el hecho de la «intención de sentido» (primaria, directa), es decir, el hecho de que el hombre se interese en definitiva por el sentido y nada más que por el sentido; si se tratase de un instinto, el hombre sólo cumpliría el sentido para responder al estímulo del instinto y recuperar el equilibrio. Pero entonces el hombre dejaría de actuar a impulsos del sentido, y nuestra teoría de la motivación reincidiría en el principio de la homeostasia.

recen, al igual que todo «debe ser» que supera el mero ser, como algo secundario, por no decir de naturaleza deficiente. «Las teorías de la satisfacción de necesidades, todas ellas de influencia freudiana más o menos directa, suelen incluir el deber, el carácter obligatorio de la vida, en un segundo plano», hace notar Charlotte Bühler.[22]

Actualmente es más fácil que nunca explicar la tendencia típicamente neurótica a la no conflictividad absoluta (denominación de L. Seif), o aspiración a la homeostasia, como un objetivo característico de la existencia neurótica; nuestra época se distingue por las proporciones que ha adquirido el consumo (por no decir abuso) de tranquilizantes o ataráctico, como se llaman también, revelando la tendencia neurótica inherente a ellos. Los títulos de los *bestseller* delatan también los intereses neuróticos colectivos: *Peace of mind* y *Pursuit of Happiness*. Pero justamente el segundo de estos libros nos enseña el fracaso de toda tendencia neurótica. En efecto, la *happiness*, la dicha, no llega cuando se persigue como una meta, sino más bien cuando no se busca expresamente, cuando no se intenta alcanzar, sino que surge como un mero efecto concomitante. El placer tampoco es primariamente en ningún caso, o sólo excepcionalmente, el objetivo de la acción humana (I. Kant y M. Scheler); ésta apunta primariamente al cumplimiento del sentido y a la realización de los valores; pero el placer sólo puede producirse, y se produce, cuando se ha llenado el sentido y se han realizado los valores. La caza de la felicidad sólo sirve para espantarla y expulsarla; esto es, al menos, lo que demuestran no pocos casos de neurosis sexual: el placer se le escapa al hombre justamente cuando lo persigue, porque sólo debe ser un «efecto». El hombre no debe ni puede perseguir directamente el placer, como hemos visto. El hombre no sólo no busca originariamente el placer, sino que no le es posible buscarlo de modo directo.

Lo que el hombre busca realmente o, al menos, originariamente, es el cumplimiento del sentido y la realización de valores, en una palabra, su plenitud existencial (pues de existencial puede calificarse, a nuestro juicio, lo relacionado con la existencia humana y con el sentido de esta existencia). Lo contrario de la plenitud existencial sería el vacío existencial.

La siguiente consideración hace ver con toda claridad cómo la teoría del hombre como un ser destinado sustancialmente a satisfacer instintos y necesidades no da razón de los hechos antropológicos funda-

---

22. Bühler, Charlotte, *Basic Tendencies of Human Life*.

mentales: preguntémonos sólo cuál sería el resultado si un ser humano pudiera satisfacer plenamente y para siempre todas sus necesidades: ¿un sentimiento de plenitud? ¿No sería más bien lo contrario: la experiencia de un tedio abismal, de un vacío existencial?

Los neurólogos topamos a diario en nuestras consultas con este vacío existencial. Un muestreo aleatorio realizado por mis colaboradores arrojó como resultado que no menos del 55 % de los pacientes psíquicamente sanos y neuróticos de nuestra clínica, y también del personal médico y auxiliar, habían experimentado el vacío existencial.

Después de su expulsión del paraíso de la protección y la seguridad que los instintos propios del animal le ofrecían, el hombre hubo de sufrir una segunda pérdida: además de la pérdida de los instintos, la pérdida de la tradición: río sólo una pérdida en la dimensión vital, sino también en la dimensión social de su existencia. La reacción a este vacío interior consiste en las neurosis «noógenas», según la terminología logoterapéutica, es decir, neurosis que no provienen de complejos y conflictos psíquicos, sino de problemas espirituales y existenciales. No se trata de aquellos conflictos de instintos que contempla la psicodinámica, sino de colisiones de valores, de la búsqueda del sentido de la existencia, del deseo de sentido. Este deseo no es un puro *desideratum* y postulado, ya que se ha podido demostrar a nivel empírico y práctico, por los resultados de la indagación estadística, que más del 90 % de los encuestados declararon que el hombre necesita algo que le impulse a vivir, y el 60 % afirmaron estar dispuestos a comprometer y entregar su vida. Pero el deseo de sentido posee además una eficacia terapéutica; su potenciación es lo único que podría ayudar al hombre de hoy, y no sólo a nuestros enfermos, a superar el vacío existencial.

A colmar ese vacío quiere contribuir la logoterapia en cuanto terapéutica del logos, es decir, partiendo del sentido. No basta, obviamente, con recetar a nuestros pacientes, en la línea de un sentido existencial, la práctica de un *hobby*: el hecho de que alguien sea o no el primer filatelista de su país es existencialmente irrelevante. Se trata del sentido personal y concreto de la vida, cuyo cumplimiento se exige y reclama a cada uno: sólo ese sentido posee una eficacia terapéutica.

Pero el logos no significa sólo –en la expresión «logoterapia»– el sentido, sino también lo espiritual: la dimensión en que la logoterapia aborda al hombre, incluido el hombre enfermo. «Si respetamos lo "dado", como enseña el método fenomenológico, no podemos menos de constatar en el hombre un triple ser: el ser corporal, el ser anímico y el ser espiritual».[23] Pero debemos distinguir también, en forma análoga, entre somatogénesis, psicogénesis y noogénesis. Como un paradigma y ejemplo de flagrante ignorancia de la diferencia dimensional entre somatogénesis y noogénesis cabe mencionar la descripción de la depresión endógena como una enfermedad que supone como «causa» la culpa existencial.[24] Una cosa es tomar en serio al enfermo y otra tomar la enfermedad al pie de la letra: el hecho de que el paciente depresivo endógeno crea ser culpable es un dato patognómico, mas no patógeno; pertenece a la sintomatología de la depresión endógena, no a su etiología, y si el médico da un paso más, va más allá del diagnóstico sobre una patogénesis de la culpa existencial y no duda en calificar al enfermo depresivo endógeno de culpable existencialmente, haciéndole ver la supuesta causa de su enfermedad, exacerba la tendencia patológica a los más absurdos autorreproches, como es típico en casos de enfermedad depresiva endógena. Pero retengamos las siguientes analogías: si me instilan un midriático y a consecuencia de él me deslumbra la luz diurna, este efecto se debe a la midriasis y no a la luz diurna; si, a consecuencia de una paresia facial, contraigo una hiperacusia y me molesta el ruido del tráfico, la hiperacusia no está producida por el ruido del tráfico. Algo análogo ocurre con la culpa existencial, que se manifiesta claramente a consecuencia de una enfermedad depresiva endógena, pero que es inherente a toda existencia: la culpa existencial no es la causa de la enfermedad depresiva endógena; la espectacularidad de su aparición, el absurdo de los autorreproches, la fuerza de la voz de la conciencia, todo esto son efectos,[25] efectos de una *hiperacusia de la conciencia*.

---

23. Rothschild, F.S., «Studium gen.» 12 (1959) 242.
24. Cuando L. Binswanger (*Martin Heidegger und die Psychiatrie*, «Neue Zürcher Zeitung»», año 180, n.º 264, 26 de septiembre de 1959, hoja 10) advierte que «aún no se ha llegado a descubrir en las enfermedades mentales más corrientes, la esquizofrenia y la psicosis maníaco-depresiva, ningún indicio anormal en el cerebro», hay que añadir que no sólo no se ha aclarado todavía la etiología somatógena de las psicosis, sino que tampoco puede comprenderse todavía la sintomatología fenopsíquica, y esto significa que no estamos en condiciones de saber de qué modo «aquellas enfermedades mentales como la parálisis progresiva o el reblandecimiento cerebral, en las que se constatan evidentes alteraciones en la corteza, no son simples enfermedades del cerebro, sino enfermedades mentales en sentido estricto».
25. Cuando la bajamar deja ver un arrecife, nadie se atreverá a afirmar que el arrecife sea la causa de la bajamar; al contrario, la bajamar deja al descubierto el arrecife.

Uno de los primeros y más severos críticos de la teoría del hombre como un ser destinado fundamentalmente a satisfacer instintos o, más en general, necesidades, fue K. Goldstein: «Goldstein combate contra una teoría de la motivación que supone que el móvil fundamental consiste en la reducción de tensiones y el consiguiente restablecimiento del equilibrio. Argumenta contra la homeostasia como teoría de motivación y contra la idea de que el objetivo de los instintos sea la eliminación de la tensión perturbadora que provocan. De este modo niega el principio de placer freudiano y la teoría de la tensión-relajación. Para Goldstein, un individuo cuyo objetivo principal consista sólo en el mantenimiento de su nivel de adaptación demuestra simplemente que está enfermo. En estado sano, el móvil último es, según él, la autoexpresión y la autorrealización».[26] La autorrealización se considera también en ese contexto como motivo primario o principal.

También Charlotte Bühler contrapone a la teoría de la satisfacción de instintos la teoría de la autorrealización cuando resume: «Actualmente hay fundamentalmente dos concepciones de las tendencias básicas de la vida desde la perspectiva de la psicoterapia. La una es la de la teoría psicoanalítica, según la cual el restablecimiento del equilibrio homeostático es la única tendencia básica de la vida. Semejante equilibrio debe restablecerse siempre con los medios de la satisfacción ponderada de las necesidades, la atención a la realidad y el cumplimiento de los deberes.» Para continuar: «La segunda teoría sobre las tendencias básicas de la vida es la doctrina de la autorrealización como meta final de la vida, doctrina concebida originariamente por Nietzsche y desarrollada después en diversas direcciones por Carl Jung, por los neopsicoanalistas Karen Horney, Erich Fromm y Frieda Fromm-Reichmann, por Kurt Goldstein y Abraham Maslow, por Carl Rogers, por el exponente de la psicología organísmica, J.H. Schultz, en conexión con la idea del "crecimiento" psíquico, y por los existencialistas en conexión con la idea de autoencuentro».[27]

Pasando a la crítica de esta segunda teoría de la motivación, y en lo que se refiere especialmente a los neopsicoanalistas, dejamos de lado lo que H. Elkins reprocha a Horney y a Fromm: «Sus ideas presentan ciertas connotaciones místicas. Hacen recordar la idea jungiana de un

---

¿Y no es verdad que el foso entre el ser y el deber ser sólo se hace visible, sólo queda al descubierto, por la depresión endógena, por esta bajamar vital?

26. Piotrowski, Z.A., «Amer. J. Psychother.» 13 (1959) 553.
27. Bühler, Charlotte, «Z. exp. angew. Psychol.» 6 (1959).

"sí mismo", cuyo carácter místico es muy afín al que cabe constatar en algunas religiones orientales».[28]

Ya Charlotte Bühler critica: «Los representantes del principio de autorrealización se dejan llevar de la concepción corriente al hablar también de "necesidades" y de "instintos"».[29] Y lamenta en particular que Goldstein llame «instinto» a la autorrealización, y Maslow la denomine «necesidad».[30] Nosotros creemos, sin embargo, que Charlotte Bühler no enfoca bien su polémica cuando hace notar que no está claro el verdadero significado de la autorrealización y de su dinámica (sic); de ese modo, en efecto, la problemática reincide en la idea de una dinámica de necesidades e instintos que viene a satisfacer nuestra propia necesidad de comprendernos a nosotros mismos. No olvidemos que –en formulación de W. Keller– «el principio, basado en la teoría moderna del conocimiento, según la cual hay que concebir metodológicamente toda realidad y también el ser humano como una función de las condiciones previas, de los factores intervinientes y de las causas determinantes, está superado históricamente; en cualquier caso, hoy está desprestigiada esa mentalidad que pretende interpretar las vivencias y la conducta del hombre y sus productos espirituales con arreglo al principio de los procesos mecánicos, dinámicos o energéticos, es decir, en la línea de los procesos materiales».[31]

Tampoco basta con observar, como hace Charlotte Bühler, que «hay culturas y, dentro de la nuestra, hay individuos que no orientan primariamente su vida hacia la autorrealización, sino que persiguen otras metas».[32] Es un puro psicologismo suponer que el hombre, al autorrealizarse, queda sujeto con esta autorrealización a un proceso instintivo o que se agota en la satisfacción de una necesidad, en apaciguar su «aparato psíquico» y tranquilizarse a sí mismo; pero hay que decir, además, que el monadologismo (como yo suelo decir) o desmundanización del hombre en la imagen psicodinámica no queda superada afirmando en última instancia –al igual que en el marco de la idea del hombre como un ser que se limita a la satisfacción de sus instintos–

---

28. Elkins, H., «Psychoanal. and Psychoanalytic Rey.» 45 (1958/1959) 47.
29. Bühler, Charlotte, *Basic Tendencies of Human Life*.
30. Bühler, Charlotte, «Amer. J. Psychother.» 13 (1959) 561.
31. Keller, W., *Das Problem der Willensfreiheit*, en: Frankl, V.E., Gebsattel, V.E. von, Schultz, J.H. (dirs.), *Handbuch der Neurosenlehre und Psychotherapie*, vol. 5, Urban & Schwarzenberg, Munich/Berlín 1960.
32. Bühler, Charlotte, «Z. exp. angew. Psychol.» 6 (1959).

que el mundo no es más que un medio para alcanzar el fin: «El entorno no es más que el medio para el fin de la autorrealización de la persona».[33]

Pero dejemos de lado la cuestión del «medio para un fin» y abordemos el fin mismo: el hombre ¿tiende a realizarse a sí mismo, o se agota en esa autorrealización? Hemos visto ya que la tesis de la logoterapia es diferente: El hombre tiende (al menos originariamente) a cumplir el sentido y a realizar valores; el deseo de placer (el principio de placer del psicoanálisis) y el deseo de poder (el afán de superación de la psicología individual) son secundarios, modos deficientes del afán humano normal y primario de cumplimiento del sentido y realización de valores.

No se habla, pues, de satisfacción, sino que se emplea el término «cumplimiento»; en efecto, yo sólo puedo satisfacer mis propios instintos, mis propias necesidades o, en última instancia, satisfacerme a mí mismo; el sentido y los valores, en cambio, son algo que me «atañe», que accede a mí desde el mundo, y no una mera expresión de mí mismo o una proyección de mis propios instintos y necesidades. Ahora bien: el monadologismo entiende e interpreta de ese modo el sentido y los valores; y en este punto el existencialismo tampoco es una excepción cuando disuelve el mundo en mero «esbozo», donde el «ser en el mundo» es un puro ser solipsista y, correlativamente, el mundo desaparece ante sus meros «esbozos» o diseños.

Si el sentido reside en el mundo y no primariamente en nosotros mismos, el hombre no deberá preguntar por el sentido de la existencia, sino a la inversa, deberá interpretarse a sí mismo como un ser interrogado, y su propia existencia como un interrogante; no es el individuo el que debe preguntar, sino que es la vida la que le formula preguntas; el individuo ha de contestar y, en consecuencia, responsabilizarse con su vida. El individuo, pues, debe buscar una respuesta a la vida, buscar el sentido de la vida, para encontrarlo y no para inventarlo; el individuo no puede «dar» sin más un sentido a la vida, sino que debe «tomarlo» de ella.

¿Qué decir entonces de la autorrealización? ¿No cabe hablar de un autocumplimiento? Desde luego que sí; pero sólo en la medida en que el hombre cumple el sentido y realiza valores, se cumple y se realiza a sí mismo: la autorrealización se produce entonces espontáneamente,

---

33. Maslow, A.H., *Motivation and Personality*, Harper & Brother, Nueva York 1954, p. 117.

como un efecto de la realización de valores y del cumplimiento del sentido, no como su finalidad.

Pero si el hombre busca la autorrealización como objetivo directo, fracasará en su intento de perseguir algo que debe ser un mero efecto. Hemos apuntado antes algunas analogías en relación con la búsqueda del placer.

Insistimos: sólo la existencia que se trasciende a sí misma, sólo la existencia humana que se trasciende hacia el «mundo donde se encuentra», puede autorrealizarse; pero si pretende realizarse a sí misma, si busca la autorrealización, fracasa inevitablemente.

Charlotte Bühler hace notar con acierto: «Lo que tenían presente los representantes del principio de autorrealización era la realización de posibilidades».[34] Y cita también a E. Fromm, que habla de «la tendencia inherente a todos los organismos a realizar sus posibilidades específicas».[35] De hecho la autorrealización se resuelve en la realización de las propias posibilidades. ¿Cabe afirmar que ése es el destino del hombre? Su existencia ¿está abocada a realizar las posibilidades latentes en el hombre y no a lo que decíamos antes: a realizar las posibilidades de sentido que hay en el mundo, que permanecen en el mundo, que aguardan aquí al hombre, a que éste les dé cumplimiento?

Para simplificar, recordemos a un personaje que contestó expresamente a esta pregunta: Sócrates. ¿Qué habría sido de él si hubiera llegado a realizar todas las posibilidades que albergaba en su existencia? Nos lo dijo él mismo: Sócrates era consciente de que había en él, entre otras posibilidades, la de ser un criminal.

¿Qué significa esto? Que no se trata de realizar cualquier posibilidad; se trata de realizar lo que «hace falta». No se trata de hacer lo que se puede, sino lo que se debe.

Nos encontramos así en el punto crucial: aquellos que sólo hablan de realización de las propias posibilidades –los *potencialistas*, como yo los llamo– eluden siempre el verdadero problema; éste, en efecto, es un problema axiológico, y es inevitable afrontar la cuestión de los valores, que implica una decisión sobre cuál de las posibilidades es *digna* de realizarse, cuál es la «necesaria», lo cual significa afrontar nuestra responsabilidad. No decimos nada nuevo al afirmar que el psicologismo –del que el potencialismo aún no ha podido liberarse– es incapaz de percibir los valores y las colisiones de valores, porque el sentido y los valo-

---

34. Bühler, Charlotte, *Basic Tendencies of Human Life*.
35. Bühler, Charlotte, «Amer. J. Psychother.» 13 (1959) 561.

res sólo aparecen en el espacio humano-espiritual y no en el plano psíquico (donde el psicologismo los proyecta); pero ésa es también la razón de que el psicologismo dinámico sea incapaz de ver detrás de la neurosis otra cosa que conflictos entre instintos; la colisión de valores, que es de lo que se trata en definitiva, escapa a la atención del psicologismo como escapa a la atención del propio paciente.

¿Qué intereses puede ocultar el intento de eludir la problemática de los valores y encauzarla hacia el potencialismo? Ese escapismo no hace sino favorecer la enfermedad; en efecto, ya Charlotte Bühler observa: «Cuando se dice que "cada uno de nosotros llega a ser el que realmente es" (Rollo May), suena muy sencillo, como si fuera evidente».[36] Pero nosotros entendemos que esto no sólo parece sencillo, sino también agradable; si a mí me hacen creer que soy ya (y siempre he sido ya) lo que debo ser, me ahorro el trance de la elección, de tener que decidir cuál de mis posibilidades voy a descartar, dejándola irrealizada, y cuál de ellas voy a perpetuar haciéndola realidad.

Las posibilidades son pasajeras, pero una vez realizadas, quedan ahí, y aunque hayan pasado, ese mismo pasado las preserva de la caducidad: no se pierden irremediablemente, sino que se salvan en forma definitiva, ya que lo acontecido no puede dejar de haber acontecido, nunca puede extirparse del pasado; ¿no reviste todo mayor importancia precisamente por esta perennización en el pasado? Esto es lo que confiere a la realidad humana un profundo carácter de responsabilidad. Al suplicio de la elección, de la opción entre posibilidad y, dentro de éstas, de lo «único necesario», se suma así la presión del tiempo.

El suplicio de la elección –bajo la presión del tiempo– es lo que induce al hombre a reducir y nivelar lo que se debe hacer en cada caso en lo que se puede hacer en cualquier caso al estilo del potencialismo, eliminando así la tensión entre el ser y el deber ser. El hombre se somete así a ese principio de compensación de tensiones, característico de la neurosis.

Sí el potencialismo intenta eliminar la tensión entre el ser y el deber ser, tensión basada en el hombre como tal, y por ello inextirpable y absoluta, el existencialismo intenta superar la tensión entre el sujeto y el objeto; es más: presume haberla ya superado. ¿Qué decir de esta pretensión? ¿Es legítima? ¿Tiene sentido? Nosotros entendemos que la escisión sujeto-objeto no puede superarse; sólo puede atenuarse, bien

---

36. Bühler, Charlotte, *Basic Tendencies of Human Life*.

sea a favor del objeto o del sujeto. M. Thiel habla a este respecto de «autoengaño» y dice: «El existencialista permanece de hecho en el marco de la escisión sujeto-objeto siempre que ejerce la actividad del pensamiento».[37] El que arranca el trigo del objeto con la cizaña del cartesianismo y se complace de haber superado el hiato sujeto-objeto, debe percatarse de que tal superación no es posible, pero tampoco es necesaria. En efecto, si en el aspecto decisorio la existencia humana está conformada de tal modo que el reto de la situación alcanza también a la persona y no procede de ésta como mera autoexpresión o proyección de sí mismo en el mundo, también en el aspecto cognitivo va más allá de sí misma, hasta tal punto de que no cabe hablar de conocimiento si no se persigue algo que trasciende a la existencia humana, como algo que es mucho más que la mera expresión del sujeto. El conocimiento sólo es posible por la elevación de la existencia humana sobre sí misma, hasta alcanzar el objeto, y al precio de que se constituya así como un sujeto; el conocimiento se basa en un campo de tensiones que se extiende entre el polo del objeto y el polo del sujeto como condición de su propia posibilidad. En este campo de tensiones se funda, en definitiva, toda *noodinámica*.

El olvido de esta noodinámica, especialmente la negación del polo del objeto, del correlato objetivo de todo conocimiento, no obedece a un vago subjetivismo, sino a un subjetivismo específico que nosotros calificaríamos de *caleidoscopismo*. ¿En qué consiste la esencia de la caleidoscopia? *A través del caleidoscopio se ve siempre lo mismo*, contrariamente al prismático o al telescopio, que nos permite contemplar piezas teatrales o astros. El conocimiento humano se interpreta según el modelo del caleidoscopio cuando el hombre, en el marco de la imagen que el caleidoscopismo se hace de su conocimiento, aparece como alguien que se limita a «diseñar» su «mundo», es decir, como alguien que en todos sus «diseños de mundo» se expresa siempre a sí mismo, y a través de ese «mundo» se ve sólo a sí mismo, al diseñador.[38]

En el caleidoscopio se hace visible una imagen u otra según las piedrecitas multicolores que se «lancen»; análogamente, dice L. Binswanger, el proyecto del mundo corresponde a la proyección del ser, ya que «la existencia no es libre en sus proyectos»; a esa «falta de libertad» se deben «las servidumbres de la existencia»; por ejemplo, «esa

---

37. Thiel, M., «Jb. Psychol. Psychother.» 2 (1954) 297.
38. Cf. Perls, F.: «Tú crees estar ante una ventana, pero estás ante un espejo.»

enfermedad mental llamada melancolía afecta a la existencia como tal»,[39] también a la parte espiritual del hombre.

A nuestro juicio, sin embargo, el diseño mundano no es en realidad el diseño subjetivo de un mundo subjetivo; es un escorzo subjetivo, sí, pero de un mundo objetivo. En otros términos: este mundo es mucho más que la mera expresión de mi ser.

Algo semejante dice J. Zutt: «Una alegría, una tristeza, una explosión de cólera, una desazón... tales estados de ánimo no son simples variaciones de una vida psíquica solipsista, sino que son medios para hacer visible una determinada realidad del mundo».[40] Y A. Storch abunda en la misma idea: «Si el mundo aparece originariamente en diversas perspectivas, el horizonte perspectivista permite sin embargo alcanzar una visión común en ciertos órdenes que son válidos para todos, es decir, permite el conocimiento de un mundo común de objetos constatables, diferenciables e identificables en todo momento (E. Straus)».[41]

Hemos dicho que a través del caleidoscopio sólo se ve el caleidoscopio mismo. ¿No es cierto que sólo aquello que es transparente permite ver algo más que su propia realidad? *Sólo en la medida en que yo me retraigo, en la medida en que niego mi propio ser, se me hace visible algo que es más que yo mismo. Esa autonegación es el precio que debo pagar por el conocimiento del mundo, el precio que me permite alcanzar el conocimiento del ser, un conocimiento que será algo más que la expresión de mi propio ser. En suma: yo debo pasarme por alto a mí mismo.* Si no puedo hacerlo, mi facultad de conocimiento quedará deteriorada, pues estaré impedido de aproximarme a mí mismo, a mi propio conocimiento. Una última comparación a este propósito: ¿cuándo veo yo mi propio ojo (prescindiendo los reflejos)? ¿Cuándo el ojo se ve a sí mismo? Sólo en caso de opacidades del cristalino y del cuerpo vítreo, es decir, sólo cuando tiene deteriorada su capacidad visiva. En otros términos: la reflexión es un modo deficiente y secundario de intención del ser, al igual que la autorrealización es un modo derivado de la intención de sentido, de la intención de cumplimiento del sentido.

---

39. Binswanger, L., *Die Bedeutung der Daseinsanalytik M. Heideggers für das Selbstverständnis der Psychiatrie*, en: *M. Heideggers Einfluss auf die Wissenschaft*, Berna 1959.
40. Zutt, J., «Wien. Z. Nervenheilk» 10 (1955) 285.
41. Storch, A., *Existentialanalyse*, en: Stern, E., *Die Psychotherapie in der Gegenwart*, Rascher, Zurich 1958.

Introducción

Resumen

El hombre normal y también (originariamente) el hombre neurótico no agotan su realidad en la satisfacción de los instintos o las necesidades con miras a mantener o restablecer su equilibrio psíquico, sino que buscan (al menos originariamente) el cumplimiento de un sentido y la realización de valores; y sólo en la medida de ese cumplimiento de sentido y realización de valores el hombre se cumple y se realiza a sí mismo; y esto, a modo de un efecto que, si se persigue como un fin, queda malogrado. El mundo no es un simple medio para la satisfacción de los instintos y las necesidades, ni una mera autoexpresión del propio ser, a modo de un proyecto o diseño. El ser humano se encuentra ineludiblemente en el doble campo polar de la tensión entre el ser y el deber ser y de la escisión entre lo subjetivo y lo objetivo; el potencialismo olvida el primer campo de tensiones, y el caleidoscopismo niega el segundo. Entonces aparece, en lugar de un «ser en el mundo», esa «desmundanización» con la que el monadologismo viene a distorsionar la imagen del hombre.

EN LA FRONTERA ENTRE LA PSICOTERAPIA Y LA FILOSOFÍA*

> El respeto a la grandeza es sin duda una de las mejores cualidades de la naturaleza humana. Pero debe ceder ante el respeto a los hechos. No hay que reparar en pronunciarse cuando la adhesión a una autoridad choca con el propio juicio adquirido en el estudio de los hechos.
>
> S. Freud, «Wiener Med. Wschr.» 39 (1889).

1. Fundamentos filosóficos de la teoría psicoterapéutica

Una de las afirmaciones de Freud más citadas es la de que el «narcisismo» de la humanidad ha sufrido en tres ocasiones un rudo golpe: la primera vez con la doctrina de Copérnico, la segunda con la teoría de Darwin y la tercera con la doctrina del propio Freud. Quizás esto sea válido por lo que hace al tercero de estos golpes, pero no se comprende muy bien por qué el conocimiento de la ubicación y el origen de la humanidad había de producir un traumatismo; la dignidad de la humanidad no se resiente lo más mínimo por el hecho de que el hombre habite la Tierra, planeta del sistema solar, y no sea el punto central del universo; esto no atenta en absoluto contra la dignidad de la huma-

---

* Artículo publicado en «Forschungen und Fortschritte», vol. 35, fasc. 2, febrero 1961, pp. 36-38, por encargo de las Academias de las Ciencias de Berlín, Gotinga, Heidelberg, Leipzig, Munich y Viena. Redacción: Deutsche Akademie der Wissenschaften, Akademie-Verlag, Berlín.

nidad, como tampoco la obra de Freud desmerece por el hecho de que su autor no pasara la mayor parte de su vida en el centro de Viena, sino en su distrito 9; es evidente que la dignidad de un ser humano o de la humanidad reside en un plano diferente a la localización espacial. Se trata, en suma, de una confusión de diversas dimensiones del ser, de un olvido de las diferencias ontológicas. Si a nivel de *quaestio iuris* no se puede hacer depender el valor y la dignidad del hombre de categorías espaciales, a nivel de *quaestio facti* no está claro si el darwinismo humilló o elevó el concepto que la humanidad tenía de sí misma. Nosotros diríamos que la generación de la época darwinista, con fe en el progreso y afán de progreso, no se sintió humillada, sino más bien orgullosa viendo «hasta dónde habían llegado» sus antepasados antropoides; tan lejos, que nada se interponía ya en el camino de un desarrollo ulterior hasta el «superhombre». El evolucionismo entusiasmó hasta tal punto a los hombres, que éstos empezaron a comportarse como un rebaño de mamíferos a los que la marcha erecta se les ha subido a la cabeza.

La cuestión de si el hombre es un mono está bloqueada emocionalmente por la impresión de que su mero planteamiento desautorizaría el relato bíblico de la creación. Recuerdo un viejo chiste: Un talmudista pregunta a otro: «¿Por qué Moisés ha de escribirse con l?» El otro pregunta a su vez: «¿Moisés se escribe con l?» El primero vuelve a preguntar: «Pero ¿por qué Moisés no ha de escribirse con l?» El segundo contesta enfadado e impaciente: «Pero ¿por qué Moisés ha de escribirse con l?» «Eso es lo que te he preguntado», dice entonces el primero. A la pregunta de si el hombre es un simio, cabe replicar de modo análogo: ¿Por qué el hombre no ha de ser un simio? Y la respuesta a esta pregunta es: porque eso estaría en contradicción con el relato bíblico de la creación. De ahí le viene toda la carga emocional a la pregunta.

Nosotros nada tendríamos que objetar si resultase efectivamente que el hombre era un simio. Pero tampoco habría nada que objetar si se descubrieran rasgos humanos en un simio, y yo no vacilaría en calificar de hombre a ese simio si tal supuesto se produjera. Lo que nos importa, más que la diferencia entre el hombre y el animal, *es el reconocimiento de lo específicamente humano como un fenómeno irreductible*. Porque no es cierto que la naturaleza no dé saltos. Da saltos cuánticos y da también saltos cualitativos, o –como dicen los marxistas– la cantidad se transforma en cualidad. Y así puede producirse también una diferencia cualitativa entre el hombre y el animal.

En la frontera entre la psicoterapia y la filosofía

Esto no lo niega ni siquiera Konrad Lorenz. Este habla de una fulguración. Hay, a su juicio, algo específicamente humano que permite dar una respuesta empírica a la única cuestión que aquí nos interesa: la cuestión de la diferencia cualitativa entre lo humano y lo subhumano. Sólo que yo prefiero hablar, no ya ele una diferencia cualitativa, sino de una diferencia dimensional. La ventaja de esta terminología es que los datos contradictorios de las diversas dimensiones no se excluyen mutuamente *a pesar* de las contradicciones; más bien, la dimensión superior *incluye* siempre a la inferior.

Frente al modelo ontológico estratificado de Nicolai Hartmann –según el cual el estrato entitativo superior «sobrepasa» siempre al estrato inferior–, nuestro enfoque ontológico-dimensional ofrece la ventaja de salvar la *continuidad* de un fenómeno con los otros, *a pesar de la especificidad* del fenómeno de dimensión superior. Volviendo al tema del hombre, hay que decir que, a pesar del elemento específicamente humano, el hombre es un animal. El hombre y el animal no se contradicen entre sí. No hay una relación de exclusividad entre ambos, sino de implicación.

Donde hay dimensiones, hay proyecciones. Yo puedo proyectar un fenómeno desde su propia dimensión a otra dimensión inferior. Puedo proyectar un fenómeno humano a un plano subhumano. Tal procedimiento es perfectamente legítimo, y es propio de la ciencia prescindir a nivel heurístico de la dimensionalidad total de un fenómeno y partir de la ficción de una realidad unidimensional. Este procedimiento resulta peligroso cuando se carga de ideología. Entonces no sólo se afirma que se pueden constatar en el hombre mecanismos desencadenantes congénitos, sino que se llega a sostener que el hombre no es más que un «mono desnudo». El reduccionismo no se limita al plano subhumano, sino que niega la existencia de una dimensión humana y –lo que es más grave– lo hace *a priori*.

Pero lo dicho no es válido sólo para las relaciones entre el hombre y el animal, sino también para lo que trasciende al hombre. Se dice que no es posible demostrar la existencia de una teleología en el ámbito de la naturaleza, pero habría que formular este enunciado abstracto con más cautela. En el plano de proyección de la biología y/o de la etología no se puede demostrar la existencia de una verdadera teleología; pero el concluir de ahí que no existe en absoluto la teleología no sería una constatación empírica, sino pura filosofía, filosofía apriorística. Yo sólo tengo derecho a decir: dentro del plano de proyección de Konrad Lorenz no se puede perfilar una teleología: su plano secante no alcanza la teología. Se podría hablar, pues, de una teleología negativa en forma análoga a la *teología negativa*, que renuncia a decir lo que es Dios y se limita a decir lo que no es. Y si Konrad Lorenz renuncia un día a negar *a priori* la posibilidad de la teleología y reconoce su posibilidad radical –si bien en una dimensión transcendente a la ciencia–, no sólo habrá merecido el premio Nobel para su ciencia, sino también ser candidato a un premio Nobel que aún no existe: el premio Nobel de la sabiduría. La *sabiduría*, en efecto, se puede definir como un *saber acompañado de la conciencia de los límites de ese saber*.

Volviendo a Freud, fue él mismo el que calificó a los psicoanalistas de «mecanicistas y materialistas incorregibles».[1] Sólo que hoy no los calificaríamos tanto, en este contexto, de materialistas, pues desatender la categoría –o, como nosotros preferimos decir, la dimensión– de lo espiritual (opuesto, no sólo a lo corporal, sino también a lo psíquico) es esencialmente menos. Nos parece esencial, más bien, el olvido de esos dos constituyentes de la existencia humana que, aparte lo espiritual, fundan el ser del hombre: la libertad y la responsabilidad. Con otras palabras, lo que caracteriza a la imagen del hombre propia del psicoanálisis es el determinismo (cf. *Determinismus und Humanismus*, en Viktor E. Frankl, *Der Wille zum Sinn*, Huber, Berna/Stuttgart 1972).

Por lo demás, Freud sólo profesó el determinismo en la teoría. En la práctica reconoció la libertad del hombre para cambiar. Definió, en efecto, el objetivo del psicoanálisis diciendo que éste pretende «posibilitar al yo del enfermo la *libertad* para optar en una dirección u otra» (*subrayado* en el original) (*Psychoanalyse und Libidotheorie, Gesammelte Werke*, vol. XIII, 1923, p. 280).

La objeción de que el psicoanálisis es pansexualista resulta hoy obsoleta. Un crítico desapasionado reconocerá que no cabe hablar ya de pansexualismo propiamente dicho. Lo que sigue habiendo en el psicoanálisis es algo que nosotros llamaríamos pandeterminismo: una interpretación determinista total. Sólo hoy comienzan a resquebrajarse las murallas del *pandeterminismo*. Baste mencionar una declaración del psicólogo americano C.R. Rogers,[2] que en un simposio organizado por la Sociedad Psicológica Americana sobre psicología existencial y psicoterapia en Cincinnati, el 4 de septiembre de 1959, afirmaba que uno de los elementos del pensamiento existencial más chocantes para los psicólogos americanos es el hecho de hablar del hombre como si

---

1. S. Freud, *Schriften*, edición de Londres, vol. XVII, p. 29.
2. C.R. Rogers, *Discussion*, «Existential Inquiries» 1, 1960, n.º 2, p. 9.

fuera libre y responsable. Pero añadió que un día uno de sus estudiantes le presentó una investigación según la cual un análisis factorial estadístico llevado a cabo con escrupulosidad no confirmó, como se esperaba, que la probabilidad de reincidencia de individuos delincuentes se establece con la máxima garantía estudiando en cada caso concreto las circunstancias sociales y familiares; el resultado fue más bien que lo decisivo es siempre el grado de autocomprensión, la reflexión o, como nosotros diríamos, la capacidad para examinarse a sí mismo. Rogers declaró que desde aquel día empezó a creer de nuevo en la libertad de la voluntad humana.

Pero recuerdo también otro episodio ocurrido entre un eminente psicoanalista americano y un logoterapeuta europeo: este último había dicho al primero que iba a hacer alpinismo; el psicoanalista sacudió la cabeza, al tiempo que le pedía disculpa por su horror a las aventuras alpinas o a las ambiciones alpinísticas, o sea, por su incomprensión hacia este deporte, y le contó la experiencia que había vivido en su infancia: su padre le llevaba consigo en sus excursiones, que solían ser fatigosas y aburridas. Entonces el logoterapeuta le contó que también su padre le llevaba consigo en sus largos y agotadores paseos, que llegó a aborrecer; y, sin embargo, de aquel niño salió un alpinista.

Aparte el «gran número» o cálculo estadístico de probabilidades, la predicción psicológica no tiene sentido. El ser más mefistofélico de que yo tengo noticia fue mi colega Dr. J., el tristemente famoso «asesino de Steinhof». Fue el encargado de la eutanasia en el Sanatorio para psicóticos de Viena. Su ambición era que no se le evadiera nadie. Pero él logró evadirse del castigo una vez finalizada la segunda guerra mundial. Muchos años después, un diplomático austríaco acudió a mi consulta para hacerse tratar de los sufrimientos que soportó en los años de cautiverio y de campos de concentración. «¿No conoció usted al Dr. J.?», me preguntó de pronto, y ante mi gesto de afirmación continuó: «Yo compartí con él la celda en la famosa prisión L. de Moscú poco antes de mi liberación. Pero él murió allí, de cáncer de vejiga, relativamente joven. Su muerte fue muy dolorosa. Fue una pena; era el mejor compañero que cabe imaginar. Ayudaba a los otros reclusos en lo que podía, nos animaba y consolaba en los momentos peores; yo diría que era un santo.» Así, pues, incluso en este caso extremo, predecir la trayectoria ulterior de un hombre que parecía la encarnación de un principio diabólico, me habría inducido a errar.

Hoy se tiende a reconocer cada vez más que una actitud pandeterminista, negadora de la libertad humana, o una actitud afirmadora de

Introducción

ésta por parte del médico, influye en el paciente, aunque no se le hable expresamente del tema. «La gran mayoría de los psicoterapeutas de este país», dijo la profesora Edith Weisskopf-Joelson, de la Purdue University, en el Unitarian Symposium n.º 12 celebrado el 13 de noviembre de 1959 en Cincinnati, «sostienen que el terapeuta no debe influir en el paciente en lo que se refiere a los sistemas de valores. El terapeuta no debe imponer nada al paciente; debe limitarse a ayudar a éste a desarrollar al máximo su personalidad. Tales terapeutas suelen hablar muy poco, pero utilizan muy a menudo una interjección inarticulada: "hm, hm". Si ustedes analizan esas conversaciones terapéuticas, encontrarán que el "hm, hm" es muy eficaz y que, según el modo de emplear la interjección, puede influir en un sentido o en otro, aproximándose a veces a un verdadero *lavado de cerebro*. Un psicólogo invitó a estudiantes de la Indiana University a expresar ocurrencias verbales, y siempre que el estudiante decía un plural, por ejemplo "mesas", el director del experimento solía emitir el "hm, hm"; al cabo de un rato, los estudiantes proponían palabras en plural con más frecuencia que al principio. "Hm, hm" es una interjección importante».

La «transferencia» inconsciente al paciente de la imagen e ideología que tiene el médico sobre el hombre puede resultar especialmente sospechosa cuando se rebaja al hombre, dentro del marco de una imagen latente y no explícita, a un ser destinado originariamente a la satisfacción de instintos, que incluye también el apaciguamiento del «aparato psíquico» (Freud)[3] con arreglo al hipotético principio de la homeostasia. Si el psicoanálisis de los primeros años reducía el ser humano a su mero aspecto determinista, el neopsicoanálisis lo reduce no menos unilateralmente a su aspecto potencial, proponiendo como objetivo del hombre, no ya el autoapaciguamiento, sino la autorrealización, es decir, la realización de sus propias posibilidades; en efecto, «la teoría de la autorrealización considera que la meta de la vida es el desarrollo pleno de las mejores potencialidades del individuo de cara a la plena satisfacción del mismo» (Charlotte Bühler),[4] relegando la problemática de los valores, que llevarían precisamente al descubrimiento de las «mejores» potencialidades.

---

3. S. Freud, *Gesammelte Werke*, vol. XI, p. 370.
4. C. Bühler, *Die Wertproblematik der Psychotherapie. Handbuch der Neurosenlehre und Psychotherapie*, ed. por V.E. Frankl, V.E. von Gebsattel y J.H. Schultz, vol. VI, Munich/Berlín 1960.

Nosotros consideramos, frente a tales posiciones, que las posibilidades que importan son las posibilidades de cumplimiento del sentido y de realización de los valores. El hecho de que estas posibilidades sean pasajeras, que al no realizarse se pierdan definitivamente, quiere decir que debemos declarar al hombre no sólo como un ser libre, sino como un ser responsable, responsable de realizar las posibilidades pasajeras, de cumplir el sentido de su vida personal y de sus situaciones concretas y de perpetuarlas así mediante esta realización; realizar algo significa *salvar de la caducidad lo transitorio y perecedero, integrándolo en el pasado*: guardarlo y protegerlo.

2. Cuestiones filosóficas de la práctica terapéutica

La interpretación del sentido supone que el hombre es espiritual, y el cumplimiento del sentido supone que es libre y responsable. Es obvio que sólo accedemos a estos existenciales internándonos en la dimensión noológica, donde el hombre se constituye como tal, por encima del plano psicológico-biológico; pero también en ese plano se deja sentir la orientación primaria hacia el sentido, siquiera sea en la forma negativa de la frustración. Es sabido que la privación total de impresiones sensoriales, tal como se realiza en el marco de los experimentos de preparación para los viajes espaciales, ocasiona ciertas ilusiones de los sentidos. Pero las investigaciones llevadas a cabo en las universidades de Yale y de Harvard han demostrado que «no es la ausencia de excitación sensorial en sí lo que produce el síndrome de privación de impresiones sensoriales, sino la ausencia de excitaciones portadoras de sentido»; y la conclusión de los autores que estudiaron el fenómeno fue: «lo que el cerebro necesita para funcionar normalmente es un contacto continuo y lleno de sentido con el mundo exterior».[5]

La finitud del espíritu humano hace, sin embargo, que el hombre sólo pueda acceder a un sentido particular: el sentido de la totalidad supera la capacidad humana, y sólo un concepto límite como el de «supersentido»[6] se ofrece como respuesta al «anhelo de sentido». Pero

---

[5]. J.M. Davis, W.F. McCourt, y P. Solomon, *The effect of visual stimulation on hallucinations and other mental experiences during sensory deprivation*, «Amer. J. Psychiatry» 116 (1960) 889.

[6]. V.E. Frankl, *Ärztliche Seelsorge*, 1.ª ed., Viena 1946; vers. cast.: *Psicoanálisis y existencialismo*, F.C.E., México 1977.

Introducción

en este punto el saber se transmuta en fe; y se puede demostrar por vía casuística que la fe en el supersentido es lo más obvio una vez que el esfuerzo del pensamiento, el «trabajo del concepto», le prepara el camino: Un día entré en una sesión de terapéutica de grupo organizada por mi adjunto K. Kocourek. El grupo estaba analizando el caso de una señora que acababa de perder un hijo de once años, fallecido de hernia cecal, y le quedaba otro hijo de 20 años, enfermo del morbus Little, que necesitaba ser transportado en silla de ruedas. La madre había intentado quitarse la vida y posteriormente me la trajeron a mi clínica. Entonces, interviniendo personalmente en el caso, busqué a una joven y la invité a imaginar que es una anciana de 80 años, a punto de morir, para que repase su vida, una vida llena de prestigio social y de éxitos en el amor pero *nada más*. ¿Qué diría esa anciana sobre sí misma? «Me fue bien en la vida, fui rica, una persona mimada, flirteé con los hombres todo lo que quise y no me privé de nada. Ahora ya soy vieja, no tengo hijos y debo decir que mi vida ha sido un fracaso, pues no puedo llevarme nada a la tumba. ¿Para qué estuve en el mundo?» Entonces invité a la madre del inválido a ponerse en la misma situación y a decir lo que pensaría de sí misma: «Yo deseé tener hijos y este deseo se cumplió. El más joven falleció y me quedó el mayor. De no haber estado yo, él no habría podido subsistir. Fue internado en un centro especial para idiotas; pero yo hice de él un ser humano. *Mi vida no fue un fracaso.* A pesar de toda su dureza, pude cumplir una misión y por eso tuvo sentido. Ahora puedo morir tranquila.» La señora pronunció las últimas palabras entre sollozos. Los otros pacientes dedujeron de ellas que más importante que la vida placentera o penosa de una persona es que esa vida tenga un sentido, y la mayor o menor duración de una vida humana también pierde relevancia ante la cuestión del sentido.

Aún no había aclarado a fondo el sentido del sufrimiento. Por eso continué: «Imagine usted que se aplican a un mono unas inyecciones dolorosas para introducirle suero contra la poliomelitis. El mono ¿comprendería el por qué de ese sufrimiento? No está capacitado por su medio ambiente para seguir el razonamiento del hombre que lo utiliza en sus experimentos, pues el mundo humano, un mundo del sentido y de los valores, le queda inaccesible. No puede acercarse a él, no puede alcanzar su dimensión. Pero ¿acaso es distinta la situación del hombre? El mundo del hombre ¿es una estación final, sin que exista nada más allá? ¿No debemos suponer más bien que el mundo humano tiene sobre sí otro mundo inaccesible al hombre, cuyo sentido, cuyo *super*-sentido, podría dar sentido a su sufrimiento?»

El médico actual debe tener el valor de sostener tales diálogos socráticos si quiere tomar en serio su misión de tratar no sólo enfermedades, sino seres humanos; en efecto, la duda sobre el sentido de la vida, la desesperación de una persona por la aparente *falta* de sentido de su vida *no* es ya una enfermedad, sino una posibilidad esencial del ser humano. El hombre víctima de dudas o de desesperación acudía antes al director espiritual; pero hoy acude al psiquiatra en demanda de consejo y ayuda. Este hecho no sólo autoriza al médico, sino que le compromete a interesarse –más allá de la enfermedad somática y psíquica– por la dolencia espiritual del paciente como ser humano y no ya como enfermo.

No se puede hablar de una extralimitación ni de una sobrevaloración de lo espiritual. Por eso podemos oponer a los malos presagios del campo psicoanalítico lo que dice un eminente psicoanalista: «... ninguna época de la historia se ha caracterizado por un pernicioso exceso de espíritu. El desarrollo de la civilización ha estado acompañado siempre de voces que expresaban en todos los tonos este temor a que la vida pueda sufrir daños irreparables por la proliferación del intelecto. Estas voces han adquirido actualmente una tonalidad especialmente agresiva».[7]

Por eso debemos preocuparnos nosotros de que la agresión contra el espíritu no signifique una regresión a la barbarie.

---

7. H. Hartmann, *Ich-Psychologie und Anpassungsproblem*, «Psyche» 14 (1960) 81.

MONANTROPISMO*

Tuve mis dudas antes de aceptar la invitación a hablar en esta sesión. Soy un poco escéptico en lo que se refiere a los resultados de estas reuniones. Uno descubre en ellas, con demasiada frecuencia, una ingenuidad que le hace recordar la anécdota de aquellos soldados que caen en una emboscada y oyen disparos en las copas de los árboles. Los soldados huyen, pero uno de ellos vuelve atrás y grita a los emboscados: «Dejen de disparar. ¿No ven que por aquí pasa la gente?»

A esto se añade que yo no soy de esos psiquiatras que se creen poseedores, al parecer, de la omnisciencia y la omnipotencia y se permiten pontificar en los campos de otras disciplinas. Los psiquiatras actuales ignoramos aún lo que es propiamente la esquizofrenia y, sobre todo, cuáles son los medios para su curación. ¿Vamos a fingir que sabemos cómo se puede erradicar la guerra en el mundo? No crean ustedes en la omnisciencia de los psiquiatras: es un mito. Tampoco crean en la omnipotencia de los psiquiatras: es una superstición... Pero la omnipresencia de los psiquiatras es un hecho... como pueden ustedes comprobar en los congresos internacionales.

Y, sin embargo, es posible que la psiquiatría pueda ofrecer algo en este campo. Existen aún ciertos paralelismos entre la patología individual y la patología social. Hay mecanismos neuróticos, como el círculo vicioso de la angustia de expectativa. *Si el deseo es el padre del pensamiento, la angustia es la madre del acontecimiento.* Cuando un conferenciante teme sonrojarse o trabucarse, empieza a enrojecer y a tartamudear apenas aparece ante el público; el miedo provoca lo que uno

---

* Discurso pronunciado en la Conferencia Mundial sobre *El papel de la Universidad en la lucha por la paz*, Viena 25-29 de agosto de 1969 (versión alemana).

Monantropismo

teme. Este efecto refuerza el temor originario, y el temor adicional refuerza su efecto. ¿No podría ocurrir que el miedo a la guerra desencadenara guerras? ¿Y que se pueda desarrollar una técnica análoga a la del tratamiento de las neurosis a fin de romper esos círculos viciosos?

No pienso sólo en los mecanismos neuróticos, sino también en los psicóticos. Hay pacientes con manía persecutoria para los que se inventó la expresión de *persecuteur persecuté*. Yo he podido constatar que tales pacientes, cuando dejan de observar si otras personas los persiguen, no tienen la impresión de ser perseguidos. Pero la desconfianza engendra desconfianza en la otra parte, y esta desconfianza parece justificar la propia y la refuerza. ¿No hay paralelismos en el plano social que se puedan aplicar a la prevención y evitación de las guerras?

Es bien conocida la definición de la guerra como continuación de la política con otros medios. Pero esta definición sólo es válida para uno de los dos tipos de política que yo distingo. *Hay una política para la que el fin justifica todos los medios. La otra política, en cambio, sabe muy bien que hay medios que no pueden justificar ni el más sacrosanto de los fines.*

Es evidente que todo esto desemboca en último extremo en la cuestión de los valores. ¿Qué es el «fin»? Si se trata de un valor, ¿hay valores reconocidos por todos los grupos? ¿Y hay denominadores comunes sobre aquello que hace la vida digna de vivirse?

Si hay algo claro y evidente en este punto es lo siguiente: La mera supervivencia no puede ser el valor supremo. Ser hombre significa estar orientado y ordenado a algo que no es uno mismo. La existencia humana se caracteriza por su autotrascendencia. Cuando la existencia humana no apunta más allá de sí misma, la permanencia en la vida deja de tener sentido, es imposible. Ésta fue al menos la lección que yo aprendí en los tres años que hube de pasar en Auschwitz y en Dachau,[1] y los psiquiatras militares pudieron confirmar en el mundo entero que los prisioneros de guerra más capacitados para sobrevivir eran aquellos que se orientaban hacia el futuro,[2] hacia una meta de futuro, hacia un

---

1. Esto es válido con la salvedad de que «la orientación hacia el sentido fue una condición necesaria de la supervivencia, pero no una condición suficiente. En Auschwitz perecieron millones de seres humanos aunque conocieran el sentido de la vida. Su fe no les pudo salvar la vida. Pero gracias a su fe pudieron ir a la muerte con la cabeza levantada» (discurso en la fundación del instituto de logoterapia de la United States International University en San Diego, California).

2. Le Shan estudió la trayectoria vital de 450 enfermos de cáncer y descubrió en el 75 % de ellas una línea típica la aparición de la enfermedad en una época en que los

sentido que debían cumplir en el futuro. ¿No puede aplicarse esto, por analogía, al tema de la supervivencia de la humanidad?

Pero si la humanidad quiere encontrar un sentido que sea válido para todos, debe dar un nuevo paso. Después de haber alcanzado, hace miles de años, el monoteísmo, la fe en un sola Dios, debe llegar a creer en una sola humanidad. Hoy necesitamos más que nunca un monantropismo.

---

pacientes» no se orientaban ya hacia el futuro» (cita de Ida Cermak, *Ich klage nicht*, Amalthea Verlag, Viena 1972).

EL DEPORTE COMO FENÓMENO HUMANO ¿CATARSIS MODERNA O ASCÉTICA SECULAR?*

Se obstruye el paso a la inteligencia del deporte como fenómeno humano, al margen de su degeneración y abuso, mientras nuestro análisis se guíe por el modelo antropológico anticuado según el cual el hombre es un ser que experimenta ciertas necesidades y tiende a satisfacerlas a fin de evitar tensiones y, por tanto, a fin de mantener o restablecer el equilibrio interno. Con otras palabras: esta teoría desfasada de la motivación sigue ligada al concepto de la homeostasia, que está tomado de la biología, pero que ya no es válida en la propia biología. Ludwig von Bertalanffy pudo demostrar hace mucho tiempo que ciertos fenómenos biológicos tan importantes como el crecimiento y la reproducción no se pueden explicar por la vía homeostática. Kurt Goldstein, eminente patólogo del cerebro, pudo demostrar que sólo el cerebro *lesionado* tiende a evitar tensiones a toda costa. Yo estoy convencido de que el hombre no se interesa primariamente por su propio estado interno, llámese homeostasia o como se quiera; el hombre –al menos el hombre no neurótico– está volcado hacia las cosas y hacia sus semejantes del mundo exterior, no como simples medios para un fin: no para la satisfacción de su sexualidad y su agresividad.

En cuanto a la alternativa de la sublimación, la profesora Carolyn Wood Sherif, de los Estados Unidos,[1] ha advertido ya contra la ilusión característica del modelo desfasado del hombre como un ser destina-

---

* Ponencia para un Simposio Científico Internacional convocado por el Comité de Organización de los Juegos Olímpicos, Munich 1972.

1. Carolyn Wood Sherif, *Intergroup Conflict and Competition: Social-Psychological Analysis* (Scientific Congress, XX Olympic Games, Munich, 22 de agosto de 1972).

do a satisfacer necesidades: la ilusión de que la agresividad pueda encauzarse hacia objetos indiferentes. Como ha demostrado la Milton S. Eisenhowers National Commission on the Causes and Prevention of Violence, los objetos indiferentes, destinados a calmar la agresividad –por ejemplo, en la pantalla de televisión– no hacen sirio provocarla y favorecerla como un reflejo.

Por otra parte, la señora Sherif señaló que la idea vulgar de que la competición deportiva es una guerra sin derramamiento de sangre es falsa: la competición deportiva indujo a tres grupos de jóvenes, en un campo cerrado, a volverse mutuamente agresivos en lugar de hacer desaparecer la agresividad.

No parece, pues, que se pueda seguir defendiendo la teoría de la catarsis, una doctrina derivada de Aristóteles, según la cual la representación escénica de la violencia induce a los espectadores a disminuir sus tendencias agresivas.

Pero volviendo a la hipótesis desfasada según la cual toda motivación humana se basa en la homeostasia, voy a proponer contra ella estas 4 tesis: 1) El hombre no sólo no tiende a evitar tensiones a cualquier precio, sino que necesita tensiones. 2) El hombre busca la tensión. 3) Pero actualmente encuentra demasiado poca tensión. 4) Por eso el hombre se crea tensiones. Analicemos los cuatro puntos.

1) Es obvio que el hombre no necesita estar sometido a una tensión extremada. Lo que necesita es una cierta tensión, una tensión sana y bien dosificada. De todos modos, no sólo la sobrecarga o el esfuerzo extraordinario puede ser patógeno, es decir, generador de enfermedad, sino que también la falta de esfuerzo, la relajación, puede ser patógena. El propio Selye, forjador del concepto de estrés, reconoce: «El estrés es la sal de la vida.» Y en otra ocasión: «El estrés es el condimento de la vida.» Pero yo entiendo que lo que el hombre como tal, como hombre, necesita es una tensión *cualificada*, tal como se establece en la polaridad entre el hombre y un sentido, que aguarda en cierto modo su cumplimiento por el hombre y exclusivamente por él.

2) El hombre busca la tensión, he dicho. Busca concretamente tareas que tengan sentido, que puedan mantenerle en una «sana tensión». Es también lo que yo designo con el concepto motivacional de «deseo de sentido». Si el hombre *encuentra* un sentido, entonces y sólo entonces se siente feliz, pero también se capacita para el sufrimiento. En efecto, el hombre está dispuesto entonces a asumir privaciones e incluso a poner en juego su vida (baste pensar en los luchadores de la resistencia política). Y a la inversa, si el hombre no atribuye *ningún*

sentido a la vida, maldice de ésta, aunque externamente le vayan bien las cosas, y a veces se deshace de ella. A pesar del bienestar y del lujo. O precisamente en el bienestar y en el lujo. La sociedad industrial satisface prácticamente todas las necesidades del hombre, y la sociedad de consumo se preocupa de crear necesidades. Pero hay una necesidad que no queda satisfecha: la necesidad de sentido, el deseo de sentido. *Este* deseo de sentido no queda sino frustrado en las condiciones sociales de hoy. Y no es sólo la sociedad del bienestar, sino también el Estado que se ocupa de las reformas sociales el que deja ese deseo sin satisfacer.

3) Actualmente estamos en una situación en la que el hombre apenas puede encontrarle un sentido a su vida. No se siente sólo frustrado sexualmente, como en la época de Sigmund Freud, sino sobre todo en el plano existencial. Y el hombre padece, más que por sentimientos de inferioridad (como en la época de Alfred Adler), por lo que yo llamo «vacío existencial». En la sociedad del bienestar y de la abundancia una buena parte de la población posee medios económicos, pero carece de metas vitales; tiene de qué vivir, pero su vida carece de un porqué, de un sentido. Nuestra sociedad es también una sociedad del tiempo libre, y sectores cada vez más amplios de ella disponen de más tiempo, pero no saben cómo emplearlo razonablemente. Resulta así que el hombre actual pasa menos necesidad y sufre menos tensiones que el hombre del pasado y ya no sabe soportar ambas cosas: su tolerancia a la frustración ha disminuido; el hombre ha perdido el hábito de la renuncia. En la *affluent society* hay demasiado poca tensión. ¿Qué ocurre entonces?

4) El hombre tiende a crear artificialmente la tensión que la sociedad le niega: *se procura* él mismo la tensión que necesita. Y lo hace exigiéndose algo a sí mismo: fuerza su rendimiento... incluso el «rendimiento» de la renuncia. Y en medio del bienestar, comienza a privarse de algo libremente: crea de modo artificial y deliberado ciertas situaciones de penuria. Y comienza, en medio de la sociedad de la abundancia, a levantar «islotes de ascética», y aquí veo yo la función del deporte: el deporte no es la catarsis moderna, sino que es la ascética moderna. Incluso cuando el hombre es más bien espectador y hace deporte pasivamente, busca la tensión.

Pero el hombre no se limita a crear una penuria artificial, sino que inventa necesidades artificiales: en una época en la que apenas se ve obligado a andar –se desplaza en coche– y apenas tiene que subir –utiliza el ascensor–, le da por escalar montañas. Para él, para el «mono desnudo», según el título de un *bestseller*, la necesidad no consiste ya en trepar a los árboles; entonces le da por escalar paredes rocosas.

Debo limitar mi interpretación del alpinismo como una necesidad creada artificialmente: esta interpretación sólo es válida hasta el tercer grado de dificultad. Por encima de este tercer grado no hay mono capaz de escalar. Pero fijémonos en la definición del sexto grado de dificultad, tal como suena en el lenguaje especializado del alpinismo; dice así: «forzar la frontera de lo humanamente posible». Es decir, el escalador extremo no intenta crear necesidades, sino descubrir posibilidades. Quiere averiguar dónde está la «frontera» de lo humanamente posible. Pero el hombre desplaza esa frontera, como desplaza el horizonte a cada paso que da; el hombre va ampliando sus posibilidades sin cesar. Y al trascenderlas, se trasciende a sí mismo.

Esto quiere decir que, en el deporte competitivo bien entendido, el hombre rivaliza en definitiva consigo mismo; es su propio concurrente. Y se puede demostrar que sólo cuando adopta esta actitud alcanza el máximo de rendimiento. A la inversa, un exceso de intención (la «hiperintención», como se dice en logoterapia) lleva al agarrotamiento, como un exceso de autoobservación (la «hiperreflexión») lleva a la inhibición. En la medida en que nuestros pacientes masculinos pretenden demostrarse a sí mismos su potencia, son ya impotentes, y en la medida en que nuestras pacientes femeninas intentan demostrarse a sí mismas que son capaces del orgasmo pleno, son ya frígidas. O, como suelo decir a mis estudiantes, cuanto más se busca el placer, más se le escapa a uno. Parece que en el deporte ocurre algo análogo: cuanto más se ansía la victoria, más se escapa ésta de las manos. Aun en la lucha competitiva, en el deporte de la lucha, la mejor motivación podría ser que uno quiera medirse con otro, pero sin intentar directamente vencerle. Cuanto más atento está el luchador a vencer al otro, más se agarrota, en lugar de estar relajado.

En un campeonato mundial de fútbol, Austria y Hungría finalizaron el primer tiempo con un 0-2 a favor de Hungría. Los jugadores austríacos se retiraron «derrotados, desmoralizados y pesimistas», como escribió un periódico. Pero salieron de los vestuarios con confianza. ¿Qué había hecho el entrenador Leopold Stastny durante el descanso? «Les persuadió de que todo seguía en el aire, que él estaba dispuesto a perdonarles una derrota a condición de que dieran un buen espectáculo al público hasta el pitido final, aunque perdieran por 1-2 o por 1-4.»

Otro caso: Ilona Gusenbauer, ganadora del récord mundial en salto de altura, dijo en una entrevista: «Yo no puedo meterme en la cabeza que tenga obligación de vencer.» En otra ocasión, antes de la «cumbre» de salto de altura con la campeona mundial Jordanka Ebagoieva en la semifinal de la copa de Europa en Varsovia, declaró: «Aquí sólo cuenta para mí la victoria.» Ilona, la mejor saltadora mundial del año con 1,91 m, alcanzó 1,90 en el primer intento; pero la récord mundial (1,94) alcanzó esta vez 1,92 y se puso en cabeza de la lista de las mejores del año.

Klaus Eberhard dijo en una entrevista: «Siempre es más fácil competir consigo mismo que contra el reloj» (arriba, en la salida, la radio dio los resultados. Klaus se tapó los dos oídos).

Demos ahora la palabra a un atleta que llegó a ser campeón de Europa: «Me mantuve imbatido durante siete años. Luego entré a formar parte del equipo nacional. Entonces me sentí presionado. Tenía que ganar, lo esperaba toda una nación. Los momentos antes de una carrera eran terribles.»

Oigamos, en fin, a la paracaidista E. Kim Adams: «El atleta auténtico sólo compite contra sí mismo. Actualmente el campeón mundial absoluto en el deporte del paracaidismo es Clay Schoelpple, un muchacho con el que me inicié. Al analizar por qué ganaron los USA y no los URSS, dijo simplemente que éstos habían venido para ganar. Clay sólo compite contra sí mismo.» Y luego él fue el ganador.

La logoterapia ha desarrollado una técnica para combatir el *agarrotamiento* como efecto *de la hiperintención* y la *inhibición* como *efecto de la hiperreflexión*: la «derreflexión» o «intención paradójica». El método de tratamiento logoterapéutico se ha acreditado en los trastornos de tipo sexual, y parece que también tiene aplicación en deporte. Robert L. Korzep, entrenador de un equipo americano de béisbol, resumió del siguiente modo en el Instituto de logoterapia de la United States International University (San Diego de California) el resultado de sus experiencias e investigaciones: «Estoy convencido de que la logoterapia se puede usar o aplicar en situaciones que se dan en el deporte, por ejemplo, en una situación de apuro, miedo antes del juego, depresión, falta de confianza en sí mismo, falta de espíritu de sacrificio y de entrega y atletas problemáticos. Estoy muy entusiasmado de las posibilidades que ofrece en el deporte el concepto logoterapéutico de la intención paradójica.»

Warren Jeffrey Byers (entrenador de natación) declara: «Durante algunos años fui entrenador de natación. La logoterapia se aplica en las técnicas actuales de entreno. Todo entrenador sabe que la tensión es el enemigo de un rendimiento excelente. La razón principal de la tensión es que durante la competición en natación uno esté demasiado preocupado por la victoria o que intente demasiado el éxito. Esto hace que el deportista se inquiete por vencer al nadador en el próximo trecho. En el momento en que el deportista prevé el éxito, disminuye su capacidad de rendimiento. Al ocuparme de este problema también utilicé una forma de "intención paradójica". Todavía hay una consecuencia negativa de la hiperintención. He conocido deportistas que se ponían sumamente nerviosos y angustiados antes de empezar la competición. No habían podido dormir, sobre todo en la noche anterior a la competición. El problema es tranquilizarlos. Utilizo una forma de "derreflexión". Intento disuadir al deportista de querer ganar a toda costa. Cuando mejor nada un deportista es cuando intenta convertirse en su propio adversario. Creo que la logoterapia puede ser un medio poderoso en el entreno.»

Terry Orlick, profesor de psicología del deporte en la Universidad de Ottawa, recomienda asimismo la aplicación de la técnica logoterapéutica de la intención paradójica: «Si tienes tanto miedo de una competición importante, que pierdes dos libras de peso sudando, mira adrede de sudar tanto que pierdas cuatro. Puedo contar dos casos recientes en los que ello sirvió de ayuda a atletas que sentían mucho miedo ante competiciones importantes para ellos. Un deportista empezó a ponerse nervioso antes de su torneo. Se preguntó: "¿De qué tengo miedo?" Luego se dijo a sí mismo: "Ahora les voy a enseñar lo miedoso que puedo llegar a estar." Cuanto más intentaba aumentar su miedo, más desaparecía. La otra deportista tenía un gran temor ante un campeonato mundial, hasta el punto de enfermar del estómago. En vez de intentar relajarse, probó aumentar su miedo lo más posible. Y desapareció».[2]

Resumen

Según se desprende de algunas investigaciones experimentales, es un error suponer que la agresividad se puede encauzar hacia objetos indiferentes para desahogarla en ellos: con otras palabras, es un error creer que la competición deportiva sea una guerra sin derramamiento de sangre. De ahí que la teoría de la catarsis, que remonta a Aristóte-

---

[2]. *In Pursuit of Excellence*, Couching Association of Canada, Ottawa 1980, p. 124-125.

les, sea inaceptable. El hombre actual sufre menos necesidades y menos tensión que el hombre del pasado; por eso intenta crear artificialmente la tensión (que él *necesita*), forzando su propio rendimiento, incluso el rendimiento de la renuncia. En medio del bienestar, crea deliberadamente situaciones de penuria. Y en medio de la sociedad de la abundancia comienza a levantar islotes de ascética: el deporte no es la catarsis moderna, sino la ascética secular. En la lucha competitiva bien entendida, el hombre rivaliza en realidad consigo mismo; en su propio concurrente. Y sólo cuando adopta esta actitud alcanza el máximo de rendimiento. A la inversa, un exceso de intención lleva al agarrotamiento, como un exceso de autoobservación lleva a la inhibición. Cuando uno busca la victoria, ésta se le escapa. Aun en el deporte de la lucha la mejor motivación podría ser el querer medirse con otro, pero sin tratar directamente de vencerle. Cuanto más atento está el luchador a vencer al otro, tanto más se agarrota, en lugar de estar relajado.

AMOR Y SEXO

Matrimonio y amor parecen dos conceptos estrechamente relacionados entre sí. Pero esto sólo pasa desde que existen matrimonios de amor, o sea, en los matrimonios que se pactan (por no decir permanecen) sobre la base del amor. Pero en este sentido los matrimonios de amor constituyen un fenómeno relativamente reciente, como señala el sociólogo Helmut Schelsky en su *Sociología de la sexualidad*. Cabe decir, no obstante, que el amor es generalmente la condición y el requisito de eso que se llama un matrimonio feliz. La cuestión es saber si la felicidad basada en el amor es duradera. El amor, en efecto, puede ser una condición necesaria de la felicidad conyugal; pero esto no quiere decir, ni de lejos, que sea una condición suficiente.

Ahora bien, ¿qué es el amor? ¿Es la simple y estricta sexualidad, como creyó Sigmund Freud, susceptible únicamente de transformarse en una sublimación de las energías sexuales? Tal es la tesis del reduccionismo, que intenta convertir todo fenómeno en epifenómeno, haciéndolo derivar de otros fenómenos. Pero el reduccionismo no procede así basándose en datos empíricos, sino partiendo de determinada visión del hombre que no formula de modo explícito, sino que presupone sin más, como si fuese una verdad científica.

Pero si no queremos someter un fenómeno como el amor al lecho de Procusto de interpretaciones y adoctrinamientos arbitrarios y aspiramos a aprehenderlo sin merma, no será suficiente una exégesis psicoanalista y tendremos que recurrir a un análisis fenomenológico. En esta perspectiva el amor aparece como un fenómeno antropológico de primer orden. El amor, en efecto, se revela como uno de los dos aspectos de eso que yo llamo *la autotrascendencia de la existencia humana*. Entiendo por tal el hecho antropológico fundamental de que el ser humano remite siempre, más allá de sí mismo, hacia algo que no es él: hacia algo o hacia alguien, hacia un sentido que el hombre colma o hacia un semejante con el que se encuentra. Y el hombre se realiza a sí mismo en la medida en que se trasciende: al servicio de una causa o en el amor a otra persona. Con otras palabras, el hombre sólo es plenamente hombre cuando se deshace por algo o se entrega a otro. Y es plenamente él mismo cuando se pasa por alto y se olvida de sí mismo. Qué hermoso es un niño cuando se le fotografía y él no se da cuenta, absorto como está en el juego.

Antes hablábamos de encuentro, ¿es que hay que definir el amor como encuentro? El encuentro es una relación con un semejante en la que se reconoce a éste como ser humano. De esto se desprende que al semejante no se le utiliza como simple medio para un fin, si a tenor de la segunda versión del imperativo categórico de Immanuel Kant, pertenece a la actitud esencial del hombre que el semejante nunca sea degradado a simple medio para un fin.

Ahora bien, parece que el amor supone un paso más respecto al encuentro, ya que no se limita a acoger al semejante en su condición humana, sino además en su unicidad y singularidad o, lo que es lo mismo, como persona. Porque la persona no es un ser humano como los otros, sino diferente de los otros, y en esta diferencia resulta ser algo único y singular. Y sólo cuando el amante acoge al amado en su unicidad y singularidad, éste se convierte para él en un tú.

El primer aspecto de la autotrascendencia, la búsqueda y alcance de un sentido, puede expresarse con un concepto tomado de la teoría de la motivación y que yo suelo llamar «deseo de sentido». Este concepto ha encontrado ya una verificación a nivel empírico (Elisabeth S. Lukas, James C. Crumbaugh y otros). Kratochvil y Planova sostienen que el deseo de sentido es una motivación *sui generis* y, como tal, no se reduce a otra motivación (reduccionismo), ni puede derivarse de ella. Abraham H. Maslow llega a afirmar que el deseo de sentido es la motivación «primaria», base de la conducta humana.

Pero actualmente podemos observar la constante frustración a que está sometido este deseo de sentido, y los psiquiatras vemos cómo el sentimiento del absurdo como origen de las neurosis le arrebata la primacía, incluso en los países comunistas y en desarrollo, al sentimiento de inferioridad descrito por Alfred Adler. Este sentimiento de absurdo va acompañado de una *conciencia de vacío* que yo llamo «vacío existencial». *Y en este vacío existencial prolifera la libido sexual*. Sólo de este modo se puede explicar la inflación sexual que se produce en nuestro

Introducción

tiempo. Como toda inflación, incluida la del mercado de dinero, conduce a una devaluación. La sexualidad, en efecto, se va desvalorizando en el curso de la inflación sexual a medida que se deshumaniza. Porque la sexualidad humana es más que la mera sexualidad. Y lo es en la medida en que viene a ser la expresión de una relación amorosa.

Sin embargo, la afirmación de que la sexualidad humana es más que mera sexualidad no es suficiente, porque también la sexualidad animal puede superar lo meramente sexual. Irenáus Eibl-Eibesfeldt ha hecho notar en su libro *Liebe und Hass. Zur Naturgeschichte elementarer Verhaltensweise*, que «el comportamiento sexual de los vertebrados está al servicio del grupo», especialmente en los primates. Por ejemplo, «la copulación del babuino persigue únicamente este fin social». En mayor medida aún «la unión sexual cumple en el ser humano la doble finalidad de la procreación y la vinculación a la pareja». «Pero el hecho de que la sexualidad esté al servicio de la vinculación a la pareja presupone una relación interhumana, es decir, el amor como unión individualizada.» «El amor es una relación interhumana individualizada, y un cambio constante de pareja está en contradicción con él.» Eibl-Eibesfeldt no duda en declarar que el ser humano «muestra en este sentido una tendencia congénita a la relación conyugal duradera». El mismo autor advierte, en fin, contra el «peligro de una desindividualización de la relación sexual», que «significaría la muerte del amor».

Es más: la «muerte del amor» acarrearía, a nuestro juicio, una disminución del placer. Los psiquiatras podemos observar constantemente que, cuando la sexualidad no es ya expresión del amor, y pasa a ser un medio para la obtención de placer, este mismo placer fracasa; en efecto, y para decirlo en fórmula extrema, cuanto más se busca el placer, más se escapa éste. Mis experiencias me dicen que la impotencia y la frigidez obedecen en la mayoría de los casos a este mecanismo. Y viceversa: la revista americana «Psychology Today» realizó una encuesta entre 20 000 personas, con el resultado de que entre los factores que más contribuían a la potencia y el orgasmo, el amor ocupaba el primer puesto.

Según esto, *la optimización del goce sexual exige que no se aísle ni se desintegre la sexualidad* separándola del amor y deshumanizándola. Pero no debemos olvidar que la sexualidad así deshumanizada no se humaniza de pronto, sino que requiere un proceso. Tomemos como punto de partida para explicarlo un par de conceptos de Sigmund Freud: la distinción entre objetivo y objeto del instinto. Cuando empieza en la pubertad el desarrollo y la maduración de la sexualidad en sentido propio, se produce la descarga de tensiones sexuales acumuladas –en el sentido de un objetivo del instinto–, una descarga que no hay por qué concebir en forma de acto sexual: *para esto basta la masturbación*. Sólo en una fase posterior del desarrollo y la maduración sexual se agrega un objeto de instinto, aparece en el horizonte una pareja idónea para el acto sexual, una pareja cualquiera: *para esto basta una prostituta*.

Esto significa que la sexualidad no alcanza aún en esta fase el plano propiamente humano, no está aún del todo humanizada, ya que en el plano humano la pareja no pasa a ser objeto, sino que es sujeto y, sobre todo, no puede ser utilizada como mero medio para un fin, el fin de la satisfacción del instinto o de la obtención del placer. Lo cual no excluye obviamente que el placer aparezca tanto más, cuanto menos el hombre se preocupe por él.

¿Qué ocurre cuando el hombre, en su desarrollo y maduración, se estanca en la primera o en la segunda fase, o «regresa» a una de las dos fases? Mientras el individuo se encuentra en la primera fase y cree poder realizar el «acto sexual» sin el objetivo del instinto, se vale del onanismo y necesita la pornografía. Pero si no ha pasado más allá de la segunda fase, esta «fijación» se manifiesta en la promiscuidad, y en todo caso ya le basta la prostitución.

Resulta así que tanto el consumo de *pornografía* como la necesidad de prostitución, incluida la necesidad de *promiscuidad*, son *síntomas de retraso psicosexual* que requieren un diagnóstico. Pero la industria del placer sexual tiene buen cuidado de glorificarlos sublimándolos como «progresistas». La industria de la «ilustración sexual» contribuye a ello denunciando la hipocresía, pero procediendo a su vez hipócritamente al clamar por la *libertad de expresión*, con lo que quiere decir *libertad para el negocio y el lucro*. El resultado de todo esto es una presión de consumo sexual que genera trastornos de potencia. Estos trastornos, en efecto, suelen producirse cuando el paciente tiene la impresión de que la potencia es un «rendimiento» que se espera de él, que se le exige y reclama, sobre todo cuando la exigencia procede de su pareja. Pero tampoco esto es válido sólo para el ser humano, sino que se da también en los animales. Konrad Lorenz pudo inducir a un pez *betta* hembra a nadar en dirección al macho para el apareamiento, no en forma coqueta, sino violenta, ante lo cual el macho inhibía el reflejo del apareamiento.

George L. Ginsberg, William A. Frosch y Theodore Shapiro, de la Universidad de Nueva York, informan en «Archives of General

Introducción

Psychiatry» que la impotencia aumenta más que nunca entre los jóvenes. Y los tres psiquiatras lo atribuyen a que las mujeres, con la libertad sexual recién conquistada, *exigen y reclaman* de los hombres un rendimiento sexual, como se constata en la encuesta de los pacientes: «Las mujeres emancipadas de hoy exigen rendimiento sexual.»

He dicho que la sexualidad humana se deshumaniza cuando queda degradada en simple medio para la obtención de placer. Pero también es un abuso considerar la sexualidad como mero medio para la reproducción[1] en lugar de dejarla ser lo que es: expresión del amor. Y precisamente una religión que define a Dios como amor debía haber evitado definir *ex cathedra* que el matrimonio y el amor sólo tienen sentido si se ordenan a la procreación. En todo caso, esto se proclamó en una época en la que no sólo el casamiento por amor era una excepción, sino que lo normal era una gran mortalidad infantil. Hoy nos encontramos, en cambio, con el problema contrario: la explosión demográfica. Y tenemos la «píldora» a nuestra disposición. Pero la píldora sólo puede contribuir a humanizar la sexualidad si ésta se emancipa: la sexualidad sólo pasará a ser la culminación del amor si se pone voluntaria y temporalmente, y no forzosamente, al servicio de la procreación.

---

1. Los americanos distinguen ahora entre *recreational sex* y *procreational sex*.

ARGUMENTOS EN FAVOR DE UN OPTIMISMO TRÁGICO*

Señora secretaria de Estado, señoras y señores:

La logoterapia es una psicoterapia centrada en el sentido. Su principio impulsor dice que el hombre es un ser que se encuentra en constante búsqueda del sentido. Pero esta búsqueda del sentido aparece en las circunstancias actuales de la sociedad como un empeño vano. Esta frustración hay que cargarla en buena parte a la cuenta de esa trágica tríada que se compone de (1) sufrimientos, (2) culpa y (3) muerte. Ninguno de nosotros puede evitar el encuentro con el sufrimiento ineludible, con la culpa inexcusable y con la muerte inevadible. La pregunta que debemos formularnos es: ¿cómo podemos decir sí a la vida *a pesar de todo* este su aspecto trágico? Una pregunta que lleva a esta otra: la vida, a pesar de todos sus aspectos negativos, ¿puede tener un sentido, *mantener* el sentido en todas sus condiciones y circunstancias? Lo primero de todo hay que abordar la vida como es, según leemos en una carta de Rilke a la condesa Sizzo: «El que no acepta de una vez con resolución, incluso con alegría, la dimensión terrible de la vida, nunca disfrutará de los poderes inefables de nuestra existencia, quedará marginado y, a la hora de la verdad, no estará vivo ni muerto.»

---

* Conferencia pronunciada en el III Congreso Internacional de Logoterapia celebrado en la Universidad de Ratisbona (16-19.6.1983). La versión inglesa de la conferencia apareció bajo el título *The Case for a Tragic Optimism* en el tomo III de *Analecta Frankliana, The Proceedings of the Third World Congress of Logotherapy* (1983), editado por la profesora Sandra A. Wawrytko, Institute of Logotherapy Press, Berkeley 1984.

Introducción

Pero hay algo más: también de los aspectos negativos, y quizá *especialmente* de ellos, se puede «extraer» un sentido, transformándolos así en algo positivo: el sufrimiento, en servicio; la culpa, en cambio; la muerte, en acicate para la acción responsable. De un modo u otro, debe haber frente a los aspectos trágicos de nuestra existencia la posibilidad de *to make the best of it*, como se dice bellamente en inglés: la posibilidad de sacar el mejor partido; lo mejor se dice en latín *optimum*; y ahora comprenderán ustedes cómo llegué yo a la expresión «optimismo trágico».

¿Y qué significan los «argumentos» que deben justificar ese optimismo? Se trata en definitiva de los denominados *argumenta ad hominem*; sólo intentamos, en efecto, enseñar un optimismo que hemos aprendido de otras personas que han vivido y sufrido el optimismo trágico antes que nosotros. De ese modo, en la línea del aprendizaje más eficaz, que es el «aprendizaje mediante modelo», el sufrimiento de un *homo patiens* puede beneficiar a otro, poniendo en marcha un «reciclaje» existencial.

Lo que *no* es posible es un optimismo por decreto. A nadie podemos ordenar que sea optimista, o que espere contra toda esperanza. Nadie, en efecto, puede forzar la esperanza, como tampoco se pueden forzar las otras dos actitudes que constituyen la famosa tríada: la fe y el amor. Yo sólo puedo creer si algo o alguien ofrece credibilidad, si es «fidedigno», lo mismo que sólo puedo amar a alguien que sea «amable». En suma, la esperanza, la fe y el amor deben estar fundados, y en este sentido se parecen a la felicidad, que requiere un fundamento para hacerse realidad; si tenemos un fundamento para ser felices, la felicidad vendrá por sí misma, y cuando menos nos preocupemos de ella, más seguros podemos estar.

Cuando el europeo llega a América, constata con sorpresa cómo se le invita a ser *happy*, a ser feliz por decreto. Si tiene motivo para ello, no es necesario que se le ordene; pero si no lo tiene, no es posible forzarlo. Ocurre lo mismo que con la risa: si quiero hacer reír a alguien, debo proporcionarle algún motivo, contándole un chiste, por ejemplo. Lo que no puedo es obligarle a reírse. Es como rogar a alguien que pronuncie *cheese* mientras le estoy fotografiando. Le saldrá la risa del «sonría, por favor»...

Después de explicar estas conexiones a mis estudiantes americanos, al próximo día encontré sobre mi pupitre una caricatura (fig. p. 70) donde dos niños rehúsan sonreír mientras no encuentran un motivo, y lo hacen cuando su tía desiste del empeño... y hace el ridículo.

Argumentos en favor de un optimismo trágico

Repetimos: la felicidad debe tener un fundamento del que nazca espontáneamente; pero la felicidad no se puede perseguir, no se puede fabricar; al contrario, cuanto más se la persigue, cuanto más se busca el placer, menos se alcanza. Conocemos este fenómeno por la patología sexual. El principio de placer, llevado a la práctica, resulta un fenomenal aguafiestas.

En cuanto al principio de realidad, supuesta antítesis del principio de placer, no es contrario a él, sino que está a su servicio, como se desprende de las declaraciones expresas de Freud. No hay que olvidar que el principio de placer está a su vez al servicio de otro principio más originario: el de la homeostasia, que busca atenuar al máximo las tensiones interiores. Como si el hombre no tuviera otra cosa que hacer. Y como si de hecho el hombre no tuviese otra tarea que deshacerse de tensiones a base de dar satisfacción a los instintos y contraer compromisos entre el yo, el ello y el super yo. Entonces el mundo no es algo que el hombre, saliendo fuera de sí, explora en busca de una causa a la que valga la pena servir o en busca de un semejante al que pueda amar porque es «digno de amor». No; entonces las cosas y los hombres que están fuera en él son denigrados a servir de simples medios para un fin, más o menos útiles y en el mejor de los casos justamente lo bastante buenos para ser puestos al servicio de la satisfacción de los propios instintos y también de la autorrealización. Esto significa un desconocimiento total de lo específicamente humano en el marco de una teoría de la motivación. Toda la realidad humana se caracteriza, en efecto, por su autotrascendencia, esto es, por la orientación hacia algo que no es el hombre mismo, hacia algo o hacia alguien, mas no hacia sí mismo, al menos no primariamente hacia sí mismo. Cuando yo me pongo al servicio de algo, tengo presente ese algo y no a mí mismo, y en el amor a un semejante me pierdo de vista a mí mismo. Yo sólo puedo ser plenamente hombre y realizar mi individualidad en la medida en que me trasciendo a mí mismo de cara a algo o alguien que está en el mundo. Lo que debo tener presente, pues, es ese algo o alguien, y no mi autorrealización. Es más: debo relegarme a mí mismo, postergarme, olvidarme; debo pasarme por alto como el ojo debe pasarse por alto para poder ver algo del mundo. Si no lo hace, en caso de opacidad o hemorragia en los medios de refracción (cristalino y cuerpo vítreo) su transparencia sufre y se produce un trastorno visual.

El hombre atento a la realización de sí mismo nos recuerda el fenómeno del bumerán. Suele decirse que el bumerán vuelve al cazador que lo arroja, pero esto no es exacto, ya que sólo vuelve cuando el cazador

«Sonreíd.»

«SONREÍD.»

«NO sonriáis.»

ha errado el blanco. Exactamente igual le sucede al hombre: sólo vuelve sobre sí mismo, sólo (hiper)reflexiona sobre sí mismo cuando no encuentra el sentido capaz de hacer la vida «digna de vivirse». Si el hombre es, en el fondo, un ser en busca del sentido, y si la busca tiene éxito, se siente feliz; el sentido, tal como se le manifiesta, es lo que le da el motivo de ser feliz. Pero la persecución del sentido no sólo hace feliz al hombre, sino que le hace también capaz para el sufrimiento. Y ustedes se convencerán de esto si hablan con los que un día vivieron en los campos de concentración situados entre Auschwitz y Stalingrado: *ceteris paribus*, las posibilidades de supervivencia dependerán de la orientación hacia un sentido de la vida, de que hubiera algo o alguien en la conciencia del cautivo que estuviera esperándole para el tiempo de la libertad. Y a la inversa: si nada o nadie le aguardaba, si el cautivo no tenía una meta para su vida, un futuro por el que luchar y sufrir,

Argumentos en favor de un optimismo trágico

«un buen día se quedaba tendido en el barracón y no había quien le moviera a vestirse, ir al lavabo y presentarse en la plaza de revista. Nada le hacía mella, nada le inmutaba, ni ruegos, ni amenazas, ni golpes, todo era inútil: él permanecía tendido, sin apenas moverse, y si era una enfermedad lo que provocó esta crisis, rehusaba ser llevado a la enfermería o recibir cualquier ayuda. Se había dado por vencido. Yacía sobre sus propios excrementos, sin importarle nada» (Viktor E. Frankl, *El hombre en busca de sentido*, Herder, Barcelona 1984, p. 76) ¿Y saben ustedes lo que hacía después? Sacaba del bolsillo el último cigarro que tenía guardado y empezaba a fumar. Entonces sabíamos que iba a morir dentro de pocos días.

Ante esto, ¿quién no piensa en los jóvenes de hoy que se autocalifican de *no future generation*? ¿Y quién se puede extrañar de que echen mano, no ya de pitillos, sino de las drogas? Ante el absurdo aparente, ante el sentimiento de una falta de sentido radical[1] que hoy flota en el ambiente, sólo resta, por lo visto, la reclusión en la pura subjetividad de los meros *sentimientos* de dicha proporcionados por los estupefacientes.

Y el sentimiento de la falta de sentido va en aumento. Cada vez son más numerosas las personas que buscan en vano el sentido de la vida. Muchas publicaciones, basadas en los 10 tests logoterapéuticos, atestiguan el incremento del sentimiento de absurdo de la vida en todo el mundo. Cito sólo dos trabajos que han caído por azar en mis manos durante los últimos días: «De una serie de 40 pacientes consecutivos que solicitaron un tratamiento terapéutico en un ambulatorio psiquiátrico, el 30 % tenían como problema principal algo referido al sentido, como se confirmó por la autoevaluación de los pacientes, por terapeutas o por personas independientes» (Irvin D. Yalom, *Existential Psychotherapy*, «Basic Books», Nueva York 1980). Pocos días después leí una estadística según la cual una población que vive a varios miles de kilómetros al Este se queja de la falta de sentido de la vida en una proporción sensiblemente igual: sólo alrededor del 1 % inferior («Profil», año 14, n.º 15). En esos países la gente tiene suficientes recursos para vivir, pero apenas encuentra un objetivo por el que valga la pena vivir. Y cuando la primera premisa, relacionada con la crisis económica mundial –el bienestar material– pierde relevancia, gana actualidad

---

1. El sentimiento de falta de sentido aparece en forma de aburrimiento e indiferencia, si se define el aburrimiento como falta de interés por el mundo y la indiferencia como falta de iniciativa en el mundo, falta de iniciativa para cambiar algo.

la segunda —el mal existencial—, ya que la crisis económica conduce al desempleo, y éste agrava aún más la conciencia de absurdo.

Como se sabe, hubo hace medio siglo otra crisis económica internacional que estuvo acompañada asimismo de un desempleo masivo. Entonces me tocó atender psiquiátricamente a los jóvenes parados en el marco de la acción «Juventud necesitada» promovida por la Cámara de trabajadores de Viena. Las experiencias que pude recoger las di a la luz el año 1933, hace ahora exactamente 50 años, en la revista «Sozialärztliche Rundschau». Y describí lo que yo llamo neurosis de paro, cuyo síntoma principal es una depresión grave. Mi hipótesis fue que esta depresión se debía a una doble falta de identificación: el parado tiende, en efecto, a argumentar así: «Estoy parado, luego soy inútil, luego mi vida no tiene sentido.» Esta interpretación se vio reforzada por algunas circunstancias: cuando yo lograba integrar a un joven parado en un empleo no remunerado, pero útil a la sociedad (una organización juvenil, una universidad popular, una biblioteca pública), la depresión cedía de modo notable, aunque el estómago siguiera protestando como antes, pues hay que tener en cuenta que en los años treinta el paro significaba aún hambre. Se constató, pues, que no es el paro en sí lo que lleva a la neurosis, sino más bien la conciencia de falta de sentido de la vida, y ésta no se remedia simplemente con la red de seguridad social del Estado: esa red tiene mallas demasiado anchas. El hombre no vive sólo de la ayuda al desempleo.

Suele recomendarse contra el paro, entre otras cosas, la reducción de la jornada laboral; pero tampoco esa reducción puede ajustar las cuentas socioeconómicas sin contar con el huésped psiconoético. Jerry Mandel, un antiguo discípulo mío, pudo formular esta pregunta: «Si un día, gracias a la técnica, el 15% de los trabajadores americanos pudieran satisfacer todas las necesidades de la nación, se plantearían dos problemas: ¿Quién debe formar parte de ese 15% y cómo podrá emplear el resto su tiempo libre y poner remedio a su pérdida del sentido de la vida?» En lo que respecta a la jubilación anticipada, no resulta menos problemática en el plano psiquiátrico; ya la jubilación a los 65 años plantea suficientes problemas, algunos de ellos en relación con la sociedad de producción que nos rige y que fomenta la idolatría de la juventud. Esto hace que la conciencia de falta de sentido de la vida del parado se multiplique por el sentimiento de inferioridad del que se siente arrumbado como un trasto viejo.

Tendríamos, pues, ante nosotros, una depresión causada por la situación socioeconómica del «paciente». Pero junto a esto, hay la depresión de base psicodinámica y la llamada depresión endógena, esta última tiene su origen en la dimensión bioquímica. Pero el sentimiento de falta de sentido de la vida es otra cosa: no es una enfermedad psíquica, sino expresión de un agotamiento espiritual. Son especialmente los jóvenes los que, además de preguntar por el sentido de la vida, se atreven a cuestionarlo y no están dispuestos a comulgar con las ruedas de molino de la tradición. Y ocurre así que el índice de frustración existencial o frustración de lo que nosotros llamamos en logoterapia «anhelo de sentido» es especialmente elevado entre los jóvenes (según la asociación Caritas, «el 42% de los jóvenes consideran la vida como absurda»). No es de extrañar en tales circunstancias que el sentimiento de absurdo se manifieste en forma de un síndrome neurótico masivo que puede observarse sobre todo en los jóvenes. Un taxista americano lo formuló una vez en los siguientes términos: «Se matan a sí mismos, matan a los otros y toman drogas.» En lugar de tantas palabras, podría haber usado tres: depresión, agresión, adicción.

El *Killing oneself* o suicidio obedece en general a una depresión, y su causa remota puede ser en casos concretos una falta de sentido de la vida. Quiero decir con esto que en modo alguno se pueden atribuir todos los casos de suicidio al sentimiento de falta de sentido de la vida; pero yo estimo que el suicida no habría consumado su acto con sólo haber hallado un cierto sentido en su vida. Nuestras experiencias logoterapéuticas nos enseñan que el conocer que la vida tiene un sentido no posee sólo una relevancia terapéutica, sino también profiláctica. Pero a la hora de hablar de profilaxis del suicidio y de medidas preventivas, quisiera recordar lo que «el psicólogo del Consejo Escolar de Viena refiere acerca de un experimento realizado en Suiza: en un cantón de este país los medios de comunicación social se pusieron de acuerdo en no mencionar el suicidio durante un año; esto hizo que el suicidio descendiera al diez por ciento en aquel cantón» («Die Presse», 14-15, II, 1981, p. 5). Yo me pregunto qué profesional de los medios de comunicación social está dispuesto a asumir la responsabilidad del noventa por ciento de los suicidios que no se hubieran producido de no haber «aireado» el tema.

Pero dejemos la problemática de la prevención y abordemos las cuestiones de la intervención: ¿qué se puede hacer en concreto? Para contestar a esta pregunta, recurriré a dos tipos de experiencias: mi colaboración en el marco del centro para hastiados de la vida de Viena, fundado por Wilhelm Börner y dirigido por él durante un decenio (hasta 1938) –prácticamente, el primer centro de esta naturaleza–, y los 4 años que pasé de joven médico en el gran hospital psiquiátrico de Viena al cuidado del pabellón que albergaba a los pacientes de intento de suicidio. A lo largo de los 4 años pasaron por mis manos alrededor de 12 000 «casos», y esto supone un cúmulo de experiencias. Y a ellas suelo recurrir cuando tengo ante mí a un paciente que ha intentado el suicidio. Pude constatar una y otra vez que incluso en situaciones sin aparente salida hay siempre al final una solución, una respuesta, un sentido, siquiera a largo plazo. ¿Quién me puede asegurar –pregunto yo– que no será ése mi caso y que un día no voy a descubrir un sentido insospechado? Un día; pero yo debo vivir ya ese día, debo prepararme para él y desde ahora soy responsable y no puedo desentenderme.

En cuanto al segundo aspecto de la tríada neurótica de masas, la «agresión», referiré una anécdota en lugar de los resultados de la investigación estadística, una anécdota que conozco por la socióloga americana Carolyne Wood Sherif. En el marco de un experimento, esta socióloga infiltró a algunos jóvenes psicólogos en un campamento de *boy-scouts*; dichos psicólogos provocaron agresiones de grupo valiéndose de ciertas competiciones deportivas. Resulta así que el deporte está muy lejos de ser la catarsis moderna, supuestamente canalizadora y sublimadora del «potencial agresivo». Yo considero más bien el deporte como una ascética secular que obliga al hombre físicamente infraactivo de hoy a exigirse un esfuerzo, siquiera sea el esfuerzo de la «renuncia». El deporte, pues, forma parte de esa dimensión «salvadora» que según Hólderlin «germina allí donde amenaza el peligro» (suponiendo que la «lluvia ácida» no dañe dicha germinación). Los sedentarios se entregan al *jogging* y, cuando las pantorrillas, más musculosas, ya no pueden impresionar a nadie, se cambian a los *aerobics*, más erógenos.

Volvamos al experimento de Carolyne Wood. Las agresiones cesaron cuando los grupos tuvieron que arrimar el hombro para desatascar el vehículo con el que se transportaban los víveres al campamento, hundido en el lodo tras unas lluvias torrenciales. La entrega a una misma tarea unió a todos e hizo olvidar las agresiones. Yo preguntaría si es descabellado extrapolar la anécdota y aventurar la hipótesis de que la única posibilidad de que la humanidad sobreviva es la del encuentro de todos los pueblos en una tarea común.

Vayamos con el tercer aspecto de la tríada neurótica: la adicción. No les voy a abrumar con estadísticas; pero les presento los resultados de dos tests: Annemarie von Forstmeyer constató en el 90% de los casos de alcoholismo estudiados un fuerte sentimiento de falta de sentido, y Stanley Krippner asegura que el 100 por 100 de los drogadictos atendidos por él psiquiátricamente se quejaban de no poder encontrar un sentido para sus vidas.

Quizá debo añadir que los esfuerzos de rehabilitación de pacientes delincuentes o drogadictos son más positivos cuando afrontan la problemática del sentido de la vida. Los logoterapeutas americanos Louis S. Barber y Alvin R. Fraiser han constatado un índice del 87% de resultados positivos en los jóvenes delincuentes y del 40% en los drogadictos (*Logotherapy in Action*, publicado por Joseph B. Fabry, Reven P. Bulka, y William S. Sahakian, Nueva York 1979), por limitarme a unos pocos ejemplos.

Esto, en cuanto a la búsqueda de sentido. ¿Qué decir del sentido en sí? ¿Y cómo encontrarlo? Permítanme hacer notar, ante todo, que el sentido al que se refiere siempre la logoterapia es el sentido que se oculta en la situación concreta que afronta una persona concreta. Se trata de un sentido potencial, es decir, un sentido que necesita ser actualizado justamente por la persona en cuestión, que se siente invitada a escuchar la «llamada» que parte de él. Además del sentido concreto, se da obviamente un sentido general. Pero cuanto más general sea el sentido, tanto menos aprehensible será. Por algo hablamos también de un sentido «último». Pero el sentido concreto de una situación concreta se relaciona con ese sentido final como una escena se relaciona con toda la película: vislumbramos su sentido conforme nos aproximamos al *happy end*, pero a condición de que vayamos reteniendo el sentido de cada escena hasta llegar al final. Debemos, pues, estar atentos, por una parte, y aguardar, por otra, en la sala de cine hasta el final de la proyección, y en la vida, hasta la «hora de nuestra extinción».

En cuanto al sentido que contempla la logoterapia: el sentido concreto, único y singular de cada situación, se alcanza a través de un proceso de búsqueda que está a medio camino entre la «vivencia de ¡ah!» de K. Bühler y la percepción gestáltica de Max Wertheimer: irrumpe de pronto un sentido, salta a la vista; pero no es simplemente una «figura» que percibamos sobre un «trasfondo»; la percepción del sentido es, contrariamente a la percepción gestáltica, el descubrimiento instantáneo de una posibilidad sobre el fondo de la realidad: la posibilidad de modificar ésta en la medida de lo necesario y lo posible.

En lo que se refiere al conocimiento del proceso de hallazgo del sentido, es sabido que Charlotte Bühler eligió el camino del estudio comparativo del material biográfico. Pero yo diría que hay también, junto a esa vía, un *approach* biológico. Partiendo del hecho de que la conciencia moral es una especie de órgano del sentido de la vida, podemos compararla con un apuntador que le va «indicando» a uno la dirección en que ha de moverse para detectar una posibilidad de sentido cuyo realización le exige una situación concreta. Pero en cada caso debemos aplicar a esta situación un determinado criterio, una escala de valores. Sólo los valores, según los cuales está graduada esta escala, hunden sus raíces en un estrato profundo de nuestra personalidad y si no queremos ser infieles a nosotros mismos, si no queremos traicionarnos, no podemos menos de dejarnos guiar por ellos; no podemos siquiera optar por ellos, sencillamente porque nosotros mismos «somos» esos valores. Y no tenemos inconveniente en reconocer que esta hipótesis nuestra es afín al concepto de un *apriori* biológico en la línea de Konrad Lorenz. No se puede excluir, en todo caso, que la autocomprensión axiológica prerreflexiva, como yo la llamaría, tenga un sustrato biológico y, en este sentido, sea una realidad «preformada».

Si esto es verdad, el hombre puede saber por esta autocomprensión las vías por las que puede detectar un sentido. No necesitamos, pues, prescribirle una receta; no debemos ni podemos imponerle el sentido; pero se puede describir perfectamente la vía por la que el hombre puede acceder al sentido. Hay, por decirlo así, tres pistas principales para encontrar el sentido: primero, realizando una acción o creando una obra; segundo, contactando con algo, sea naturaleza o arte; quiero decir, con algo o con alguien; y tomar contacto con alguien hasta el fondo de su ser único y singular significa amarle. En otros términos: el sentido se puede encontrar tanto por la *via regia activa* como por la *via regia contemplativa*. Y, finalmente, se deduce que no sólo podemos encontrar el sentido, por decirlo así, en el trabajo y en el amor, sino también cuando somos víctimas impotentes de una situación desesperada, una situación que no podemos cambiar, en la que sólo podemos modificar nuestra propia actitud, cambiándonos a nosotros mismos, madurando, creciendo, trascendiéndonos y dando así testimonio de la facultad más humana del hombre: la de transmutar una tragedia personal en triunfo.

Merced a esta tercera posibilidad –la posibilidad de encontrar un sentido en el sufrimiento–, el sentido potencial de la vida es incondicional: la vida tiene sentido, potencialmente, bajo todas las condiciones y en todas las circunstancias, aun las más adversas. Los resultados estadísticos de una investigación empírica llevada a cabo sobre la base de 10 tests logoterapéuticos (Viktor E. Frankl, *Ärztliche Seelsorge*, Viena 1982, p. 254) demuestran que el hombre es capaz de encontrar un sentido independientemente de su sexo, edad, cociente de inteligencia, grado de formación, estructura caracterológica y medio ambiente, de que sea o no religioso y, en su caso, de la confesión religiosa a la que pertenezca (Viktor E. Frankl, *Die Sinnfrage in der Psychotherapie*, Munich 1981, p. 63).

En lo que respecta especialmente a la posibilidad de «extraer» una vislumbre de sentido del sufrimiento, existe asimismo un estudio empírico: no menos del 61 % de los ex soldados explorados en la Yale University, que habían caído prisioneros en la guerra de Vietnam, confesaron que a pesar de las torturas, la enfermedad, la desnutrición y aislamiento, «sacaron provecho» de su cautiverio en el aspecto humano porque «maduraron» internamente –se hicieron «más cuerdos y más maduros» (W.H. Sledge, J.A. Boydstun, y A.J. Rabe, «Arch. Gen. Psychiatry», 37 [1980] 430-443).

Pero quizá debo cumplir mi promesa y presentarles a ustedes algunos argumentos *ad hominem*. Durante un cuarto de siglo fui presidente del departamento neurológico de un hospital público y tuve frecuentemente ocasión de observar de qué modo los enfermos agudos y crónicos procuraban rehacer y dominar su terrible destino. Muchachos que poco antes de ser internados iban lanzados en su Yamaha por las carreteras, y chicas que el sábado anterior habían pasado la noche bailando en una discoteca; pero permítanme que les evoque algo más cercano, a alguien que está muy próximo: delante de mí se sienta, entre ustedes se encuentra Jerry Long. Ayer habló él, pronunció su conferencia en este congreso. A consecuencia de un accidente de submarinismo quedó paralítico de las cuatro extremidades. Puede escribir a máquina mediante un palito sostenido entre los dientes. Hace algunos años me escribió desde su tierra texana una carta de la que voy a leerles sólo una frase: «*I broke my neck, it didn't break me*. Me rompí la cerviz, pero ello no me rompió a mí. Al contrario, mi vida está llena de sentido. Leo, escribo, veo la televisión y, sobre todo, estudio psicología; estoy conectado con la universidad mediante un aparato de televisión y oigo las clases, participo en los seminarios y hasta puedo rendir exámenes. Estoy convencido de que mi invalidez va a hacer de mí un consejero especialmente comprensivo. Sé que, sin sufrimiento, habría sido imposible la grandeza que he conseguido.»

¿Quiere esto decir que el sufrimiento es necesario para encontrar el sentido? Eso sería un grave malentendido. Yo no afirmo en modo alguno que el sufrimiento sea necesario; lo que digo es que el sentido es posible a pesar del sufrimiento, por no decir mediante el sufrimiento, en el supuesto de que el sufrimiento sea necesario, es decir, cuando la causa del sufrimiento no puede eliminarse o evitarse por ser una causa biológica, psicológica o sociológica; si el carcinoma es operable, el paciente será operado; si un paciente con neurosis se presenta en nuestra consulta, haremos lo posible por liberarle; y si es la sociedad la que está enferma, emprenderemos una acción política en la medida de lo posible.

Repetimos: lo primero de todo es eliminar o evitar la causa del sufrimiento; poder volver a la actividad tiene la primacía. Sólo en el caso de que nada se pueda «hacer», al menos provisionalmente, el sufrimiento adquiere una posibilidad de sentido. Pero esa posibilidad es la suprema. No le compete la prioridad, pero sí la superioridad. Y también esta diferencia de categoría en la escala de valores se puede verificar empíricamente: el Instituto IMAS ha indagado qué es lo que merece los mayores respetos por parte de los austríacos: no son los grandes investigadores ni los políticos relevantes ni los artistas famosos ni los deportistas; las personas situadas en la cumbre son aquellas que saben «dominar un destino cruel» y los que «trabajan por los otros, ayudan a los otros con grandes sacrificios personales» (47% de los encuestados). Ambas cosas se dan en Jerry Long. Una señora, impresionada por un documental que le dedicó la televisión texana, retiró la pistola momentos antes de realizar el suicidio que había planeado. En la vida se dan reacciones psicológicas en cadena. No sólo es verdad que al que se ayuda, Dios le ayuda; también lo es que el que se ayuda, ayuda a los otros sin saberlo.

Esto, en cuanto al primer aspecto de la tríada trágica: el sufrimiento. Vayamos con el segundo: la culpa. Siempre me ha fascinado un concepto teológico: el *mysterium iniquitatis*. Aun a riesgo de incurrir en diletantismo teológico, les voy a ofrecer mi interpretación personal: esa expresión quiere decir, a mi entender, que un delito, un acto criminal, es en última instancia algo misterioso en el sentido de que siempre queda un resto que choca contra nuestro empeño por buscar en todo una causa, algo que no podemos capturar en la red de causas y efectos, en el que la culpa se nos desvanezca, de forma que al final no nos encontremos ante un malhechor humano, culpable, sino ante un mecanismo necesitado de reparación. Pero de ese modo despojamos al delincuente de su dignidad humana porque le negamos la nota distintiva de su humanidad: la libertad y responsabilidad. Y él advierte esto, lo capta perfectamente. Así ocurre que reacciona en términos sarcásticos a los esfuerzos de los psicólogos por reducir un delito a esto o aquello o por derivarlo de esto o aquello: «No se da nunca al criminal la oportunidad de explicarse», me escribe el «número» 87084 desde su celda de Illinois. «Se le ofrece una gran variedad de disculpas, entre las que puede escoger. La sociedad es la culpable, y hasta en muchos casos la culpa se achaca a la víctima.»

Que es como decir que el delincuente no puede contar con una verdadera comprensión por parte de los demás. Sólo puede esperar que se le ofrezcan toda una serie de disculpas.

Los delincuentes altamente peligrosos, ante los que me invitó a hablar el director del centro penitenciario de San Quintín (en San Francisco) –donde existe aún una cámara de gas– reaccionaron de otro modo cuando les dije: «Vosotros sois hombres como yo, y como tales, libres y responsables. Vosotros os tomasteis la libertad de cometer un absurdo, un delito, de culpabilizaros. ¿No queréis responsabilizaros también para superar vuestra culpa? Conocéis la estatua de la libertad. Está en la costa oriental de vuestro país. ¿Qué os parece si erigís aquí, en la costa occidental, una estatua de la responsabilidad?» Aún no han erigido la estatua, pero «acogieron» el fondo de la propuesta, y de un modo fehaciente (Joseph B. Fabry, *Das Ringen um Sinn*, Friburgo de Brisgovia 1980, p. 36s).

Un caso concreto me sirvió una vez para comprobar hasta qué punto el hombre es capaz de superar su culpa y, con ello, de superarse a sí mismo. Se trata del caso del «asesino de Steinhof» (*Franz Kreuzer im Gespräch mit Viktor E. Frankl*, Viena 1982, p. 81). Su caso vale por muchos otros y debe hacernos recordar que el hombre «no es inmutable», sino que «siempre puede cambiar»,[2] y el negarle esta posibilidad –aun cuando de hecho haya cometido un delito– acabaría por inducirle a él y a nosotros mismos a cometer un delito. Ser hombre significa decidir siempre lo que he de hacer de mí mismo, y esto a su vez significa asumir la responsabilidad de eso que he hecho de mí mismo. De todo esto se sigue que el que juzga o condena a alguien por lo que ha

---

2. Es obvio que el apoyo mutuo, que explica el éxito de diversos grupos de autoayuda, multiplica también las posibilidades de automodificación, de automejora. Tengo ante mí una carta que me escribió Frank E. cuando ocupaba una celda de la prisión en Florida y era «el número» 020670. Cito de la carta: «Empecé aquí un grupo de logoterapia para ex criminales. Hemos llegado a 27, y los más nuevos en el grupo han salido de la prisión con el mismo convencimiento que los del grupo original. Sólo uno ingresó de nuevo, pero ahora ya está libre.» Un buen ejemplo.

recibido en lo biológico (herencia, también la nacionalidad), en lo psicológico (educación y formación) y en lo sociológico (hechos sociales y económicos), y no por lo que ha hecho con esos elementos, comete una injusticia con él.

A propósito de nacionalidad, ya que nos hemos referido a la culpa, convendría decir algo sobre la culpa colectiva. No voy a repetir aquí los argumentos que expuse ya el año 1947 en el marco de mi crítica a la idea de una culpa colectiva (Viktor E. Frankl, *Der Wille zum Sinn*, Berna 1982, p. 96ss); me limito a indicar los recursos didácticos que deben utilizarse a veces para hacer frente a la fácil demagogia, tan usual en este tema. Un día, la anfitriona de un cóctel ofrecido en Little Rock, Alabama, me apostrofa echándome en cara el haber escrito la mayor parte de mis libros en alemán, «el idioma de Adolf Hitler». Yo le pregunté si podía echar un vistazo a su cocina. Me fijé en el cubierto. «¿Cómo?», exclamé con fingida indignación, «¿usted usa cuchillos? ¿No sabe cuántos criminales han matado a sus víctimas con cuchillos?» No necesité más defensa.

Analicemos el tercer aspecto de la tríada trágica, después del sufrimiento y la culpa: la muerte; pero no se trata sólo de la muerte, sino también de la vida, que es un continuo morir, en cuanto que cada instante de nuestra existencia pasa y se desvanece; pero esta caducidad radical ¿no es una invitación a aprovechar cada instante, por tanto, la posibilidad en él latente de cumplir un sentido y de realizarlo? La caducidad ¿no es una invitación a la responsabilidad? —como dice el «imperativo categórico» de la logoterapia: «Vive como si vivieras por segunda vez y como si la primera vez lo hubieras hecho todo tan mal como estás a punto de hacer...»

Las posibilidades de colmar un sentido son siempre efímeras. Pero una vez realizadas, *se perpetúan*, ya que la posibilidad transformada en realidad queda salvada en el pasado, donde nada se pierde, sino que se conserva y guarda frente a la caducidad. Nada ni nadie puede abolir lo que ha sido. Nosotros sólo vemos las rastrojeras de la caducidad y olvidamos los trojes colmados donde hemos recogido la cosecha de nuestra vida, los hechos consumados, las obras realizadas, los amores que hemos amado y los sufrimientos que hemos soportado con arrojo y dignidad. Esto es lo que constituye el valor de un ser humano, más allá de toda utilidad en el presente: un valor que deriva del pasado y por eso es imperecedero. La sociedad de producción y la glorificación de la juventud como fenómeno concomitante tienden a despreciar al anciano por su escasa utilidad social; pero el anciano no se merece el desprecio ni la compasión. Un joven puede avizorar las posibilidades del futuro, pero el anciano sabe de las realidades del pasado, y eso es lo que cuenta.

Así vemos que, a nivel de posibilidad, no sólo hay un sentido incondicional de la vida, sino también un valor incondicional del hombre. Este valor incondicional constituye la dignidad del hombre, una dignidad que es independiente del valor de utilidad. El que no está dispuesto a suscribir esto es inconsecuente al no abogar por la «liquidación de la vida inútil», como se decía en tiempos: eutanasia, de los ancianos decrépitos, de los dementes, de los débiles y, a ser posible, de los estériles; en efecto, el programa de eutanasia de Hitler no se fraguó, a mi juicio, en un ministerio nacionalsocialista, sino que estaba ya preparado en los escritorios y en las aulas de escritores y catedráticos nihilistas, y siguen existiendo hoy como en el pasado. En lugar de inmunizar a los lectores contra la mentalidad nihilista, los envenenan con su propio sentimiento de absurdo de la vida.

Y este adoctrinamiento no se produce sólo en los medios universitarios, sino también en el diván del psicoanalista, aunque, por suerte, cada día es menos frecuente. A veces el análisis didáctico (*Lehranalyse*) deriva de este modo en un análisis nihilista (*Leeranalyse*). George A. Sargent habla a este propósito de «falta de sentido aprendida», y añade:

Me acuerdo de un terapeuta que vi sólo por un momento ya hace bastantes años. «George», me dijo, «tienes que pensar que el mundo es una broma. No hay justicia, todo es casual. Sólo cuando tengas presente esto, comprenderás lo tonto que es tomarse en serio. No hay finalidad alguna en el universo. Simplemente existe. No tiene ningún sentido tomar una decisión sobre el modo de obrar» (*Transference and Countertransference in Logotherapy*, «The International Forum for Logotherapy», vol. 5, núm. 2, otoño/invierno 1982, 115-118).

Nos vamos a guardar de hacer generalizaciones. También tenemos que adaptarnos a los estatutos de formación y de examen acordados por otras escuelas psicoterapéuticas. Hasta cierto punto hay que aullar con los lobos; pero en tal caso tendríamos que ser ovejas en piel de lobos, es decir, en modo alguno es necesario renunciar a nuestra visión del hombre –tan diferente de la de otras corrientes– ni ser infieles a los principios de la logoterapia. No debería ser demasiado difícil guardar esa fidelidad. Elisabeth Lukas afirma que la historia de la psicoterapia no conoce ningún sistema que sea tan adogmático como lo es la logoterapia. En lo que me concierne a mí personalmente, en el I Congre-

Introducción

so de logoterapia (San Diego, California, 6-8 de noviembre de 1980) pronuncié una conferencia con el título *La «desgurificación» de la logoterapia* donde sostuve en forma programática que nosotros no otorgamos valor alguno a la charlatanería. Los logoterapeutas no necesitan hacer ningún voto religioso, no necesitan prometer obediencia a una ortodoxia ni son sospechosos de haber hecho un voto de castidad; puede que sí alberguen la sospecha de profesar voto de pobreza, ya que con otros métodos les iría quizá mejor en lo económico: un tratamiento logoterapéutico suele durar menos tiempo, y el psicólogo californiano Claude Farris hubo de constatar que «la logoterapia se me ha demostrado tan eficaz en mi experiencia, que temporalmente casi me he quedado sin trabajo» (a este paso, con los éxitos de su tratamiento a corto plazo, puede cerrar el negocio).[3]

La logoterapia no es una doctrina que se endosa a alguien; no es una imposición, sino una oferta. La logoterapia no se parece a un bazar oriental donde se engatusa al cliente para que compre; se parece más a un supermercado, que el comprador recorre velozmente para escoger lo que puede necesitar.

Señoras y señores: el que es psiquiatra y, además, vienés, y se precia de serlo, comienza su conferencia citando a Freud. Yo voy a finalizar la mía con este pasaje: «Sométase a un régimen de hambre a cierto número de personas de todo tipo. Al aumentar la necesidad imperiosa de nutrición, se borran las diferencias individuales y aparecen en su lugar las manifestaciones uniformes de un instinto insatisfecho» (*Gesammelte Werke*, t. V, p. 209). Palabras de Sigmund Freud. Gracias a Dios, él no tuvo ocasión de conocer por dentro un campo de concentración o de prisioneros de guerra. Sus pacientes se tendían en un cómodo diván del estilo Makart de su época, una época de cultura de la felpa, y no en las inmundicias de Auschwitz o de Stalingrado. Pero allí no se «borraron» las diferencias, sino que se acentuaron: allí se diferenciaron las personas, allí se revelaron los canallas y los santos. Siempre he evitado hablar en este punto de santos; pero desde la canonización del Padre

---

3. La observación de Farris no se refiere propiamente a la logoterapia en general, sino a la técnica logoterapéutica de la intención paradójica. ¿No es esto último lo contrario del «optimismo trágico»? El paciente de intención paradójica ¿no intenta desear lo peor que le pueda pasar, la desgracia que tanto teme? Más exactamente, no sólo busca las intenciones paradójicas, sino que trata de formularlas con el mayor humor posible. No se limita a mirar el peligro de frente, sino que se ríe de él. En una palabra, o en dos: practica el «pesimismo cómico».

Maximiliano Kolbe podría hacerlo sin reparo; prefiero, sin embargo, hablar, más que de personas santas, de personas honestas, para confesar inmediatamente que se trata de una minoría. *Sed omnia praeclara tam difficilia, quam rara sunt*, dice Spinoza; es la última frase de su obra maestra, la *Ética*. ¿Y no es precisamente esta «rareza» una llamada a formar parte de la minoría de las personas honestas? El mundo va mal; pero irá mucho peor si cada uno no hace lo que puede.

Sabemos desde Auschwitz de lo que es capaz el ser humano. Y sabemos desde Hiroshima lo que está en juego.

EL HOMBRE INCONDICIONADO

Lecciones metaclínicas

A mi hija Gaby

PRÓLOGO A LA PRIMERA EDICIÓN

«El hombre incondicionado» es el hombre que sigue siendo hombre en todas las condiciones, aun las más desfavorables e indignas; el hombre que en ningún momento abdica de su ser, sino que se aferra a él incondicionadamente.

Es obvio que se trata de una calificación ética del hombre; responde a una norma moral (no a una norma de término medio), a un tipo ideal.

Pero al lado de esta definición normativa, de cómo ha de ser, hay una definición existencial, ontológica, y en esta perspectiva el hombre es un ser incondicionado porque no se agota en su condicionalidad, porque ninguna condición es capaz de definirle plenamente; la condicionalidad le condiciona, mas no le constituye. El hombre incondicionado, sometido a las condiciones del ser humano, es incondicionado a pesar de este sometimiento: lo es *a pesar de* las condiciones, en medio de las cuales se encuentra. En este sentido ontológico, sin embargo, el hombre es incondicionado «de un modo condicionado»: *puede* ser incondicionado, pero no lo es necesariamente. En cambio; la formulación ética diría: el hombre no es *necesariamente* incondicionado, pero debe serlo.[1]

La ontología del hombre no se refiere, pues, al hombre «que es», sino al ser humano mismo. Frente a ella, la ciencia (óntica) contempla siempre el ente y, en consecuencia, también al hombre individual, al hombre «que es», y como tal lo contempla condicionado de uno u otro

---

1. Cf. el escrito de Paul Polak *Frankls Existenzanalyse in ihrer Bedeutung für Anthropologie und Psychotherapie*, Tyrolia-Verlag, Innsbruck 1949, donde el autor subraya por primera vez estas relaciones.

modo: en lo biológico, en lo psicológico o en lo sociológico. La ontología conoce el ser del hombre más allá de su condicionalidad: conoce al hombre incondicionado al margen del hombre condicionado desde lo biológico, lo psicológico y lo sociológico, al margen del *homo sapiens recens*, del *animal rationale* y del *zoon politikon*: conoce al sustantivo que asume las condicionalidades expresadas en todos esos adjetivos como simples adiciones, a este sustantivo que esas condicionalidades necesitan como un supuesto. En una palabra: la ontología del hombre conoce, más allá de la facticidad humana, la existencialidad[2] del hombre, o si se prefiere, al hombre existencial «antes de la caída» en la facticidad. El hombre incondicionado no es ni el *homo sapiens recens* vitalmente condicionado ni el *animal rationale* ni el *zoon politikon* socialmente condicionado; el hombre incondicionado es más bien el hombre como tal: *homo humanus*.

Este libro intenta mostrar hasta qué punto el hombre puede permanecer incondicionado a pesar de toda condicionalidad. En otros términos: debe indagar hasta qué punto el hombre, en su condicionalidad, puede superar ésta o, al menos, trascenderla, y puede «existir», más allá de la condicionalidad de su «facticidad», en la incondicionalidad.[3]

Y debe mostrarlo partiendo de esa facticidad, de esos hechos que parecen limitar en forma drástica el margen de libertad del espíritu humano, pero que pueden demostrar también de modo no menos claro cómo el hombre es capaz, a pesar de todo, de despegar de ese suelo en virtud de su libertad: nos referimos a esos hechos biológicos y neurológicos que afronta el clínico, sobre todo el neurólogo y el psiquiatra.

A la condicionalidad fáctica del hombre se contrapone su incondicionalidad facultativa. Justamente el neuropsiquiatra es un experto de la condicionalidad psicofísica de la persona; pero justamente él se convierte en testigo de su libertad: el conocedor de la impotencia es invocado aquí como testigo de eso que nosotros llamamos el *poder de resistencia del espíritu*.

---

2. Cf. Jaspers: «Al margen de las motivaciones de tipo psicológico y sociológico actúa en el mundo lo incondicional de la existencia y de la espiritualidad.»
3. Cf. la fórmula lapidaria de Leo Gabriel: «El hombre alcanza desde lo condicionado lo incondicionado, y desde lo incondicionado lo condicionado» (*Logik der Weltanschauung*, Pustet, Graz 1949, p. 162).

Aquí se nos plantea la problemática de la libertad espiritual frente a la condicionalidad corporal y psíquica en forma de dos grandes cuestiones: la cuestión cuerpo-alma y la cuestión de la voluntad libre. Las presentes «lecciones metaclínicas» proceden de un curso semestral que el autor profesó en la Universidad de Viena, durante el semestre de verano de 1949, bajo el título: *El problema cuerpo-alma y el problema de la voluntad libre a la luz de la investigación clínica.*

Viena, 1949 								Viktor E. Frankl

PRÓLOGO A LA SEGUNDA EDICIÓN

Preguntar qué es el hombre equivale a preguntar por el sentido del ser humano. Pero la reflexión que eso supone significa en definitiva una rememoración, un redescubrimiento de algo que está olvidado y que ahora se trata de rescatar del olvido. En algún pasaje del Talmud se dice que en el momento de venir un niño al mundo, un ángel le abofetea e inmediatamente el niño olvida lo que había aprendido y visto antes del nacimiento. Esta leyenda se refiere a un saber preexistente sobre una verdad, sobre *la* verdad, pero puede interpretarse también en el sentido de una comprensión prerreflexiva del ser, que incluye necesariamente una *comprensión prerreflexiva de sí mismo*. Por eso, cuando se pregunta por el sentido del ser humano, sólo cabe esperar que la respuesta llegue de una autocomprensión prerreflexiva que acompaña al hombre como tal. Se trata de hacer consciente lo que ya se sabe. Pero esta concienciación requiere un sistema y un método. Comienza metodológicamente por un análisis fenomenológico y desemboca por la vía sistemática en una antropología explícita. Frente a las antropologías explícitas, muchos enunciados de apariencia científica, supuestos resultados de la investigación empírica sobre la cuestión del ser humano, contienen antropologías implícitas que no se reconocen como tales y pasan la frontera mental de contrabando. De ese modo escapan a la crítica y al control. Pero la falta de una conciencia que reflexione sobre el método acarrea el peligro de que las antropologías implícitas olviden el elemento propiamente humano.

Viena, 1975   Viktor E. Frankl

INTRODUCCIÓN

Señoras y señores:

Yo no sé si todos ustedes saben que en esta aula del Policlínico de Viena se encuentran en suelo académico, por tanto, en el recinto de la universidad. Pero saben sin duda lo que significa «universidad»: la *universitas litterarum*, el conjunto de las ciencias, el *cosmos* del *logos*.

A ustedes les resulta familiar otra universidad: me refiero a esa *universitas* que se expresa en el título al que aspiran con su carrera; es el título de *doctor universae medicinae*, y este título indica que también la medicina, la Facultad de Medicina, representa una *universitas* dentro de la universidad: y se podría decir quizá que la *universitas medicinae* es a la *universitas litterarum* lo que un microcosmos es al macrocosmos.

La especialidad, la disciplina médica que yo tengo el honor y el deber de impartir, se llama neurología y psiquiatría. La neurología se ocupa de lo somático, como las otras especialidades de la medicina; pero la psiquiatría desborda ya este marco, traspasa las fronteras de lo meramente somático y se interna en otro ámbito: el de lo psíquico. La *universitas medicinae* queda, sin embargo, salvaguardada; es más: en forma de neuropsiquiatría o de medicina «psicosomática», ambas especialidades forman una auténtica unidad, una verdadera *unitas*. Pero esta unidad es en definitva el correlato de otra unidad que encontramos ya en el objeto de la medicina: me refiero a la unidad corpóreoanímica de ese ser llamado «hombre». La *unitas* de la neuropsiquiatría resulta ser así un trasunto de la unidad corpóreo-anímica del hombre mismo.

La unidad de lo somático y lo psíquico no constituye, sin embargo, la integridad del hombre. La integridad del hombre incluye un tercer elemento: lo espiritual. Pero la medicina llega hasta este ámbito: osa internarse en él en forma de eso que se llama psicoterapia. Naturalmente, esto no vale para una psicoterapia psicologista: ésta no consigue dar con lo espiritual como esfera independiente y esencialmente diversa de lo anímico, ya que la psicoterapia psicologista es aquella que desconoce tal independencia; por eso resbala dejando de lado lo espiritual y, al fin, siempre va a parar a lo anímico. De ahí que la exigencia de apreciar en lo justo dentro de la medicina el elemento espiritual del hombre sólo pueda cumplirla una psicoterapia que arranque «de lo espiritual» –que es la definición que yo propongo de la logoterapia– o una psicoterapia orientada «hacia lo espiritual» –que es como yo defino el análisis existencial–.

Cuando se hable aquí de lo somático, ustedes deben tener en cuenta que este término no es equivalente de lo físico. Lo somático es más que lo físico, o menos, según se mire. El concepto de lo somático posee, por un lado, mayor extensión y, por otro, menor extensión que el concepto de lo físico. Por un lado –si ustedes entienden por físico lo referente a la física– lo somático desborda lo físico. Piensen ustedes en esas relaciones que Haldane describe en los siguientes términos: «Si la biología se considera como una ciencia que sólo persigue explicaciones físico-químicas, no es una ciencia exacta ni una ciencia real, sino un palpar a ciegas algo inencontrable.»

Mas, por otro lado, lo físico expresa algo más que lo somático en cuanto que la *physis* significa tanto como naturaleza. Y la naturaleza no abarca sólo lo referente a la física y lo somático (lo biológico, lo fisiológico), sino que incluye también lo psíquico.

En este sentido la psicología y –como aplicación de ésta, por decirlo así– la psiquiatría forman parte de las ciencias naturales; en cambio, la psicoterapia, que aborda y accede a lo espiritual, rebasa el marco de las ciencias naturales. ¿Dónde se ubica entonces?, preguntarán ustedes. Quizá piensen que pertenece a las ciencias del espíritu. Pero se suele entender por tales aquellas ciencias que estudian lo que los filósofos han llamado espíritu objetivo o espíritu objetivado, mientras que la psicoterapia tiene presente lo espiritual en el sentido de «espíritu subjetivo». Por eso deberíamos hablar, en referencia a esa incierta ciencia cuya aplicación sería la psicoterapia, de una noología.

Esa noología, y la psicoterapia basada en ella (de tipo no psicologista), nada tienen que ver con lo físico, ni siquiera con lo físico, en el sentido amplio de la *physis*, que incluye lo psíquico; esa noología o psicoterapia estaría orientada en una línea esencialmente meta-física.

No hay que imaginar, sin embargo, que lo meta-físico, que nos vemos obligados a introducir en nuestras consideraciones, se encuentre «detrás» de lo físico: lo metafísico no está detrás de lo físico; la metafísica estaba detrás de la física... cuando Andrónico de Rodas publicó las obras de Aristóteles y, a falta de un título previsto por el autor, designó la «metafísica» como *meta ta physika*, simplemente porque sus libros venían después de los «libros físicos».

Para convencerse de que lo metafísico no se encuentra «detrás» de lo físico, baste recordar una frase de Max Planck (*Sinn und Grenzen der exakten Wissenschaft*, Leipzig 1942, p. 20): «La realidad metafísica no se encuentra en el espacio, detrás de los datos de experiencia, sino dentro de ellos... Lo esencial es que el mundo de las sensaciones no es el único que existe, sino que hay otro mundo que no nos es accesible inmediatamente, pero al que nos remite siempre de nuevo con claridad meridiana, no sólo la vida práctica, sino también la labor científica.»

Quizá esto les resulte a ustedes aún más claro que lo metafísico es todo lo contrario de un «detrás» de lo físico, si les recuerdo que según Kant, en efecto, una metafísica que «pueda presentarse como ciencia» en la línea de los *Prolegómenos* del propio Kant, se ocupa de algo que es «previo» a lo físico, previo a los «datos de experiencia» en el sentido de Planck y, por tanto, previo a la experiencia, como el *a priori* de ésta, como presupuesto, como condición de toda «posible experiencia».[1]

Se habla ya de una metabiología (Rudolf Ehrenberg, Erich Heintel). Y hace tiempo que se habla de metapsicología; pero lo que suele entenderse por ésta se expresa mejor con el término «parapsicología». Volviendo a la cita de Planck, también la «vida práctica» del clínico, también «la labor científica» de la medicina, nos remite «con claridad meridiana» a lo metafísico o, como yo prefiero decir, a lo metaclínico.

---

1. Dice Kant en *Die metaphysischen Anfangsgründe der Naturwissenschaft* (Los supuestos metafísicos de la ciencia natural, 2.ª ed., Riga, Johann Friedrich Hartknoch, 1787) que «la variedad de las representaciones empíricas» puede convertirse en «conocimiento empírico, es decir, en experiencia», unificándola «en forma de leyes» (p. XIII); pero las leyes son según Kant «principios de necesidad en la existencia» (p. VII). Para Kant, pues, la experiencia se orienta a la necesidad. Además, la metafísica trata «de las leyes que posibilitan el concepto de naturaleza» (p. VIII). Así, según Kant, toda metafísica apunta a la cuestión de la «posibilidad de la experiencia» (p. XVIII). Resumiendo, podemos aventurar la siguiente fórmula: la vivencia tiene por objeto la *realidad*; la experiencia tiene por objeto la *necesidad*; y la metafísica tiene por objeto la *posibilidad* de esa «necesidad de la realidad».

Heidegger escribió una vez: «En tanto que el hombre existe, tiene lugar metafísica.» Con más razón aún se puede afirmar que en tanto actúe el médico tendrá lugar metafísica. No nos referimos a una metafísica agregada a la medicina, como soporte de ella; se trata de la metafísica que está implícita en toda medicina, se trata de las implicaciones metafísicas que se contienen siempre en toda acción médica. Se trata de los presupuestos metafísicos del quehacer médico. Por más que estos presupuestos sean, en general, implícitos, tanto más alto tendríamos entonces que valuar el peligro de que se trate de unos presupuestos falsos.

Si esos presupuestos metafísicos de la medicina, si esas implicaciones metafísicas son correctas, también entonces no deja de tener importancia hacerlas explícitas, liberar la verdad metafísica que subyace en toda medicina, revelar los supuestos metafísicos que alberga y transferirlos a una *aletheia*.

¿Por qué?

Es bien conocida la frase de F. Th. Vischer: «Lo moral se entiende por sí mismo.» Quizá también lo metafísico se entienda por sí mismo, y posiblemente todo lo metafísico sea algo obvio: todo el mundo sabe que el hombre tiene cuerpo y alma y que es un espíritu, como sabe que el hombre es libre y responsable; en este sentido la metafísica no es sino aquello que todo el mundo sabe. Pero debe decirlo, porque debe defenderlo contra *el sarcasmo de una ciencia que no conoce sus límites y por eso los traspasa constantemente.*

Haciendo explícita la metafísica que va implícita en la medicina, y hablando de lo metaclínico, la evidencia (*Selbstverständlichkeit*) se convierte en autocomprensión (*Selbstverständnis*). Pero esto supone algo más: salir al paso del proceso normal del joven médico (normal no en el sentido de la norma moral, sino de promedio), ese proceso que liquidará la ingenuidad original del médico incipiente mediante una rutina profesional, que no es una ciencia ni un arte curativo, sino simplemente una técnica; para ese tipo de médico todo es «evidente»; haga lo que haga, todo lo efectúa «con la máxima evidencia». Frente a este proceso normal que lleva a una creciente superficialización del ejercicio médico, es posible –así lo esperamos– que el proceso desde la «evidencia» a la autocomprensión dé lugar a un profundo conocimiento del verdadero sentido y de la dignidad de la actividad médica y lleve a una idea más elevada de la profesión.

Volvamos a nuestra cita de Planck: ésta distingue entre «el mundo de las sensaciones» y «otro mundo... al que nos remite nuestra labor científica con claridad meridiana». «El mundo de las sensaciones» o «los datos experiencia», como Planck los denomina también, es aquello que «sabemos»; pero con esa experiencia o saber nos acercamos a «otro mundo», y podemos decir que gracias a nuestra experiencia «tomamos tierra» en ese país. Planck añade que debemos orientarnos «siempre de nuevo» hacia ese país; no podemos, pues, tenerlo siempre presente de modo continuo, ni abarcarlo; nunca se nos hace visible permanentemente, en conexión «sistemática», como un todo sistemático; en suma, ese país nunca se nos hace visible como «continente». De ahí que nuestros esfuerzos por captar lo metafísico en la medicina, lo metaclínico, no puedan traducirse a un sistema; se trata siempre de una problemática, de los problemas meta-físicos que la medicina nos propone, de problemas meta-clínicos que la práctica clínica nos hace vislumbrar cuando hemos aprendido a ver los fenómenos clínicos en su transparencia de cara a los problemas metaclínicos.

No olvidemos, sin embargo, que también en filosofía ha pasado definitivamente, a lo que parece, la era de los grandes sistemas. Pero si en filosofía, dentro de sus propias filas, no se trabaja ya sistemáticamente, sino históricamente, si la filosofía es *historia* de la filosofía, no deja de ser historia filosófica de los *problemas*.

¿Cuáles son los principales problemas metafísicos de la medicina, las cuestiones metaclínicas por excelencia? Las cuestiones eternas de una *philosophia perennis*. Pero aparecen en primer plano el problema cuerpo-alma y el problema de la voluntad libre. El problema cuerpo-alma, como ustedes comprenderán, no se identifica sin más con el problema psicofísico; lo que nos interesa es más bien el problema psicosomático. Pero después de lo dicho en la introducción sobre el objeto adecuado de las disciplinas médicas, está claro que el problema psicosomático constituye propiamente una cuestión de psiquiatría o de neuropsiquiatría.

En cuanto al problema de la voluntad libre, yo diría que es el contrapunto del problema cuerpo-alma, ya que contiene en definitiva la cuestión alma-espíritu o, si se prefiere, frente al problema psicosomático, el problema noo-psíquico.[2] Pero, al margen de que el problema de la voluntad libre sea tema de la psiquiatría forense por su incidencia en la responsabilidad de las acciones, es evidente que el problema alma-espíritu debe ser la cuestión por excelencia de la psicoterapia (no psicologista).

---

2. No confundir con el concepto de noopsique (opuesto a timopsique) de Erwin Stransky.

I. EL PROBLEMA CUERPO-ALMA

¿En qué forma se plantea para el clínico el problema cuerpo-alma? Esbozando a grandes rasgos las formas capitales de enfermedad, destacan estas cuatro categorías: En primer lugar, las enfermedades orgánicas vulgares: cabe calificarlas de orgánicas porque cursan en un plano totalmente somático; encuentran dentro de lo somático su origen y su campo expresivo: nacen de lo somático y se manifiestan en forma somática. En otros términos: su etiología es tan somática como su sintomatología.

Conocemos, en segundo lugar, las psicosis. También éstas son de origen somático, pero frente a las enfermedades orgánicas vulgares, sólo su etiología es somática, mas no su sintomatología: se manifiestan en síntomas psíquicos.

Conocemos, en tercer lugar, las neurosis como enfermedad netamente psicógenas; como tales, se originan dentro de lo psíquico y su sintomatología es también, en general, psíquica.[3]

Conocemos, en fin, como subgrupo de las neurosis, las neurosis orgánicas. Su etiología –como la de las neurosis– es psíquica, pero su sintomatología es somática: los síntomas cursan en el órgano afectado.

Podemos distinguir, pues, tanto en la etiología como en la sintomatología un grupo somático y otro psíquico de enfermedades. Dicho de otro modo: en el primer caso el estado de enfermedad tiene una causa somática o una causa psíquica; en el segundo, el cuadro sintomático es un cuadro somático o un cuadro psíquico. En el primer caso podemos dividir las enfermedades en somatógenas y psicógenas (prin-

---

3. Evitamos deliberadamente el término «psiconeurosis» por su carga psicoanalítica y su significado ambiguo.

cipio de división: la génesis), mientras que en el segundo (principio de división: la fenomenología) las enfermedades se pueden dividir en fenosomáticas y fenopsíquicas.[4] No necesito recordarles que la psicogénesis es una realidad: todas nuestras demostraciones psicoterapéuticas[5] la suponen ya como algo obvio. Pero no debe olvidarse que la psicoterapia, a veces, es posible –y necesaria– aunque *no* se trate propiamente de psicogénesis. Como tampoco hay que olvidar que no todo lo que carece de una base orgánica puede considerarse ya como psicógeno, es decir, neurótico, pues es bien sabido que hay cuadros que no muestran ningún síntoma orgánico patológico, sin que sean por ello psicógenos: los denominamos cuadros funcionales, y nos referimos especialmente a diversas enfermedades del sistema endocrino o del neurovegetativo. Por eso conviene advertir expresamente que el diagnóstico de una neurosis no ha de limitarse a las enfermedades psicógenas, sino que debe buscar apoyo en una etiología psíquica *verificable*. Este diagnóstico es, pues, siempre positivo, es decir, nunca debe establecerse «por exclusión», es decir, nunca debe establecer un diagnóstico negativo.

La psicogénesis tampoco puede diagnosticarse *ex iuvantibus*, ya que el efecto del tratamiento positivo, es decir, el éxito de una psicoterapia en casos concretos no demuestra la presencia de una enfermedad psicógena, de una neurosis. Recientemente, en un caso de apariencia histérica, pudimos lograr un éxito espectacular por mera simulación de un tratamiento-inyección de una solución de sal de cocina acompañada de sugestión verbal; pero una exploración radiológica de control realizada aquel mismo día –por no fiarnos del éxito de nuestro tratamiento simulado– detectó la presencia de un carcinoma con metástasis.

Nuestra distinción no deja de ser legítima por el hecho de que los cuadros sintomáticos funcionales y no psicógenos puedan ser provocados por causas psíquicas y puedan influir en lo psíquico. Aun las «enfermedades orgánicas vulgares» pueden provocarse a veces por vía psíquica. Baste pensar en ciertas enfermedades cardiovasculares que se exacerban o se manifiestan (en forma «reactiva») a la menor excitación anímica, concretamente ante el aumento concomitante de la presión arterial. En cuanto a la influencia de las enfermedades funcionales –como la de las orgánicas– en el plano psíquico, se explica ya por la posible aparición de la angustia de expectativa: cuando se pone en mar-

---

4. Cf. Viktor E. Frankl, *Teoría y terapia de las neurosis*, Herder, Barcelona 1992.
5. Viktor E. Frankl, *Die Psychotherapie in der Praxis*, Deuticke. Viena 1961.

cha este «mecanismo», cualquier enfermedad –no sólo funcional– puede «neurotificarse secundariamente».[6]

Volvamos al tema de la psicogénesis: desde la posibilidad de provocar ampollas por vía de influencia anímica, concretamente por hipnosis, hasta el desagradable experimento de un médico que asistía a la resección de los dos tercios de estómago de un paciente de úlcera y enfermó de una erosión hemorrágica de su propio estómago en forma tan aguda que hubo de someterse por la noche a la misma operación (Avancini, *Ein Beitrag zur Neurogenese des Ulcus pepticum*, «Wiener klinische Wochenschrift» 61 [1949] 104), la psicogénesis es un hecho evidente.

H. Kleinsorge y G. Klumbies, del Policlínico de la Universidad de Jena, han podido aportar una demostración rigurosa de que la influencia psíquica puede modificar en el corazón la estimulación, la contracción auricular, la propagación de la excitación a los ventrículos, las resíntesis del glucógeno y la dilatación coronaria. Dichos autores «produjeron todo tipo de experiencias psíquicas mediante hipnosis en condiciones experimentales electrocardiográficas e interpretaron los electrocardiogramas». Comprobaron que «la preocupación, la congoja y la nostalgia son espasmógenas para las coronarias, mientras que la alegría se reveló como antídoto y como un remedio eficaz. La alegría actuaba como vasodilatador, igual que los nitritos». El análisis electrocardiográfico de todas estas influencias afectivas fue tan matizado que «los autores pudieron demostrar que no toda forma de alegría resultaba eficaz. Esa eficacia no la poseía la alegría expectante, sino la alegría colmada». Puede resultar extravagante e impresionante al mismo tiempo la observación de los investigadores: «Esta alegría no es la que deriva de una vida licenciosa». Se trata más bien, según ellos, del encanto que produce el cielo azul, las flores, el brillo del sol... «recursos que siguen estando a disposición de todo el mundo», como se nos dice en esta publicación («Deutsche medizinische Wochenschrift» 74 [1949] 2, 41).

Pero cuando hablamos de psicogénesis, no nos percatamos de toda la problemática –verdadera problemática metafísica– que encierra esa palabra. No olvidemos que supone, ni más ni menos, que hay una génesis psíquica y una génesis somática. Pero la génesis significa causa, lo contrario del efecto. El hablar de psicogénesis ¿no supone la acep-

---

6. Este carácter secundario se expresa también: «superestructura psíquica» y «superposición psíquica».

tación de una determinada teoría de la relación entre lo somático y lo psíquico: la teoría de la acción recíproca?

Ustedes saben, señoras y señores, que se dan históricamente tres teorías principales en lo que se respecta al problema cuerpo-alma: además de la teoría de la acción recíproca, la teoría de la identidad y la teoría del paralelismo «psicofísico». Pero recordemos lo que hemos propuesto: ver, ante todo, los problemas mismos. Debemos tratar los problemas y no teoremas de cualquier tipo; por eso no nos queda otra opción frente a estos últimos que lo que los antiguos griegos llamaban *epokhe*: abstenerse de toda postura teórica.

Dijimos que sólo íbamos a considerar los problemas, y ahora debemos añadir que también vamos a considerar las aporías en que incurre todo intento de resolverlos: las dificultades que han encontrado históricamente los intentos típicos de solución.

Para anticipar el tema, afirmamos que lo somático y lo psíquico no pueden reducirse uno a otro, ni cabe derivar lo uno de lo otro. Por eso lo somático y lo psíquico son fenómenos irreductibles o indeducibles.[7]

No crean ustedes que sólo puedo aducir como prueba de esta tesis autoridades que se dedican a especulaciones, ajenas a toda ciencia «exacta» y «pura»; nuestro testigo es nada menos que Heisenberg –por citar a un científico, ciertamente exacto–, que declaró lo siguiente: «Nosotros no esperamos alcanzar un camino directo para comprender las relaciones entre los movimientos de los cuerpos y los procesos anímicos, ya que aun en la ciencia exacta la realidad se fragmenta en estratos separados.»

Pero tampoco crean ustedes que basta con estos dos estratos de lo corporal y lo anímico: hay que hacer más distinciones. Sigamos, por ejemplo, a Nicolai Hartmann, que se expresa como sigue (*Der reale Aufbau der Welt*, Berlín 1940, p. 429): «El que pretende explicar la vida orgánica partiendo de fuerzas mecánicas y de relaciones causales, el que intenta concebir la conciencia partiendo de procesos físicos o la conducta del hombre partiendo de leyes psíquicas, choca con la ley de los estratos. Transfiere categorías de un estrato entitativo a otro estrato superior.» Tendríamos ya aquí no menos de cuatro estratos en que se «fragmenta» el ser: el estrato de lo físico, de lo orgánico, de lo anímico y de lo espiritual.[8]

---

7. Cf. Viktor E. Frankl, *Der Wille zum Sinn*, Huber, Berna/Viena 1972, p. 153.

8. Cf. Jaspers: «Entre el acontecer natural anorgánico y la vida, entre la vida y la conciencia, entre la conciencia y el espíritu se constata, a medida que se ahonda en su conocimiento, un abismo insalvable.»

Nos parece muy importante señalar que la divergencia entre esos estratos entitativos es de diversa naturaleza. Es innegable, por ejemplo, que existe cierto paralelismo entre lo psíquico y lo físico: por eso se habló y se habla de paralelismo psicofísico. Y cuando yo menciono simplemente el elemento más trivial de tal paralelismo: que el airado enrojece, se evidencia la proximidad de lo psíquico a lo físico. También el melancólico muestra una «inhibición psicomotora» paralela: un síntoma tanto psíquico como físico; pero si un melancólico adopta ante su enfermedad psicosomática una actitud que le hace «diluirse» en ella («abandonándose», por ejemplo), otro paciente de la misma enfermedad puede defenderse, «sobreponiéndose» espiritualmente a lo psicosomático. Se trata, como ustedes ven, de una diferencia en la postura espiritual, en la actitud frente a algo, y esta postura espiritual se distancia del proceso psicofísico paralelo.

En modo alguno cabe hablar aquí –como tampoco en el plano psicosomático– de un paralelismo; se puede afirmar más bien que, en analogía con el paralelismo psicofísico, sólo cabe hablar de un antagonismo «noopsíquico».

Nadie ha visto quizá estas relaciones mejor que Ludwig Klages; por ejemplo, titulando con intención programática uno de sus libros, *Der Geist als Widersache der Seele* (El espíritu como adversario del alma). Klages, pues, vio con lucidez esta escisión del ser, con una cesura especial, con un hiato entre lo espiritual y lo anímico; pero colocó erróneamente el acento axiológico, como si hubiera que proteger el alma, desde la perspectiva humana o humanista, frente a la «irrupción» del espíritu en la «vida», en la existencia. Podemos afirmar que Klages *articuló bien, pero acentuó mal.*

¿Habrá que decir, pues –a tenor de los «estratos separados» en que la realidad se «fragmenta» según Heisenberg–, que el mundo está roto en pedazos? En modo alguno; fue el propio Hartmann el que enunció la tesis: «El mundo real posee una unidad, pero no la unidad de un principio, sino la de un orden.» *Hay*, pues, unidad sobre y en el mundo; pero esta unidad si cabe expresarse así, hay que buscarse en un plano superior que la unidad que se busca generalmente por una «necesidad metafísica».

No se trata, pues, de la «unidad de un principio», como la llama Hartmann, si es que nos esforzamos por aproximarnos a una imagen unitaria del mundo, pues este carácter unitario lo obtendría a todo precio, esto es, sería unitario al precio de ser también unilateral.

De esa simplificación unilateral adolece toda cosmovisión que, frente al pluralismo, cabe calificar de monista, pero el monismo presenta dos versiones: el materialismo y el espiritualismo. Mientras que el primero reduce la realidad, el ser, el mundo, a algo físico, el espiritualismo deduce el mundo de lo espiritual. Si ustedes prefieren, podemos decir también que el materialismo, al reducir todo al estrato «inferior» del ser, es un monismo que especula a la baja, mientras que el espiritualismo, al reducir todo a un estrato «superior» del ser, es un monismo que especula al alza.

Bien entendido que hablamos de espiritualismo y no de espiritismo. El primero tiene una afinidad con el segundo; pero el espiritismo se puede considerar como una verdadera hibridación: temáticamente habría que calificarlo de espiritualista, y metodológicamente de materialista; con respecto al objeto, su óptica es espiritualista, pero con respecto a la situación, su óptica es típicamente materialista.

En efecto, el espiritismo habla, por ejemplo, de «cuerpos astrales», de «vibraciones, rayos y ondas»; cabe decir, pues, que el espiritismo convierte lo espiritual en cuasimaterial. La misma idea se puede expresar diciendo que el espiritismo materializa lo espiritual, y de ese modo pasa a ser eso que es tan de su agrado: el espiritismo, visto desde la historia del espíritu, es un «fenómeno de materialización».[9]

El espiritismo no es una metafísica auténtica, sino una seudometafísica. Esto resulta evidente cuando se observa que, para el espiritista, «detrás» de lo físico no está lo espiritual; el espiritista ve detrás de lo espiritual algo (cuasi)físico. Los espiritistas no se esfuerzan, como tantos metafísicos, en mirar detrás de los bastidores, en «hurgar detrás de lo físico», sino que intentan, como verdaderos seudo-metafísicos, lanzar una mirada detrás del foro. No se conforman con lo que sale a la luz metafísica como realidad espiritual independiente; estos sabiondos metafísicos —como se podría llamar a los espiritistas— tratan lo espiritual como si fuera algo físico y degradan todo conocimiento metafísico en un conocimiento físico vulgar.

Lo espiritual es invisible por naturaleza; pero la seudometafísica espiritista quiere hacerlo visible de algún modo. Lo espiritual, siendo invisible, no se puede percibir; por eso, en cierto sentido, hay que «creer» en el espíritu; la metafísica espiritista, en su intento de hacer

---

9. Aparte el grosero antropomorfismo que suelen mostrar las concepciones espiritistas (por ejemplo, el establecer un orden jerárquico entre los espíritus), el espiritismo es sobre todo un «fisiomorfismo», si se permite la expresión.

visible y de ver lo espiritual, de convertir la creencia en los *espíritus* en *visión* de los espíritus, acaba en la superstición.

Resta contestar a dos objeciones. La primera ataca la realidad de lo espiritual, precisamente por su cualidad invisible. Se nos puede objetar, en efecto, que no es razonable creer en algo invisible; lo obligado sería más bien *no* creer en lo que no se puede ver. La verdad es que lo invisible, por el hecho de serlo, no tiene por qué ser irreal. Intentaré comentarles esto al hilo de un diálogo que sostuve en cierta ocasión: un joven me preguntó qué hay de la realidad del «alma», siendo ésta totalmente invisible. Yo le confirmé que no era posible ver un alma mediante una disección ni mediante exploración microscópica; pero le pregunté por qué razón iba a exigir esa disección o exploración microscópica. El joven me contestó que por amor a la verdad, por interés científico en la búsqueda de la verdad. Entonces le llevé al terreno que yo quería; sólo necesité preguntarle si el «amor a la verdad», etcétera, era algo anímico y, sobre todo, si él creía que lo anímico y cosas como el «amor a la verdad» podían hacerse visibles por la vía microscópica. El joven comprendió que lo invisible, lo anímico, no puede encontrarse mediante el microscopio, pero que es un presupuesto para trabajar con el microscopio.

La segunda objeción puede venir del frente contrario, el espiritista: lo dudoso no es la realidad de lo espiritual, sino la realidad de lo físico, de la materia, ya que la física actual comienza a disolver este concepto, a superarlo y echarlo por la borda. Pero hay que decir que esta apelación a la ciencia actual carece de todo fudamento.[10] Hay que decir, además, que una cosmovisión monista, aunque fuese el resultado de las investigaciones físicas más modernas, nos dejaría absolutamente insatisfechos: para nosotros es indiferente que ciertos fenómenos como la alegría, la fe, el amor o el alma «no sean más que» danzas moleculares o saltos cuánticos.

La expresión «nada más que...» es, a mi juicio, el síntoma más claro de nihilismo,[11] ya que éste, contra lo que suele creerse, no consiste en hablar de «la nada»; detrás de la «nada» de los «nihilistas» supuestamente ateos (especialmente algunos existencialistas) puede ocultarse algo en extremo positivo; Heidegger, por ejemplo, no sólo utiliza el sustantivo

---

10. Cf. Jaspers: «La masa de la gente... utiliza los resultados de la ciencia como los pueblos primitivos utilizaban los sombreros de copa, los fracs y los abalorios europeos» (*Der philosophische Glaube*, Zurich 1948, p. 153).

11. Cf. Viktor E. Frankl, *Ärztliche Seelsorge*, Deuticke, Viena 1966, p. 27; vers. cast.: *Psicoanálisis y existencialismo*, F.C.E., México 1977.

«nada» y el adverbio «no», sino también el verbo creado por él «nadificar» (*nichten*); pero su «nada» parece designar el ser como algo no identificable con ningún ente, que no es «un ente entre otros», pero que es fundamento de todo ente. Si el presunto nihilismo resulta ser en definitiva un positivismo, la afirmación agnóstica de un *positivissimum*... o, si se prefiere, de un *realissimum* (mostrando una cierta analogía con la «teología negativa»), hay que decir, por otra parte, que el denominado positivismo es en realidad un nihilismo camuflado cuando declara que el mundo no es «nada más que» un conjunto de sensaciones (Mach).

Por lo demás, todo «ismo» es un nihilismo: cuando el biologismo intenta explicarlo todo desde la biología, o el sociologismo desde la sociología, o el psicologismo desde la psicología o, en fin, el antropologismo afirma que todo debe explicarse desde la inmanencia humana (renunciando a la trascendencia), están practicando esas reducciones al «nada más qué»; pero no se puede hacer de lo vital o lo social, de lo anímico o lo humano algo absoluto, convirtiéndolo en un ídolo: entonces (no antes) la biología degenera en biolog-ismo, la psicología en psicolog-ismo; en otros términos: cada ciencia se generaliza en una «cosmovisión». Hay que movilizar contra eso a la verdadera metafísica o, como hemos expresado en otro lugar, frente a la ciencia desconocedora de sus límites, y por ello transgresora de los mismos, está la metafísica defensiva.

Para finalizar este breve comentario del espiritismo, una observación sobre sus causas anímicas. Es indudable que las fuentes individuales de eso que hemos llamado antes «sabiondez metafísica» se encuentran en la estructura neurótica del individuo; pero no hay que olvidar que a ese cuadro neurótico se asocia muchas veces un elemento psicótico, en el sentido de que tales personas recelan en todo un «significado más hondo» y establecen «relaciones» entre los hechos más divergentes (desde las influencias astrales hasta la mística numérica más necia y simple). La tendencia a establecer tales relaciones seudometafísicas es a veces tan fuerte que merece el diagnóstico de «demencia de relación metafísica».

No es fácil, sin embargo, detectar las raíces psicológicas de la difusión de esa seudometafísica espiritista: Según Max Scheler, el hombre tiene un Dios o tiene ídolos. Ampliando esta idea, cabe afirmar que *el hombre tiene una fe o una superstición*.[12] *Y que cuanto menos se habla del espíritu, tanto más se habla de espíritus.*

---

12. ¿Quién no recuerda la época de la guerra, transcurrida en el frente (el cráter de las bombas) o en la retaguardia (el depósito de las bombas), en el campo de prisio-

Para que ustedes vean el alcance de esta tendencia colectiva a la superstición y a la milagrería, y sus posibles causas, resumiré brevemente los resultados de la investigación clínica del caso «Mirin Dajo». Mirin Dajo aseguraba ser invulnerable. Para demostrarlo se hizo traspasar el costado repetidas veces con un florete. Curiosamente, los testigos que estuvieron presentes en las pruebas clínicas creían que aquellas heridas afectaban al corazón, aunque el florete traspasó el costado derecho (me apoyo para este tema en los escritos publicados por Schläpfer, de la Clínica Quirúrgica de Zurich, y por Undritz, de la Sociedad médica de Basilea, en «Schweizer Medizinische Wochenschrift», 1947 y 1948 respectivamente). ¿Qué había de verdad en la supuesta invulnerabilidad? El florete era cilíndrico, es decir, sin filo. Al penetrar en el cuerpo, los tejidos pueden ceder sin ser cortados; su elasticidad evita también el desgarro y, además, esa misma elasticidad permite que el canal se cierre después del experimento. A esto se añade que el florete se introducía lentamente, dando tiempo al tejido para ceder (Schläpfer intentó en sus experimentos con animales alcanzar la aorta sin herirla: la aorta cedía.) Esto explica que un proyectil redondo (con superficie igualmente lisa) produzca un efecto incomparablemente más grave: la velocidad de penetración es un factor decisivo. Por último, Mirin Dajo mantenía el florete en el cuerpo el tiempo suficiente para que las eventuales lesiones o hemorragias se taponasen. Además, extraería la hoja lentamente, evitando que se disolviera la posible coagulación.

La ausencia de hemorragias significativas puede explicarse también por la circunstancia de que Mirin Dajo o su ayudante comprimía la herida inmediatamente después del experimento; además, Mirin Dajo se vestía sin demora; a pesar de ello pudo verse una pequeña hemorragia, y con ocasión de la toma de sangre con una lanceta para investigaciones de laboratorio mostró la salida normal de una gota de sangre. La ausencia de sangre en la hoja se explica porque la piel elástica recogía toda la sangre que pudo quedar adherida en la hoja. Dejamos de lado la circunstancia de que la (auto)sugestión pudo influir mucho, a juicio de los observadores clínicos; yo mismo comprobé en cierta ocasión cómo la sugestión puede hacer «parar» hemorragias, anestesiando por vía sugestiva a una paciente, lo que permitió introducirle y extraerle una aguja en el órgano correspondiente; sólo al despertar de la hipnosis se produjo una ligera hemorragia en el trayecto de la punción;

neros o de concentración? En todas partes regía el principio: cuanto menos noticias, más rumores.

y mientras duró la anestesia, la paciente resistió a una anemia que ni siquiera se le había sugerido.

¿Qué decir de la sensibilidad al dolor en el caso de Mirin Dajo? El sujeto manifestó durante los experimentos palidez, sudores y taquicardia. Pero hay que comenzar diciendo que los órganos internos no son generalmente sensibles al dolor (es impresionante observar, por ejemplo, en la operación del lóbulo parietal del cerebro, que es el lugar cortical de la algesia, cómo este lóbulo es inmune al dolor; es decir que el «órgano de la sensación de dolor» es insensible al dolor). En cuanto a la analgesia de la piel, podemos explicar por la intervención de factores sugestivos. Para demostrar la facilidad con que se inducen tales sugestiones baste decir que yo suelo advertir a los pacientes medrosos, antes de practicarles la punción lumbar, que les aplicaré antes una inyección de novocaína en el lugar de la punción; en realidad introduzco inmediatamente las cánulas mientras sugiero al paciente que ya no va a sentir nada en aquel lugar, como ocurre casi siempre. Más tarde, muchos enfermos se resisten a creer que les pincharon realmente y sin anestesia local.

En el caso en cuestión no era necesario, sin embargo, recurrir al concurso de la sugestión. En efecto, aparte de que Mirin Dajo se estremeció de modo normal al retirarle una gota de sangre con la yema del dedo en el caso citado, no se ve por qué el simple autodominio de una persona no ha de bastar para soportar sin signos exteriores el dolor cutáneo producido por la introducción del florete. Mirin Dajo lo soportaba por motivos pacifistas o idealistas; nuestros pacientes soportan el dolor cutáneo de inyecciones y punciones pensando en su salud. Y algunos artistas que realizan supuestos experimentos de autosugestión de cara al público «aguantan» los dolores o se dominan pensando en sus honorarios. En estos casos suele intervenir un efecto sugestivo, pero ese factor hay que buscarlo en el público; cuando el artista se clava en un pliegue cutáneo una larga aguja provista de cabeza esférica (aunque de material ligero) sin exteriorizar ningún síntoma de dolor, todos quedan impresionados, sin percatarse de que nuestras agujas de punción son mucho más gruesas.

Mirin Dajo deglutió, para «desmaterializarlo», un instrumento puntiagudo, y no se le pudo salvar la vida mediante operación. Los médicos le habían prevenido: le diagnosticaron una enfermedad mental que tarde o temprano le acarrearía la muerte. *De mortuis nil nisi bene.* Y yo tengo que decir que, según el dictamen psiquiátrico, aquel sujeto actuaba en la vida por motivaciones limpias.

II. EL PROBLEMA DEL ESPÍRITU

1. La esencia del espíritu

Tras la crítica del espiritismo y de la seudometafísica espiritista, volvemos al tema del materialismo. Lo hemos definido ya como una metafísica monista, añadiendo que, como contrapunto y oposición al espiritualismo, igualmente unilateral y unitarista, el materialismo constituye una especulación «a la baja». Antes de iniciar la crítica conviene adelantar que el materialismo metafísico que tenemos presente no debe confundirse con el denominado materialismo dialéctico.

Basta recordar, para ponerlo en claro, una tesis de Lenin, que en su obra *Materialismo y empiriocriticismo* estableció un principio básico y vinculante para el materialismo dialéctico: «La única propiedad de la materia que reconoce el materialismo dialéctico es que existe una realidad objetiva independiente de nuestro conocimiento.»

Este principio leniniano no constituye una metafísica, sino una teoría del conocimiento y, como tal, un realismo. Nosotros estamos de acuerdo con ese realismo, que coincide por otra parte con casi todas las corrientes filosóficas actuales. Pero conviene aclarar algunos puntos.

En esa «crónica escandalosa» que parece ser la historia de la filosofía, se ha subrayado un doble escándalo: Kant afirmó que era un «escándalo» el hecho de que la filosofía no fuera capaz, hasta entonces, de demostrar la realidad del «mundo exterior»;[13] y Heidegger afirmó que era un escándalo para la filosofía el considerar que la «realidad» del

---

13. Kant habla de la «existencia de las cosas fuera de nosotros», concretamente en el prólogo a la segunda edición de la *Kritik der reinen Vernunft* (1787), p. XXXIX, nota.

mundo exterior necesita una demostración.¹⁴ Nosotros coincidimos con la filosofía moderna en la tesis realista. Pero ¿cómo se superó el idealismo gnoseológico que tuvo vigencia en épocas pasadas? Como ustedes saben, muchos pensadores afirmaron que todo es mera representación o fenómeno o apariencia. Pronto desapareció la «cosa en sí», pero también el «yo en sí» y pronto se convirtió todo en «yo», en «yo solo»: *solus ipse*. De ese modo el idealismo gnoseológico, pasando por el agnosticismo, condujo al solipsismo.

Actualmente el solipsismo está desacreditado. El principal argumento contra él es, a nuestro entender, que si todo fuese mera representación mental o apariencia, se daría, en primer lugar, una nivelación del ser, nivelación que supone la ausencia de toda estructura estratificada; y, en segundo lugar, el solipsismo llevaría a una duplicación innecesaria del mundo. En cuanto al primer punto, ustedes verán con claridad mi posición concentrándose en este enunciado: el mundo no puede ser una mera «representación» porque la representación «rojo» no es de color rojo, como la representación «círculo» tampoco tiene forma redonda; si existen el (color) rojo (no idéntico a la representación de este color) y un círculo, luego existe, junto a las representaciones «de...», lo representado en ellas. Al afirmar esto, prescindimos de que lo representado tenga que preceder necesariamente a su representación. De hecho nunca percibimos originariamente «representaciones», sino las cosas mismas (aunque no «en sí»).

En cuanto a la duplicación del mundo, voy a exponerles el argumento contándoles una pequeña leyenda. Vivía en la corte de un príncipe indio un sabio que atormentaba constantemente al maharajá repitiendo que todo es sueño, mera apariencia. El príncipe, irritado, azuzó un día contra el sabio al elefante más salvaje de su parque zoológico; el sabio emprendió la huida. Entonces el maharajá acusó al sabio con intención de decapitarlo por no tomar en serio su propia filosofía y haberle engañado. «Tú dijiste –argumentó el maharajá– que todo era apariencia; ¿también mi elefante lo era?» Nuestro filósofo dio una respuesta contundente que le salvó la vida: «Perdone, pero también mi huida fue mera apariencia».¹⁵

---

14. El escándalo se denunció en realidad en tres ocasiones, ya que también Dilthey dijo una vez: «Es un escándalo de la filosofía que un sistema excluya a otro, uno contradiga a otro y ninguno pueda demostrar su verdad.»

15. Paralelamente a este problema gnoseológico de la verdad se puede reducir al absurdo la demostración en el problema ético: si un asesino alega que no fue libre ni

Nosotros, sin embargo, podemos afirmar que si todo, absolutamente todo es mera apariencia, nada cambia en el mundo; y si una y otra cosa (la persecución del elefante y la huida) son una apariencia, sólo resta hablar siempre de apariencias; pero ese lenguaje sería superfluo y constituiría una duplicación absolutamente innecesaria de la realidad en una realidad familiar, supuestamente aparente, de un lado, y otra realidad supuestamente real, pero absolutamente desconocida, a la que podríamos renunciar por tratarse de una pura hipótesis.

Pero incluso aunque el idealismo no hable (en su versión solipsista) de apariencia, sino de «fenómeno», admitiendo una «cosa en sí» que en definitiva es incognoscible, incluso entonces se sigue cuestionando el conocimiento objetivo, ya que de ese modo el sujeto nunca accede del todo al objeto. Si el hombre no puede salir fuera de sí mismo, tampoco puede acercarse a las cosas, a las «cosas en sí». Tal es la tesis del idealismo gnoseológico. Las cosas en sí, los objetos de conocimiento en su realidad, escapan a este conocimiento cada vez. Frente al objeto de conocimiento, el sujeto «cognoscente» es como un hombre embutido en una escafandra: su mano toma un objeto, pero él mismo está encapsulado; encapsulado en el guante de buzo. Esta mano, por mucho que lo intento, sólo puede capturar su propio guante, ese «ente intermedio». Esto mismo nos ocurre en la perspectiva idealista: siempre que captamos algo, lo «tenemos» cogido; pero nosotros no «somos» eso que tenemos. En nuestras representaciones y conceptos, este «guante» establece la separación entre lo que nosotros somos y lo que tenemos.

Nuestros conceptos, nuestros conocimientos, son ese tener, mas no un tener de existencia, sino de modos de ser, de esencia.

Y esto es válido también para el conocimiento reflexivo, para el conocimiento de mi propio yo; en efecto, no sólo el «no yo» está distante del yo, sino que el propio yo está distante de sí mismo: al buscarme a mí mismo, me estoy trascendiendo.[16] Mi propio acto, aun

---

responsable de su crimen, se podría calificar también a un juez de no libre ni responsable de la condena a muerte que ha dictado sobre el reo.

16. El ser espiritual «existe» en la realización de sí mismo. Ya por eso el ser espiritual no puede ni debe buscarse a sí mismo, sino trascenderse La autorrealización espiritual, la ejecución de actos espirituales, no puede aprehenderse a sí misma como «realidad de ejecución», como el movimiento de una película no puede ser visto por el espectador: tanto en la toma como en la proyección del filme desaparece su movimiento (entrecortado), y lo que el espectador ve es sólo el movimiento del objeto filmado, presentado, «en» la película, «en» la imagen, mas no el movimiento «de» la ima-

siendo totalmente «mío», no se identifica conmigo mismo cuando lo observo: no es ya «auténticamente» yo, sino que es un yo inauténtico. Nadie ha expresado quizá esto con tanta claridad como E. Freiherr von Feuchtersleben cuando declara (en *Lehrbuch der ärztlichen Seelenkunde*, Gerold, Viena 1845, p. 10): «No podemos concebir el yo, porque se identifica con nosotros, como la mano no puede cogerse a sí misma.» Por eso se puede afirmar que nunca soy («existencialmente») lo que «tengo» (intencionalmente). Y a la inversa: lo que soy (existencialmente) no puedo «tenerlo» (intencionalmente).[17] Y como el sujeto retiene su existencia, el objeto tiene y retiene su trascendencia.

Sin embargo, y a pesar de todo, no cabe dudar de la posibilidad del conocimiento objetivo. Todo el esfuerzo de Husserl, entre otros, consistió en posibilitar, no sólo un conocimiento objetivo, sino también un conocimiento «absoluto del mundo»,[18] por el camino de su fenomenología. Su «intuición de esencias» es el intento de un realismo radical. Pero se trata de intuir la mera esencia, el «modo de ser», sin quedar apenas margen para un conocimiento «absoluto»; el conocimiento esencial es, en el mejor de los casos, un conocimiento objetivo. Sólo el conocimiento *existencial* puede ser *absoluto*. Más adelante volveremos sobre ello.

¿Cómo es posible alcanzar siquiera la objetividad del conocimiento esencial, del modo de ser, de la intuición de esencias, de la fenomenología? La respuesta es, si no he entendido mal a Husserl, que el fenómeno (= esencia) «rojo» se puede captar, contemplar, tan absolutamente que ni el mismo Dios puede conocerlo de otro modo ni mejor. El «rojo» es «rojo», lo vea quien lo vea; cuando se contempla la esencia «pura», se alcanza el «dato originario».

Pero quizá podamos esclarecer desde otro ángulo, el estético, la posibilidad del conocimiento objetivo como tal, como posibilidad. Ya Benedetto Croce sostuvo que «la intuición estética, donde no hay ninguna diferencia entre el sujeto y el objeto, supone una certeza sensible radical» (*Lebendiges und Totes in Hegels Philosophie*, trad. alemana, Winter, Heidelberg, p. 100). Ahora bien, nosotros dudamos de que inclu-

---

gen, de la película misma. El ritmo entrecortado de este movimiento puede expresar ese carácter «instantáneo», «puntual», de los actos espirituales a que hacía referencia Palágyi.

17. Angelus Silesius lo expresa así: «No sé lo que soy, no soy lo que sé.»
18. Eugen Fink en *Die phänomenologische Philosophie Husserls*, Leipzig 1934 (una interpretación corroborada por el propio Husserl).

so en este caso de conocimiento puramente esencial se supere la «diferencia entre sujeto y objeto». Yo puedo concebir perfectamente –y también ustedes– que alguien capte plenamente el contenido musical de la *Novena Sinfonía* de Beethoven de forma que ni Dios pueda hacerlo mejor: de modo «absoluto». ¿Por qué no podía retenerla nuestro «oyente perfecto»? Lo que pudo crear un ser humano llamado Beethoven ¿no puede captarlo, al menos en principio, otro ser humano como sería nuestro oyente perfecto? Esto, en lo que se refiere a la cuestión de la posibilidad del conocimiento objetivo. En cuanto al conocimiento absoluto, debe ser algo más que conocimiento objetivo, como hemos dicho. ¿En qué sentido?

Toda teoría del conocimiento que se pregunta de qué modo el sujeto cognoscente puede acceder al objeto por conocer, arranca de la posibilidad de establecer una neta separación entre el sujeto y el objeto. Esa teoría del conocimiento supone que entre el sujeto y el objeto existe una escisión irremediable, un foso insalvable, un abismo infranqueable. Esta posición gnoseológica constituye un «pecado original» filosófico y es en realidad *el fruto del árbol de la teoría del conocimiento*. Una vez que se establece ese foso, no hay posibilidad de salvarlo, no hay una vuelta atrás. Si intentamos escapar a esta escisión entre el sujeto y el objeto –con la intención de sopesar la posibilidad de un conocimiento absoluto y, en consecuencia, de un realismo–, debemos *retroceder hasta un punto anterior a esta separación de la existencia en sujeto y objeto*.

Hemos visto que la teoría idealista del conocimiento trata de demostrar la realidad de un «mundo exterior». Y sabemos que Kant, a pesar de su agnosticismo sobre la «cosa en sí», afirmó que las cosas «afectan» de algún modo a la «sensibilidad», a la «percepción interna» o «externa». De este modo, a nuestro entender, introdujo ilegalmente en la metafísica del conocimiento la espacialidad («mundo exterior») y la causalidad («afectar»); y esto significa que las categorías correspondientes –espacio y causalidad–, que sólo son válidas a nivel intramundano, dentro del mundo de los «fenómenos», quedan desprendidas de este mundo, del mundo de las relaciones conocidas, cognoscibles o por conocer, para pasar a la misma relación cognitiva. En otros términos: aquí se da un carácter óntico a lo que es una relación ontológica.

Pero la relación cognitiva, en cuanto relación ontológica, no tolera la ontificación en dirección a la espacialidad ni en dirección a la causalidad. G. Jacoby habla de «relación gnoseológica», y Egon Brunswik (*Wahrnehmung und Gegenstandswelt. Grundlegung einer Psychologie vom*

Gegenstand her, Deuticke, Viena 1934, p. 29 y 22) habla, en referencia a Jacoby y a Brentano, de «una relación que no es analizable ni reducible a otras relaciones». Losskij, que habla en el mismo contexto sobre una «coordinación gnoseológica», la define expresamente como «relación peculiar, no causal, entre el sujeto y el objeto» (*Der Intuitionismus*, «Archiv für die gesamte Psychologie» 87 [1933] 380).

Retengamos que en toda teoría idealista del conocimiento, sin excluir la crítica trascendental, la espacialidad pasa del plano óntico al plano ontológico. De ese modo se comete el mismo error que suele atribuirse a los hombres primitivos:

Como se sabe, los pueblos primitivos creen que el «alma» se aleja del cuerpo durante el sueño; lo abandona, vaga por distintos lugares y está presente en los objetos de sus sueños. Yo pregunto si esto es falso y hasta qué punto lo es.

Me atrevo a afirmar que esta idea de los primitivos sólo es falsa en cuanto que concibe este «vagar del alma» o, como yo prefiero decir, este estar presente (*Bei-sein*) del espíritu a nivel espacial. Pero con esta concepción espacial cometen el mismo error que... Kant, ni menor ni mayor. ¿Por qué no un error «mayor»?

Mi espíritu «está presente» en todo lo que es objeto de su pensamiento, en todo lo que «toca». Pero esta presencia no puede concebirse espacialmente, porque no es una presencia espacial, sino «real»; no es una presencia en sentido óntico, sino ontológico. O, más llanamente, si yo pienso en mi hermana residente en Australia, estoy «en espíritu» con ella, es decir, mi espíritu «está con» mi hermana; esto es falso, si lo que afirmo es que mi espíritu «está en Australia» con mi hermana; la afirmación verdadera es que mi espíritu «está con» mi hermana en Australia. Con otras palabras: sólo mi hermana, sólo este estar-allí óntico admite una afirmación espacial; pero el hecho ontológico de mi estar presente en espíritu puede formularse en términos espaciales.

Pero si no concebimos esa presencia en sentido espacial, nada impide afirmar con toda seriedad que un ser espiritual está «presente» (como pensaron los primitivos) junto a los otros seres, si bien no espacialmente (como creyeron igualmente los primitivos).

Esto es absolutamente imposible en sentido espacial: el ser espiritual no está sujeto a la categoría del espacio. Nosotros, además, no podemos admitir la «idea de los primitivos» porque habla de un «espíritu» que «abandona el cuerpo» y que, por tanto, estaba antes espacialmente en él; el espíritu, siendo esencialmente inespacial, no se encuentra en el espacio y tampoco, por tanto, «en el cuerpo». «No se halla en el espacio»: esta afirmación no les debe ya extrañar, pues hemos mostrado la inespacialidad del conocimiento y, en consecuencia, del ser espiritual. ¿«Dónde» iba a estar el espíritu? ¿En qué lugar del espacio?

Pero si el espíritu no está «en el cuerpo», sino en todas partes y en ninguna (pues ambas cosas vienen a coincidir), fuera del cuerpo está del mismo modo que dentro: el espíritu «está presente» en el «mundo exterior», «en» las cosas.

El ser espiritual «está presente» realmente en otros seres: tal es nuestra tesis; pero esta realidad no es óntica, sino ontológica. Por eso el ser espiritual no está espacialmente en otros seres. Es legítima la reserva frente al carácter espacializante de las expresiones usuales; pero si hablamos de «estar fuera» en sentido figurado y somos conscientes de este lenguaje, entonces nuestras afirmaciones ontológicas no son incorrectas. El espíritu, pues, no está «fuera» en sentido óntico, sino que se encuentra cuasi-fuera en sentido ontológico. Nunca está fuera a nivel óntico, espacial; sí lo está a nivel ontológico. Como el lenguaje nos induce a emplear tales expresiones espacializantes, tenemos igual derecho que a afirmar que el espíritu está «en el cuerpo» (el cual le «lleva»), a afirmar que permanece «lejos» de él y que «está presente» en las cosas.

A propósito de la servidumbre del lenguaje espacial, no debemos lamentarnos demasiado ni insistir en exceso sobre el «sentido figurado»; se puede afirmar, en efecto, a la inversa que la presencia corporal (por ejemplo, el encuentro de dos personas) es una presencia restringida: en sentido espacial, o si se prefiere, en un sentido limitado a lo corporal. Y es que el sentido no espacial e incorpóreo, el sentido no corpóreo, sino óntico, es el más originario.

De lo dicho hasta ahora se desprende que la cuestión gnoseológica está mal planteada. La pregunta sobre el modo de acceso del sujeto al objeto (para posibilitar y constituir un conocimiento objetivo) carece de sentido porque la pregunta es ya el resultado de una espacialización ilegítima y constituye, en consecuencia, una ontificación de la verdadera realidad; es superfluo preguntar cómo el sujeto puede salir «fuera» de sí y acceder al objeto que se encuentra «fuera», simplemente porque este objeto nunca estuvo «fuera» en sentido ontológico, de metafísica del conocimiento. Pero si esta cuestión se plantea a nivel ontológico y auténticamente metafísico y se entiende el «fuera» como un modo de hablar, nuestra respuesta es que el denominado sujeto ha estado siempre fuera, por decirlo así, junto al denominado objeto.

Dicho de otro modo: no podemos admitir en una metafísica del conocimiento esa distancia, esa fisura de sujeto y objeto que la teoría del conocimiento establece con su ilegítima espacialización; sólo así podemos construir una auténtica ontología del conocimiento, solamente así se evitará el abismo entre el ser cognoscente espiritual y el ser conocido. La distancia entre el «fuera» y el «dentro», la lejanía y cercanía propias de la teoría del conocimiento ontificante y no ontológica se deben a la interpretación espacial de estas expresiones.

Se puede afirmar, pues, que el ser espiritual, entendido ontológicamente, «en realidad», está «presente» en otros seres; estos otros seres, por su parte, no están, obviamente, ni «fuera» ni «dentro» del ser espiritual. Podemos afirmar que estos seres se encuentran simplemente «ahí».[19]

Ni el ser espiritual ni los otros seres están «fuera» ni «dentro». No al menos en el sentido óntico-espacial; en sentido ontológico ambos se encuentran siempre implicados. Esto crea esa relación peculiar que se ha establecido desde antiguo entre el mundo y la conciencia: no sólo el mundo está en la conciencia (literalmente en ella, como contenido), sino que la conciencia está en el mundo, «contenida» en él: «se da», pues, la conciencia. El sujeto y el objeto se implican mutuamente de este modo peculiar; una implicación cuyo único símbolo es el *yang-yin* chino. Se puede afirmar que la dimensión oscura engloba a la clara (la «contiene»), como a la inversa. Pero podríamos hablar de enlace en lugar de implicación, eligiendo otro símil para este enlace: la proyección vertical y horizontal de dos eslabones, uno blanco y otro negro, donde, en el plano del eslabón blanco, una de las dos superficies cortadas del eslabón negro se halla dentro del blanco, mientras que en el plano del eslabón negro una de las dos superficies cortadas del eslabón blanco se halla dentro del negro; entonces lo negro es el «contenido» de lo blanco, o a la inversa.

Creo que ustedes verán ya con claridad el error de todos los intentos de ontificar totalmente la relación cognitiva; por ejemplo, el intento de convertir la relación «gnoseológica» en una relación fisiológica, interpretándola desde la fisiología de los sentidos. La fisiología de los sentidos lo tiene muy fácil: declara simplemente que los rayos luminosos producen una imagen del objeto en la retina del sujeto, imagen invertida y reducida, pero en reproducción perfecta. Ese «producto»,

---

19. La existencia como ser-*ahí (Da-sein)* es, pues, más antigua, por decirlo así, que el «mundo exterior».

ese efecto, puede parecer plausible dentro de la fisiología; pero dentro de una ontología del conocimiento no cabe hablar de «efecto» ni cabe afirmar que «ese árbol», que yo tengo en el «ojo», «influye» en mí de tal y tal modo. Este o aquel efecto, el efecto en general, sólo es válido a nivel intramundano, en el «mundo de los árboles y de los ojos», en el plano de fisiología de los sentidos; pero no lo es en referencia (ontológica) a la relación («gnoseológica») entre la «cosa en sí» y el yo en sí.

La posibilidad de que el ser espiritual «esté presente en» otro ser es una facultad originaria, es la esencia del ser espiritual, de la realidad espiritual; y una vez reconocida, nos ahorra la problemática tradicional del «sujeto» y el «objeto»: nos libera del *onus probandi* en el problema de la posibilidad de acceso del uno al otro. Pero obtenemos esta ventaja a costa de la renuncia a otra cuestión: la cuestión de lo que hay detrás, detrás de esta posibilidad última y extrema del espíritu de «estar presente» en otro ser. Ya no podemos remitirnos a la fisiología de los sentidos, que sería una petición de principio. ¿Cómo vamos a apelar a la percepción sensible, siendo así que ésta se halla condicionada por la posibilidad básica de la facultad espiritual originaria de «estar presente»? Retengamos, pues, esto: el estar presente es la condición de la percepción. La percepción misma queda inexplicada[20] e inexplicable si no se presupone, tácitamente o sin pensar en ello, la facultad previa y originaria de todo lo espiritual de aprehender de algún modo a otro ser.[21]

Hemos dicho «de algún modo». Una ontología del conocimiento sólo puede afirmar, en efecto, que el ser espiritual está presente «de algún modo» en otro ser: sólo cabe alcanzar ontológicamente esta facticidad; no el contenido ni la esencia de esa presencia. Consta que el

---

20. Si la percepción no se puede explicar por esta vía, tampoco podrá explicarse desde ella el fenómeno espiritual, que es más complicado, más complejo, en el sentido de una explicación desde abajo, desde lo elemental. La inexplicabilidad de la percepción la había visto ya Driesch (*Alltagsrätsel des Seelenlebens*, Stuttgart 1938, p. 32), que opina con Losskij que la percepción óptica es tan enigmática como la clarividencia, sólo que está «canalizada» por el aparato perceptivo fisiológico. Driesch (1.c., p. 34) estima, en fin, que es la inserción de procesos corporales en la percepción óptica lo que hace especialmente enigmático el acto perceptivo normal.

21. Cf. Viktor v. Weizsäcker: «La comparación de una superficie sensible, como la retina, con la superficie de imagen se basa sólo en que podemos percibir el órgano "ojo"... Sólo podemos saber qué aspecto tiene la cosa, cómo poseen las cosas uno u otro aspecto» (*Der Gestaltkreis*, Thieme, Leipzig 1940, p. 102).

ser espiritual debe «estar presente» en otro ser para percibirlo, también para pensarlo y poder hablar de él; pero la ontología nada sabe sobre el cómo. Por eso se limita a enunciar en abstracto que el ser espíritu «está presente de algún modo» en otro ser.[22]

Esta facultad originaria, esta posibilidad originaria del ser espiritual es, pues, la condición de otras posibilidades: la percepción, el pensamiento y el lenguaje. La presencia, pues, no es un mero resultado, sino la condición del pensamiento y el lenguaje; y esto significa entenderse unos con otros y ponerse de acuerdo, pero también es la condición del recuerdo y la evocación, y esto significa «estar presente» en lo distante temporal y espacialmente.

Si la presencia es previa a todo pensamiento, lenguaje, etc., también una ontología del conocimiento debe ser previa a la psicología. En efecto, hemos dicho que el ser nunca se halla «fuera», frente al ser espiritual cognoscente, sino que simplemente «está ahí». Pero este simple «estar ahí» *(Da-sein)* sólo se refracta en un sujeto y un objeto dentro de esa actitud reflexiva que es propia de toda psicología. Esta actitud reflexiva ya no es ontológica, sino óntica; es, concretamente, la reflexión psicológica. La «relación gnoseológica» pasa a ser una relación psicológica, la presencia –un modo ontológico– se ontifica, se psicologiza, se reinterpreta psicologísticamente como un hecho: se reifica en una relación entre cosas. Entonces el ser espiritual degenera también en una cosa más[23] y su «presencia» en una relación intramundana.

¿Qué es en definitiva esta presencia del ser espiritual? No es sino la intencionalidad del mismo. Pero el ser espiritual es intencional en el fondo de su esencia, y así cabe afirmar que el ser espiritual existe *espiritualmente*, es «conciencia», se hace presente a sí mismo al estar presente en *otros*, al hacerse consciente de otros. El ser espiritual se realiza así en la presencia, y esta presencia es su posibilidad más propia porque es su auténtica facultad original.

Resumiendo: el ser espiritual cognoscente sólo puede «tener» cognitivamente al otro ser «estando presente» en él. Pero entonces, en el caso de ese conocimiento existencial, el «tener» significa algo sustancialmente distinto que en el caso del conocimiento esencial, como es la intuición fenomenológica de esencias de Husserl; en este último caso

---

22. En lugar del principio «sé que no sé nada» se podría formular «no sé cómo se algo» (cf. Einstein: «Lo más incomprensible en relación con el mundo es que sea comprensible»).

23. Cf. la *res* (!) *cogitans* de Descartes.

el «tener» significa el tener de la esencia, del mero modo de ser. El conocimiento existencial, en cambio, se distingue por ser algo más que el tener de la mera esencia: conocer existencialmente significa, no la presencia de lo conocido, sino la presencia del cognoscente. Por eso podemos decir que la diferencia entre el conocimiento esencial y el conocimiento existencial consiste en que, la esencia, conocida por el ser espiritual, revela su objetividad a éste, y la existencia, conociendo a otro ser, está presente en él.

Pero al decir que el conocimiento existencial trasciende la escisión entre el sujeto y el objeto o, más exactamente, que es previo a esta escisión, se entiende ya que ese conocimiento y sólo él, además de ser un conocimiento objetivo (como lo es también el conocimiento esencial, la intuición de esencias), puede ser un conocimiento absoluto. *Quod erat demonstrandum.*

Para poder conocer, no sólo objetivamente, sino también absolutamente, el ser espiritual debe poder «estar presente» en otro ser; pero como esto no es posible en sentido óntico-espacial, sino sólo en sentido ontológico, el ser espiritual debe ser capaz de esta presencia ontológica. Tal es sustancialmente el resultado de nuestro esfuerzo por la fundamentación de un conocimiento existencial o, más exactamente, de una metafísica ontológico-existencial del conocimiento. La posibilidad de la presencia espiritual –condición de toda posibilidad ulterior del espíritu– se ha revelado así como una realidad espiritual, como una facticidad. Pero se comprueba también que el ser espiritual, aparte esta capacidad básica de fundar posibilidades, posee otra eminente: el ser espiritual es capaz, no sólo de «estar presente» en otro ser, sino de estar presente en otro ser *de la misma naturaleza*, de carácter espiritual. Esta presencia del ser espiritual en otro ser espiritual, esta mutua presencia *entre* seres espirituales la llamamos nosotros estar uno con otro (*Beieinander-sein*). Y ahora se advierte que sólo en este estar uno con otro es posible la presencia *plena*: sólo entre seres de la misma naturaleza. Digamos a este propósito que no podemos comprender las cosas; sólo podemos explicarlas; podemos comprender, en cambio, lo humano: los seres humanos pueden comprenderse *entre sí*.

En modo alguno debe entenderse que el ser que no es de la misma naturaleza sea de condición inferior; puede ser de condición superior. Porque el hombre tampoco puede comprender plenamente a Dios, ser superior. Nunca podemos «comprender» los caminos de Dios; podemos, cuando más, vislumbrarlos. Además, no siendo Dios un ser relativo, sino absoluto, *el* Absoluto, el ser mismo, nos encontramos en *este* caso ante una superioridad absoluta, ante algo que es cualitativamente otro, y no sólo cuantitativa o gradualmente otro.[24]

Es sabido que en hebreo el conocimiento y la unión sexual se expresan con el mismo vocablo. Esto armoniza con nuestra teoría del conocimiento, pues también nosotros estimamos que el conocimiento supone hasta cierto punto la igualdad de naturaleza de las «parejas», como la unión sexual sólo es posible entre parejas, de la misma especie. Cabe profundizar más en esta analogía.

Hemos dicho antes que entre seres que no son del mismo orden no se puede establecer una relación cognoscitiva recíproca: sólo entre seres humanos espirituales puede haber una comprensión plena, un «estar uno con otro». Pero esto, a su vez, sólo es posible en esa entrega mutua que llamamos amor. En este sentido, el estar uno con otro es el «estar» de una persona «con» otra, y esto significa la presencia en la alteridad absoluta de esta otra persona (alteridad frente a todas las demás personas), alteridad que ese «estar presente» —y sólo ello— aprende mediante el amor; en este sentido cabe afirmar que el amor constituye el *modo de ser interexistencial*. Por eso, sólo los amantes pueden entenderse realmente, pueden conocerse realmente: sólo los que pueden «aparearse» entre sí pueden «conocerse» entre sí.

Según esto, el hombre no puede presentarse ante Dios como un «novio», sino como un hijo ante su padre. Pero tampoco este símil es correcto, ya que el niño se hará adulto y se equiparará al padre, pero el hombre nunca podrá equipararse a Dios, sino que será su imagen y semejanza, sin igualarse jamás con él. Por eso el hombre se relaciona con Dios como el animal con el hombre: como «el» mundo del hombre abarca el «medio ambiente» del animal, el mundo del hombre queda a su vez englobado por el supramundo.[25]

---

24. Esta diferencia mas que cuantitativo-gradual se expresa muy bellamente, por ejemplo, en una frase del profeta Isaías (55,9) relacionada con nuestro problema: Como el cielo es más alto que la tierra, así mis caminos son más altos que vuestros caminos y mis pensamientos más que vuestros pensamientos.» También el cielo, en efecto, es más alto que la tierra, no sólo en lo cuantitativo-gradual, sino en lo cualitativo, en cuanto que significa un absoluto: el cielo es la representación simbólica ele la altura.

25. La mencionada analogía indica que Dios comprende al hombre (que a su vez nunca puede comprender del todo a Dios) incomparablemente menor que el hombre se comprende a sí mismo, ya que el hombre por su parte comprende al animal, por ejemplo en su vida instintiva, mejor de lo que éste puede comprenderse a sí mismo.

Se constata así, de nuevo, cómo el conocimiento humano sólo es válido para una esfera intermedia: la esfera humana y lo que se sitúa un poco por debajo y por encima de ella; frente a los electrones, por ejemplo, nuestra comprensión fracasa lo mismo que frente a Dios. El hombre es un ser intermedio, un ser que está entre la potencia y el acto, o que consta de ambos, mientras que los electrones son meras potencias (una de las ideas profesadas por la nueva física) y Dios se define tradicionalmente como acto puro.

No sabemos ni podemos saber nunca, como seres humanos, lo que son en realidad estas ultimidades, estos extremos debajo o encima de lo humano, lo que representan en una comprensión plena. Y toda nuestra sabiduría, con plena conciencia de su limitación, apenas puede hacer otra cosa que nombrar entre comillas: «materia»... «Dios»...

Esta conciencia de los propios límites es, al parecer, la última palabra de toda sabiduría filosófica. Pero si es lícito iluminar el sentido más hondo de ese final (y de ese inicio) de toda filosofía recurriendo a un símil, les pido a ustedes que imaginen círculos concéntricos agrupados alrededor de un punto medio cuyo diámetro se vaya agrandando hasta alcanzar un radio infinito; entonces el «círculo» infinitamente grande habrá perdido toda curvatura. Lo que queremos decir con este símil es que una autorreflexión potenciada infinitamente –una conciencia suprema de los límites del conocimiento humano– podría, en teoría y en cierto modo, superar toda relatividad y subjetividad de ese conocimiento; su finitud, en suma.

Al comienzo de este capítulo hemos partido, al hilo de la crítica del monismo materialista, de ese materialismo que se califica de «dialéctico». Está claro que el materialismo dialéctico no es una verdadera metafísica, sino más bien una tesis gnoseológica; pero dijimos que este materialismo, como teoría del conocimiento, era un realismo. En este sentido tiene razón al presentarse como antiidealista; pero analizándolo en otra perspectiva, el materialismo dialéctico es además una ética. Como ética, no tiene nada de antiidealista; al contrario, su ética es idealista; como ética, el materialismo dialéctico es un idealismo. Vamos a analizarlo brevemente.

El materialismo moderno proclama, en forma de materialismo histórico, la primacía de lo social y lo económico. Pero si seguimos examinando los motivos de esta proclama, abordando la ética que la sustenta, constatamos que la primacía socioeconómica se anuncia en busca de una justicia: la justicia social y económica. Prescindiendo, pues, de que el materialismo histórico sólo pretende ser un principio heurístico de investigación científica, y abordando su lema ético, averiguamos que ese lema es una variación del *primum vivere, deinde...* Lo primero es la vida social. Ésta y, dentro de ella, la justicia constituyen su primer plano, ante el que el aspecto cultural queda en la penumbra. Pero no se interpreta bien el materialismo histórico –al menos en su intención última– diciendo que degrada el aspecto cultural; hemos destacado, en efecto, que la primacía socioeconómica se establece en función de la justicia; el materialismo dialéctico realza el aspecto social con miras a una perspectiva cultural. La importancia de lo cultural queda, pues, salvaguardada; el materialismo dialéctico reconoce incondicionalmente la relevancia de lo cultural –que motiva y funda la preeminencia de lo social–, es un presupuesto que siempre está ahí.[26]

Ahora podemos abordar el materialismo propiamente dicho. Sólo él es una verdadera metafísica; el materialismo propiamente dicho no es, en cambio, una teoría del conocimiento y, por tanto, un *realismo*, como lo es el *materialismo dialéctico*; y tampoco es una ética, y, por tanto, un *idealismo*, como lo es el *materialismo histórico*. No se trata, pues, de ese materialismo que viene a ser una teoría del conocimiento realista y, por tanto, antiidealista, ni de ese materialismo que supone como base una ética idealista (por antiepicúrea y antihedonista); se trata del materialismo que supone una metafísica; pero como tal, como metafísica, el materialismo no tiene nada que ver con la antítesis «idealismo-antiidealismo», ya que la metafísica materialista, el materialismo metafísico, tiene su adversario en el espiritualismo metafísico. Pero hay que recordar que nosotros debemos afrontar polémicamente ese materialismo metafísico ante el cual también el materialismo dialéctico-histórico guardó una distancia crítica: el llamado por éste materialismo mecanicista.

La esencia de este materialismo consiste, a nuestro juicio, en considerar los fenómenos psíquico-espirituales como meros epifenómenos de la materia. Con otras palabras: todo lo espiritual deriva de la materia. Pero este *spiritus ex materia* es un verdadero *Deus ex machina*, ya que el espíritu humano nunca puede reducirse al «hombre máquina».

---

26. El espíritu veterotestamentario de posponer la dimensión cultural (si bien en beneficio de ella misma) aparece con claridad en este pasaje de Amós: «Por eso así dice el Señor Dios de los ejércitos, el dominador: aparta de mí el ruido de tus cánticos, no quiero oír el son de tus arpas. Corra el derecho como el agua, y la justicia como torrente inagotable» (5, 23-24). Sería de desear que este gran torrente depositara como sedimento bienes culturales y no fluyera como simple «superestructura».

2. El devenir del espíritu

Patología cerebral y filogénesis del espíritu

Antes de abordar la crítica de los principios fundamentales del materialismo, debemos destacar todos los aspectos que parecen positivos y que podrían prestar argumentos a su favor. Uno de sus argumentos más importantes está en los resultados de la investigación en patología cerebral. Estos resultados confirman a primera vista la tesis de la total dependencia de lo psíquico e incluso de lo espiritual respecto de la materia, anulando por ejemplo la validez de la tesis de Nicolai Hartmann «autonomía a pesar de la dependencia». Pero sólo «a primera vista». Como se verá a continuación, hay una amplia autonomía a pesar de todo, «a pesar de la dependencia».

«A primera vista», las correspondencias observables entre lo fisiológico y lo psíquico y lo espiritual son tan numerosas y tan amplias que llegan a impresionar e incluso a fascinar. El material experimental de fisiología y patología del cerebro acumulado parecía sugerir la posibilidad de «localizar» las «funciones» psíquico-espirituales en los denominados centros del cerebro. Desde que Broca pudo establecer en 1860 la relación de la base de la tercera circunvolución izquierda del lóbulo frontal (en los diestros) con la función del lenguaje, hubo un período en que nada parecía impedir la idea de considerar el cerebro como un mapa donde se descubrían cada vez más centros, y se abrigaba la esperanza de ir reduciendo las «manchas blancas», la *terra incognita* de las «zonas mudas». Hasta el extremo de que Meynert recomendó modificar el nombre de «psiquiatría» por el de «clínica de las enfermedades del prosencéfalo».

Sería un error dudar del rigor científico de los datos empíricos que apoyaban estas teorías, ya que los datos fueron verificados experimentalmente. Una serie de pruebas de estimulación y de extirpación reforzaron la teoría de la coordinación general de «las funciones psíquicas superiores» (incluidas las espirituales); la reforzaron *en apariencia*, como veremos. Estos experimentos no se refieren sólo a datos más o menos fortuitos en operaciones realizadas en el cerebro humano, sino que se extienden también a los animales. Franz, Rothmann y otros pudieron demostrar que la extirpación de los dos lóbulos frontales en perros y monos lleva a la pérdida de lo aprendido mediante amaestramiento. Katzenstein llegó a demostrar que en el perro hay un centro –en la circunvolución central superior– que comprende todo el conjunto de voces y cuya extirpación en ambos lados anula la capacidad de ladrido durante algunos meses. Kalischer consiguió en un papagayo una «afasia motora» para palabras humanas aprendidas, mediante doble extirpación en la parte frontal y en el mesoestriado contiguo. H. Munk pudo provocar mediante extirpación bilateral de un punto situado en el centro de la convexidad del lóbulo occipital una «ceguera psíquica» en el perro: el animal se desviaba ante los obstáculos, pero no podía reconocer el látigo, el comedero, etc., como antes. Por último, las lesiones corticales bilaterales parciales del centro psicoacústico provocan a veces una «sordera psíquica» en la que se pierde el conocimiento del significado de las llamadas, señales, etc., pero puede recuperarse mediante nuevo amaestramiento.

Tal recuperación nos es bien conocida por la clínica de enfermedades humanas: también el afásico humano puede aprender de nuevo a hablar. Incluso en dos casos en que el centro en cuestión *sigue* lesionado. ¿Qué decir de la supuesta coordinación total de función y centro? En coordinación no es inequívoca ni definitiva. La experiencia demuestra que, ante la lesión de un «centro», «salta» otra parte del cerebro que asume y retiene la función de la parte lesionada. En otros términos: conocemos el fenómeno de la función vicaria. Y por eso sabemos que no existe una coordinación general de función y centro ni una posibilidad plena de localización de lo psíquico-espiritual; y sabemos asimismo que hay algo así como un ejército de reserva de células cerebrales, que se pueden utilizar para funciones vicarias en caso de necesidad. Pero ¿de dónde obtiene el cerebro humano esas células? Se trata, al parecer, de células ganglionares o de neuronas que estaban en barbecho, por decirlo así. Debemos aclarar un poco esta respuesta:

Se sabe desde hace mucho tiempo que el principio *natura non facit saltus* no tiene una validez general. Esto se constata sobre todo en el campo físico desde la teoría cuántica de Planck. Pero la naturaleza da saltos cuánticos incluso fuera del campo de la microfísica y más allá de la física nuclear. Y todo hace pensar que la naturaleza procede también por saltos cuánticos en lo que C. v. Economo ha llamado cerebración progresiva y otros autores cefalización. E. Dubois ha mostrado que, probablemente, en el curso evolutivo desde los antropoides o monos-hombres, pasando por los antrópidos u hombres-monos, hasta los homínidos *tardíos*, la cefalización se realizó a saltos, en cuanto que el aumento de tamaño del encéfalo (y esto se relaciona probablemente con el número de células ganglionares de la corteza cerebral) progresó comparativamente de 3 1/2 a 7 y luego a 14. Se produjo así una doble duplicación de las neuronas. Parece que fueron verdaderas mutaciones y, por tanto, una multiplicación ganglionar a saltos que no se puede interpretar en el sentido de una selección ni en el de un fenómeno adaptativo. Bolk y otros consideran que este fenómeno está estrechamente relacionado con la hominización (cf. Versluys, Pötzl y Lorenz, *Hirngrösse und hormonales Geschehen bei der Menschwerdung*, Maudrich, Viena 1939).

Es importante aquí saber que los 14 mil millones de neuronas de la corteza cerebral de que dispone (según v. Economo) el hombre reciente (*homo sapiens recens*) no existían aún en los antrópidos (forma precoz del género Hombre), pero sí en los neandertálidos (forma primitiva de los homínidos) y, obviamente, en la forma antigua de éstos (el *homo sapiens fossilis*). Según esto, si el hombre neandertal poseía ya el mismo número de neuronas que nosotros, esto significó para él un verdadero lujo, ya que no las utilizó a fondo. Pero tampoco el hombre actual las utiliza plenamente. Esta afirmación es algo más que una mera hipótesis, pues Pötzl llegó a demostrarla empíricamente. Este investigador hizo notar que el cerebro de algunos paralíticos que obtuvieron una recuperación clínica mediante una malarioterapia, es decir, que volvieron a la plena capacidad de rendimiento, manifestaba a nivel histológico una notable pérdida celular (Sträussler y Koskinas). De esto se desprende, ni más ni menos, que los pacientes curados prácticamente mediante la malarioterapia (y que sólo sucumbían en algunas enfermedades intercurrentes), a pesar de esta pérdida celular, disponían de suficientes neuronas para afrontar sus necesidades prácticas. En otros términos: sabemos desde entonces que el hombre medio no utiliza tampoco hoy, toda la «dote» de células ganglionares que le prestó la «naturaleza», que no explota todo su «talento».

¿Cuáles son las consecuencias de todo esto? La primera se refiere al caso individual, al caso de enfermedad individual: en este caso se explica todo lo que hemos dicho antes sobre la posibilidad de la función vicaria, pues así podemos comprender por qué el hombre dispone, en ciertas lesiones de su aparato cerebral, de un notable margen de maniobra dentro del cual se pueden restablecer las funciones psíquico-espirituales. De este modo queda contestada la pregunta que formulamos al principio: de dónde «toma» el cerebro el «ejército de reserva» de neuronas con función variada: esas neuronas están «en paro» y en barbecho.

La segunda consecuencia de nuestra constatación anterior no se refiere a un caso individual, sino al caso general: al «género» hombre.

Se sigue de nuestra constatación que la humanidad –hoy como en la época prehistórica del neandertal– cuenta con una posibilidad de progresar y desarrollarse.

La «hominización» es, pues, aún incompleta. En efecto, la última multiplicación brusca, a modo de mutación de las células ganglionares de la corteza cerebral, dio al género «hombre» una posibilidad inaudita; pero el uso de esta posibilidad depende del hombre. El hombre no ha rendido aún todo lo que puede. No se descubre aún el menor rastro del vaticinado «superhombre» (al menos desde la época de sus profetas): aún somos «interhombres».

Aquella mutación que «dotó» de repente a un homínido de 14 mil millones de neuronas, puede considerarse, pues, como el inicio de esta hominización incompletado, si ustedes lo prefieren, como el inicio del sexto día de la creación. Pero si el Génesis dice que el hombre fue formado en el sexto día de la creación y que Dios descansó en el séptimo día, podemos afirmar que Dios, en este séptimo día, puso las manos en su regazo y desde entonces toca al hombre la responsabilidad de lo que hace de sí mismo. Dios aguarda y mira cómo el hombre realiza creadoramente las posibilidades recibidas. Aún no están agotadas estas posibilidades. Aún aguarda Dios, aún descansa, aún es sábado: sábado permanente.

En esta perspectiva, la hominización no aparece como una producción, sino como una posibilitación del hombre y, a lo sumo, indirectamente como producción en cuanto que esta posibilitación (en sentido biológico) se puede entender como creación (en sentido teológico). Como sea, esta «posibilitación» del hombre queda a la espera de su autorrealización. La hominización biológica del hombre, siendo incompleta, es una base necesaria, mas no suficiente de la humanidad. Y este tema, como verán ustedes, estará presente en todas nuestras reflexiones como un hilo rojo; nos servirá de guía para orientarnos en las más diversas facetas y reflejos de esta verdad: que el *bios* no puede producir el *logos* y que la *physis* no puede producir la *psykhe*; el *bios* y la *physis* son aquí meras condiciones.

De todo lo anterior se desprende que no cabe hablar de una estricta localización de las distintas funciones en los diversos centros, al menos en el sentido de una coordinación general entre unas y otros. Podemos suscribir un juicio global sobre el problema de las localizaciones formulado por Hans Hoff (*Pötzl-Festschrift*, Innsbruck 1949, p. 232): «Broca, Wernicke y otros intentaron distribuir el cerebro en diversas funciones a modo de un atlas. Las funciones perturbadas por lesiones del cerebro, las asignaban a estas regiones. Este método fracasó pronto.» Hoff aduce un ejemplo contundente: «Era difícil creer que un engrama de la palabra "casa" existiera en nuestro cerebro cuando el paciente no podía encontrarla y, levantándose, dijo: "Eso no conduce a nada; quiero ir a casa."»

Nunca son localizables determinadas actividades psíquicas; quizá, cuando más, ciertas condiciones somáticas de su curso. Menos aún que los procesos psíquicos se puede localizar el alma como tal: o bien hablamos del alma, y entonces no la podemos localizar, o bien hablamos de localización, y entonces podemos decir a lo sumo que el estado intacto de determinadas partes del cerebro es hasta cierto punto el presupuesto para las funciones psíquicas que se coordinan con ellas, pero no están localizadas en ellas.

Frente a esto, la idea de una «sede del alma» parece absurda. Klages previene en este punto contra una «consideración supersticiosa del cerebro» y afirma con razón que la tarea del investigador «no es la búsqueda de una sede del alma, sino de las condiciones cerebrales para los procesos y fenómenos psíquicos». Y aduce este acertado símil: «Una lámpara eléctrica ilumina la habitación. Alguien quita el fusible y la luz se apaga. Nadie pensará que el lugar del fusible era propiamente la sede de la luz.» Hoff dice algo parecido (l. c., p. 233): «Todos saben que un coche cuya bujía no funciona, no puede marchar. Pero nadie afirmará que la bujía impulsa el coche.»

En realidad, todo eso de «ciertas partes celulares» o «sistemas celulares» que, sí son «muy numerosos y fuertes», «provocan procesos nerviosos que dan lugar a la codicia o al afán de conocimiento o a la representación artística» resulta muy escasamente comprensible. A nuestro juicio, lo somático no provoca ni «hace nacer», no produce nada, sino que sólo condiciona. Si por razones prácticas adoptamos la teoría de la «acción» recíproca psicofísica, no la asumimos del todo, ya que no puede hablarse propiamente de una verdadera producción de lo psíquico por lo físico.

Es bastante rídiculo que aún se afirme actualmente –más allá de la acción recíproca o el paralelismo– la identidad global. Así leemos en *Richtlinien einer Philosophie der Medizin* de A.W. Kneucker (USA), aparecido en Maudrich, Viena, 1949: «El alma no es más que el símbolo de la actividad global del sistema nervioso central... y por ello es una función de la materia... en suma: todo es materia o función de la materia... El cerebro es la máquina psíquica y su combustible son las increciones. La máquina funciona a tenor de la composición de éstas»

(p. 36). El citado autor habla obviamente de «eso que se llama» alma (p. 115) y, en consecuencia, de «eso que se llama» psicología (p. 183) y de lo que él llama «psiquectomía» (p. 37).

Las funciones psíquicas, según esto, son condicionadas, mas no producidas por lo somático. Lo somático produce realmente, cuando más, los trastornos de las funciones psíquicas. También Pötzl afirma que «no parece localizable la función, sino sólo el trastorno de la función» (*Bemerkungen zum Agnosie-Fall von Clemens Faust*, «Der Nervenarzt» 29 [1948] 8, 354). Pero no debemos olvidar que lo dicho sobre las lesiones del cerebro no es válido sólo para las afecciones del sistema nervioso central –incluido el sistema neurovegetativo–, sino también para las irritaciones de las glándulas del sistema endocrino.[27]

V. Weizsäcker pudo decir con razón: «La investigación del ser vivo con los métodos de las ciencias naturales sólo ilumina en profundidad la *patología*.»

Si la enfermedad somática no produce más ni menos que un *trastorno* funcional psíquico, el tratamiento somático (medicamentoso, quirúrgico, etc.) tampoco produce más ni menos que la eliminación del trastorno de las funciones psíquicas. Sigue en pie, por tanto, nuestra tesis de que lo psíquico-espiritual no es un producto del factor corporal, sino que sólo está condicionado por él. En suma, el tratamiento vuelve a posibilitar lo que la enfermedad había imposibilitado. Esto y nada más que esto significa la expresión «restablecimiento de una función».

Debemos evitar según esto, una vez más, la confusión del condicionamiento con la constitución, no sólo en lo concerniente a la enfermedad, sino también al tratamiento. Tomemos un ejemplo cotidiano: alguien es invitado «a comer»; pero ¿realmente es invitado a eso? El anfitrión quedaría perplejo si su huésped tomara al pie de la letra la invitación y se comportara en consecuencia; éste cometería un grave error y atentaría contra la buena educación. Porque no fue invitado a saciar el hambre, sino a conversar durante la comida; la buena comida debe «posibilitar» la conversación, liberándola de la influencia perturbadora de estómagos vacíos. El café que se sirve después de la comida tampoco está destinado a generar la conversación, sino a favorecerla, aliviando a los comensales de la posible fatiga.

---

27. Cf. por ejemplo mi propio trabajo *Über ein psych-adynamisches Syndrom und seine Beziehungen zu Funktionsstörungen der Nebennierenrinde*, «Schweizer Medizinische Wochenschrift» 79 (1949) 1057.

Esta observación sobre el efecto de un estimulante nos da pie para referirnos a la terapéutica medicamentosa. Como hay una patogénesis somatopsíquica específica, hay también una terapéutica medicamentosa específica. Si el proceso somático gradual que llamamos depresión endógena lleva a una angustia específica, también conocemos un producto, el triptizol, que disuelve no menos específicamente esa angustia. Aunque tales correspondencias parezcan triviales, no dejan de ser impresionantes: las distimias menstruales ceden muchas veces a la administración de carbonato sódico (el efecto parece atribuible a la influencia de la acidosis o de la alcalosis sobre la afectividad).

Cuando se conoce la etiología específica de un síntoma psíquico somatógeno, suele descubrirse una terapéutica específica correspondiente. Si sabemos, por ejemplo, que la agorafobia (miedo a los espacios abiertos) obedece con frecuencia a un hipertiroidismo –una relación que he expuesto en otro lugar–, este conocimiento nos sugiere ya la terapéutica específica adecuada; y si sabemos, a la inversa, que el síndrome de despersonalización responde bien al tratamiento de desoxicorticosterona, cabe concluir, al menos en casos concretos, la existencia de una patogénesis igualmente específica (cf. mi trabajo antes citado, *Über ein psych-adynamisches Syndrom*, etc.).

Dijimos antes que el restablecimiento de las funciones psíquicas perturbadas por factores somáticos se puede efectuar no sólo por la vía medicamentosa, sino también mediante la cirugía. La «psicosomática» como etiología con una determinada orientación tiene, en efecto, un correlato en el plano terapéutico en forma de una terapéutica de signo inverso, y este correlato resulta especialmente impresionante cuando afecta de modo directo a lo somático, cuando se interviene en el cerebro con los medios de la cirugía cerebral. Se habla ya de «psicocirugía», como si fuera posible una intervención quirúrgica en la psique, como si se pudiera llegar con el escalpelo a la esfera psíquica o a la realidad espiritual. Se habla incluso de «psicoquímica»; pero, aunque se entienda por tal, más que una influenciabilidad terapéutica, la influenciabilidad etiológica de lo psíquico desde el plano químico, esa expresión sólo es válida en el sentido de un condicionamiento, no de una causalidad.

Cuando se emplean sin conciencia crítica las expresiones «psicoquímica» y «psicocirugía», se corre el riesgo de caer en la ilusión de que un día la psicoterapia pueda ser sustituida por la psicocirugía o por la psicoquímica. Hay que prevenir contra este peligro que llevaría a una quimización, quirurgización y colectivización de lo que antes se llamaba y quería ser psicoterapia, donde la psique designaba la persona humana: lo espiritual del hombre.

Hemos hablado de «colectivización de la psicoterapia»; ¿en qué consiste? Nos referimos a la psicoterapia de grupo. Sobre ella habría que decir en síntesis lo siguiente: la psicoterapia de grupo tiene sus indicaciones; pero no debemos olvidar que carece del sujeto adecuado, ya que éste debería ser la «psique del grupo», pero tal psique no existe en sentido propiamente dicho (cf. p. 147). De ahí que la verdadera psicoterapia se aplique al individuo. No en vano considera C.G. Jung la actividad psicoterapéutica como un «proceso de individuación». Pero decir «individuo» es insuficiente: el individuo es una entidad biológico-psicológica, y la psicoterapia tiene por objeto un ser espiritual: la persona en su peculiaridad y singularidad esencial. En este sentido la psicoterapia no puede individualizar lo bastante y propiamente lo que expresa programáticamente el título de un libro de Paul Tournier: *Médicine de la personne*.

Quedaría la quimización de la psicoterapia. Nos referimos con esta expresión al narcoanálisis. Este procedimiento, como se sabe, se inició en la segunda guerra mundial; esto es muy significativo, teniendo en cuenta que en la primera guerra mundial se llegó a tratar las neurosis con corrientes eléctricas; frente a esta «electrificación» de la psicoterapia, en la última guerra mundial se produjo su quimización.

El narcoanálisis no es en realidad un verdadero método analítico, pues lo que busca una auténtica psicoterapia analítica es la anulación de las represiones y la concienciación de lo inconsciente. ¿En qué consiste el narcoanálisis?

Las publicaciones sobre el tema y nuestras propias experiencias[28] ponen de manifiesto que el campo del narcoanálisis es, por una parte, el descubrimiento de una simulación o una disimulación y, por otra, la rotura de un estupor. En el caso de simulación no se trata, como en el auténtico método analítico, de material reprimido, sino encubierto; no inconsciente, sino tácito. El paciente no siempre dice la verdad: o no dice la verdad plena o no dice la verdad pura; o bien retiene bajo la influencia del narcoanalítico uno u otro punto o dice algo que no es verdad, sino sugerido, y es evidente que el ser humano es especialmente sugestionable en la situación narcoanalítica.

---

28. Cf. Frankl y Strotzka, *Narkodiagnose*, «Wiener klinische Wochenschrift» 61 (1949) 569.

El desenmascaramiento de una simulación no versa sobre un material reprimido, sino encubierto; así, la rotura de un estupor no es el franqueo de una represión, sino de una inhibición. Hay una diferencia esencial entre la represión y la inhibición, y la diferencia se hace patente teniendo en cuenta que el *ello* es reprimido por el yo, mientras que el yo es inhibido por el *ello*.

El narcoanálisis es, en el fondo, una variación del principio *in vino veritas: in sero veritas*; es decir, en el «suero de la verdad». Pero el narcoanálisis sólo pone de manifiesto la parte instintual de la realidad anímica, no toda la verdad. Esta incluye las represiones. Si el arte del dibujo consiste, según Max Liebermann, en las omisiones, el ser del hombre consiste en buena parte en la omisión de aquello que le impulsa, en la represión de sus inclinaciones. También psicoterapéuticamente es menos relevante lo instintivo –el *ello*– que lo que el yo hace con ese material. Pero en el narcoanálisis el yo deja de hacer algo. Se hace hablar al *ello* pero se acalla al yo. Y en narcoanálisis tiene especial aplicación la frase de Schiller: «Si habla el alma, ya no habla, ay, el alma.»

En lo que respecta a la «quirurgización» de la psicoterapia, conviene decir lo siguiente: los supuestos de la «psicocirugía» remontan muy atrás. Habría que recordar ante todo las conocidas observaciones según las cuales la moria, una especie de euforia acompañada de extravagancia, etc., reveló ciertos procesos del lóbulo frontal; llamó la atención, por otra parte, que ciertos procesos patológicos con esa misma localización pudieran inducir perturbaciones específicas en los estímulos, incluso el envío típicamente frontal del impulso. Sin embargo, desde que Pötzl (*Psychische Enthemmungsreaktion nach Operation einer Zyste im Schweifkern*, «Medizinische Klinik» 1, 1925) pudo demostrar que la punción del epéndimo ventricular lleva a estados de excitación maníaca, y cuando más tarde Förster y Gagel confirmaron el mismo efecto en intervenciones cerca del tercer ventrículo, no se apreció ya ninguna contradicción entre esta minusvariante y esta plusvariante de la conducta, entre el trastorno del impulso y la excitación. A veces puede producirse un tránsito de un comportamiento a otro. Recuerdo el caso de una glioma en el cerebro frontal que en mi departamento neurológico fue diagnosticada así y luego operada en la clínica quirúrgica abriendo el ventrículo lateral y lesionando inevitablemente el epéndimo. El enfermo estaba apático antes de la operación y mostraba el trastorno impulsivo característico del proceso frontal; después de la operación, en cambio, manifestó una moria característica de los efectos de lesión de epéndimo. Así, cuando la enfermera le preguntó cuánto tiempo (*lange*) había estado en la clínica quirúrgica, dio la típica respuesta eufórica: «Exactamente igual de alto (*lang*) que aquí en el Policlínico Neurológico: 1,72 m».[29]

Después que Burkhardt efectuara ya en 1890 el intento de tratar ciertos casos de psicosis por la vía quirúrgica, Hoff y Pötzl trataron terapéuticamente en 1932 ciertos efectos psíquicos de intervenciones quirúrgicas. Pero sólo Moniz hizo tales intentos a gran escala a partir de 1935, cuando se dio a conocer con su leucotomía prefrontal o lobotomía.

Independientemente de los resultados prácticos, hay que decir que los supuestos teóricos que guiaron a Moniz no son nada evidentes. Su intervención era disociar las sinapsis quirúrgicamente y destruir por esta vía determinadas asociaciones, aquellas que fueran la base de las ideas delirantes de la persona psicótica. Estas ideas delirantes, tal como las concebía el gran Moniz, están ligadas localmente a determinados haces nerviosos y pensó que podían desconectarse mediante operación. Moniz intentó así afrontar el problema de la psique enferma con el escalpelo, cortando el nudo gordiano, como Alejandro: quiso cortar literalmente las asociaciones delirantes.

Ya en la aparición del tratamiento de choque o de convulsión de las psicosis, los supuestos teóricos no coincidían en modo alguno; pero la práctica obtuvo éxito. El investigador, sin embargo, no debe engañarse en este punto. Los repetidos intentos de explicación teórica de los autores de nuevos métodos terapéuticos ponen en guardia sobre eso que el psiquiatra llama «delirio explicativo secundariamente racionalizante».

¿Qué pensar realmente del tratamiento quirúrgico de la psique? Esta pregunta parece prioritaria teniendo en cuenta que últimamente cunden las voces que afirman que el alma resulta perturbada con la leucotomía, entendiendo por alma la persona espiritual. Sobre este tema hay que decir lo siguiente:

Erwin Stengel (*Die Läsionen im Stirnhirn nach präfrontaler Leukotomie, Pötzl-Festschrift*, Innsbruck 1949, p. 446) ha informado recientemente sobre ciertos hechos que demuestran «la sorprendente variabilidad de las secuelas patológicas de la leucotomía», y habla de una «extraña irregularidad de las lesiones operatorias en la técnica usual de la leucotomía». ¿Cuándo y dónde queda afectada el «alma»? Esta pre-

---

29. Cf. Frankl, *Manisch-depressive Phasen nach Schädeltrauma*, «Monatsschrift für Psychiatrie und Neurologie» (Suiza) 119 (1950) 307.

gunta, una pregunta topográfica y, por lo tanto, mal formulada de entrada, queda sin respuesta (y nosotros sabemos que la respuesta es radicalmente imposible.) Es más: A. Meyer y E. Beck («Journal of Mental Science» 89, y 91 [1943] 161, 411) pudieron constatar por autopsia que en un caso que había mostrado una buena remisión de por vida, es decir, una gran mejoría psíquica después de la operación, el haz nervioso tálamo-frontal estaba intacto: precisamente aquel haz que debía estar destruido.

A pesar de todo, actualmente no se habla sólo de destrucción del yo, sino también del super yo, como si éste pudiera localizarse por tales vías. Se dice, por ejemplo, que «la destrucción del lóbulo frontal priva al hombre del ámbito de la responsabilidad moral y de la conciencia», que impide «la orientación en los valores espirituales», que la leucotomía equivale a una «destrucción del sustrato frontal relacionado con la experiencia axiológica» y que supone la «anulación de la condición humana del enfermo» (S. Haddenbrock, *Radikaltherapie durch Defrontalisation?*, «Medizinische Klinik» 44, 3 [1949] 69). Según F. Reitmann («J. ment. Sci.» 91 [1945] 318), esa operación provoca, en lugar de una concepción moral idealista, un sentido moral más práctico; según declaración de la esposa de un paciente lobotomizado, se produjo en éste una destrucción del «alma» (comunicación de E.L. Hutton «J. ment. Sci.» 93 [1947] 31). También Reitmann (l.c.) estima que «puede observarse incomprensión para temas teóricos, estéticos, éticos y religiosos».

Se comprueba, no obstante, que la inteligencia apenas se resiente después de una leucotomía. ¿Qué puede significar esto sino que el momento gnóstico del ser humano se mantiene después de la leucotomía? ¿Y qué decir del segundo momento que constituye al ser humano: el momento ético? (estos dos momentos corresponden al doble aspecto de la existencia como conciencia cognitiva y como responsabilidad). El hombre leucotomizado ¿acaso cambia radicalmente, sin ser ya «él mismo» (como persona espiritual y moral)?

La respuesta debe ser, a nuestro juicio, negativa. Una de nuestras pacientes —que había sufrido una leucotomía por indicación nuestra a causa de un tumor en el tálamo— declaró, al ser interrogada sobre alteraciones de personalidad, que era menos sensible, menos sentimental, menos lacrimosa. Este dato coincide con el de Stransky (*Leukotomie bei einer schweren Zwangsneurose*, «Wiener klinische Wochenschrift» 61 [1949] 17, 263), según el cual «la presión afectiva patológica de determinadas ideas remite», y es sobre todo una vertiente patológica la que es afectada por la leucotomía. Por esta razón desaparece, por ejemplo, el miedo a la muerte en los enfermos de cáncer inoperable después de haber sufrido la leucotomía (Haddenbrock, l.c.); lo que no vemos es por qué esto induce a afirmar que «el hombre se ve privado del sustrato de su condición humana» (ibíd.). Pero esto nos plantea de nuevo la cuestión de la posible modificación de la existencia personal mediante la leucotomía. Abordemos el historial de otra paciente entresacado de nuestra propia casuística:

La paciente había sufrido una gravísima neurosis obsesiva y fue tratada durante muchos años con métodos psicoanalíticos y de psicología individual, y también con choques de insulina, cardiazol y electrochoques, sin resultado.[30] Después de fracasar en nuestros esfuerzos psicoterapéuticos, aconsejamos la leucotomía, que dio un resultado sorprendente. Dejemos la palabra a la propia paciente: «Estoy mucho mejor; puedo trabajar como lo hacía cuando gozaba de salud; las ideas obsesivas siguen, pero puedo defenderme de ellas; antes no podía leer porque me lo impedía la obsesión tenía que leer todo diez veces; ahora no tengo necesidad de repetir nada.» En cuanto a sus intereses estéticos que, según algunos autores, desaparecen, ella declara: «Ahora vuelve a interesarme mucho la música.» ¿Y su interés ético? La enferma muestra una viva compasión hacia los demás y, partiendo de esta compasión, manifiesta sólo este deseo: que se ayude a otros que sufren como la ayudaron a ella. Le preguntamos luego si había cambiado en algo. «Ahora vivo en otro mundo –fue su respuesta–; no es posible expresarlo con palabras; lo de antes no era un mundo para mí; era sólo un vegetar en el mundo, no una vida; yo vivía demasiado atormentada; ahora desapareció todo eso; lo poquito que aún aflora puedo superarlo con facilidad.» (¿Usted sigue siendo «la misma»?) «Soy otra.» (¿En qué sentido?) «Ahora vuelvo a vivir.» (¿Cuándo fue o ha llegado a ser «usted misma»?) «Ahora, después de la operación; todo es mucho más natural que antes; entonces todo era obsesión; lo que existía para mí era obsesión; ahora todo es más como debe ser; me he encontrado a mí misma; antes de la operación yo no era persona, sino un estorbo para la humanidad y para mí misma: ahora me dicen también los demás que soy completamente distinta.» A la pregunta directa de si ha perdido su yo, contesta lo siguiente: «Yo había perdido mi yo; pero después de la operación el yo ha vuelto a mí, a mi persona» (yo había evitado deliberadamente esta palabra en mis preguntas); «no me pesa haber sufrido esta enfermedad; he

---

30. «Después de los choques lo olvidé todo, hasta mis señas... menos la obsesión.»

aprendido a familiarizarme con el sufrimiento; me he beneficiado mucho espiritualmente; yo era introvertida, y eso no ha desaparecido con la operación».

La operación ayudó, pues, a aquella persona a ser *más humana*, más «ella misma», pues lo que le impedía su realización humana era la enfermedad de la que fue operada, y no la operación misma. Las consecuencias desfavorables de la operación son siempre fortuitas –si la operación es procedente– y constituyen un mal menor. Por eso dice con razón Max Zehnder (*Psychochirurgie in USA*, «Schweizer Medizinische Wochenschrift» 79 [1949] 9, 185) que es necesario «indagar si el individuo alterado por la enfermedad se ve más perjudicado por los impulsos obsesivos endógenos o por la intervención operativa». *Nuestra* paciente obsesiva no mostró *ningún* trastorno especial causado por la operación; al contrario, ella se volvió incomparablemente más natural, más sintonizada (como la enferma de Stransky con su «talante libre, natural», después de la operación). A pesar de ello, vamos a preguntarnos si cabe esperar ciertas secuelas eventuales de la operación en la persona. Pues bien, nosotros entendemos que cierta deficiencia cognitiva y ética no debe atribuirse a un defecto de «espíritu» o de conciencia, sino más bien a una falta específica de *presencia* de espíritu o de presencia de conciencia moral. Por esta vía se pueden comprender ciertas reacciones postoperatorias típicas, y en los casos estudiados parece que se trata sólo de eso. Pero contra un déficit de conciencia moral se puede actuar a nivel postoperatorio por vías psicoterapéuticas.

No creemos que la intervención psicoquirúrgica pueda afectar al yo o a la persona; la idea de que tal repercusión sea posible implica un flagrante materialismo. Por eso la leucotomía tampoco afecta en modo alguno a la persona; sólo puede influir en el organismo psicofísico: en la facticidad y no en la existencialidad. ¿En qué consiste lo esencial de la modificación dentro de la facticidad psicofísica del leucotomizado?

Nosotros entendemos que el yo sigue inalterado después de la operación; lo único que ocurre es que el *ello* se ha distanciado del yo; la operación hace retroceder al *ello*, alejándolo del yo. El *ello* deja en paz al yo. Con razón dice Haddenbrock (l.c.): «No es la enfermedad, sino la vivencia de la enfermedad lo que determina la conveniencia» de la leucotomía; en efecto, ésta no modifica, a nuestro juicio, al paciente, sino que reduce la proximidad de la vivencia; y esta distancia parece a primera vista una pérdida del yo, porque éste nunca se manifiesta «en sí», sino en la figura y bajo el dominio del *ello*: el yo está siempre en relación con un no yo, destacando sobre él, sobre un no yo que puede ser el ello de Freud, el «uno» (*man*) de Adler o el tú de L. Binswanger. Se confirma una vez más que todo ser se constituye como «ser diferente», y esto implica «estar en relación».[31]

Cuando Haddenbrock (l.c.) escribe que la psicoterapia y la leucotomía «no se orientan hacia el organismo enfermo, sino hacia la personalidad enferma», y persigue y alcanza «objetivos que constituyen la meta de la cura de almas en sentido lato: modificar la actitud del sujeto hacia la enfermedad», no tiene razón porque en realidad la leucotomía no modifica ni la personalidad ni su actitud, sino que aligera esta actitud. «La leucotomía no afecta al ser humano como espíritu» (ibíd.), sino que le permite en muchos casos reaccionar de un modo digno –alejando de la personalidad del enfermo las ideas obsesivas, como dice Stransky y como se comprobó en nuestro propios enfermos.[32]

En suma: El ello se distancia del yo mediante la leucotomía. Este dato es un buen indicador para efectuar la intervención, ya que así sabemos exactamente cuándo es aconsejable ésta: cuando el sufrimiento de una persona es causado por el ello y no por el yo. El sufrimiento causado por el ello –por ejemplo, el sufrimiento «ante» los dolores ocasionados por metástasis cancerosas– es un sufrimiento innecesario; el sufrimiento del yo, en cambio, es un sufrimiento necesario: el sufrimiento «bajo» un destino que es inherente al hombre –por ejemplo, la tristeza por la muerte de un ser querido– no debe intentarse eliminar mediante la leucotomía. El sufrimiento innecesario es un sufrimiento absurdo; el sufrimiento necesario es un sufrimiento que tiene sentido. Dejar sufrir innecesariamente a un ser humano no es digno del médi-

---

31. Cf. Frankl, *Ärztliche Seelsorge*, Deuticke, Viena 1946, p. 3; vers. cast.: *Psicoanálisis y existencialismo*, F.C.E., México 1977.

32. Entretanto apareció un escrito de Haddenbrock donde éste formula su idea con tanta precaución que no puede dar lugar a malentendidos y que también nosotros podemos aceptar cuando declara, por ejemplo, que «sería un error el intento de localizar la capacidad de la reflexión existencial humana en el lóbulo frontal. Lo psíquico no es localizable ni en sus formas vegetativo-animales más simples ni en sus formas espirituales superiores. Científicamente sólo cabe establecer: un elemento corporal diferenciado como condición para la manifestación de lo psíquico y, en especial, la integridad funcional del lóbulo frontal como condición corporal para la manifestación del espíritu personal a nivel de cada predisposición concreta» (*Über den Beitrag der Leukotomie-Erfahrungen zur Förderung allgemeinmedizinischer Probleme, Verhandlungen der Deutschen Gesellschaft für innere Medizin*, LV Congreso, Wiesbaden 1949).

co; eximir a un ser humano del sufrimiento necesario sería inhumano. El ser humano tiene derecho a sufrir su dolor lo mismo que, según Rilke, tiene derecho a morir su muerte o, según Scheler, el delincuente lo tiene a expiar su culpa. El presupuesto de todo es únicamente que el dolor al que abandonemos conscientemente a un ser humano sea realmente «su» dolor, un sufrimiento propio del yo y no del ello. Ahora bien, los dolores carcinomatosos pertenecen al tálamo y no al yo; pero la tristeza por un difunto es propia del ser humano y no de su tálamo. Cuando se trata de un sufrimiento propio del yo, lo único que puede lograr la leucotomía es, no el alejamiento del yo, sino la autoalienación. Entonces y sólo entonces la *leucotomía* se puede calificar con toda razón como una *eutanasia parcial*. Pero el que sostiene —como nosotros— que no es incumbencia del médico conseguir la euforia a cualquier precio, aun al precio de reducir el sentido de la vida, al precio del empobrecimiento del sentido, ése rehusará privar a un ser doliente de «su» sufrimiento, su sufrimiento lleno de sentido, susceptible de colmarse de sentido; intentará por el contrario darle lo que necesita: la capacidad de sufrimiento.

No hay indicaciones específicas para la leucotomía. Por eso tampoco cabe afirmar sin más que el ámbito de la leucotomía se circunscribe a las psicosis, y tendríamos que añadir: y a aquellas neurosis que se puedan equiparar a las psicosis. No se trata de una equiparación en la génesis ni en el diagnóstico, es decir, en su origen somático (seudoneurosis) o en un diagnóstico muy grave, como, por ejemplo, un peligro inminente de suicidio (entonces la leucotomía sería vital) o porque hayan fracasado todos los demás intentos de tratamiento. Por eso hay que darle la razón a Stransky (l.c.) cuando afirma a este propósito que la leucotomía es la *ultima ratio*.

Pero tratemos de contraponer la leucotomía al narcoanálisis: en éste, decíamos, se reduce al silencio al yo, mientras que la leucotomía deja al yo en paz; el narcoanálisis desliga al ello del yo, mientras que la leucotomía descarga el yo del ello, frenando la afectividad y la impulsividad, bloqueando la fuerza que impele por detrás; en suma: la situación interna del hombre en el narcoanálisis es la de un *viento sin vela*; y la del hombre después de la *leucotomía*, la de una *vela sin viento*.

Insistimos: el efecto terapéutico de una intervención psicoquirúrgica no afecta en modo alguno el espíritu. El elemento espiritual del hombre no puede descubrirse ni obstruirse mediante una operación quirúrgica. Esto se puede expresar en lenguaje clínico diciendo que nunca podemos concluir por los datos empíricos la realidad de lo espiritual. Nosotros sólo sabemos una cosa: lo corporal influye en lo psíquico-espiritual, de un modo o de otro, favorable o desfavorablemente. No es lógico completar esta tesis con la conclusión: luego lo espiritual es un mero efecto, mero producto, mero resultado, mero epifenómeno; o como decían los autores citados: «generado», «nada más que como función de la materia», o fórmulas similares.

Lo corporal es una condición, mas no la causa de lo psíquico-espiritual. La enfermedad corporal limita las posibilidades de desarrollo de la persona espiritual, y el tratamiento somático se las devuelve, le brinda de nuevo ocasión de desarrollarlas; pero la realidad de lo espiritual sólo podemos comprenderla desde el plano metaclínico.

Es erróneo, por ejemplo, lo que leemos en el siguiente pasaje de un autor americano: «La sustancia del tiroides aumenta la inteligencia en los cretinos. Los tóxicos perturban las funciones espirituales. ¿Qué nos enseña esto? Que el entendimiento es una sustancia que se produce por vías naturales. ¿O es una especie de irradiación?» En este pasaje la hormona del tiroides es equiparada simplemente al espíritu; se identifica sin más con éste. Es como si las experiencias realizadas con el tratamiento de electrochoque en las psicosis nos llevasen a equiparar el espíritu humano con la corriente eléctrica. En realidad la corriente nada tiene que ver con el espíritu. Pero preguntemos en un plano general: ¿quién o qué recibe el choque en el tratamiento por electrochoques? No la persona, sino el organismo somático. Pero ¿no es el momento de preguntarnos por su mutua relación? Hemos oído repetidamente que los distintos estratos del ser deben mantenerse cuidadosamente separados; ante esta separación debemos evitar una *metabasis eis allo genos* (el paso de un género a otro); pero dos realidades separadas ¿no deben guardar alguna relación entre sí?

Efectivamente: la relación entre la persona y el organismo somático es una relación instrumental; el espíritu instrumentaliza lo psicofísico; la persona maneja el organismo psicofísico, lo hace «suyo» haciéndolo herramienta, *organon*, instrumento.

La persona se relaciona con su organismo como el músico con el «instrumento». Una sonata no puede ejecutarse sin piano ni sin pianista. Pero esta comparación falla como toda comparación, ya que el pianista es visible, mientras que el espíritu es invisible (sin ser irreal por ello). La comparación falla porque el pianista y el piano están en un mismo plano, literalmente sobre el mismo podio, mientras que el espíritu y el cuerpo no se encuentran en la misma escala del ser.

A pesar de este fallo, consideramos fecunda la comparación. Ni el mejor pianista puede tocar bien en un piano desafinado[33] (símil de la enfermedad). Entonces se llama al afinador (intervención del médico) y éste afina el piano (símil del tratamiento). ¿Quién osará afirmar que el arte del pianista se debe al piano afinado? El piano afinado no es capaz ni siquiera de suplir los defectos del mal pianista.

¿Qué ocurre cuando no es un piano, sino un ser humano el que está «desafinado», en el sentido de un estado de desarreglo endógeno, en el sentido de una psicosis? La psicosis es una somatosis y no una enfermedad del espíritu propiamente dicho, de la persona. No es, pues, la persona la que está «enferma de» psicosis –sin negar que «padezca con» la psicosis– sólo puede enfermar el organismo psicofísico: él es el afectado por la psicosis. Sólo el instrumento se desafina –ambos términos, «instrumento» y «desafinado», tomados en sentido literal y en sentido figurado–.

Ahora entendemos que el médico con su aparato de choque hace el papel del afinador de pianos: la misión del uno y la función del otro, el cometido y la labor del médico y del afinador se limitan a la reparación, al arreglo de un aparato. Pero esto significa que la enfermedad y el tratamiento afectan exclusivamente a este aparato, a este instrumento. El tratamiento devuelve al ejecutor del instrumento esas posibilidades que la enfermedad le ha reducido. Pero la persona misma no queda afectada por la psicosis ni por la terapia; ni la enfermedad somática ni el tratamiento somático alcanzan a la persona. Esta no queda afectada por la psicosis, y los electrodos de choque no se aplican a ella.

Cuando no se trata de la psicoterapia en la línea de la logoterapia y del análisis existencial, es decir, en la línea de una terapia desde lo espiritual (*logos*) hacia lo espiritual (persona existencial), sino de la terapia psiquiátrica de procesos psicóticos, o terapia de somatosis, sigue siendo válido este principio, pese a los distintos lenguajes de moda: nosotros sólo tratamos enfermedades y no enfermos, pues cuando no tratamos enfermedades, sino a hombres enfermos como tales, como seres humanos, como personas, no cabe hablar ya de enfermedad: ahí están de más las categorías nosológicas; en el ámbito del espíritu personal rigen las categorías noológicas; pero éstas no se refieren al plano de lo «sano - enfermo», sino de lo «verdadero - falso».

---

33. Cf. Gregorio de Nisa, Migne, *Patrologia Graeca* 44, 161 A/B, 164 D. «El *nous* se manifiesta o no se manifiesta, como un marista posee siempre su arte, pero toca mal en un instrumento desafinado y no puede tocar sin instrumento.»

El electrochoque no infunde al melancólico una nueva alegría de vivir, como la increción tiroidea no insufla a un cretino nuevas fuerzas espirituales. Esto sería un craso error energético-materialista. Si la psicosis como tal, como somatosis que le afecta, no debe «adjudicarse» a la persona, la terapia somática tampoco ha de adjudicarse al espíritu personal (que sólo puede actuar libremente tras el tratamiento positivo de la enfermedad psicofísico-organísmica).

La persona queda intacta incluso en la psicosis; el espíritu personal no es afectado por la enfermedad «del espíritu»; por mucho que la persona quede encubierta y desfigurada por el proceso patológico superficial, sigue en el fondo, aunque impotente e invisible: impotente para el uso adecuado de su instrumento, el organismo psicofísico, invisible hasta los momentos esporádicos en que el «espíritu» penetra como un rayo a través de la capa psicofísica que nos aísla de él.[34]

Ese elemento psicofísico, y no el espíritu, es el que se pone enfermo. No se subrayará esto lo bastante, pues el que no «adjudica» la psicosis a lo psicofísico, sino que lo transfiere a la persona, incurre fácilmente en el peligro de arrebatar la humanidad a un enfermo «espiritual» y entra fácilmente en conflicto con la ética médica. No encontrará ya un motivo suficiente para desarrollar la actividad médica, ya que ésta presupone un algo para ponerse en marcha o, más exactamente, no presupone «algo», sino a «alguien», una persona, y una persona «existente» antes y después de la enfermedad. Nadie desearía ser médico por un simple «algo», por el mero organismo: sólo se puede querer ser médico para la persona que «lleva» su respectivo organismo enfermo; sólo se puede querer ser médico por la persona cuyo organismo está enfermo, por la persona que no «es» enferma, sino que «tiene» una enfermedad. Yo trato a la persona en su enfermedad; no la trato por el organismo, sino que trato el organismo por la persona.

La psicosis es una somatosis, ya que es una enfermedad fenopsíquica, pero somatógena. Y es, como tal, una enfermedad del organismo psicofísico, mas no de la persona. La persona está «enclaustrada»

---

34. El término «impotente» se refiere a la relación instrumental de lo espiritual con lo corporal; ¿a qué se refiere el término «invisible.. La relación de la persona con el organismo no es sólo instrumental, sino también expresiva, y cuando la persona no puede expresarse ya en ningún organismo que funcione normalmente, se hace invisible (cf. en analogía con esta distinción entre función expresiva y función instrumental mi concepción de la «neurosis como expresión y como medio», ya expuesta repetidas veces en otros lugares).

por ella. El psiquiatra debe ser capaz de entrever a la persona detrás de esos muros: la persona doliente, pues la persona «sufre bajo» la psicosis, sin estar enferma «de» ella; la persona sufre por la impotencia a que está condenada por la psicosis, bajo la impotencia de manifestarse, pues necesita para su manifestación de un organismo que funcione adecuadamente en lo instrumental y en lo expresivo.

El hombre psicótico padece una doble limitación: la impotencia instrumental y la invisibilidad expresiva de su persona, o esta única limitación: *la de ser sólo objeto posible de la biología y no de una biografía.*

El que sea capaz de considerar un estado esquizofrénico final como un *caput mortuum* o de afirmar que ese sujeto «ya no es un ser humano», hará mejor en abandonar la profesión psiquiátrica, ya que se encuentra a un paso de aceptar los postulados de la eutanasia y de la «liquidación de toda vida carente de valor».

¿Qué significa carente de valor? Una existencia inútil. Ahora bien, el que así piensa y habla, ignora la diferencia que hay entre la utilidad y la dignidad: la utilidad se puede medir por el talento práctico y la capacidad productiva de un individuo, por su rendimiento vital y social; pero la dignidad de un ser humano –de una persona– queda intacta con esa pérdida de utilidad que esta persona puede sufrir por el desarreglo psicótico. Si la persona está «detrás» –detrás del hecho patológico psicofísico–, su dignidad está por encima: por encima de la pérdida de los valores vitales y sociales, pues esta pérdida se refiere sólo a los valores útiles. Esto es lo que Rudolf Allers pudo sugerir al afirmar que los diversos individuos poseen diverso valor, pero la misma dignidad. Poseen igual dignidad como personas que son, mas no como organismos psicofísicos ni como individuos vitales y sociales.

Es preferible no ser psiquiatras si no nos sentimos embargados de un respeto incondicional ante cada ser humano, incluido el psicótico, pues mientras no estemos hondamente convencidos de la dignidad inviolada e inviolable del enfermo psíquico como persona espiritual –y no como individuo psicofísico (como tal, podía considerársele no sólo psicofísicamente impotente, sino vital y socialmente inútil)–, mientras no creamos en esa dignidad inviolable, será una cuestión de simple consecuencia lógica el especular, el postular o el «ejecutar» la eutanasia.

La enfermedad psicofísica puede perturbar, mas no destruir, a la persona. Lo que la enfermedad puede destruir es el organismo psicofísico. Este organismo constituye el campo de acción y el campo de expresión de la persona. El desarreglo del organismo significa, en consecuencia, nada menos, pero nada más, que un bloqueo del acceso a la persona. Y éste podría ser nuestro credo psiquiátrico: la fe inquebrantable en el espíritu personal, la fe «ciega» en la persona «invisible», pero indestructible. Y si yo, señoras y señores, no tuviera esta fe, preferiría no ser médico.

Dijimos antes que no es lógico concluir de lo corporal a lo espiritual —*ex iuvantibus*—, es decir, el tránsito de lo corporal condicionante a lo espiritual como efecto aparente. Lo lógico es una conclusión «por exclusión». Lo procedente es concluir del margen de acción que la persona posee y retiene siempre frente a su condicionalidad psicofísica, a la libertad y a la espiritualidad de esa persona y, por tanto, a la existencia y al modo de ser, a la realidad y efectividad del espíritu personal. El espíritu no está totalmente condicionado por lo corporal; lo que se manifiesta en él no es una condicionalidad absoluta, sino un margen de libertad: su relativa independencia o, en expresión de Nicolai Hartmann, la «autonomía a pesar de la dependencia». Y yo debo decir que de esta autonomía «relativa» vemos lo suficiente a nivel de analítica existencial como para poder apelar a ella en lo plano logoterapéutico (así, nunca se puede desatender el aspecto positivo de esta libertad: la responsabilidad, el «para qué» de la libertad como contrapunto del «de qué»).

¿Por qué hemos dicho antes que la conclusión de la libertad a la espiritualidad es un razonamiento *per exclusionem*? Es evidente que en condiciones psicofísicas idénticas lo aparentemente producido por éstas, lo espiritual, difiere según las circunstancias; eso espiritual, por consiguiente, debe ser algo incondicionado; la realidad espiritual no puede estar *totalmente* condicionada, sino que debe ser algo autoproductivo: la realidad espiritual es eficiencia. Lo hemos dicho ya antes: el proceso patológico psicofísico (más exactamente, somatógeno-fenopsíquico) que llamamos depresión endógena, permite a la persona, como dueña del organismo psicofísico enfermo, adoptar las más diversas actitudes, brindándole el campo de acción necesario. Encontraremos ese mismo campo de acción al analizar la psiquiatría genética. Siempre emerge este campo de acción que permanece al margen del condicionante, y está ocupado por lo incondicional; en consecuencia, el ser humano aparece, en el marco del libre campo de acción para las actitudes espirituales, como incondicionado al menos en potencia. El es un ser fácticamente condicionado, pero facultativamente incondicionado.

Precisamente el patólogo del cerebro y el psiquiatra genético conocen por experiencia esas limitaciones que sufre la libertad espiritual por una enfermedad psicofísica; pero justamente esos dos expertos en condicionalidades psicofísicas son testigos de la libertad espiritual, testigos de ese libre campo de acción que les hace concluir «por exclusión» la existencia de una capacidad frente a las condiciones psicofísicas, la existencia de la libertad espiritual. Estos testigos comprueban el poder de la persona a pesar de su aparente «impotencia»; yo diría que descubren el *poder de resistencia del espíritu*.

El afinador de pianos tiene ocasión de admirar al virtuoso que es quizá capaz de tocar un piano desafinado mejor que un mal pianista un buen instrumento. Kant tenía un cerebro gastado cuando sufrió al final de su vida una grave afasia amnésica que le dificultaba la búsqueda del vocabulario; pero ¿qué palabras arrancó a este «instrumento»? Los médicos que le habían visitado no consiguieron que se sentara hasta que comprendieron que el paciente aguardaba a que se sentaran ellos primero; apenas lo hicieron, Kant arrancó a su cerebro aterosclerótico estas conmovedoras palabras: «Aún no he perdido el sentido de la humanidad.» He ahí un virtuoso tocando un mal instrumento.

Resumiendo: lo corporal es mera posibilidad. Como tal, está abierto a algo que puede realizar esta posibilidad, ya que una posibilidad corporal no es sino un molde vacío dispuesto en el plano biológico, un molde que espera ser llenado de algo. En este sentido no sólo lo somático está abierto a lo psíquico, sino que también lo psíquico está abierto a lo espiritual.

El investigador debe salvaguardar esta apertura. La ciencia de lo corporal y de lo psíquico –de la condicionalidad corporal y psíquica del ser humano–, la biología y la psicología, deben mantener la puerta abierta, esa puerta que debe conducir literalmente, desde el reino de esta doble condicionalidad, al «aire libre», al ámbito de lo espiritual, al reino de la libertad. La ciencia debe mantener esta puerta abierta, pero justamente por eso el investigador tampoco debe alejarse de ella –aunque él mismo no puede invadir ese ámbito, que no es el suyo propio–, por ejemplo de cara al reino de lo sobrenatural. Podría ocurrir que se le cerrase la puerta por no vigilarla.

La ciencia debe limitarse a proporcionar el material que puede utilizarse también en una cosmovisión teísta; pero la obra de esa cosmovisión no es ya incumbencia suya, sino de otros constructores.

Volviendo a nuestra tesis de que lo corporal (como mera posibilidad) necesita de lo psíquico (como su realización) y finalmente de lo espiritual (como su plenitud), esta doble conexión puede enunciarse en el principio condicional y causal combinado: si algo es «posible» corporalmente, se «realiza» psíquicamente porque es una «necesidad» espiritual.

Para explicarlo debemos recurrir una vez más a nuestro símil del piano: el piano ¿ejecuta la composición? No; sólo posibilita la ejecución. El pianista ¿efectúa la composición sólo porque sabe tocar? No, sino porque tiene que tocar, pues al tocar «realiza» las «posibilidades» del instrumento con arreglo a unas «necesidades» artísticas. Las relaciones ontológicas entre los estratos ónticos son parecidas: lo corporal posibilita la realización psíquica de una exigencia espiritual.

Ontogénesis del espíritu y patología genética

Hemos recurrido constantemente, como un *leitmotiv*, a la fórmula de Nicolai Hartmann: «autonomía a pesar de la dependencia». Pero el problema de la dependencia de lo espiritual en el ser humano está unido al problema de su descendencia, a la cuestión del origen del espíritu, una cuestión que hemos intentado contestar en sentido filogenético, mas todavía no en sentido ontogenético. Para alcanzar este último objetivo debemos ahondar un poco:

El hombre, a pesar de todo, forma una unidad y una totalidad, como explicaremos después. Nunca se insistirá lo bastante en esta unidad y totalidad, ya que *no afirmamos en modo alguno que el hombre esté «compuesto» de cuerpo, alma y espíritu. Todo está unificado*; pero sólo lo espiritual constituye y garantiza lo «uno». ¿De dónde procede la «variedad en la unidad» del hombre? ¿De dónde viene la estructura humana estratificada? ¿La textura escalonada del hombre? No de estar compuesto de cuerpo, alma y espíritu, sino del diálogo que sostiene lo espiritual con lo corporal y lo psíquico: el hombre como espíritu está siempre adoptando una postura ante sí mismo en cuanto cuerpo y alma; el hombre como espíritu se enfrenta siempre consigo mismo en cuanto cuerpo y alma. Lo que él tiene frente a sí es el cuerpo y el alma; lo que «es» frente al cuerpo y el alma es el espíritu. En este sentido, pero sólo en éste, reconocemos que todas estas distinciones y separaciones son de naturaleza heurística.

El hombre «tiene» cuerpo y alma, pero «es» espíritu. Cabe decir también que el cuerpo y el alma le tienen a él, al hombre, ya que el hombre es in-condicionado sólo en cuanto es espíritu: como hombre, no deja de ser condicionado.

El hombre está condicionado primariamente en su corporeidad, en su existencia corporal. Pero no está «ahí» como caído del cielo, sino que fue engendrado y nació: fueron sus padres, y no él mismo, los que le hicieron existir corporalmente.

El hombre está, además, condicionado en su modo de ser corporal. Nunca es «como» él quiere, como él se hubiera elegido de haber podido decidir sobre un determinado modo de su ser. Este modo de ser del hombre tampoco es como sus padres hubieran deseado, ya que ellos pudieron determinar su existencia, mas no su modo concreto de ser. No sólo no se puede elegir a los padres; tampoco a los hijos.

Hablamos del modo de ser, no de la existencia. No es la cuestión de ser o no ser, pues la propia existencia está siempre en nuestra mano (podemos suicidarnos) y también la existencia de nuestros hijos está en nuestro poder: podemos evitar la concepción. Lo que se ventila aquí es únicamente el «cómo» del ser de nuestros hijos, y esta cuestión no tiene respuesta: el modo de ser de un niño es absolutamente imprevisible y en este sentido absolutamente contingente. El modo de ser de un niño es fruto del azar, fruto del juego de dados del destino, pues aun las leyes genéticas enunciadas por Mendel son leyes del «gran número», sujetas al mero cálculo de probabilidades. Pero esto significa que tales leyes no pueden aplicarse en cada caso concreto y que el modo de ser de un niño es fortuito, en cuanto que se produce con ignorancia o con un conocimiento imperfecto de aquellas leyes naturales que rigen la herencia.

Un caso concreto puede ilustrar la cuestión: conocemos a una paciente que sufre una grave depresión endógena periódica. Teniendo en cuenta que los cuatro abuelos de nuestra paciente fueron psíquicamente sanos, sus padres habrían obtenido el permiso para contraer un matrimonio eugenésico a tenor de las exigencias de un criterio riguroso –a pesar de que en otros grados de parentesco paterno y materno hubiese numerosos casos de depresión endógena. Pero se plantea, a la inversa, la cuestión de si los padres del padre de nuestra paciente habrían podido obtener el permiso de casamiento, ya que tanto su madre como su padre, aun estando sanos cuando contrajeron el matrimonio, no habían alcanzado aún la edad de la manifestación de un eventual factor depresivo endógeno; y teniendo en cuenta que ese padre y esa madre tenían hermanas enfermas de depresión endógena, esta circunstancia hubiera incidido decisivamente en el pronóstico genético, dando por resultado una contraindicación para el matrimonio. En otros términos, el caso del padre de nuestra paciente, de pronóstico genético desfavorable, resultó favorable contra todo pronóstico; y, a la inversa, el caso de nuestra paciente resultó desfavorable.

Debemos hacer aquí un alto para enunciar unos principios básicos sobre el problema de la contracepción al que nos hemos referido antes:

en determinadas circunstancias, a saber, en caso de contraindicaciones genéticas, es un deber la contracepción. La obligación de no procrear es entonces tan grave como el deber de la procreación, un deber que existe sin duda, pues deriva ya de la simple consideración de que a uno le han dado la vida y por esta razón no sólo no puede quitarse la vida, sino que debe continuarla: la vida es un préstamo a devolver.

Ya es un hecho notable que una contraindicación genética objetiva tenga eficacia concreta en el plano subjetivo y que los interesados lleguen a conocerla; esto supone, en efecto, que dos personas, por compasión a un ser nonato, renuncian a su nacimiento o a su procreación. Lo que guía a esas personas es nada menos que *la paradoja de un amor a algo que no existe*.

Añadamos que de lo dicho no se sigue en modo alguno que nada haya que objetar contra una interrupción del embarazo –supuesta la contraindicación genética–; en efecto, como se explicará más adelante, en el momento de la generación y, por tanto, antes del nacimiento hay al menos una persona potencial, y la interrupción de su existencia equivaldría a la aniquilación de una persona. No vamos a entrar aquí en detalles ni tocaremos la cuestión de las *diferencias existentes* entre la interrupción del embarazo y el asesinato. Una cosa es cierta: el que alega que al embrión no se le produce ningún dolor con la destrucción debe tener en cuenta que eso es un argumento peligroso, ya que entonces podría justificarse *cualquier* asesinato a condición de practicarse en condiciones indoloras.

Pero ahora nos interesa otra cuestión: si el deber de una eventual contracepción es compatible con el derecho humano al amor reconocido universalmente. Nosotros consideramos compatibles este deber y este derecho, por razones sencillas: el amor humano es más que el mero instinto de conservación de la especie, como el trabajo humano (al menos cuando es digno del hombre) es algo más que el mero instinto de autoconservación. La superioridad del amor humano sobre el mero instinto se desprende –dicho sea de paso– del simple hecho de que, por ejemplo, el instinto del cuidado de la cría llama más la atención y es más intensivo, cuando está desinhibido, más que cuando se le eleva a la categoría de amor humano propiamente dicho, tal como la de un verdadero amor de madre a hijo, y de esta manera se apropia el instinto existencialmente.

Como el amor, también el matrimonio es, por su mismo concepto, más que un simple medio para el fin de la procreación, y más que un simple medio para el fin de la obtención de placer sexual. Sería un desconocimiento de la esencia del matrimonio –de la convivencia sexual, en términos generales– admitir exclusivamente una intención procreadora o una intención de búsqueda de placer (en el primer caso sería un error biologista, en el segundo un error psicologista). Es más bien el amor solo el que hace del matrimonio, de la convivencia sexual –en sentido ontológico– un matrimonio y una convivencia humana.

Hasta aquí nuestra digresión eugenésica. Decíamos que el modo de ser de un niño es imprevisible en cada caso concreto. Ahora bien, sabemos en definitiva que toda obra humana es en algún sentido fragmentaria, muchas veces queda incompleta y nunca es perfecta. Pero cuando se trata de la «obra» de un ser humano en ese sentido figurado que el término tiene en la obra literaria, hay que decir que su autor puede siempre introducir enmiendas, al menos *a posteriori*: llegan las primeras pruebas, luego las segundas, después la compaginación y finalmente el *imprimatur*.

Muy diferente es el caso de la «obra» que es un ser humano, la vida de un niño que representa una obra vital de sus padres; mientras que la obra literaria está determinada en su modo de ser aun antes de estarlo en su existencia, en el caso del niño la determinación existencial precede al modo de ser. Aquí no se aguarda un *imprimatur*, aquí se pronuncia un *fiat* a la ventura, y esta ventura puede significar peligro de un niño malformado. Sólo Dios pudo prever que «era bueno» lo que iba a crear; el hombre no tiene esa garantía.

Se podrá objetar que el modo de ser de un niño no puede reajustarse biológicamente, pero caben reajustes psicológicos, ya que por la vía pedagógica se pueden corregir muchos defectos. A esto hay que contestar que cabe, en efecto, una «compaginación» en forma de reeducación del niño. Esta reeducación cambia el modo de ser del niño. Pero este otro modo de ser no obedece tanto a la voluntad de los padres, sino a un deber moral que el niño vive como tal. Con otras palabras: esta posteducación de un ser humano es propiamente una autoeducación, una autodeterminación. Si entendemos por vida la existencia corporal, la vida de un niño es obra de sus padres; pero si no entendemos por vida la existencia corporal, sino el modo de ser espiritual (= esencia), y, por tanto, no el nivel biológico, sino el biográfico, la vida de un ser humano es en realidad su propia obra vital.

Hemos hablado antes del juego de dados que determina el modo de ser de un niño. Los dados caen en este juego en el momento de la concepción; los cromosomas vienen a ser los «puntos» de estos dados. En el caso del hombre son más numerosos que en el juego de los dados: más de 21. Sí, matemáticamente, los padres pueden engendrar en una sola generación 281 billones de niños diferentes. Pero lo que importa en este tema es lo siguiente:

Los padres, al generar un niño, prestan los cromosomas, pero no le infunden el espíritu. Los cromosomas determinan tan sólo el elemento psicofísico, no el espíritu; definen el organismo psicofísico, no la persona espiritual. En suma: los cromosomas transmitidos por los padres sólo determinan al hombre en aquello que «tiene», no en aquello que «es».

Si el padre pesa *post coitum* algunos gramos menos y la madre *post partum* algunos kilos menos, el espíritu es aquí el verdadero «imponderable».

¿Acaso los padres, cuando surge con su hijo un nuevo espíritu, se empobrecen de espíritu? Cuando surge en su hijo un nuevo tú, un nuevo ser que puede decir «yo», ¿los padres tienen menos capacidad de decir «yo»?

Está claro que con cada ser humano que viene al mundo adquiere realidad algo absolutamente nuevo, ya que la existencia espiritual es intransferible, no es transmisible de los padres al niño. Lo único transmisible es una posibilidad corpóreo-anímica, una potencia psicofísica; lo único reproducible es el campo de acción corpóreo-anímico, no la libertad espiritual dentro de él; lo único reproducible son los límites psicofísicos, no lo que va a ocuparlos. Lo único reproducible son los materiales de construcción, no el arquitecto.

La existencia se va perpetuando a medida que madura: pero la reproducción nunca puede hacerla madurar. La existencia, madurando y realizándose, realiza las posibilidades corpóreo-anímicas, actualiza espiritualmente las potencias psicofísicas; pero ella se realiza siempre en sí misma: le está vedado realizarse en los hijos y en los nietos; sólo puede crear en ellos y con ellos nuevas potencias; los padres sólo llegan a posibilitar la autorrealización de sus hijos y nietos.

Esto no significa que la autorrealización dependa exclusivamente de cada individuo. Al contrario, la autorrealización existencial no puede efectuarse sin los demás, Es preciso lanzar puentes de una existencia a otra. La existencia, cuando se realiza, va más allá de sí misma. Se trata de ese protofenómeno existencial que Heidegger llama trascendencia, Jaspers «comunicación» y Binswanger «comunión» de amor.

Ese trascender de la existencia nunca se produce en el tiempo, sino más allá del tiempo, en lo supratemporal. La existencia nunca podría realizarse en el tiempo, ni siquiera en un tiempo infinito. El que sólo vive para los hijos y los nietos, no se realiza infinitamente, sino que aplaza la realización al infinito. Tal infinitud sería negativa. En la auténtica infinitud, la existencia no trasciende en sentido horizontal, sino vertical: no en el tiempo, ni siquiera en un tiempo infinito, sino por encima del tiempo, en lo supratemporal.

Análogo a la temporalización de la existencia es lo que podemos llamar con Binswanger su «espacialización». Hemos visto ya que la existencia en cuanto realidad espiritual «está» siempre presente en otro ser, y cuando este otro ser es también espiritual, la presencia del ser espiritual es siempre «estar con otro»; pero, como decíamos expresamente, ese estar con otro es supraespacial, y la existencia sólo puede trascenderse en sentido espacial, si trasciende –por encima del espacio, por encima del «ahí»– a lo supraespacial.

Volvamos a la tesis de que todo ser humano es una absoluta novedad. Sabemos que tanto las células espermáticas como los óvulos son sumables; están destinados a la fusión en las células sexuales. Sabemos, por otra parte, que las células sexuales ya fusionadas son a veces divisibles; fue Driesch el que lo demostró experimentalmente. Esa potencia corporal que es el presupuesto de la existencia espiritual, es divisible y sumable; pero no cabe decir otro tanto de la existencia espiritual. El ser espiritual es un ser individualizado y la existencia es personal; pero la persona existencial es esencialmente una unidad y totalidad, y esto significa que no es divisible ni sumable. Aunque distingamos entre lo corporal, lo psíquico y lo espiritual, no se trata de diversas partes que compongan al ser humano[35] (cf. p. 141), pues el hombre no es un ser aditivo, sino integral.

Hemos dicho antes que la persona «no es divisible ni sumable». Su unidad no le permite la divisibilidad, y su totalidad tampoco le permite la sumabilidad. Esto explica que cada ser humano no sólo sea una absoluta novedad, sino también un *in-dividuo* absoluto y un «insumable» absoluto.

Insistiendo en la unidad y totalidad del ser humano, hay que decir que ni siquiera en la esquizofrenia se produce una divisibilidad, una «escisión» de la persona; hablar de «escisión de la personalidad» o de la «conciencia» (la *double consciente*) puede inducir a error, y la ambigüedad procede de que se traduce literalmente la palabra «esquizofrenia» por «demencia de escisión».

---

35. Distinguir no es dividir.

La esquizofrenia es una psicosis, luego es una somatosis. Esta somatosis tiene una causa desconocida, y es inexplicable partiendo de lo somático; pero en la medida en que la esquizofrenia es comprensible partiendo de lo psíquico, podemos entenderla si vemos en ella un intento de la persona por mantener su unidad; en efecto, la comprensibilidad psicológica de la esquizofrenia comienza cuando vemos cómo la persona intenta con ella mantener un orden amenazado. Este orden que está en juego para la persona en la esquizofrenia, es lo que constituye lo psíquico, lo que estructura lo psíquico convirtiéndolo en el microcosmos, que se da en todo psíquico. Lo que amenaza a este orden es el peligro de una «irrupción de lo orgánico» (Paul Schilder) en lo psíquico, es la de-strucción de lo psíquico, la descomposición del microcosmos o su transformación en un microcaos; y lo que teme la persona enferma de esquizofrenia es verse lanzada a ese mismo microcaos esquizofrénico.

Esto, en lo que se refiere a la unidad de la existencia personal, unidad que no sólo se constata en la esquizofrenia, sino que se preserva en ella. En cuanto a la totalidad de la existencia personal, «nada de lo que existe adquiere la existencia en virtud de una composición», dijo una vez el gran teólogo judío Leo Baeck.[36] Por eso tampoco hay una composición, una síntesis de la existencia. La propia existencia es ya síntesis, por ejemplo, en el sentido de la «apercepción sintética» de Kant; la existencia es, pues, el sujeto de una síntesis, pero nunca su objeto.

En este sentido tampoco se da un «alma nacional», ni una «psicología de las masas», y si la «psicología de las masas» (Le Bon) significa eso, no tiene objeto en el sentido más propio de la expresión. El alma nacional o la psique de masas no son entidades personales. Es más: no son tampoco organismos, y mucho menos personas; de ser organismos, los hombres serían sus órganos; pero la esencia del hombre –no sólo la esencia ontológica, sino también la ética– impide a éste ser simple órgano, mero instrumento, medio para un fin. En este sentido el hombre no puede ni debe ser «organizado» totalmente.

El hombre, en tanto que espíritu, existe como persona; pero en este sentido cabe afirmar que su existencia personal es de una triple clase: es una existencia unitaria, es una existencia total y es una existencia siempre nueva. La existencia, como unitaria o una, es indivisible; como existencia total, es infusionable; y como nueva, es intransferible. En

---

36. *Individuum ineffabile*, «Eranos-Jahrbuch», vol. XV, Rhein-Verlag, Zurich 1948, p. 386.

estricta oposición a su facticidad psicofísica, la persona espiritual-existencial del ser humano es un in-dividuo, un in-sumable y un *novum*. Estos tres existenciales juntos constituyen la *haecceitas*, por usar esta expresión de la doctrina del principio de individuación de los escolásticos.[37] En su virtud, existe la reproducción sexuada, pues en la reproducción asexuada resultan de un individuo otros dos individuos iguales (al primero y entre sí), mientras que en la reproducción sexuada resultan de dos individuos desiguales varios individuos también desiguales (a los primeros y entre sí); así, el resultado de la reproducción sexuada es superior a la asexuada tanto en lo cuantitativo como en lo cualitativo.

Llegamos a la cuestión del origen del espíritu humano, no en el sentido de la hominización filogenética, sino de la hominización ontogenética. Pero está claro que sólo sabemos científicamente una cosa: el origen de las condiciones corporales de la existencia espiritual. Los cromosomas proceden de los padres, pero constituyen sólo el mínimo existencial. Para la totalidad existencial, que incluye al espíritu, el mínimo existencial es una base necesaria, mas no suficiente. ¿De dónde viene lo espiritual?

Según Aristóteles, el espíritu es *thyrathen*, entra desde fuera, pero no sabemos de dónde viene; esta pregunta no encuentra una respuesta adecuada con la simple adición de lo espiritual («al» alma-cuerpo). Volveremos sobre este punto.

Por tanto, lo espiritual tiene que entrar de algún modo en lo corpóreo-anímico; pero, una vez que ocurre esto, lo espiritual, el espíritu personal, queda velado: se oculta en su silencio. Calla y aguarda a que pueda comunicarse, a que pueda romper su silencio irrumpiendo a través de los «velos» que le rodean, de los estratos envolventes de lo psicofísico. Aguarda a poder anunciarse, a poder darse a conocer en el organismo psicofísico como órgano de su información. Aguarda hasta el día en que pueda hacer «suyo» el organismo, hasta apoderarse de él como su campo expresivo.

El que ha educado a un niño, conoce ese momento en el que la persona se anuncia por primera vez; el que ha vivido esto, conoce lo asombroso de ese primer momento, lo asombroso de la primera sonrisa del

---

37. La verdadera *haecceitas* es la *haecceitas* de la persona. La persona, sin embargo, sólo puede ser comprendida por el amante. Sólo el amante puede diferenciar a la amada de su doble psicofísico, ya que *ceteris (psychophysicis) paribus*, sólo la persona es diferente.

niño, cuando asoma algo que parece haber estado aguardando, ese intervalo lúcido en el que algo brilla por un instante, quizá sólo una fracción de segundo, para desaparecer súbitamente y ocultarse de nuevo detrás de lo psicofísico organísmico, para retirarse como aparente autómata que se rige sólo por reflejos condicionados e incondicionados.

Hemos dicho que «algo» se anuncia; pero ¿no hay que decir «alguien»? Se trata, en efecto, de un alguien y no de algo; no es un *ello*, sino «el» espíritu personal, «la» persona. Era la persona la que aguardaba a poder «brillar», a poder sonreír a través de su organismo y, en esta primera sonrisa, hacer «suyo» el organismo, hacer de él su campo expresivo.

El organismo se revela así como el material que aguarda a ser «conformado». Como tal material, la realidad psicofísica es totalmente plástica, pero no en el sentido de una moldeabilidad desde fuera, sino desde dentro; no sólo en el sentido de una «impresionabilidad», sino de una capacidad «expresiva»; y aparece junto a la plasticidad externa algo que cabe llamar «plasticidad interna». También en el interior de un fruto se pueden encontrar impresiones del hueso.

No sabemos, pues, de dónde viene lo espiritual, el espíritu personal, a la realidad corpóreo-anímica organísmica; pero una cosa es cierta: el espíritu no procede de los cromosomas. Esto se comprueba por exclusión, ya que la persona, como hemos visto, es esencialmente un in-dividuo y un in-sumable, es esencialmente indivisible e infusionable y nunca puede derivar, como tal de lo divisible y lo fusionable.

Cabe afirmar, en suma, que el niño es «carne de la carne» de sus padres, mas no espíritu de su espíritu. Es hijo «corporal» en el sentido más propio del término: el sentido fisio-lógico; en sentido metafísico, todo niño es hijo adoptivo. Lo adoptamos en el mundo, en el ser.

En rigor, el padre de un niño no ha engendrado al niño, no es su «progenitor» *(Zeuger)*; en realidad es sólo esto: testigo *(Zeuge)*, testigo de ese milagro siempre nuevo que es en definitiva cada hominización. En realidad no engendramos a un ser humano; sólo damos testimonio de ese milagro; la existencia personal, como espiritual que es, no se puede engendrar, sino sólo posibilitar. Ella debe realizarse a sí misma en la autorrealización espiritual. Los padres sólo podemos contribuir a esa autorrealización prestando a la existencia espiritual el mínimo existencial fisiológico.

Jaspers afirmó una vez que «había que dar una oportunidad a la providencia». Pues bien, quizá se pueda decir que en el acto fisiológico de la «procreación» se ha dado algo así como una «oportunidad» a la «providencia»: la oportunidad de realizar el «milagro siempre nuevo de cada hominización» y de crear un nuevo ser humano; esta «creación» viene posibilitada por el progenitor, por el testigo del milagro; pero no se puede afirmar que en la ontogénesis los seres humanos se tomen el desquite de su filogénesis, pues hemos visto que la humanidad recibió «una oportunidad» en el momento de su devenir, aquel momento en que fue «dotada de 14 mil millones de neuronas» (p. 120).

Dijimos antes que nosotros sólo podemos prestar a la existencia espiritual el mínimo existencial fisiológico. Al ser humano como persona no lo creamos, pues, nosotros. Tal es la fórmula ontológica del tema. La fórmula teológica un poco diferente: el ser humano como persona no es creado *por nosotros*.

Se objetará que el hecho de la herencia demuestra que también el elemento espiritual se transmite de los padres a su hijo. Pero esto es erróneo, ya que sólo se hereda el elemento corporal y, con él, el elemento psíquico. Lo espiritual no es transmisible. Lo psíquico no se hereda sólo mediante la predisposición genética, sino que se encauza además mediante la educación. Podemos, pues, formularlo así: lo corporal se transmite mediante la herencia; lo psíquico se encauza mediante la educación; pero lo espiritual no puede educarse: lo espiritual debe realizarse; lo espiritual «existe» sólo en la autorrealización, en la realización de la existencia.

Los cromosomas y los factores hereditarios psicofísicos incluidos en ellos son una mera dotación, algo que uno recibe, simple material para la realización de la existencia, material de construcción para la persona. El hecho de que este material pueda ser a veces indeseable indica a las claras que los cromosomas son eso y nada más. Fue Paul Haeberlin el que dijo una vez: «El alma[38] del niño lucha constantemente con sus padres.»

Como el constructor depende del material, pero usa libremente de él, algo análogo puede decirse de la persona y de su comporta-

---

38. Lo que Haeberlin llama aquí alma es exactamente lo que nosotros llamamos espíritu. También se refiere a la persona en este sentido cuando dice con toda razón en otro lugar (*Der Gegenstand der Psychiatrie*, «Schweizer Archiv für Neurologie und Psychiatrie» 60 [1947] 1-2, 144): «Lo que llamamos enfermedades mentales no son propiamente psicosis, sino "somatosis", y sus consecuencias —motivo de la denominación— no son enfermedades psíquicas del alma (psicosis), sino impedimentos del alma.»

miento (libre) «con» la predisposición psicofísica heredada. Una vez más, se hace visible nuestro hilo rojo: el *leitmotiv* de una autonomía a pesar de la dependencia. Precisamente los resultados de la investigación sobre patología genética parecen indicar la dependencia del constructor espiritual y, a la vez, su autonomía en el uso del material psicofísico.

Johannes Lange publicó el caso de unas hermanas gemelas (univitelinas), ambas portadoras de rasgos caracterológicos neurótico-obsesivos. Una de ellas era retraída, huía del mundo y no le gustaba la vida, mientras que la otra era abierta y amante de la vida; pero ambas tenían hábitos obsesivos (inocuos) comunes, por ejemplo, el de introducir las cartas en el buzón con un ceremonial muy preciso.

En otro caso tomado de la bibliografía sobre investigación psiquiátrica de gemelos, un hermano (univitelino) era un delincuente muy ducho y el otro un agente experto de la brigada de investigación criminal.

Vemos, pues, que partiendo de la base de una predisposición idéntica, garantizada en caso de gemelos univitelinos, se establece fenotípicamente un carácter diverso: en el primer caso, la vitalidad es diferente; en el segundo, la sociabilidad. No podemos olvidar que estas diversidades –*ceteris paribus*– constituyen diferencias decisivas, ya que puede que sea irrelevante que dos seres humanos introduzcan del mismo modo las cartas en los buzones, o que tengan la misma cualidad de ser «duchos» o «expertos», todo esto importa muy poco frente a la diferente individualidad de ser apto o inepto para la vida, capaz o incapaz para la sociedad.

Ahora bien, ¿de dónde iban a proceder todas estas diferencias «decisivas», si no es de esa única instancia cuya esencia consiste precisamente en ser decisivo, de lo espiritual en el hombre?

La psiquiatría suele olvidar siempre esa dimensión espiritual. Se habla constantemente de «endogénesis» y «exogénesis», de «factor hereditario» y «medio ambiente», de «condicionamientos genéticos y ambientales», como si no hubiera un tercer factor; pero *tertium datur*. Hemos visto antes que, partiendo de una predisposición idéntica, dos individuos actúan de diverso modo; pero en lo concerniente, no ya a la predisposición genética, sino al medio ambiente y a las condiciones ambientales, resulta asimismo que un medio ambiente idéntico permite a los individuos adoptar actitudes diferentes. Poseemos datos suficientes en este tema: recuérdese sólo el gran *experimentum crucis* de los campos de concentración. Allí se pudo ver el poder decisorio de lo espiritual, que hacía de uno un canalla y de otro –*ceteris paribus*– un santo.[39]

Pero volviendo al problema biológico-genético, podemos dar la palabra a uno de los primeros expertos en biología criminal: Friedrich Stumpfl. Este autor dice: «Después de todos los esfuerzos científicos realizados por la psicología profunda, la psiquiatría, la ciencia genética, el estudio de la constitución y el estudio del medio ambiente, los resultados son verdaderamente decepcionantes. Creíamos poder descubrir al hombre en su limitación, en su dependencia de los instintos, del estado anímico, de la herencia, de la constitución y del medio ambiente, como un producto del factor genético y el entorno, del carácter y la educación, de la constitución y la enfermedad, y lo que emerge de los horrores de la segunda guerra mundial es la imagen de su libertad» («Wien. Zeitschrift Prakt. Psych.» I, 25, 1949).

Frente a tal posición, nosotros no nos dejaremos llevar de ese fatalismo que encontramos, por ejemplo, en el «análisis del destino» de Szondi. Aunque este científico afirmó que su teoría dejaba un cierto margen de libertad, su enfoque supone en definitiva una creencia en el destino (Szondi habla de «fatalismo controlable»). Según esa creencia, el destino no está «escrito en los astros», sino en los genes.

La herencia no explica nada concreto y, en este sentido, no explica en realidad nada. Ante todo, no es posible resolver la verdadera cuestión con el recurso a la herencia: la verdadera cuestión es saber qué puede hacer la persona con el factor hereditario, con la masa genética psicofísica. ¿Qué puede hacer con las condiciones a las que está sometida, siendo capaz de determinarse a sí misma?

La apelación a la herencia como último principio explicativo fracasa, no sólo a nivel ontogenético, sino también a nivel filogenético. Esto puede afirmarse lo mismo en el plano fáctico como en el de los principios. Por lo que hace a lo fáctico, baste recordar los siguientes hechos: Según Darwin, la evolución del ser vivo se puede explicar mediante la selección natural. Ahora bien, cabe preguntar si fue suficiente el tiempo –aunque fuese relativamente prolongado– para explicar todo lo alcanzado en el curso de la evolución (p. ej. en la esfera de los instintos) o para hacer comprensible que todo ello se lograra mediante el proceso *trial and error* (aprendizaje por ensayo y error). Se entenderá

---

39. Es obvio que el experimento sólo puede demostrarse realmente si lo psicofísico está incluido en el *ceteris paribus*; en este caso, «GU (gemelos univitelinos) en el campo de concentración».

mejor la cuestión recordando las circunstancias, creemos que análogas, en el desarrollo del saber, en cierto modo instintivo, que poseía el pueblo, al menos en el pasado, sobre las plantas medicinales: basta un poco de reflexión para dudar de que ese saber se obtuviera únicamente por la vía empírica –mediante los largos y penosos caminos del *trial and error*. Pensemos, por ejemplo, en la improbabilidad de que 1) una mujer con metrorragia, 2) en una época en la que había ya campos de cereales, llegase a probar, seguramente entre otros muchos intentos, un cornezuelo de centeno –un hongo bastante raro y poco llamativo–, 3) propagase el resultado favorable y 4) este saber empírico sobre virtudes curativas no se perdiera en la conciencia colectiva.

Hay que decir en síntesis lo siguiente: la idea darwinista de la evolución supone que se heredan aquellas nuevas adquisiciones que pueden ayudar al individuo en su lucha por la vida. Pero la herencia de tales adquisiciones nuevas es, por su parte, una nueva adquisición que ayuda al individuo en la conservación de la especie. Ahora bien, es improcedente explicar por selección natural la adquisición de esa herencia, ya que entonces se presupone su realidad: tal intento de explicación sería una petición de principio, al presuponer aquello que hay que explicar.

Dijimos ya que cada hominización concreta constituye un milagro siempre renovado. Esto es válido también en sentido filogenético y es aplicable, por tanto, a la humanidad en general. El «milagro» en cuestión no puede entenderse desde las ciencias naturales; éstas sólo pueden una cosa: explicar las condiciones naturales, los supuestos naturales del milagro. El que crea poder explicar con meros supuestos el devenir o el ser de un fenómeno se parece a los defensores de la idea popular de que las pulgas nacen de las inmundicias y los piojos de la suciedad.

Las ciencias naturales sólo pueden explicar un ser natural; el sentido sobrenatural no se puede «explicar», sino sólo «comprender», y esto no pueden hacerlo las ciencias naturales. Esa comprensión no se apoya en una «ciencia de la naturaleza», sino en una fe en la sobrenaturaleza, entendida la palabra en su sentido más amplio. Pero a la luz de esta fe no sólo la hominización filogenética, sino también cada hominización concreta, significa una nueva creación.

Decíamos antes que el milagro presupone una naturaleza. Esto es válido para todo lo que posee un sentido: todo sentido presupone un ser, y lo que tiene sentido no puede realizarse sin las condiciones del ser.

Pero ¿hasta qué punto es verdad que el milagro requiere ciertos supuestos naturales? ¿No ocurre a la inversa: que el milagro empieza justamente cuando no presupone la naturaleza, sino que ésta queda descartada? No; la física moderna ha enseñado que todo es posible en principio: en esta nueva perspectiva, la ley de causalidad sólo vale en grandes cantidades, sólo es válida «a bulto». Entendámoslo correctamente: todo es posible, pero no todo es probable. También lo improbable está «dentro del orden» y en modo alguno se contradice con las leyes naturales. Sin duda, no es probable que hoy, después de abandonar el aula y de regreso a casa, caiga una teja sobre mi cabeza; sólo un neurótico de angustia cuenta con esta improbabilidad; pero en principio la contingencia es posible. Pues bien, también es posible en teoría, aunque mucho menos probable, que una teja, en lugar de caer, se eleve verticalmente. Esto es tan improbable que ni siquiera un neurótico de angustia lo tiene en cuenta; pero el físico moderno sí lo considera.

Frente a la posibilidad teórica aun de lo más improbable, hay sin duda grados, pero no límites de probabilidad. Por eso es legítimo calificar lo improbable como milagro o definir éste, partiendo de esta identificación, como lo improbable simplemente. De ello se sigue, ni más ni menos, que el milagro no está en contradicción con las leyes naturales; no las quebranta en modo alguno, no rompe las cadenas de causalidad. Por eso tampoco es necesario, a nuestro entender, hablar de «lagunas» de la ley de causalidad a propósito del problema del milagro, como si irrumpiera una ley superior en la naturaleza, infringiendo las leyes de ésta. El milagro, la sobrenaturaleza, no juega con las leyes naturales; el milagro, la sobrenaturaleza, necesita de ellas, *se sirve* de la ley de causalidad; la sobrenaturaleza no suprime esta ley, sino que la maneja como un teclado.

Nada es indeterminado, todo está determinado; también el milagro; mas no está determinado sólo causalmente, sólo naturalmente; no está determinado sólo desde abajo, sino también desde arriba, sobrenaturalmente: está «sobredeterminado». En otros términos: todo está determinado, tanto desde el ser, como desde el sentido.

Las cadenas causales siguen siendo, pues, ciclos cerrados. Pero quedan abiertas en una dimensión superior, abiertas a una «causalidad» superior. Un círculo cerrado continúa cerrado al tiempo que está abierto en cuanto proyección de una semiesfera hueca (proyección desde el espacio tridimensional al plano bidimensional). Del mismo modo, el ser, a pesar de la causalidad en sentido estricto, y justamente en su causalidad, es un ámbito abierto, preparado para la recepción del sentido. Siempre está dispuesto a acoger en sí un sentido más profundo, al acceso de una «causalidad» superior: la efectividad de una realidad. En la apertura del estrato entitativo inferior se «inserta» otro estrato superior. En el ser condicionante interviene un sentido agente –lo cual no significa que el ser no esté a su vez condicionado o que el sentido no pueda ser impuesto, ya que el sentido humano, en efecto, sólo puede concebirse en última instancia desde lo «suprahumano»: desde un *supersentido*.

Este supersentido nada tiene que ver en el fondo con lo «suprasensible»; significa simplemente un sentido que trasciende la capacidad comprensiva humana. Otro tanto hay que decir de la «sobrenaturaleza» en este contexto: no se trata primariamente de un concepto religioso, sino metafísico.

Insistimos: la sobrenaturaleza no abre ninguna brecha en la naturaleza; no la taladra, no rompe la continuidad del nexo causal natural. Simplemente la naturaleza está abierta, es receptiva para la sobrenaturaleza, siempre dispuesta a la «concepción» de lo sobrenatural, sin que esta concepción suponga una «violación» de sus leyes propias por una ley superior.

Por citar el caso más simple de ley superior, *tampoco la finalidad abre lagunas en la causalidad eficiente*. No tenemos por qué representarnos el hecho de la superconstrucción, de la superelevación, de la sobreordenación de una ley por la otra, como si de ese modo se abrieran fosos, pues lo que aparece en una consideración unidimensional como «roto» se presenta en una óptica bidimensional como un continuo que, sin embargo, está abierto:

unidimensional: – –   bidimensional: ⌐⌐⌐

El nexo causal sigue siendo un continuo. De modo análogo al espacio «curvo» de Einstein, este continuo espacio-temporal de la ley causal es curvo, enderezado por la ley superior. Si identificamos los nexos causales con las «líneas cósmicas» cuadridimensionales de Minkowski, aparecen abollados a trechos, anidados a intervalos.

Los lugares o nichos respectivos son las ocasiones que la causalidad ofrece a la finalidad. La naturaleza está abierta en estos lugares a la sobrenaturaleza; en ellos, en estas «ocasiones», la sobrenaturaleza está «ubicada», incrustada, instalada en la naturaleza, donde puede anidar, ya que algo «puede», mas no «tiene que» ser más que mero azar. Todo es susceptible de eso, pero sólo susceptible. El ser natural *puede* ser siempre soporte de un sentido sobrenatural, de un supersentido; pero *el supersentido es discreto*: no avasalla y puede pasar inadvertido.

¿Cómo podemos establecer ese diagnóstico diferencial que tanto nos interesa: azar o algo más que azar? Recordemos la hominización filogenética, la cuestión de si la mutación que nos dotó súbitamente a los homínidos de 14 mil millones de neuronas –un acontecimiento de la historia natural, sin salirse del recto orden cósmico–, de si este acontecimiento fue simple azar o algo más. Esta cuestión deriva en la pregunta de si en el marco de las teorías científicas hay una explicación plausible de la mutación (del salto cuántico en la línea de la genética) por la acción ionizante de «rayos cósmicos», por un «acierto casual», de si esta explicación satisface nuestra necesidad de causalidad (causalidad en el sentido más amplio del término); ¿se da aquí, en suma, una causalidad sin sentido o con sentido?

Los científicos sólos encontramos el ser condicionante, no el sentido activo, no el sentido de un acontecer como tal. Pero nuestro diagnóstico diferencial «azar o algo más que azar» –en este caso, «acierto casual de radiación cósmica o algo que se oculta detrás de eso»– nunca puede hacerse a nivel de ciencia natural. Este «nunca», la imposibilidad, es una imposibilidad necesaria, esencialmente necesaria, ya que la ciencia natural sólo llega hasta un tomar nota de los acontecimientos, y el preguntar por el sentido, el dar sentido al acontecer natural, no es de su incumbencia. Esto no es ya asunto de tomar nota, sino de tomar postura. Dar sentido es tomar postura.

El «diagnóstico diferencial», como cuestión planteada radicalmente, tiene otra formulación: *¿El ser es un gran absurdo (algo sin sentido) o es un gran supersentido? Pero esta pregunta no puede encontrar respuesta desde las ciencias naturales*. En rigor no encuentra respuesta en ninguna parte; este problema es insoluble, sólo se resuelve por decisión. Todo ser es ambiguo: las dos interpretaciones –la del «absurdo» y la del «supersentido»– son posibles. Ambas son concebibles: que el ser sea un absurdo total y que sea un supersentido total; se trata de dos modos de pensar, de dos posibilidades, y no necesidades, teóricas. La «decisión» a que nos hemos referido no es una necesidad lógica; no nos vemos forzados por la lógica a tomar una u otra decisión. La lógica está tanto a favor como en contra de una y otra interpretación.

Pero aquí no se trata de lo lógico, de algo racional, sino de lo ontológico, de lo emocional.[40]

La legitimidad de las dos respuestas: la del «absurdo absoluto» y la del «supersentido absoluto», subraya la responsabilidad de la respuesta. El interrogado no afronta sólo una respuesta, sino una decisión, decisión existencial y no intelectual. Lo que debe efectuar no es un *intelligere*, un conocimiento objetivo, sino una opción personal.

Las razones en pro y en contra mantienen la balanza equilibrada; pero el apostante pone sobre el platillo el peso de su ser.

No es el saber el que decide esta opción, sino la fe; pero la fe no es un pensamiento del que se ha quitado la realidad de lo pensado, sino un pensamiento al que se ha añadido la existencialidad del pensante.

Nota a la segunda edición*

Es conocida la definición del arte como unidad en la variedad. Yo definiría al hombre como unidad a pesar de la variedad. Hay, en efecto, una unidad antropológica a pesar de las diferencias ontológicas, a pesar de las diferencias entre las diversas clases de ser.[41]

El signo distintivo de la existencia humana es la coexistencia de la unidad antropológica y las diferencias ontológicas, del modo de ser

---

40. La emocionalidad no significa aquí afectividad en el sentido psicológico de una facticidad, sino en sentido ontológico, por ejemplo en la línea de la *raison du coeur* pascaliana; en este sentido, el amor, por ejemplo, es explícitamente cognitivo, y no sólo de un valor de un sentido, sino también del valor y del sentido supremo: Dios (cf. mi «demostración de la existencia de Dios» desde el amor *Zeit und Verantwortung*, Deuticke, Viena 1947, p. 40 *amo ergo est*).

* Texto sacado de *Die Sechshundertjahrfeier der Universität Wien. Offizieller Festbericht im Selbstverlag der Universität*, Viena 1965, p. 160-171.

41. Konrad Lorenz afirma que «la línea divisoria entre los dos grandes inconmensurables, lo fisiológico y lo psíquico, es infranqueable» y que «incluso una extensión de los resultados científicos a la esfera psicofísica no aportaría nada a la solución del problema cuerpo-alma» (*Über tierisches und menschliches Verhalten*, vol. II, Munich 1965, p. 362 y 372; vers. cast.: *Consideraciones sobre las conductas animal y humana*, Plaza Janés, Barcelona 1976). Pero en lo que respecta a la esperanza de que la investigación futura pueda aproximarnos a la solución, Werner Heisenberg se pronuncia en términos no menos pesimistas cuando declara que «no esperamos alcanzar un camino directo de comprensión entre los movimientos del cuerpo y los procesos psíquicos, ya que aun en la ciencia exacta la realidad se fragmenta en estratos separados».

unitario del hombre y las diversas clases de ser de los que participa. La existencia humana, en suma, es *unitas multiplex*, por usar la expresión de Tomás de Aquino. Pero esa unidad no queda explicada ni en el pluralismo[42] ni en el monismo que encontramos en la *ethica ordine geometrico demonstrata* de Benedicto Spinoza. Voy a permitirme, sin embargo, esbozar aquí una *imago hominis ordine geometrico demonstrata*, una imagen del ser humano que opera con analogías geométricas. Se trata de una ontología dimensional,[43] que se apoya en dos leyes. La primera es:

Una misma cosa, proyectada desde su dimensión a diversas dimensiones inferiores, se disocia en figuras que se contradicen entre sí. Si yo proyecto un vaso cilíndrico (fig. 1), desde el espacio tridimensional a los planos bidimensionales de la planta seccionada y del alzado lateral,

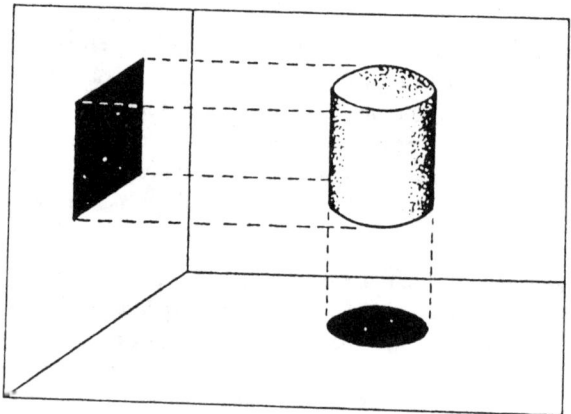

Figura 1[44]

---

42. Viktor E. Frankl, *Der Pluralismus der Wissenschaften und die Einheit des Menschen*, conferencia pronunciada en el sexto centenario de la Universidad de Viena el 13 de mayo de 1965 en el paraninfo de la Universidad de Viena.

43. Viktor E. Frankl, *Dimensionen des Menschseins*, «Jahrbuch für Psychologie und Psychotherapie» 1 (1953) 186.

44. Viktor E. Frankl, *Der Pluralismus der Wissenschaften und das Menschliche im Menschen*, en: *Das Neue Menschenbild. Die Revolutionierung der Wissenschaften vom Leben. Ein internationales Symposion*, dirs. Arthur Koestler y J.R. Smythies, Molden, Viena/Munich/Zurich 1970, p. 374-385.

resulta en un caso un círculo y en el otro un rectángulo. La proyección genera, además, una contradicción porque hay en cada caso una figura cerrada, mientras que el vaso es un recipiente abierto.

La segunda ley de la ontología dimensional es:

Diversas cosas (no una misma), proyectadas desde su dimensión (no en diversas dimensiones, sino) a una misma dimensión inferior, dan lugar a figuras (no contradictorias entre sí, sino) que son polivalentes. Si yo proyecto, por ejemplo, un cilindro (fig. 2), un cono y una esfera desde el espacio tridimensional al plano bidimensional de la planta seccionada, resulta siempre un círculo. Si suponemos que se trata de sombras que proyectan el cilindro, el cono y la esfera, las sombras son polivalentes porque yo no puedo inferir de ellas si es un cilindro, un cono o una esfera lo que las proyecta.

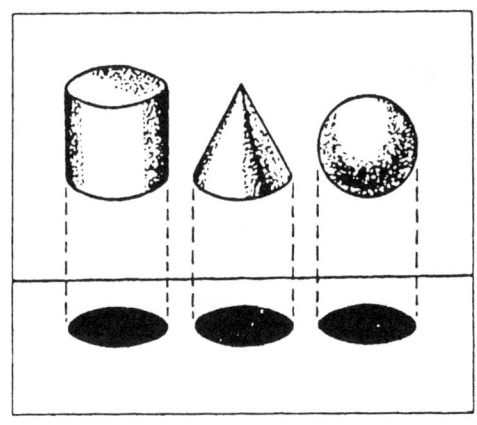

Figura 2[44]

¿Cómo debemos aplicar todo esto al ser humano? También éste, reducido a la dimensión de lo específicamente humano y proyectado en los planos de la biología y la psicología, genera figuras que se contradicen entre sí. En efecto, la proyección al plano biológico genera fenómenos somáticos, mientras que la proyección al plano psicológico da lugar a fenómenos psíquicos. Pero a la luz de la ontología dimensional esta contradicción no se opone a la unidad del ser humano, como la contradicción entre el círculo y el rectángulo tampoco se opone al hecho de tratarse de proyecciones de un mismo cilindro.[45] Tengamos presente, sin embargo, que la unidad del modo de ser humano, que trasciende la variedad de las diversas clases de ser en las que participa, es decir, la superación de contrastes como *soma* y *psykhe*, la *coincidentia oppositorum* de Nicolás de Cusa, no puede encontrarse en los planos donde proyectamos al ser humano. Esa unidad hay que buscarla en la dimensión superior, la dimensión de lo específicamente humano.

Esto no viene a resolver el problema psicofísico; pero es posible que la ontología dimensional haga entrever por qué el problema psicofísico es insoluble. Algo parecido hay que decir sobre el problema de la voluntad libre. En efecto, al igual que en el caso del recipiente abierto, cuya proyección a los planos de la planta seccionada y del alzado lateral genera figuras cerradas, el hombre se perfila en el plano biológico como un sistema cerrado de reflejos fisiológicos, y en el plano psicológico como un sistema cerrado de reacciones psicológicas. La proyección crea, de nuevo, una contradicción. La esencia del hombre implica, en efecto, la «apertura al mundo» (Scheler, Gehlen y Portmann). Pero a la luz de la ontología dimensional, el carácter cerrado de los sistemas de reflejos fisiológicos y de reacciones psicológicas no se contradice con la humanidad del hombre. Como tampoco se contradice la cerrazón de la planta seccionada y del alzado lateral del cilindro con su apertura.

Ahora resulta claro asimismo que los datos obtenidos en las dimensiones inferiores siguen siendo válidos dentro de estas dimensiones, y esto es igualmente aplicable en investigaciones tan unilaterales como la reflexología de Pavlov, el behaviorismo de Watson, el psicoanálisis de Freud y la psicología individual de Adler.[46]

Pero la ciencia no sólo tiene el derecho, sino el deber de acotar la multidimensionalidad de la realidad, de diafragmar la luz de la reali-

---

45. «Hay una contradicción no real, pues podemos mirar la realidad desde dos puntos de vista diferentes. Un objeto puede tener dos cualidades contradictorias con referencia a dos puntos de vista diferentes: aquí hay implicados dos niveles diferentes» (Yehuda Leove ben Bezalel, *The Book of Divine Power: Introduction on the Diverse Aspects and Levels of Reality*, Cracovia 1582, traducción de Shlomo Mallin, Feldhaim, Nueva York 1975, p. 24).

46. Freud era lo bastante genial para ser consciente de la limitación dimensional de su teoría. Escribió a Ludwig Binswanger: «Yo me he mantenido siempre en la planta baja y en el sótano del edificio» (Ludwig Binswanger, *Erinnerungen an Sigmund Freud*, Francke, Berna 1956, p. 115).

dad, de filtrar del espectro de la realidad una frecuencia. La proyección, pues, está más que justificada. Es algo obligado. El científico debe mantener la ficción como si tuviera que habérselas con una realidad unidimensional. Pero debe saber también lo que hace, y esto significa que debe conocer las fuentes de error que ha de evitar en su investigación.

Esto nos sitúa en el punto donde se puede aplicar la segunda ley de la ontología dimensional: si yo proyecto, no ya figuras tridimensionales a un plano bidimensional, sino personajes como Fedor Dostoievski o Bernadette Soubirous al plano psiquiátrico, Dostoievski no será para mí, psiquiatra, nada más que un epiléptico como cualquier otro, y Bernadette nada más que una histérica con alucinaciones visionarias. Lo que son además de eso no se perfila en el plano psiquiátrico. Tanto la obra literaria del uno como el encuentro religioso de la otra se sitúan fuera del plano psiquiátrico. Pero dentro de este plano todo será polivalente hasta que se aclare en alguna otra realidad que pueda estar detrás, o encima, como la sombra que era polivalente hasta que pudo averiguarse si era el cilindro, el cono o la esfera lo que la proyectaba.

III. EL PROBLEMA DE LA MORTALIDAD

Hemos abordado hasta ahora –en relación con el problema psicofísico– la hominización, el devenir de lo espiritual en el ser humano en una doble perspectiva: la filogénesis y la ontogénesis. En lo que respecta a la segunda, tocamos especialmente la cuestión del origen de la persona: de dónde viene ésta al ser que es engendrado: se trataba de la llegada del espíritu. Ahora vamos a plantear la otra cuestión afín: la de la salida del espíritu; a la pregunta sobre la venida del espíritu en el momento de la generación sigue la pregunta sobre la partida del espíritu en el momento de la muerte.

Si ya la aparición de la persona, su entrada en el ser, en el mundo, era un «milagro», algo enigmático y misterioso desde la perspectiva puramente científica, la retirada de la persona en el instante de morir no es menos misteriosa, pero tampoco más. La existencia es al fin y al cabo un misterio. En frases simples, pero impresionantes se expresa esto en el *Trinklied vom Jammer dieser Erde*, el primer canto del *Lied von der Erde* de Gustav Mahler, que dice: «Oscura es la vida, oscura es la muerte.» (Los compases musicales correspondientes son también de lo más patético que puede darse; pero eso es otro cantar.)

Vamos a partir de un hecho fenomenológico: nadie que tenga una mente no deformada o que haya conservado a través de una semiformación cultural la sana razón, se resigna a que todo acabe con la muerte. Tampoco nos resignamos a que el hombre sea un ser que un buen día «está ahí» y otro buen día –«a los setenta y, como mucho, a los ochenta años»– sea un cadáver.

El siguiente hecho pone de relieve hasta qué punto ese rechazo responde a la sensibilidad natural del ser humano, hasta qué punto su conciencia natural se subleva contra la idea contraria: el hombre tiende a tutear al difunto –por ejemplo, un orador en un sepelio. Al hacerlo, no le habla al cuerpo del difunto, a ese cuerpo «vacío», al cadáver; el hombre habla entonces de espíritu a espíritu. Sólo a una persona puedo tratarle de tú; pero ¿dónde está el tú...?, ¿dónde está «él», «ella»?

Esta pregunta no puede contestarse mientras no se aclare la cuestión general: ¿qué significa existir *(Da-sein)*? La existencia *(Dasein)* de una persona implica la posibilidad de expresarse corporalmente y, al mismo tiempo, de producirme una impresión sensible; pero la impresión sensible, el contenido de conciencia, me proporciona algo más que esa impresión o ese contenido: a través del contenido vislumbro un objeto. En el caso concreto, este objeto es la persona, y de ella se me ofrece también algo más que lo corporal o lo sensible; ya en vida de la persona o, más exactamente, en vida de su organismo, aprehendo la persona (no «su» persona, como si él, el hombre, «poseyera» una persona, sino «la» persona, la persona que él «es»), y la aprehendo a través de lo que se me ofrece corporal y sensiblemente.

Tomemos el fenómeno del amor: también éste, cuando es auténtico, es siempre amor de persona a persona y, por tanto, «de espíritu a espíritu». No ama mi organismo a otro organismo, sino el yo a un tú. Por eso y sólo por eso el amor puede sobrevivir al envejecimiento –fundamentalmente, el envejecimiento de un organismo– y a la muerte del ser amado. Si Binswanger contrapuso al «estar en el mundo» heideggeriano, caracterizado como «cuidado» *(Sorge)*, el «estar en el mundo superándolo más allá del mundo», caracterizado como «amor», nosotros podemos contraponer a la sexualidad del ser humano, a su «sensibilidad» como un «estar en la corporeidad», el amor como un «estar en la corporeidad trascendiéndola». El amante «apunta» de hecho al otro, más allá de toda impresión sensible, aunque a través de ésta. Pero si el amante trasciende la corporeidad del amado, trasciende también su mortalidad.

En otros términos: en el amor, pero también en los modos más corrientes de aprehensión del otro, el ser humano ha superado ya el «ahí» del «ser-ahí» o existencia espacial *(Da-sein)*. No se me objete que así nos distanciamos de nuestra propia tesis «ser = ser diferente»,[47] pues

---

47. Cf. *Ärztliche Seelsorge* (vers. castellana: *Psicoanálisis y existencialismo*, F.C.E., México 1977), p. 12 y p. 249-250 respectivamente: Sólo podemos definir un ser distinguiéndolo de los otros seres. Sólo por la referencia de un ser a otro se constituyen ambos. La relación entre seres como seres distintos es, en cierto modo, previa a cada

lo dicho anteriormente no significa en modo alguno que la existencia espacial humana (*Dasein*) pueda ser otra cosa que un ser individuado y, por tanto, concreto. Esta concreción no se pierde en la totalidad; cuando trasciendo los datos corpóreo-sensibles, avanzo hacia una concreción más elevada. La exclusión de la otra concreción me hace descubrir esa concreción más elevada. Tal concreción es la de la persona como tal, concreción que no es la de una alteridad cualquiera, sino la de la alteridad absoluta, la concreción de un *concretissimum* y en este sentido, de un *realissimum*. Hemos mencionado antes esta concreción, denominándola *haecceitas*.

El positivista olvida que el ser humano trasciende la impresión sensorial y el contenido de conciencia siempre que contacta con personas. Indicábamos anteriormente que el positivista es en realidad un nihilista. Pero está claro que el positivista no puede encontrar «nada» allí

---

uno de ellos. Ser = ser diferente de. El ser es, por tanto, una relación: sólo la relación «es» propiamente.

Según esto, no puede darse propiamente el fenómeno «rojo»; sólo se da la relación completa «rojo-verde», y esa relación es el verdadero, el último fenómeno originario. Esta afirmación aparece confirmada en el hecho de que nunca se da el caso del ciego al rojo, por una parte, y el ciego al verde, por otra, sino del ciego al rojo-verde simultáneamente. La precedencia de la relación sobre el ser se constata ya en la física y en la astronomía como ciencias de objetos relacionados, yen la matemática como ciencia de relaciones. Notemos de paso que la relación no supone aquí una categoría, sino que debe entenderse en sentido ontológico.

Otra confirmación de nuestra idea de la relevancia fundamental de la relación se encuentra en ciertas experiencias de psicología animal. Karl Bühler (*Die geistige Entwicklung des Kindes*, Gustav Fischer, Jena ⁴1924, p. 180) habla del «conocimiento de la relación» por parte de los animales y menciona, en referencia a W. Köhler (*Nachweis einfacher Strukturfunktionen beim Schimpansen und beim Haushuhn*, «Abh. der Berl. Akad. d. Wiss» 1918. Phys.-math. Kl. Nr. 2), pruebas de amaestramiento realizadas con una gallina doméstica, la cual reaccionó cada vez «no a impresiones absolutas, sino a su relación (l.c., p. 178).

Una confirmación más puede verse en algunas experiencias de física. Cf. A. March (*Neuorientierung der Physik*, «Der Standpunkt» 9.5.1952, p. 5) «Si analizamos hasta el fondo las experiencias que sustentan nuestra creencia en la existencia de un electrón sustancial, sólo nos queda un sistema de relaciones constantes, de suerte que son estas relaciones y no las partículas sustanciales las que debemos considerar como la auténtica realidad... el verdadero ser de las cosas... consiste en una estructura; esta opinión está representada hoy por nombres ilustres: Bertrand Russell, Eddington, Schrödinger y muchos otros; todos ellos ven la realidad objetiva no en una sustancia...»

donde él busca, ya que busca lo trascendente a la conciencia en lo que él llama «lo positivo», en lo dado positivamente, en lo inmanente a la conciencia. Es imposible encontrar el objeto trascendente en los meros contenidos de conciencia. Ese procedimiento se parece al del niño que busca al cantor en el gramófono o al interlocutor en el teléfono. Mientras yo me limite a reflexionar sobre un acto intencional, nunca podré aprehender el objeto trascendente; sólo podré hacerlo conectando con él a través del contenido inmanente de conciencia; en otros términos: ejecutando el acto intencional. Tampoco puedo juzgar la calidad de las gafas mientras que me limite a hacer consideraciones «sobre» ellas; sólo mirando a través de ellas, contemplando un objeto a través de ellas, puedo juzgar de su calidad. Mientras yo me limite a mirar a un ser humano que ve el «rojo», mientras me limite a mirar su visión, desconoceré lo que es eso «rojo»: yo mismo debo ver el «rojo» (si soy capaz, si no soy daltoniano) para saber lo que es.

Hemos hablado antes del ser distinto o relación entre seres como seres distintos, con especial referencia a la relación «rojo-verde». Ahora bien, el rojo y el verde son diferentes; pero también el amarillo y el violado lo son, como asimismo el azul y el anaranjado. Pero todos estos pares son diferentes «de modo diferente». Una figura roja grande y otra pequeña sobre un fondo verde son diferentes en un sentido distinto, y una figura cuadrada lo es en un sentido distinto que una figura circular. Una figura espacial, en fin, es diferente en otro sentido que una figura plana, etc El ser no sólo se constituye como algo diferente, sino que se escalona en las diferencias, se escalona en «dimensiones» superiores del ser distinto. Se puede concebir el mundo como un sistema de relaciones escalonadas. Del carácter «dimensional» de la gradación se desprende que la relación entre los objetos relacionados de una determinada dimensión pertenece a la dimensión inmediata superior. Así, la «relación» entre dos puntos, o la recta que los une, pertenece a la primera dimensión, mientras que la «relación» entre dos rectas (unidimensionales), o el plano que las une, pertenece a la segunda dimensión; etcétera.

Lo que lanza los puentes entre los seres siempre diferentes es, sobre todo, el conocimiento. Éste es el que salva las diferencias entre los seres estableciendo relaciones entre ellos. Pero el conocimiento mismo es una relación: la relación entre un ser espiritual y otro ser, relación que es también un «tener». Lo dicho anteriormente pone de manifiesto que el conocimiento como relación no puede pertenecer a la misma dimensión que los correlatos de esa relación: el ser cognoscente por un lado y el ser conocido por otro, o la relación conocida entre seres en tanto que diferentes. Por esta razón, el conocimiento de un objeto no puede conocerse simultáneamente con el objeto del conocimiento. Así, pues, el conocimiento del objeto es conocido a costa del objeto del conocimiento, hasta que al fin deja de ser conocimiento del objeto.

El hombre incondicionado

Así, la persona debe revelarse como algo que ya en vida «está» en un más allá de la corporeidad y la sensibilidad. Nosotros la seguimos en ese más allá cuando trascendemos intencionalmente las impresiones sensibles. A través de la impresión sensorial que tenemos de ella, «poseemos» siempre a la persona misma; siempre poseemos más que las meras impresiones sensibles: a través de lo óptico, lo acústico, etcétera, «conectamos» siempre con lo espiritual. La persona pasa a ser lo dado. Pero lo dado puede ser más o menos mediato o inmediato. Hay grados en la mediatez y en la inmediatez; pero los diversos modos de lo dado difieren sólo en grado, las diferencias son sólo graduales, no de principio.

Tomemos un ejemplo: Yo hablo con alguien directamente; experimento diversas impresiones sensoriales de tipo óptico y acústico. Supongamos ahora que hablo con él por teléfono; entonces él me es «dado» de modo menos inmediato: la mediatez ha aumentado. Como en este caso, en la emisión radiofónica sólo se supera el espacio; pero en el caso de una grabación mediante disco se supera también el tiempo. Por este procedimiento es posible, por ejemplo, oír cantar hoy al difunto Richard Tauber. Y la «reproducción» de su voz en el disco nos «da» a él mismo, nos «devuelve» a él, ya que no es verdad que oigamos ondas sonoras: no oímos ondas sonoras de un cantante vivo, presente personalmente o que se encuentra en un estudio de radio, ni ondas sonoras del disco de un cantante fallecido. En cada uno de estos casos oímos al cantante. A través de la voz de Richard Tauber –transmitida por una u otra vía–, a través de estas diversas impresiones sensoriales o del diverso grado de mediatez, trascendemos lo sensorial, «poseemos» a la persona que «produce» la impresión sensorial, que «se expresa»; esa persona pasa a ser un dato más o menos mediato; nos es «dada» la unicidad y la singularidad de la persona, la «magia» de una voz como voz personal. También más allá de la tumba accedemos al cante como personalidad.

Está claro, pues, que la persona no nos es dada inmediatamente ni siquiera en vida; y de modo mediato también nos es dada después de la muerte. Pero hicimos notar antes que la persona, después de la muerte, puede «dársenos» de nuevo, puede volver a nosotros. Esta «inmortalidad» –prescindiendo del azar, que puede permitir a un difunto participar en ella– es evidentemente algo subjetivo. Por eso debemos abordar la cuestión de si puede haber, además, una inmortalidad objetiva: la cuestión de la supervivencia de lo espiritual del ser humano después de su muerte, la continuación de la persona después de la extinción del organismo psicofísico.

Esto debe ser posible *a priori*, ya que comprobamos a diario la realidad de una cierta independencia de lo espiritual respecto a lo corporal; así, en el sueño profundo y en estado de narcosis continúa la vida corporal sin que haya signos de vida psíquico-espiritual. Se da, pues, algo así como un continuo corporal sin el continuo psíquicoespiritual. ¿Por qué no ha de ser también posible, a la inversa, un continuo espiritual que subsista más allá de las múltiples existencias corporales? Aquí afrontamos nada menos que la cuestión de la posibilidad de la existencia corporal reiterada y, en consecuencia, de la metempsicosis o transmigración de las almas.

No nos debe extrañar que no tengamos conciencia de la continuidad de la persona, de su identidad a través de las distintas «encarnaciones», ya que cuando soñamos y nos despertamos, volvemos a soñar y volvemos a despertarnos, apenas tenemos conciencia de haber estado despiertos entre los dos sueños. ¿Por qué no ha de ser posible, por ejemplo, en el caso de la reanimación de un ahogado, que al volver en sí no recuerde que había despertado ya en otro ser, quizá «más real», aunque un ser de otro tiempo, un «tiempo» inconmensurable con el nuestro?

Una analogía de la ocultación de la identidad de las personas, no en lo temporal sino en lo espacial, no en la sucesión sino en la yuxtaposición, se encuentra en la frase india *tat twam asi*. Según ella, las personas no pueden ser conscientes en vida de su identidad; sólo alcanzan esa conciencia después, cuando se rasga «el velo de la máyá». La existencia corpóreo-anímica es siempre una existencia en el espacio y en el tiempo; pero los puentes desde un ser espaciotemporal a otro ser espaciotemporal no se lanzan a través del espacio y el tiempo. Estos puentes, no son, pues, espaciotemporales. Si el continuo tridimensional que se comprime en la doble dimensión aparece como algo discontinuo, pero sólo es discontinuo en apariencia, también la relación continua de las personas puede quedar oculta en la dimensión de la existencia corpóreo-anímica. El ser mismo, el ser más allá del espacio y del tiempo, pudiera ser muy bien un continuo espiritual en este sentido. Su continuidad se reflejaría en eso que hemos llamado en otro lugar «estar presente». En esta perspectiva, *la presencia del ser* equivaldría a una *autopresencia*. En lo que respecta al estar (con otro) amoroso del ser (espiritual), sabemos desde Binswanger que se trata de un modo del ser mismo («dual») y no de un modo del ente. Y sabemos desde Spinoza que Dios se ama a sí mismo en nuestro amor, en nuestro amor recíproco.

El hombre incondicionado

Lo que nosotros tenemos que objetar contra la metempsicosis se sitúa en un plano diferente al de las objeciones consideradas hasta ahora. Habría que decir, ante todo, que la metempsicosis tal como se entiende habitualmente no supone una transmigración de almas, ni tampoco la transmigración de persona, sino la transmigración de «espíritus». «Los espíritus» a los que el espiritismo y el ocultismo, la antroposofía y la teosofía adjuntan el «cuerpo astral», no se identifican en modo alguno con lo que nosotros calificamos de «espiritual». Lo «espiritual» no puede emigrar, ya que el hombre en el momento de expirar no sólo pierde la conciencia, la conciencia del tiempo, sino el tiempo mismo. La pierde en la muerte exactamente igual que la recibe en el instante de su nacimiento. Sólo la existencia en el espacio y el tiempo y, a la vez, en el cuerpo, sólo esa existencia «tiene» el tiempo, «tiene» un pasado y un futuro. El ser espiritual como tal no «está ahí»; él es, contrariamente al «estar ahí», un ser más allá del espacio y el tiempo.

Pero donde no hay tiempo, donde no hay pasado ni futuro, no tiene sentido hablar de un «antes» o un «después», de un «delante» o «detrás», de un *pre-* o un *post-*. Lo que es *pre-* o *post-* no es ya, *ipso facto*, «existencia». Así queda eliminada de raíz la posibilidad de una existencia reiterada. *La existencia espiritual sólo nos es conocida en coexistencia con lo psicofísico.* Toda afirmación sobre la existencia espiritual más allá de esta coexistencia, más allá del cuerpo, del espacio y el tiempo, carece de sentido. Sólo conocemos la existencia espiritual en cuanto unida al cuerpo y al alma, en tanto que «integrada» mediante el cuerpo y el alma en la unidad y la totalidad del ser «hombre». No podemos saber lo que está más allá, más allá del cuerpo, del espacio y del tiempo, lo que se mueve en la esfera del ser puro.

Hemos visto la imposibilidad de la metempsicosis; pero vemos también que la supervivencia de lo espiritual es «impensable»: no la podemos concebir ni representar. Es posible, sin embargo; y no sólo es posible, sino también necesario, ya que lo contrario no es posible: que aquello que está esencialmente más allá del espacio y el tiempo pueda morir jamás. En este sentido yo propongo hablar, en lugar de «continuación de la vida» de la persona, de *super*vivencia, pero no en el sentido de que la persona sobreviva a su muerte corpóreo-anímica, sino en el sentido en que hemos hablado ya de supersentido —un «sentido que trasciende esencialmente la capacidad comprensiva humana»: como «sobre-vivir», un modo de vida del que no podemos hacernos una idea, que no podemos concebir.

De todo esto se desprenden dos puntos: Primero, vemos una vez más cómo toda separación del espíritu frente al cuerpo y el alma sólo puede ser de tipo heurístico: *sólo conocemos lo espiritual en la unión personal con lo psicofísico.*

Segundo, está claro que las afirmaciones sobre lo puramente espiritual, sobre el espíritu en sí, sólo pueden ser negativas. Podemos hablar a este propósito de enunciados «nonísticos» –para usar una expresión de Fritz Künkel–; pero podemos hablar igualmente de una noología negativa, en analogía con la «teología negativa».

Esta *noología negativa* sólo puede decir acerca de la existencia de la persona, más allá de su coexistencia con lo psicofísico, una cosa: que no es mortal. Pero esta afirmación negativa –que la persona es in-mortal– no debe causarnos asombro. Representa, en efecto, el contrapunto a ese enunciado referido, no a la muerte, sino a la generación o al nacimiento: La persona es in-generable.

Debemos advertir en este punto que lo espiritual en nuestra terminología nada tiene que ver con los «espíritus», pero tampoco se identifica con la conciencia: nuestra concepción ontológica se mantiene alejada tanto de la (seudo)metafísica espiritista como de la psicología intelectualista. La no identificación de lo espiritual con la conciencia se desprende ya de las investigaciones que hemos publicado anteriormente (*Psicoanálisis y existencialismo*, F.L.E., México 1977; *La presencia ignorada de Dios*, Herder, Barcelona ⁹1994 y otras). Allí hemos intentado mostrar que, junto a lo inconsciente instintivo, existe también lo inconsciente espiritual. Lo espiritual es inconsciente en cuanto que «desaparece» en la realización no reflexiva de actos espirituales. No está dicho, pues, en modo alguno que lo espiritual no sólo «sabe», sino que al mismo tiempo «sabe que sabe», como suele afirmarse. Todo parece indicar que los actos espirituales pueden apuntar también a un objeto sin aprehenderse a sí mismos –convirtiendo al sujeto en objeto–; por tanto, sin reflexión. Debemos distinguir así entre un saber (primario) y una conciencia (secundaria) de este saber. Lo que suele llamarse conciencia es, sin embargo, idéntico a esta conciencia autorrelacionada, a esta conciencia autorreflexiva, la conciencia del propio saber, del saber sobre sí mismo, a esta autoconciencia. Debemos oponer a esta conciencia = autoconciencia una *conciencia inmediata*. Esta conciencia inmediata corresponde a lo que se llamó en tiempos *prima intentio*, mientras que el acto de reflexión (secundario) derivado del acto (primario) de la intención coincidiría con lo que se denominó *secunda intentio*.

Ahora bien, todo hace creer que la conciencia reflexiva *(Bewusstsein)*, contrariamente a la conciencia inmediata *(Gewusstsein)*, depende de un organismo psicofísico, concretamente de una psicofisis sana; es concebible, por otra parte –subrayo: concebible, ni menos ni más– que una conciencia inmediata *(Gewusstsein)* pura, el *actus purus* de una *prima intentio*, sea independiente de una organización corpóreo-anímica a nuestro alcance. Así lo espiritual, más allá del cuerpo y del alma –en ese «acto puro»–, podría ser capaz de una visión pura, de la *visio beata*.

No es posible ir más allá de esa «posibilidad teórica». Pero la posibilidad de la *visio beata* no se contradice con la afirmación de que nunca tenemos conciencia de esa supervivencia de lo espiritual, de ese sobre-vivir espiritual, y de que ésta siempre permanece inconsciente; la inmortalidad, en efecto, no accede a nuestra conciencia durante nuestra vida, y otro tanto hay que decir del sobre-vivir: en el sobrevivir nada puede acceder a la conciencia reflexiva *(Bewusstsein)*, sino sólo a la conciencia inmediata *(Gewusstsein)*.

Parece, pues, que sólo lo pragmático y lo pático está ligado al cuerpo, adherido a la vida; mas no lo puramente gnóstico, el *actus purus*. En la muerte, el hombre se sumerge en una a-patía y en una apraxia total, pero sólo en una agnosia parcial: la conciencia reflexiva *(Bewusstsein)* es ya imposible; la conciencia inmediata *(Gewusstsein)*, en cambio, sería posible.

Antes estas perspectivas de «futuro» o de eternidad debemos preguntar si podemos conformarmos con ellas. Porque cabe objetar que por ese procedimiento se disuelve todo lo individual y, a la par, lo personal. Mas no hay por qué temer esto, ya que también lo puramente espiritual está individualizado: ser persona significa ser espíritu individualizado e individualizante, en cuanto que la persona individualiza al organismo psicofísico convirtiéndolo en un organismo, en su organismo.

Es evidente, por otra parte, que una «disolución» de la persona «en una conciencia superior» no puede satisfacernos. A esta perspectiva idealista de eternidad se contrapone la perspectiva materialista, igualmente insatisfactoria, según la cual debemos conformarnos con que los átomos de que consta nuestro cuerpo no perezcan después de nuestra muerte, sino que sean abono para las plantas y pasto para los gusanos. Yo debo decir que prefiero morir del todo y dejar que sólo perduren mis obras, que al fin y al cabo son «mías», lo más personal. No olvidemos que *toda acción es su propio monumento*.

Debemos hacer un alto y volver en este contexto al problema de la caducidad: el tiempo pasa, el tiempo fluye, se dice. Se habla también metafóricamente del «río del tiempo» y entonces imaginamos que el tiempo corre desde el futuro, atravesando el presente, hacia el pasado. Pero la mayoría de las personas sufren aquí dos ilusiones:

Primero, sólo se suele considerar que ese «río» se excava su propio lecho y, a la postre, cava nuestra tumba; se ve sólo ese modo de fluencia que los geólogos llaman erosión. Es corriente hablar del «diente roedor del tiempo». Y se olvida que el río del tiempo no sólo erosiona, sino que también acumula; lo acontecido y lo creado siguen enriqueciéndose en el pasado; en él se sedimenta lo que fue; en el seno del pasado, lo que fue hunde sus raíces en el suelo y allí perdura. *El tiempo pasa, pero lo acontecido corre hacia la historia. Nada de lo que fue puede dejar de haber sido, nada de lo creado o producido se puede erradicar del mundo. Nada se ha perdido irremediablemente en el pasado: todo está guardado imperecederamente en él.* Para decirlo de nuevo en terminología geológica: vivimos en un perpetuo aluvión.

En segundo lugar hay que hablar de esa «ilusión óptica» que sufrimos todos y que nos hace creer que el tiempo fluye ante nosotros, mientras estamos a la orilla de ese río y hacemos frente al futuro. En realidad nosotros nunca actuamos sobre el futuro, sino sobre el pasado. Salvamos las posibilidades del pasado realizándolas, realizando los valores. Sea que realicemos lo que hemos llamado «valores creativos»[48] o lo que hemos calificado de valores vivenciales, siempre salvamos algo en el pasado: en el caso de valores creativos, salvamos nuestro interior en la realidad externa; en el caso de los valores vivenciales, salvamos la realidad externa en nuestro interior. Es verdad que al salvar una posibilidad aniquilamos otras mil; pero esto es algo inevitable. *Commission is better than omission*, dicen los ingleses. Nosotros diríamos que sólo hay un peligro mortal en nuestra vida: el peligro de no haber vivido.

Lo que necesitamos es una actitud de respeto al pasado. Lo ineludible no es futuro, sino el pasado, pues el futuro, nuestro futuro, depende en buena parte de nuestra decisión y de nuestra responsabilidad.

En esta óptica es un error afirmar que nosotros somos responsables del pasado ante el futuro. Exactamente a la inversa, somos responsables del futuro, sujeto a nuestra opción, ante el pasado ineludible.

---

48. Cf. *Ärztliche Seelsorge*, p. 60; vers. cast.: *Psicoanálisis y existencialismo*, F.C.E., México 1977.

Eso que hemos llamado antes respeto al pasado implica temor y consuelo al mismo tiempo. Miedo ante lo que nos tiene reservado el futuro; consuelo por lo que queda a salvo en el pasado.

Esto, en cuanto a la cuestión de la finitud temporal, de la caducidad de la existencia. Volvamos al problema de la mortalidad del ser humano: hemos afirmado que la no mortalidad de la persona sólo se puede expresar negativamente, en la línea de una noología negativa, justo como inmortalidad, ya que nada cabe afirmar sobre el modo de existencia de las personas más allá de su coexistencia psicofísica, más allá del espacio y el tiempo; en una palabra: sobre el sobre-vivir.

Detengámonos un poco en este punto para perseguir en el curso de una sinopsis biológica la ascensión hacia la inmortalidad del hombre como persona: Es sabido que ya el ser vivo unicelular goza de una especie de inmortalidad; pero esta inmortalidad es meramente corporal. Contrariamente a la inmortalidad meramente corporal del ser unicelular, aquellos seres vivos que constituyen un organismo pluricelular y en los que las distintas células forman los llamados conjuntos celulares, son mortales corporalmente; psíquicamente, en cambio, son inmortales en un sentido muy concreto que luego especificaremos. El hombre es mortal tanto en el aspecto corporal como en el anímico; hemos dicho ya expresamente que pierde en la muerte todo su patrimonio psicofísico (nada menos, pero nada más). Parece ser, sin embargo, que con esta pérdida, con su mortalidad psicofísica, gana lo que le diferencia de los seres vivos que están «por debajo» en la escala evolutiva: la inmortalidad espiritual. Tal es la serie ascendente en la secuencia biogenética, una serie donde un ser vivo conquista, al precio de la renuncia a la infinitud (temporal) en un estrato entitativo, la in-finitud (temporal), la «inmortalidad» en el estrato inmediatamente superior.

¿En qué sentido y con qué derecho pudimos afirmar antes que los seres no humanos, por ejemplo los animales, son «psíquicamente inmortales»? En su vida psíquica, los animales no están plenamente individualizados, si puedo expresarme así; las funciones psíquicas que se observan en ellos pertenecen a un alma genérica, que escapa a la mirada científica sencillamente porque, como dicen los biólogos, no es de naturaleza espaciotemporal, sino que se manifiesta espaciotemporalmente en los distintos individuos y sólo en ellos es aprehensible científicamente. Toda la vida psíquica de los animales está sujeta a esta alma genérica; de ella vive el animal; de ella procede y por ella se rige; «de ella» y para ella. Los instintos de un animal funcionan siempre en interés del género y a este interés sacrifica a veces los intereses individuales. La inmortalidad del alma genérica se desprende ya necesariamente de su carácter inespacial e intemporal.

Si es cierto, como afirmó Hegel y después de él especialmente L. Binswanger y G. Bally, que el individuo es lo que es su mundo o, en otros términos, que la estructura de un individuo puede derivarse de la estructura de su mundo, cabe esperar que al carácter colectivo, no individual, del alma genérica corresponda un carácter también colectivo del «mundo» animal correlativo. Así es en realidad: el medio ambiente de los animales, tal como lo analizó von Uexküll, es específico, no es un ambiente individual como el de cada hombre, que tiene «su mundo».

Pero no es sólo que el medio ambiente de un animal o de un género o especie animal sea igual de un individuo a otro (porque no es un ambiente propio del individuo, sino de la especie): el medio ambiente de un género animal es idéntico de una generación a otra. No cambia, permanece fijo, tan incapaz de variación como el alma genérica a la que corresponde. El «mundo» correlativo a dicha alma genérica no es sólo un mundo colectivo, sino un mundo ahistórico. No sólo cada individuo reacciona de igual modo en situaciones idénticas, desde idénticos instintos, sino que cada generación hace otro tanto. Una colonia de hormigas no tiene historia, y tampoco conoce la peculiaridad de sus individuos. El hombre, en cambio, no sólo es un ser individual, sino histórico. Es siempre singular y único, lo mismo que su mundo. El hombre como ser histórico no «es», sino que «deviene». Está «completo» cuando acaba su vida; entonces está «terminado» su mundo.[49]

La vida del ser humano es, pues, algo que cabe calificar de figura global del tiempo: cada instante de esa existencia está referido a «su» pasado y a «su» futuro, y el hombre, al morir «su muerte» (Rilke), culmina su vida como un todo concluso. Como el círculo representa una figura cerrada —sin principio ni fin, y aunque finito, ilimitado—, también la vida de un ser humano y, a la par, «su» mundo son cerrados, están conclusos una vez que él muere. Como una línea circular se repliega en sí, la vida de un ser humano se repliega en el instante de la muerte. Pero esa «soldadura» que cierra la vida como un todo que enlaza el principio con el fin, esa soldadura está representada por el inconsciente, del que despierta el hombre a la vida y donde se refugia al morir.

---

49. Viktor E. Frankl, *Der Wille zum Sinn*, Huber, Berna-Stuttgart-Viena 1972.

El carácter histórico del existir humano, eso que Heidegger llama «temporalización» *(Zeitigung)* y Binswanger «historización» *(Geschichtlichung)* de la existencia, presenta también su patología específica. Esta patología ha sido estudiada, aparte de Binswanger, por Erwin Straus y por Viktor E. v. Gebsattel. Quisiéramos hacer aquí una modesta aportación a la patología de la vivencia temporal, relacionando la vivencia del *déjà vu*[50] con el fenómeno originario de la temporalización. Sobre este punto hay que decir lo siguiente: en el *déjà vu* no se experimenta propiamente «haber visto ya» algo, puesto que entonces se trataría de una alucinación anémica. Un análisis riguroso descubre en ese fenómeno un matiz cognitivo anormal en la vivencia, matiz que no es verificable por los hechos. No es que yo tenga la impresión de haber conocido ya algo en el pasado; lo que tengo es la impresión de serme algo tan familiar como si ya lo hubiera conocido anteriormente. En suma, este «como si» constituye una racionalización secundaria (aunque sea una mera presunción y, por tanto, de carácter más o menos arbitrario). De ahí que no se pueda afirmar –como propuso Havelock Ellis en su interpretación del fenómeno– que el *déjà vu* falsifica el ahora convirtiéndolo en un antes, sino que subsiste la diferencia categorial entre el ahora y el antes, pero coinciden en un punto: el tiempo parece haberse detenido. La vivencia del *déjà vu* aparece como cese pasajero de la «temporalidad» de la existencia, como un «acceso» de existencia ahistórica, como un acceso de la existencia en el *nunc stans*.

En el aspecto clínico, la vivencia del *déjà vu* va acompañada frecuentemente de la vivencia de despersonalización. A nosotros nos parece significativo que la despersonalización constituye también a nivel de análisis existencial un correlato del *déjà vu*, ya que si esta vivencia deriva, como vimos, en un trastorno de la experiencia del «ser ahora», en la despersonalización también queda perturbada la vivencia del «ser ahí» *(Da-sein):* en la despersonalización siento como si yo no estuviese «ahí» o como si no fuese mi yo el que «está» ahí. En la despersonalización no queda perturbada la aprehensión categorial de la estructura temporal, entremezclándose los distintos «éxtasis» (Heidegger) del tiempo; lo que queda trastornado es la estructura espacial: la articula-

---

50. Cf. Otto Pötzl, *Zur Metapsychologie des Déjà vu*, «Imago» 12, 2/3, 1926 (número de homenaje a Freud): 239, o Viktor E. Frankl y Otto Pötzl, *Über die seelischen Zustände während des Absturzes. Eine psychophysiologische Studie*, en: *Katastrophenreaktionen*, dir. Ch. Zwingmann, Akademische Verlagsanstalt, Francfort 1971, p. 153-168.

ción del mundo (no en un ahora y un antes, sino) en un aquí y un allí, en un yo y un no yo.

Resumiendo:

El *bios* presupone una *physis*, la *phykhe* un *soma* y el espíritu un alma. Lo entitativamente superior presupone, pues, siempre algo entitativamente inferior.

I. Pero «presuponer algo» no significa «componerse de ese algo». En este sentido hay que decir que el hombre –en el que lo espiritual presupone lo anímico y lo anímico presupone lo corporal– no se compone en modo alguno de lo corporal, lo anímico y lo espiritual; el hombre constituye una unidad y una totalidad corpóreo-anímicoespiritual.

II. «Presuponer algo», «tener algo como supuesto» equivale a «estar condicionado por algo». Pero «estar condicionado» no es «ser causado» o «ser determinado». Cuando se dice que el hombre está condicionado como unidad y totalidad corpóreo-anímico-espiritual, hay que entender que está condicionado por lo psicofísico, «desde abajo»; y que a su vez es causado y determinado por lo espiritual, «desde arriba».

1) En el análisis del problema cuerpo-alma hemos visto que el hombre como existencia, en el devenir, no es acusado por el elemento psicofísico; 2) en el análisis de la voluntad libre debe mostrarse que el hombre, en el modo de ser, en la esencia, tampoco está determinado por el elemento psicofísico.

Aclaración de 1): El analisis del problema cuerpo-alma ha dejado en claro que el hombre está condicionado, mas no constituido, por lo psicofísico; está posibilitado, mas no producido. La existencia le es «regalada», como dice Jaspers, y le es dada desde la «trascendencia».

Aclaración de 2): En el análisis del problema de la voluntad libre veremos que el ser humano no está determinado por el elemento psicofísico en su modo de ser, sino que él mismo es capaz de determinarse. Pero esa autodeterminación supone la existencia del mundo objetivo del sentido y de los valores, del *logos* y del *ethos*.

En suma: la persona es producida desde la «trascendencia», es decir, desde el «supersentido», por un Absoluto, y es determinada desde el mundo objetivo del sentido.

Con palabras de Hegel, el «espíritu subjetivo» es producido por el «espíritu absoluto» y es determinado desde el «espíritu objetivo».

IV. EL PROBLEMA DE LA VOLUNTAD LIBRE

La conciencia natural nos dice que somos libres.[51] Pero esta conciencia natural, la evidencia de este hecho originario de nuestra libertad, puede oscurecerse. La oscurece, por ejemplo, la psicología: ésta, al menos en su versión científica, no conoce la libertad ni le está permitido conocerla, como tampoco la fisiología puede conocerla. La psicofisiología acaba más acá de la libertad, exactamente como la teología comienza más allá de esa libertad, allí donde la libertad humana se ve sometida a una providencia divina. El fenómeno originario de la voluntad libre pertenece, pues, al ámbito de la metapsicofísica. El científico como tal sólo puede ser determinista.[52] Pero ¿quién es «sólo» científico?

---

51. Esta autocomprensión es previa a toda autoobservación retrospectiva y a toda psicología introspectiva. Cuando me observo a mí mismo, ya no puedo detectar la libertad; todo parece determinado; pero lo que veo entonces, ya no soy yo mismo.

52. Cuando el determinismo se acompaña del materialismo y osa pronunciarse sobre el hombre, sobre su espiritualidad y libertad, el resultado es el que se puede constatar en los siguientes pasajes de la obra *Richtlinien einer Philosophie der Medizin* de A.W. Kneucker (Viena 1949): «Si se piensa en la enorme influencia que ejercen las hormonas sexuales sobre la voluntad del hombre... resulta claro que no se puede hablar de una voluntad libre. Una prueba de esto es la castración: los individuos privados de sus glándulas sexuales carecen de libertad, al menos en las emociones sexuales» (p. 31). «Desde el punto de vista médico no puede haber una voluntad libre, ya que ningún individuo puede escapar ala influencia de las hormonas» (p. 32). Por eso el autor llega a hablar de un «dictado de las glándulas endocrinas» (p. 89). Este fatalismo, en fin, le hace declarar: «El conocido dicho "tus hormonas son tu destino" está perfectamente justificado» (p. 32). No es de extrañar que este fatalismo pase por alto la verdadera esencia de la moralidad: «Cuanto más activas son las glándulas internas, más pasivas suelen ser las convicciones morales» (p. 84). En realidad, la «convicción moral» o, más

También el científico es, más allá de todas las actitudes científicas, un ser humano: plenamente hombre. También el objeto que estudia el científico, también el hombre es más de lo que la ciencia natural puede ver en él. La ciencia natural sólo ve el organismo psicofísico, no la persona espiritual. Por eso, tampoco puede ver esa autonomía espiritual del hombre, que corresponde a éste a pesar de la dependencia psicofísica. De la «autonomía a pesar de la dependencia» (N. Hartmann) sólo ve la ciencia natural, incluso la psicología como ciencia natural, el momento de la dependencia. Sólo ve la necesidad, la no libertad.

Pero el ser humano como tal está siempre más allá de las necesidades, aunque también más acá de las posibilidades. El hombre es esencialmente un ser que trasciende las necesidades; rara vez algo «trasciende las posibilidades de un ser humano»; pero el hombre rebasa siempre las necesidades. El hombre está siempre referido a las necesidades, pero en una referencia libre.

La necesidad y la libertad no se encuentran en el mismo plano. En ese estrato donde se halla la dependencia de ser humano no puede constatarse nunca su autonomía. Por eso, al abordar el problema de la voluntad libre, debemos evitar la confusión de los diversos estratos entitativos. Cuando no hay confusión de los estratos entitativos, tampoco hay un compromiso de perspectivas. No cabe un compromiso entre el determinismo y el indeterminismo. No se puede ser un poquito determinista y otro poquito indeterminista. Sería como ser un poco teísta y un poco ateo. A pesar de ello, se intenta una y otra vez conseguir una aparente conciliación del determinismo y el indeterminismo en un mismo plano. Pero la aparente conciliación entre determinismo e indeterminismo no responde a un pensamiento integral; sería una mala integridad; sería sumar, pero no integrar.[53]

La necesidad y la libertad no están en el mismo plano; la libertad rebasa y trasciende toda necesidad. Ya nos encontramos con este fenómeno al constatar que el nexo causal en el ser regido por la ley de causalidad no queda roto por el sentido que interviene «desde arriba». El reino de la necesidad es un presupuesto para el reino de la libertad. *Libertas supponit necessitatem.*

exactamente, la intención moral comienza cuando un ser humano opone a la «actividad» de sus «glándulas» la suya propia, la actividad de su espíritu, es decir, cuando reacciona como persona a un hecho psicofísico (que nunca constituye una fatalidad).

53. La integración de fenómenos que se encuentran en diferentes planos ónticos no puede producirse a su vez en un plano óntico, sino en el espacio de una ontología.

Hay que repetir que los presupuestos condicionan, pero no pueden determinar. Dijimos que lo psicofísico condiciona al espíritu humano, mas no lo produce ni lo determina. Pero nunca hemos afirmado que el hombre sea sólo espíritu ni hemos negado que posea el elemento psicofísico. Tampoco hemos negado que posea instintos. El hombre tiene instintos, hablando ónticamente; y debe tenerlos, hablando éticamente. En modo alguno negamos los instintos del ser humano; lo que negamos es sólo la reducción del hombre a un haz de instintos. Lo que negamos es que el hombre sea arrastrado por los instintos. Él «tiene» instintos, pero no «es» una realidad instintiva. El hombre tiene instintos, pero los instintos no le tienen a él. El hombre hace algo con los instintos, pero los instintos no le constituyen en un ser.

Nosotros no negamos en modo alguno la vida instintiva, el mundo instintivo del ser humano. Como no negamos el mundo exterior, tampoco negamos el mundo interior; no somos solipsistas ni respecto al mundo exterior ni respecto al mundo interior. Lo que subrayamos es el hecho de que el hombre como ser espiritual no sólo se contrapone al mundo —tanto el exterior como el interior—, sino que toma postura frente a él, adopta un «comportamiento», y este comportarse es libre. El hombre toma postura en cada instante de su existencia tanto ante el entorno natural y social, el medio ambiente externo, como ante el mundo interno psicofísico, el medio ambiente interno.

No negamos, pues, los instintos en sí; y esto es válido a nivel óntico y a nivel ético: cuando resulta viable, el hombre puede y debe afirmar sus instintos; pero ya no puede afirmar algo sin antes poseer la libertad para negarlo. Se trata de ver siempre también esa libertad. Se trata de no negar, en la afirmación de los instintos, la libertad frente a los instintos. Se trata de afirmar los instintos, pero no a costa de la libertad, sino en el marco y en nombre de la libertad. Se trata de afirmar los instintos sin sacrificarse y entregarse a ellos.

La afirmación de los instintos, pues, lejos de estar en contradicción con la libertad, presupone la libertad para decir «no». La libertad es esencialmente libertad frente a algo: «libertad de» algo y «libertad para» algo (si no me dejo guiar por los instintos, sino por los valores, tengo también libertad para decir no a las exigencias éticas: me *dejo* guiar).

La realidad psicológica hace que los «instintos en sí» nunca afloren a la superficie en el ser humano. Los instintos aparecen siempre afirmados o negados; siempre están remodelados de un modo u otro; la persona ha asimilado ya los instintos emergentes del estrato psicofísico, siempre los tiene ya integrados. Todo el mundo de los instintos, el *ello*, siempre el ello de un yo, y este yo no es juguete de los instintos (tampoco de los «instintos del yo»). El yo no es un mero resultante de componentes instintivos concebidos al modo de un paralelogramo de fuerzas. La fuerza decisoria la posee siempre el yo. El poder del yo frente al *ello* no puede derivar a su vez de los instintos. En otro lugar nos hemos referido a este punto. Señalábamos que el poder apriorístico del yo frente a los «poderes» del *ello* puede entenderse al modo del poder de un juez, anciano achacoso, para condenar a un reo atlético; decíamos que el dudar de este poder del juez es confundir el poder judicial con el poder braquial. El que se asombra de que el yo posea una capacidad incondicional para decir «no» a los instintos, confunde dos cosas que se encuentran en planos diversos.[54]

Es verdad que el hombre, a veces, no es libre de hecho; pero potencialmente sigue siendo libre. En efecto, cuando no aparece como libre, es porque ha renunciado –libremente– a su libertad. Cuando el hombre es arrastrado por los instintos, «se deja llevar» de ellos. El hombre puede, pues, responder a sus instintos; pero esta misma respuesta depende de su responsabilidad. Según esto, el hombre posee la libertad en cada caso, pero la posee no sólo para ser libre, sino también para no serlo. Posee la libertad de elevarse y de dejarse caer en los instintos. También la no libertad pertenece a su libertad, también la impotencia está en su poder. Y si existe, junto a un «humor involuntario», algo así como una sabiduría involuntaria, habrá que buscarla en la frase de una de mis pacientes, que dijo una vez: «Yo soy libre cuando quiero, y no lo soy cuando no quiero.»

El hombre posee, pues, siempre la libertad; sólo que a veces abdica de ella: abdica libremente. No siempre es consciente de su propia libertad; pero la libertad puede y debe hacerse consciente. Es el objetivo que persigue el análisis existencial como análisis de la existencia en la dimensión de la libertad y la responsabilidad; y es misión de esa forma

---

[54]. Esto lo ha expresado con mucha claridad Martin Buber en su libro *Das Problem des Menschen* (Heidelberg 1948, p. 138; vers. cast.: *¿Qué es el hombre?*, F.C.E., México ¹¹1976), donde previene contra «tina confusión entre el poder y la fuerza» y distingue exactamente entre las fuerzas, por una parte, y la «capacidad de movilizar fuerzas», por otra; esta última capacidad, este «poder de movilizar fuerzas lo posee el espíritu. Buber habla también (p. 142) de un «dominio incondicional» del espíritu y de un «acuerdo originario que garantiza al espíritu un dominio indefectible y que acatan los instintos, en algunos casos a regañadientes, en la mayoría de ellos con gozo».

psicoterapéutica de análisis existencial que es la logoterapia el apelar a la libertad después de hacerla consciente.

Hay que añadir algo más sobre la libertad de lo espiritual: Lo espiritual es ya por definición lo libre en el ser humano. Llamamos «persona» a aquello que puede comportarse libremente, en cualquier estado de cosas. La persona es aquella dimensión del hombre que es capaz de oponerse siempre, oponerse a cualquier posición: no sólo a una posición externa, sino también interna; pero la «posición interna» es exactamente eso que se llama disposición (así se denomina a veces el carácter).

Lo espiritual nunca se diluye en una situación; siempre es capaz de «distanciarse» de la situación sin diluirse en ella; de guardar distancia, de tomar postura frente a la situación. Lo espiritual posee libertad partiendo de esta distancia, y sólo desde su libertad espiritual puede el ser humano decidirse en un sentido o en otro: en favor o en contra de una disposición, de una base caracterológica o de una predisposición instintiva; en una palabra: sólo desde su libertad espiritual puede el hombre afirmar o negar un instinto.

Si el hombre, en virtud de su libertad espiritual, es capaz de no «sucumbir» a ninguna situación, de «estar por encima» de ella, es con el fin de actuar –en caso de respuesta «afirmativa» a la situación–, de comprometerse o, eventualmente, adaptarse a la situación. Aunque haga esto último, lo hace libremente, desde su propia libertad espiritual.

La capacidad del ser humano para sobreponerse a las cosas incluye también la posibilidad de sobreponerse a sí mismo. Pero debemos distinguir entre el yo que está por encima del algo y el «yo» que tiene por encima de sí al ser humano. El primer yo se identifica sin duda con la persona. El segundo «yo» no es la persona misma, no es algo que yo «soy», sino algo que «tengo» frente a mí. Con otras palabras: este «yo» no está ya en la realidad de las autorrealizaciones espirituales; este «yo», como contrapunto mío, es superado por mí; este «yo» es ya un *ello*.

Quizá el *ello* no sea otra cosa, aun en el sentido del psicoanálisis, que un yo superado temporalmente. Creemos que fue Berze el primero en expresar esta feliz idea: el *ello* es propiamente el «yo del yo antiguo». Puede ocurrir que las decisiones del yo se conviertan en el curso del desarrollo del yo en posturas reificadas, sedimentándose en cierto modo. Cabe decir entonces que *la opción de hoy es el instinto de mañana*. El *ello* sería entonces el yo desrealizado, una tesis que llevaría a esta otra: el super yo es el yo aún no realizado, el yo por realizar. Más brevemente, el *ello* es el «ya no yo»; el super yo, el «aún no yo».

Así ocurre que, mientras estamos hablando del yo, lo estamos haciendo derivar hacia el *ello*. El yo queda fijado e hipostasiado en el acto. La frase de Schiller «si habla el alma, ya no habla, ay, el alma» puede modificarse: cuando hablamos del yo, ya no hablamos del verdadero yo.

Esto tiene especial importancia en relación con lo que hemos llamado fatalismo neurótico: cuando el neurótico habla de su persona, de su modo de ser personal, tiende a hipostasiarlo y a actuar como si ese modo de ser implicase un «no poder ser de otro modo». Por el hecho de constatar en sí una cualidad caracterológica, convierte automáticamente esta constatación en una fijación. El neurótico no dice: «hasta ahora he sido así, me he comportado de este o aquel modo», sino que considera su modo de ser como algo definitivo e inmodificable. Olvida que uno no debe resignarse a todo.

Hay una palabra que expresa lo que está en el hombre y con lo que el hombre se halla confrontado: el carácter. Aquello en el hombre con lo que la persona se contrapone, es el carácter psíquico. La persona es libre; pero el carácter no lo es; más bien, la persona es libre frente a su carácter. Esto se desprende ya del hecho de que la persona sea espiritual, mientras que el carácter constituye algo psíquico y corresponde a la predisposición genética y brota de ella. El factor genético que el hombre ha recibido en dote constituye su carácter; pero éste representa, por decirlo así, el genotipo psíquico; lo que el hombre hace con su caudal hereditario, lo que configura con él, correspondería al fenotipo. Pero la instancia que efectúa esa configuración es la persona. Por eso cabe decir que el carácter es algo creado, en tanto que la persona es creadora.

Mientras hablemos del modo de ser de un hombre haciendo referencia a su carácter, a su genotipo psíquico, más allá de las remodelaciones efectuadas o de toda posible modificabilidad futura, podemos hablar de destino y está justificado lo que Szondi se propone en su «análisis del destino». Pero si somos capaces de ver en el ser humano, no sólo este modo de ser, sino también su posibilidad de ser de otro modo, no cabe hablar de «destino».

Rohracher dice en algún lugar: «Como el químico puede predecir lo que acontecerá si se encuentran dos sustancias, la caracterología puede predecir en un caso concreto y bien estudiado lo que sucederá si este ser humano se encuentra en una determinada situación»;[55] pero «no se puede predecir si... se encontrará en tal situación». Según el autor, hay «toda una serie de situaciones con las que todo individuo debe contar; pero también la caracterología puede contar con ellas, convirtiéndose así en estudio del destino».[56] Ahora bien, se diría que todos estos cálculos se pueden hacer sin contar con la huéspeda. La huéspeda no es sino la persona, el ser humano en estricta contraposición a su carácter psíquico. En efecto, esta persona es esencialmente «incalculable». Yo podré saber, a lo sumo, cómo se comportaría un individuo en una determinada situación a tenor de su predisposición caracterológica; pero nunca puedo prever o predecir cómo se comportará de hecho, ya que el ser humano no actúa en última instancia «desde su carácter», sino que su persona toma postura frente a todo y también frente a su carácter.

La cuestión alcanza su plena evidencia en la simple, pero certera fórmula que acuñó Allers: el hombre «tiene» un carácter, pero «es» una persona. Podemos añadir aún: como persona que es, el hombre tiene carácter, y frente a este carácter, tiene libertad.

Por eso la predisposición caracterológica nunca es lo decisivo; lo decisivo es siempre la toma de postura de la persona. La persona (espiritual) decide «en última instancia» sobre el carácter (psíquico), y en este sentido cabe afirmar que el hombre decide en definitiva sobre sí mismo (el hecho de que no siempre lleve a efecto esta capacidad no altera la validez fundamental de la afirmación). El hombre, pues, no sólo posee libertad frente a las influencias de su medio ambiente, sino también frente a su propio carácter. En cierto sentido, la libertad frente al medio ambiente se basa en la libertad frente al carácter, ya que la mayor o menor influenciabilidad por el medio ambiente constituye una cualidad caracterológica, y la cuestión de si el hombre está sometido a las influencias ambientales deriva en último extremo en la pregunta de cómo se comporta frente a esa cualidad de la influenciabilidad. (Aunque el temperamento sea algo congénito, sólo vale decir que a lo mejor uno lo tendrá difícil, pero no que le esté permitido tomarse la dificultad a la ligera, pues también está en su mano decidir en contra de su temperamento. ¿Esa *misma* decisión sería algo congénito? Tal suposición implicaría un *progressus in infinitum*.)

---

55. *Kleine Charakterkunde*, Viena ⁵1948, p 231; vers. cast.: *Caracterología*, Científico Médica, Barcelona 1967.
56. L.c., p. 232.

El carácter, pues, forma parte de toda esa esfera de la realidad frente a la cual el hombre es o, al menos, puede ser libre. Si todo «de qué» de la libertad exige «para qué», otro tanto hay que decir de la «libertad del» carácter. La libertad de la persona no es sólo una libertad del carácter, sino también una libertad para la personalidad. Es libertad de la facticidad y libertad para la propia existencialidad. Es libertad del modo de ser y libertad para ser de otro modo. Ya hemos indicado que ese cambiar para ser de otro modo se orienta en el mundo objetivo del sentido y de los valores; esta orientación de sentido, propia de toda autoconfiguración personal, resulta comprensible teniendo en cuenta que la verdadera personalidad es impensable si no está marcada por el sentido y los valores.[57]

Mi libertad del modo de ser la conozco en la autorreflexión; mi libertad para la modificación la conozco en la autodeterminación. La autodeterminación se produce con arreglo al imperativo délfico «conócete a ti mismo»; la autodeterminación acontece a tenor del dicho de Píndaro: «Llega a ser el que eres.»

Intercalemos aquí una breve observación psicoterapéutica: lo que pretende en definitiva el análisis existencial es esa autodeterminación del hombre de cara a su libertad, y lo que pretende en definitiva la logoterapia es esta autodeterminación del hombre sobre la base de su responsabilidad y sobre el fondo del mundo del sentido y de los valores, del *logos* y del *ethos*. Para alcanzar este doble objetivo, la psicoterapia debe enfrentarse a la típica tendencia del neurótico a hipostasiar de un modo peculiar su carácter, su facticidad, su modo de ser.

Oímos constantemente a los pacientes hacer referencia a su carácter; pero el carácter al que yo apelo viene a ser un chivo expiatorio: apelo a él para descargar mis responsabilidades.

No sólo no puedo hablar del carácter, en rigor, ni siquiera puedo hablar de la persona sin pasar por alto a la persona propiamente dicha. También a mi propia persona la despojo de su auténtico sentido, de su realidad ejecutiva (sólo en ella puede existir «verdaderamente»), cuando me refiero a ella como «mi» persona (como si yo «tuviera» una per-

---

57. Expresiones como «estar orientado hacia...» y «estar marcado por...» significan que toda esta autoconfiguración no constituye una determinación, ni siquiera «desde arriba»; si el espíritu se «deja» llevar de los instintos, también puede dejarse determinar por el sentido y por los valores. La persona, el sujeto espiritual, no solo posee libertad «desde el» organismo psicofísico y hacia el» espíritu objetivo, sino también «frente al» espíritu objetivo.

sona en lugar de «ser» esa persona). Hablando de la persona, cosifico a la persona o, como hemos dicho, el yo se convierte en un *ello*. Podría ocurrir, en fin, que nunca podamos hablar, en rigor, «de» un ser personal, sino únicamente hablarle «a» él.[58]

Pero el hombre neurótico no se limita a descargar sus responsabilidades en su carácter individual, en el *ello*, sino también en algo supraindividual, en un colectivo que reside en él mismo: en el «se» *(man)* impersonal que actúa en él y a través de él (para utilizar la expresión de Heidegger). Por eso puede ser necesario, además de la lucha contra el fatalismo neurótico individual desde la perspectiva psicoterapéutica, proceder desde la perspectiva de una psicohigiene colectiva. En este sentido puede dar que pensar un fenómeno que observamos actualmente: el hombre tiende a remitirse al modo de ser de un grupo (clase o raza) al que pertenece. Se siente aliviado con esta aparente autojustificación cuando se le recuerda constantemente hasta qué punto depende de una colectividad y hasta qué punto está sometido a su influencia, incluso en el aspecto espiritual.

Un ejemplo actual puede ilustrarnos sobre el peligro que entraña el presentar al individuo su modo de ser colectivo en lugar de presentarle su posibilidad individual de cambio, o de apelar a ella: el zoólogo americano Kinsey redactó un informe estadístico donde se demuestra cómo la moral sexual depende del estamento social al que uno pertenece y qué exigua es la minoría que se atiene a la moral sexual vigente. El informe dice, entre otras cosas, que la mayoría de los maridos son infieles a sus esposas.

Cuando yo tomo la tensión a un paciente y la encuentro ligeramente elevada, si le digo la verdad, en realidad no le digo la verdad, ya que en aquel mismo instante le sube la tensión (efecto de la excitación). Pero si intento «persuadir» al paciente de que su tensión arterial es normal, no le digo ninguna falsedad, ya que el informe tranquilizador habrá normalizado entre tanto la presión arterial (que se había elevado ligeramente por la «angustia de expectativa»). Si yo digo a los hombres que los maridos suelen engañar a sus esposas, la mayoría de ellos no dirá: «precisamente por eso debo controlarme y apoyar a la minoría honesta»: el hombre medio se dirá: «yo no soy mejor que el hombre medio». En una palabra: la comunicación de la verdad estadística falsea esa misma verdad, como la observación de un electrón —según Heisenberg— influye siempre en la posición de dicho electrón. La

---

58. Cf. Frankl, *Zeit und Verantwortung*, Deuticke, Viena 1947, p. 42.

observación supone una influencia, lo queramos o no; sobre todo, la comunicación del resultado de una observación es algo que incide en el platillo de la balanza de la decisión.

Los pacientes dicen a cada paso: «Soy así y no hay que darle vueltas», con lo que quieren decir: ...por tanto no tengo posibilidad alguna de ser de otro modo. Pero la verdad es ésta: yo puedo ser en cualquier instante de otro modo, luego no soy «de cualquier modo». Yo no soy o, más exactamente, mi yo no es nunca fáctico, sino facultativo. La existencia no se agota en ningún modo de ser. La existencia «está en» cada facticidad suya, pero no se disuelve en su propia facticidad. Ella ex-siste, y esto significa que transciende siempre su propia facticidad.

Esto es, en fin, lo que constituye el peculiar sello dialéctico del ser humano: la existencia y la facticidad, dos elementos que se exigen mutuamente y dependen uno del otro. Ambos se hallan entrecruzados y sólo con violencia pueden separarse.

Es lo que se expresa con toda claridad, por ejemplo, cuando Mitscherlich habla de la «personalidad» «que se posee y se es al mismo tiempo», o cuando Plessner afirma que el hombre tiene existencia y es existencia, y que la existencia constituye para el hombre una relación «entre sí y sí (exactamente, entre él y él)». Pero la fórmula más bella es la del poeta Dehmel cuando dice: «Flotamos sobre la vida que nos ata».

Esta unidad y totalidad dialéctica, donde se funden la facticidad psicofísica y la existencia espiritual en la realidad humana, indica lo que ya hemos visto repetidamente: que la neta separación entre lo espiritual y lo psicofísico sólo puede tener un valor heurístico. Pero ¿no hay otra razón? Esa separación debe ser meramente heurística porque *el espíritu no es una sustancia, sino pura dynamis*. Hemos visto ya que el espíritu se puede definir como *aquello que se contrapone a sí mismo*. Por eso lo espiritual no puede ser sustancia en el sentido tradicional del término. Es más bien una entidad ontológica, y de una realidad ontológica no se puede hablar como si fuera una realidad óntica, es decir, como si fuera una sustancia en sentido tradicional. Por eso nosotros hablamos de «lo espiritual», empleando esta expresión seudosustantiva, sustantivando un adjetivo, y evitamos el sustantivo «espíritu»: el auténtico sustantivo sólo puede designar una sustancia.

Y, sin embargo, es necesaria la estricta delimitación entre lo espiritual y lo psicofísico, sencillamente porque lo espiritual es algo que se delimita, que se realza como existencia frente a la facticidad y como persona frente al carácter, al igual que una figura destaca del fondo.

Es verdad que en el hombre no se da lo uno sin lo otro. En el hombre no hay, por ejemplo, instintos sin libertad ni libertad sin instintos. Como hemos visto, todo lo instintivo franquea ya en cierto modo una zona de libertad antes de manifestarse, y la libertad humana por su parte necesita lo instintivo como base, por decirlo así, donde sostenerse y también para despegar, para poder lanzarse. Los instintos y la libertad están relacionados mutuamente.

Pero esta relación mutua es esencialmente distinta a la que se da entre la *psykhe* y la *physis*. Contrariamente al obligado paralelismo psicofísico, hay algo que podemos llamar el antagonismo psiconoético facultativo. Este antagonismo responde a la *capacidad del hombre para distanciarse de lo psicofísico*. En lugar de identificarse con los instintos, el hombre se distancia de ellos, si bien, desde esa distancia, puede decirles «sí». Esto es lo que constituye en definitiva lo humano del hombre: *la posibilidad de distanciarse de los instintos y de no identificarse con ellos*; esto no puede hacerlo el animal porque, en cierto modo, ya es idéntico a sus instintos. El animal no «tiene» instintos, porque «es» sus instintos. Por eso el animal no experimenta ningún antagonismo, sino que vive siempre en paralelismo psicofísico desde la realidad psicofísica unitaria. Pero el hombre empieza a ser hombre en el punto donde puede enfrentarse a la realidad psicofísica.

En lugar del obligado paralelismo psicofísico, tal como se da en el animal, constatamos en el hombre su antagonismo psiconoético facultativo; en lugar de la unidad corpóreo-anímica del animal, constatamos en el hombre la totalidad corpóreo-anímico-espiritual. Ahora se ve con claridad que, según la perspectiva desde la que miremos, destacamos la totalidad o la articulación en lo espiritual y su oponente: lo psicofísico. Se diría que Binswanger con su análisis del *Dasein* subraya más la unidad, mientras que nuestro enfoque analítico-existencial (análisis de la *Existenz*) subraya la variedad: Binswanger ve el ser del hombre, el ser en el mundo, como algo unitario, mientras que nosotros vemos en primer plano el alma y el cuerpo como variedad dentro de esa unidad. Lo cierto es que la intención analítica (del *Dasein* o de la existencia) debe considerar tanto la unidad de la existencia humana, como la intención (psico- o logo-) terapéutica debe considerar la variedad.

En efecto, esa distancia de lo espiritual frente a lo psicofísico, que hemos comentado antes, esa distancia que funda el antagonismo psiconoético, parece extraordinariamente fecunda, se puede hacer útil. Justamente la logoterapia ha procurado explotar el antagonismo facultativo entre la existencia espiritual y la facticidad psicofísica. La logoterapia apela a la persona, a la facultad del espíritu de contraponerse a lo psicofísico, de resistirlo, a ese «poder de resistencia del espíritu»; a este poder recurre, a este poder se remite.

El antagonismo noopsíquico posee así una extremada relevancia terapéutica. Toda psicoterapia debe arrancar de él, y especialmente la logoterapia debe cerrarse en él; en efecto, mientras que lo psíquico –conforme al paralelismo psicofísico– se sigue en definitiva de lo somático, la actitud personal-espiritual se afirma frente a lo psicofísico (sin olvidar que ese enfrentamiento no es necesariamente una contraposición).[59] Gracias a esta facultad de lo espiritual para enfrentarse a lo psicofísico, la logoterapia, como psicoterapia «desde lo espiritual», puede abordar, por la vía de lo espiritual y con los medios de lo espiritual, todos los estados psicofísicos.

Esos estados psicofísicos no incluyen sólo instintos. Hay que contar, por ejemplo, con el dolor, la angustia, la tristeza, la ira, etc. Todo esto puede brotar de lo psíquico, y así se comprende que la persona pueda hacer frente a ello. Sabemos ya que el animal, en cierto modo, no se mueve por sus instintos, sino que se identifica con ellos; sólo puede moverse –en este sentido– un ser humano (pero, como sabemos, sólo si se *deja* llevar). Si el hombre, y sólo él, tiene instintos (sin identificarse con ellos), puede tener también dolores; lo «tiene», pero él no «es» dolor; uno «tiene» dolor, en cambio, uno «es» doliente. Sufrir significa tomar postura frente al propio dolor, y esto equivale a estar «por encima» de él. Hemos mostrado en otro escrito[60] que esta superioridad puede tener una relevancia existencial. También citamos en este contexto la frase de Hölderlin que expresa tan bellamente esa superioridad: «Cuando me sobrepongo a mi desgracia estoy más alto.»

El sufrimiento humano, al llevar implícita una postura espiritual, es diferente del dolor originario, diferente de la angustia originaria, de la tristeza originaria, de la ira originaria, y esto lo sabemos por la práctica clínica, donde constatamos fenómenos como la desesperación por

---

59. Cf. Viktor E. Frankl, *Pathologie des Zeitgeistes*, Deuticke, Viena 1955, p. 138: «Por suerte, el hombre no siempre se ve obligado a hacer uso de este poder de resistencia, ya que si él se afirma muchas veces a pesar de su herencia, a pesar de su medio ambiente y a pesar de sus instintos, otras tantas se afirma gracias a su herencia, a su medio ambiente y por la fuerza de sus instintos; una observación que debo agradecer a Gertrud Paukner.»

60. Cf. por ejemplo ... *trotzdem Ja zum Leben sagen*, Deuticke, Viena 1946, p. 25.

la tristeza, la angustia ante la angustia, la ira por la ira, o como ha mostrado Fenz recientemente, el «dolor por el dolor». Se trata de una actitud secundaria, de una actitud «ante» un estado anímico y, por tanto, de una actitud espiritual «frente» a un hecho psicofísico. Si los instintos del hombre aparecen remodelados por una actitud espiritual, de suerte que este estar marcado está siempre directamente adherido a instintos humanos como *a priori* espiritual,[61] también la actitud personal es el marco donde puede darse en el hombre eso que se llama dolor, angustia, etcétera.

Tomemos la situación de un ser humano que es interrogado y torturado: sus gritos y convulsiones por los dolores que le producen las torturas son un hecho que sintoniza con el hecho de las torturas, «sintoniza», por no hablar de paralelismo psicofísico o de identidad. Es función del organismo psicofísico estremecerse ante los dolores y gritar. Pero el hecho de que ese individuo a pesar de las torturas, no delate nombres sino que calle, es obra del espíritu. Es el «poder de resistencia del espíritu», que permite al hombre torturado aguantar hasta que pierde el conocimiento y cae desmayado. Si la convulsión del torturado y sus gritos son propiamente una convulsión y un gritar del organismo, y no de la persona, el desmayo es un desmayo del estrato psicofísico y no del espíritu, pues ese desmayo viene a ratificar en definitiva el poder de resistencia del espíritu.

Para indagar las posibilidades concretas de aprovechar terapéuticamente esa dehiscencia del hombre, ese hiato o esa cesura que hay entre lo psicofísico y la persona, iniciaremos el análisis por la neurosis. Encontramos ya en ella un residuo que es ineliminable mediante la simple psicoterapia (en sentido estricto, contrapuesto al de logoterapia), un núcleo inextirpable y fatal; en efecto, esas neurosis que superan los condicionamientos psicofísicos no deberían denominarse enfermedades neuróticas propiamente dichas; constituyen más bien el combate espiritual de una persona con un problema espiritual o con un conflicto de conciencia (aunque este combate pueda cursar «bajo el cuadro clínico» de una neurosis), sin ser por tanto un fenómeno morboso, sino a lo sumo la crisis de madurez de una persona.

Cuando una situación de algún modo fatal está realmente a la base de una neurosis, la logoterapia intenta ayudar al enfermo para que

---

61. La espiritualidad le cuadra al hombre ya en el plano biológico e incluso anatómico. Cf. A. Portmann *Biologie und Geist*, Zurich 1956.

adopte la actitud correcta frente a ese fenómeno. Pero hay cuatro actitudes posibles: 1) La mera pasividad: por ejemplo, la ciega sumisión en casos de neurosis, es mucho menos frecuente que la forma mitigada de postura vital que llamábamos en otra ocasión fatalismo neurótico.[62] 2) La actividad desacertada; hay que incluir aquí los esfuerzos del paciente que, además de ser inútiles, vienen a intensificar los síntomas neuróticos, y especialmente el modo inadecuado de luchar contra las ideas obsesivas. Tambien sobre este punto y sobre las posibilidades terapéuticas concretas de superar esa tendencia nos hemos pronunciado repetidamente.[63] 3) La actividad razonable: puede ser provocada por caminos terapéuticos si enseñamos al paciente a adoptar la actitud justa hacia ese último residuo ineliminable de sus síntomas: debe objetivarlo a fin de distanciarse de él.[64] 4) La pasividad razonable: nuestros pacientes deben aprender a evitar, a ignorar en la medida de lo posible el núcleo irreductible de la neurosis, por ejemplo, la psicopatía anancástica como fundamento de una neurosis obsesiva. Esta «ignorancia» sólo surte efecto si el paciente en lugar de combatir en vano contra el destino, aprende a reconciliarse con él.

Se podrá objetar que todo ello demuestra que la logoterapia constituye un remedio meramente sintomático o paliativo, y no causal. La verdad es lo contrario. Recuérdese lo que hemos dicho reiteradamente: *la predisposición psicofísica, juntamente con el factor social, constituyen la actitud natural de una persona*; pero no son el factor decisivo. El factor decisivo es la persona, la actitud personal frente a la posición natural. En esta dirección trabaja fundamentalmente la logoterapia. De ese modo no aborda las primeras causas del sufrimiento, sino la última. No se preocupa de causas aparentes, como son las condiciones, sino de la verdadera causa de un sufrimiento. Pero esta verdadera causa se encuentra en la persona misma del paciente, que adopta una postura frente a todas las «condiciones» (internas y externas), y a ella recurre y apela la logoterapia como instancia última, la que tiene la última palabra, la decisiva. La logoterapia constituye en cierto modo «la» tera-

---

62. Cf. *Die Psychotherapie in der Praxis. Eine kasuistische Einführung für Ärzte*, Deuticke, Viena 1947, p. 124 y 165.
63. L.c., también *Ärztliche Seelsorge*, Deuticke, Viena 1946; vers. cast.: *Psicoanálisis y existencialismo*, F.C.E., México 1977.
64. Cf. Viktor E. Frankl, *Grundriss der Existenzanalyse und Logotherapie*, en: Viktor E. Frankl, Victor v. Gebsattel y J.H. Schultz (dirs.), *Grundzüge der Neurosenlehre*, vol. 2, Urban & Schwarzenberg, Munich-Berlín-Viena 1972, p. 725-726.

pia causal: la única que tiene en cuenta la «causa» última y verdadera en su campo de acción.

Abordemos la cuestión de las posibilidades básicas de una psicoterapia en general y de la logoterapia en las psicosis en particular. Debemos mencionar en primer lugar la depresión endógena. Por ser endógena, es una enfermedad somatógena. Se podría considerar también como una enfermedad global de todo el estrato psicofísico. Está comprobado que el cuadro patológico de la depresión endógena va acompañado de una determinada actitud del paciente. Se puede constatar en casi todos los casos que el elemento puramente psicofísico o puramente somatógeno se neurotiza secundariamente, por decirlo así, insertándose un componente psicógeno, una especie de depresión reactiva, en el estado patológico originario.[65] Aquí se manifiesta lo que antes hemos denominado desesperación ante la tristeza o angustia ante la angustia. Pero se manifiesta también una actitud reactiva. Algo se enfrenta a la enfermedad psicosomática, algo lucha con ella. ¿Quién o qué –preguntamos nosotros– se debate con el proceso psicótico? ¿Quién o qué intenta defenderse de la psicosis? Esta instancia no puede ser algo psicofísico, tiene que ser sustancialmente distinto, algo capaz de hacer frente, de resistir al elemento psicofísico enfermo en un antagonismo esencial.

Ese algo es la persona del enfermo. Sólo su enfrentamiento con la enfermedad hace que un ser humano cometa un suicidio por depresión endógena, mientras que otro, partiendo de la misma enfermedad, rechaza la idea del suicidio. No hay que anotar a la cuenta de un mismo proceso psicofísico el hecho de que uno se deje llevar de la tristeza morbosa y otro se supere como persona y no reaccione «desde» el nivel psicofísico, sino que re-accione frente a la enfermedad. ¿No indicó E. Stransky que ciertos oficiales depresivos endógenos que habían dado su palabra de honor de no suicidarse, mantuvieron esa palabra? ¿No demostró E. Menninger-Lerchenthal que «dentro de ciertos límites de posibilidad, se puede dominar la inclinación morbosa al suicidio mediante la actitud religiosa»?

Si es cierto, como hace ver de modo tan impresionante la corriente analítico-existencial de Binswanger, que la psicosis, por ejemplo la depresión endógena, está relacionada con un «ser en el mundo» global

---

65. Cf. Viktor E. Frankl, *Psychagogische Betreuung endogen Depressiven*, en: Viktor E. Frankl, Víctor E. v. Gebsattel y J.H. Schultz (dirs.) *Handbuch der Neurosenlehre und Psychotherapie*, vol. 4, Urban & Schwarzenberg, Munich-Berlín 1959, p. 429-430.

Lecciones metaclínicas

—o, más exactamente, si es cierto que este enfoque unitario es el único legítimo—, ¿cómo puede influir la logoterapia en la persona del enfermo? ¿No hay que abandonar más bien al enfermo a su destino, a su «ser en el mundo» propio? ¿Podemos liberarle, hacerle salir de la depresión endógena hacerle afrontar su enfermedad?

No se puede negar que los análisis de Binswanger han profundizado y enriquecido en gran medida nuestra idea de la estructura del mundo psicótico, del «ser en el mundo» psicótico. Pero una cosa es la voluntad de comprender una enfermedad y otra la voluntad de tratar al enfermo: para esto último, el enfermo debe distanciarse de su enfermedad, por no decir, enajenarse de su enajenación mental. Pero si yo considero la enfermedad como algo que domina y configura al hombre entero, a su «ser en el mundo», infiltrándose difusamente, ya no puedo comprender al enfermo «mismo», a la persona que está detrás y por encima de toda enfermedad (incluida la psíquica); y, sobre todo, entonces tengo ante mí la enfermedad, pero no dispongo de ningún resorte contra ella contra la fatalidad de un «ser en el mundo» maníaco, esquizofrénico, etcétera.

¿Puedo ayudar al paciente a guardar esa fecunda distancia que le permita, como persona, adoptar una actitud en virtud de su antagonismo psiconoético facultativo frente a la enfermedad psicofísica, una actitud altamente terapéutica? Quizá esa actitud sea, no sólo relevante psicoterapéutica, sino humanamente. Porque no es verdad que el hombre enfermo, como persona, deba liberarse todo lo posible del desarreglo psicofísico; el hombre enfermo debe madurar humanamente dentro de esa circunstancia, de ese destino que el elemento psicofísico introduce en su vida, en su existencia. Debe obtener una ventaja existencial de su enfermedad, como decíamos antes; debe «sobreponerse a su desgracia» psicofísica para «estar más alto» espiritualmente.

Señoras y señores: ya en otra ocasión formulé mi *credo psiquiátrico*: dije entonces que *si detrás del desarreglo psicótico no estuviera la persona, aunque condenada a la impotencia expresiva e instrumental*, si el elemento psicofísico, además de trastornos a la persona, pudiese destruirla, *no valdría la pena ser psiquiatra*. En efecto, si la persona no queda intacta en la ruina psicofísica, si es ella la afectada por la enfermedad, ¿a quién puede ir dirigida nuestra acción médica?

Sólo vale la pena ser psiquiatra mientras podamos serlo, no para el organismo psicofísico, sino para la persona que aguarda a ser liberada, a que nosotros la ayudemos a superar el obstáculo psicofísico.

Pero ahora debo formular *mi segundo credo: Si no existiera el antagonismo psiconoético facultativo, si no hubiera una posibilidad de ayudar a la persona a afrontar la psicosis como enfermedad psicofísica, nunca seríamos capaces de practicar la psicoterapia en las psicosis*; en efecto, sólo podemos tener éxito contando con ese antagonismo facultativo. En otros términos: sólo en el supuesto de que el primer credo sea verdadero *vale la pena* ser psiquiatra, y sólo suponiendo la validez del segundo credo *soy capaz* de ser psiquiatra.

La persona encuentra más allá de toda morbilidad psicofísica y de toda mortalidad; de lo contrario yo no *sería* psiquiatra; *no tendría sentido* serlo. Y la persona es fundamentalmente capaz de hacer frente a toda morbilidad psicofísica; de lo contrario, yo no *podría* ejercer de psiquiatra: sería *inútil*.

Ahora bien, cabe preguntar por qué la psicoterapia, incluida la logoterapia, encuentra tantas dificultades en las psicosis y, particularmente, por qué suele fracasar en los procesos paranoides. Si en tales casos la integridad de la persona espiritual permanece intacta, ¿por qué no llego hasta ella con los medios espirituales, con los medios de una terapia orientada a lo espiritual, como hace la logoterapia? La inviabilidad de la logoterapia en casos de paranoia ¿no indica que la persona misma queda afectada?

No podemos olvidar una cosa: hemos aclarado ya que la persona queda en la psicosis 1) «invisible» y 2) «impotente» (nada más, pero nada menos). Ahora debemos añadir que la persona en la psicosis queda con frecuencia 3) «ciega» y 4) «inaccesible»; ciega, por ejemplo, en la depresión endógena, ciega para el sentido y los valores; inaccesible, por ejemplo, en la paranoia: inaccesible para el médico que afronta la demencia como tal.

Y, sin embargo, sigue siendo válido, incluso para la parafrenia, que la psicosis no es una «enfermedad mental», como si enfermara la persona misma, el espíritu personal. Pero entonces, ¿por qué yo no puedo abordar a ese espíritu personal? ¿Por qué no le puedo ayudar? ¿Por qué se me cierran todos los accesos?

Porque hay una trágica concatenación de circunstancias: apenas intento afrontar las ideas delirantes de un paciente por la vía persuasiva, ya estoy alimentando su sistema delirante. *El intento de ejercer una influencia sólo sirve para reforzar el hermetismo*, pues en el momento de abordar las ideas delirantes del paciente como ideas morbosas y descarriadas –presupuesto para el intento de persuasión–, me alineo con los «enemigos» del paciente. En el momento de tratar al enfermo como enajenado mental, ingreso en su sistema como parte de su contenido. El paciente me despoja del papel de médico y me convierte en un supuesto conspirador. En mi intento de tratamiento psiquiátrico, se me impone ese papel y por eso no puedo tener éxito en mi intervención. Nos encontramos así en el mismo círculo vicioso que envuelve al enfermo: el diagnóstico imposibilita la terapia, el dictamen altera la situación, el intento de ejercer el papel de médico me obliga a hacer el papel de «enemigo». La persona del paciente se ve enredada, recluida, envuelta en este círculo infernal. Pero esto no significa, ni mucho menos, que la persona quede involucrada en el proceso psicofísico de la enfermedad. *Quod erat demonstrandum.*

Volviendo ahora, tras esta digresión de la paranoia, a la depresión endógena, sabemos que se trata de una enfermedad hereditaria y que nace, en consecuencia, de una predisposición psicofísica concreta. Sólo se hereda la predisposición, no el modo de afrontarla.[66] Este modo no es algo «heredado» ni es de tipo psicofísico, sino que se funda en la libertad y en la responsabilidad de la persona; por eso hay que «adjudicarlo» a ésta; y como algo que corresponde a la persona y deriva de ella, el modo concreto y personal de afrontar la predisposición depresiva endógena significa también un mérito personal. Yo no puedo sentirme culpable de mi patrimonio genético, pero la configuración de este patrimonio me da la oportunidad de realizar una obra personal o de omitirla. Algo semejante cabe decir de las predisposiciones no patológicas del ser humano: se puede heredar el talento, pero la decisión de utilizarlo o dejarlo baldío queda reservada a la persona. Así vemos, una vez más, lo poco que significa en sí el destino, el destino genético; el hombre tiene que disponer de lo que el destino ha dispuesto. Debe disponer de las disposiciones.

En un plano general, más allá de lo genético, vale el principio de que el ser humano no es responsable de la psicosis, pero sí de la actitud hacia la psicosis. Y es responsable, sobre todo, de actuar desde la psicosis o de reaccionar contra ella.

En el caso de un trastorno psicótico tan hondo que apenas quepa acceder a la persona, no será posible detectar tal «acción» o «reacción».

---

66. Kallmann encontró entre 2500 pares de gemelos once casos (8 bivitelinos y 3 univitelinos) de suicidio de uno de los dos gemelos alrededor de los 17 años de edad. En ningún caso se suicidaron los dos gemelos. El autor deduce de esta estadística y de otros estudios que el suicidio de los dos gemelos no se produce aunque hayan crecido en el mismo ambiente y manifiesten caracteres y psicosis semejantes.

Pero esto es posible, y necesario, en casos más leves y, sobre todo, en casos de psicopatía. Así topamos con el problema psiquiátrico de la capacidad de responsabilidad de las acciones, problema que constituye el reflejo clínico de la cuestión metafísica de la voluntad libre. Intentaremos analizar el problema clínico al hilo de un caso concreto: Hace algunos años, un psicópata esquizofrénico cometió un atentado mortal contra un eminente profesor universitario. La actitud que adoptó el asesor psiquiátrico de este caso, O. Pötzl, nos parece haber acertado el punto esencial del asunto: este asesor, O. Pötzl, hizo notar que incluso en un caso tan evidente de querulancia (inclinación morbosa a sentirse víctima de las injusticias de los otros y a reclamar por todos los medios y obstinadamente unos derechos imaginarios) patológica y paranoica, no se podía hablar de una incapacidad para la responsabilidad humana.

No se trata, en efecto, de saber si las ideas que inducen a cometer un asesinato son de origen patológico, ideas delirantes, y erróneas, o «ideas fijas» de origen *meramente* patológico, pero válidas, o no son de origen patológico, sino que se deben a simple fanatismo; todo esto es en el fondo irrelevante. En efecto, desde la perspectiva de su psicopatía, un querulante es un querulante, pero no por esto ya tiene que convertirse en asesino. No asesina la querulancia: la persona del querulante decide cometer un crimen. Un ser humano no se convierte en asesino por degeneración corpóreo-anímica, sino desde una opción espiritual. Esta opción reza así: es lícito matar al enemigo. Frente a esta opción es irrelevante saber si el enemigo es presunto o real, si la presunción es delirante u objetiva o si se refiere a un enemigo personal o a un adversario político. Si todo esto no fuese indiferente, todo individuo políticamente fanatizado y excitado podría matar a tiros a su adversario.

Hemos hablado antes de la responsabilidad del ser humano, diciendo que no alcanza lo relacionado con las predisposiciones, pero sí se extiende a lo que el hombre hace partiendo de aquéllas. Cabe preguntar si podemos extender aún más lejos la responsabilidad del ser humano, si podemos concebirla de un modo aún más radical; para obtener una respuesta a esta pregunta sobre una última libertad del ser humano, partimos de lo siguiente:

El hijo de un alcohólico que arrastra consigo una predisposición neuropática y psicopática en la línea de las enfermedades epileptoides, debe cargar sin duda con las secuelas de los «pecados de sus padres». ¿Carga también con la responsabilidad? Está claro que los padres no se eligen, no se eligen los propios cromosomas. A nadie se le pregunta si quiere venir al mundo, y en qué condiciones; a nadie se le ha preguntado y nadie ha contestado sí o no.

Nadie ha dicho sí. Pero todos lo dicen en cada momento de su existencia. Siempre dicen sí a la vida, a esa vida suya imperfecta; siempre dicen sí, «a pesar de» no habérseles preguntado ni dicho nada, a pesar de no haber elegido ellos la vida, de haber sido «arrojados» a la existencia, a pesar de no estar conformes con esta o aquella predisposición y de no haber estado de acuerdo, si se los hubiese preguntado realmente; a pesar de todo ello, todos siguen viviendo. De algún modo, pues, dicen sí, y son también responsables de algún modo. Esta responsabilidad, en efecto, implica siempre una libertad: la libertad de decir no a la vida concreta, a la vida en su facticidad y herencia. Yo no me veo forzado a continuar la vida, y puedo recusarla.

En definitiva, soy responsable de todo: de mi existencia en general y de mi modo de ser en particular. El hombre, en efecto, está conforme: su yo está conforme con su *ello* –siempre que se deja llevar de los instintos–, pero también con «ellos»: los padres, los antepasados. Esta conformidad suele ser tácita; mas no por ello es menos real.

Se da, pues, en última instancia una cierta responsabilidad genética. Es una responsabilidad que tiene como fondo una última libertad[67] para decir el no radical: para el suicidio. Tomemos el ejemplo más absurdo posible: Yo no soy responsable de tener el cabello negro y no rubio; pero ¿no soy responsable de no acudir a la peluquería para que me tiñan el pelo? Si mi simpleza llegase al punto de considerar mi cabello negro como una desgracia, entonces sería responsable si en vez de decidir eliminar esa desgracia mediante la tintura del pelo o el suicidio, la dejase correr y asumiera tranquilamente la situación.

De igual modo debo «aceptar» mi destino, apropiármelo, hacerlo mío, convertirlo en «mi» propio destino. Y esto lo hago dándole forma. No podría hacerlo rechazándolo, negándolo, aniquilando mi vida.

De ese modo toda existencia humana se encuentra siempre bajo el signo de la responsabilidad; «siempre»: «desde» siempre y «para» siempre. Quizá la responsabilidad no puede cesar por sí misma: la con-

---

67. Ante esta libertad radical se comprende que la teología pueda hablar de un *mysterium iniquitatis*: siendo nuestras opciones libres, no pueden estar totalmente influidas en sentido pan-determinista, sin un resto inexplicable que sea un misterio. Si no se diera el misterio, nosotros no seríamos libres ni responsables, y tampoco existiría la culpa. La culpa quedaría sin explicación.

ciencia puede cesar pasajeramente (en el sueño) o definitivamente (en la muerte); pero la responsabilidad ¿puede cesar desapareciendo su conciencia o de la conciencia? Donde hay culpa, hay eternidad. Pero ¿sería esto posible si su sujeto, el sujeto de la responsabilidad, el hombre mismo, no sobre-«viviera» de algún modo a su propia conciencia ya definitivamente extinguida?

Hemos considerado al ser humano radicalmente responsable. Pero esto sólo es posible sobre la base de una libertad última, de una imagen del hombre que permita calificar a éste de libre. El hombre se nos ha revelado como un ser libre por ser espiritual, y cuando no es libre de hecho, lo es facultativamente, puede ser libre. En este sentido, y sólo en éste, *el hombre* es «incondicionado»: es *condicionadamente incondicionado* –no es forzosamente lo que es, pero puede serio.[68]

La investigación clínica ha deformado y desfigurado muchas veces esta imagen del hombre como ser libre en tanto que ser espiritual. Toca a cada uno de nosotros colaborar en una revisión, en una rectificación de nuestra imagen del ser humano: si la investigación clínica fue culpable de presentarnos una caricatura del hombre, es tarea del investigador clínico la restauración de esa imagen.

La psiquiatría y la psicoterapia han presentado al hombre como un ser de reflejos o un haz de instintos, como condicionado, influido o determinado por el complejo de Edipo u otros, por sentimientos de inferioridad u otros; lo ha presentado como un títere movido desde fuera por hilos visibles o invisibles.

Es cierto que el hombre no era pura nada; pero no era «nada más que» un ser explicable totalmente desde lo biológico, lo psicológico y lo sociológico. El biologismo, el psicologismo y el sociologismo han pecado siempre contra lo espiritual del hombre.

Todas estas imágenes del hombre amenazan al ser humano: lo amenazan imposibilitándole el acceso desde tales construcciones a un verdadero humanismo. Mientras sólo veamos en el hombre una realidad condicionada en uno u otro sentido, mientras no veamos también lo incondicionado, no accederemos al hombre verdadero, al *homo humanus*, sino a una especie de homúnculo. Desde el biologismo, el psicologismo y el sociologismo no hay un camino hacia el verdadero humanismo, sino al simple *homunculismo*.

---

68. Lo que los teólogos llaman gracia quizá no sea sino la libertad de poder hacer uso de la libertad.

Hemos visto, sin embargo, que el hombre es más que el cuerpo y que el alma; hemos visto que es un ser espiritual. El hombre es algo más que el organismo psicofísico; es una persona. Como tal, es libre y responsable –libre «de» lo psicofísico y «para» la realización de valores y el cumplimiento del sentido de su existencia. Es un ser que se esfuerza en esa realización de valores y en ese cumplimiento del sentido.[69] No vemos sólo su «lucha por la vida», sino también su lucha por el contenido de su vida. Y el apoyo en esta lucha es quizá la tarea más noble del quehacer psiquiátrico. No rige el viejo lema de la «lucha por la existencia y la ayuda muta», sino el nuevo lema de la lucha por un sentido de la existencia y la ayuda mutua en la búsqueda del sentido.

No aceptamos que el hombre esté dominado por la aspiración al placer o por un anhelo de poder; sostenemos que está animado, en el fondo, por un deseo de sentido. El deseo de poder sólo persigue la utilidad, el «valor para mí»; el deseo de sentido busca la dignidad, un «valor en sí». El *deseo de poder* resulta ser un *deseo de sentido degenerado*.

Señoras y señores: yo soy muy consciente de que ustedes no aceptarán todos los rasgos que yo he incluido en esta imagen del ser humano; pero *no he querido ofrecerles soluciones prefabricadas*, sino presentarles los problemas, para que puedan ver la posibilidad y la imposibilidad de una solución o, quizá más exactamente, la posibilidad e incluso necesidad de una opción. No piensen que soy tan inconsciente como para pretender dar respuestas a las cuestiones eternas del hombre pensante y formular nuevos teoremas. Mi intención fue otra: incitarlos a preguntar, animarlos a preguntar, a preguntar y a pensar en un plano metaclínico.

No digan que eso es poco, pues es dudoso que se les pueda ofrecer otra cosa, que se les pueda ofrecer más. Paul Matussek dice en su excelente libro *Metaphysische Probleme der Medizin*:[70] «Lo característico de los problemas metafísicos es que son insolubles e indeclinables al mismo tiempo.» Por eso no les debe parecer escaso lo que he intentado aportarles. No deben olvidar lo que dijo una vez Ernst Freiherr von Feuchtersleben: «El verdadero pensador se conforma con haber encontrado y perfilado la frontera del pensamiento... y fue una sabia

---

69. Cf. Josef Meinertz (*Moderne Seinsprobleme in ihrer Bedeutung für die Psychologie. Ein Beitrag zur Grundlegung der Tiefenpsychologie*, Schneider, Heidelberg 1948, p. 99): «Caben pocas dudas de que el sentido, la prestacion de sentido y los intentos de cumplimiento del sentido constituyen la verdadera esencia del yo.»

70. Springer, Berlín-Heidelberg 1948.

providencia la que trazó esa frontera, porque el hombre debe comenzar a actuar allí donde acaba su pensamiento; para eso existe en realidad».[71]

Señoras y señores: he tratado de ofrecerles como psiquiatra un testimonio de la verdadera imagen del hombre. Testimonio del hombre como un ser, no sólo condicionado, sino también incondicionado, del hombre como un ser que es algo más que su estrato corporal y su estrato anímico: del hombre como un ser espiritual, libre y responsable. También los psiquiatras podemos dar testimonio de esto. Ojalá así se ayude a nuestros pacientes.

Nota a la segunda edición*

La libertad es uno de los fenómenos humanos. Pero es un fenómeno demasiado humano. La libertad humana es finita. El hombre no está libre de condiciones; sólo es libre de tomar postura frente a ellas. Pero las condiciones no le determinan sin más. Depende del hombre, en última instancia, decidir someterse o no a las condiciones. Hay un margen de acción dentro del cual el hombre puede elevarse por encima de sus condiciones para situarse en la dimensión humana. Y cuando Sigmund Freud dijo una vez que «exponiendo a personas de las más diversas categorías al hambre, van desapareciendo las diferencias individuales para manifestarse de modo uniforme el instinto insatisfecho»,[72] hay que decir que ocurre exactamente lo contrario. En los campos de concentración, las personas se diferenciaron más. Las personas viles se revelaron como tales. Y otro tanto sucedió con los santos. El hambre los desenmascaró. El hambre atormentó a todos por igual. Pero las personas se diferenciaron. ¿Cómo es el título de aquel *bestseller*? *Calories do not count* (No es cuestión de calorías).

La conducta humana no está predeterminada por las condiciones, sino que depende de la opción del hombre mismo. Lo sepa o no, el hombre decide resistir o decide ceder a las condiciones; en otros términos, el hombre decide dejarse regir o no, y en determinada medida, por las condiciones.

---

71. *Lehrbuch der ärztlichen Seelekunde*, Viena 1845, p. 11-12.

* Texto publicado en Viktor E. Frankl, *Der Wille zum Sinn. Ausgewählte Vorträge über Logotherapie*, Huber, Berna-Stuttgart-Viena 1972, p. 156-164.

72. *Gesammelte Werke*, vol. V, p. 209

En realidad no es el determinismo el que niega esa libertad. Es el «pan-determinismo» el responsable de la negación de la libertad humana. La alternativa no es «indeterminismo o determinismo», sino «determinismo o pan-determinismo». Hay que decir a este propósito que Freud sólo profesó el pandeterminismo en teoría. En la práctica no ignoró la libertad del hombre para cambiar. Definió el objetivo del psicoanálisis diciendo que éste trata de «conferir al yo del paciente la *libertad* para decidir en uno u otro sentido» (subrayado en el original).[73]

La libertad del hombre incluye la libertad para tomar postura sobre sí mismo, para enfrentarse a sí mismo y, con este objeto, distanciarse de sí mismo. Yo suelo ilustrar esta capacidad de autodistanciamiento con una anécdota: durante la primera guerra mundial, un médico militar judío se hallaba en una trinchera con su amigo, un coronel aristócrata, cuando se inició un intenso bombardeo. El coronel le preguntó en tono burlón: «Hay miedo, ¿verdad? Ahí se ve la superioridad de la raza aria sobre la semita.» El médico le contestó: «Yo tengo miedo. Pero ¿por qué habla usted de superioridad de una raza sobre otra? Si usted, querido coronel, tuviera tanto miedo como yo, posiblemente habría echado a correr.» La cuestión no es el miedo o cualquier otro sentimiento, sino la postura que adoptamos frente a tales sentimientos. Esa postura la elige el hombre libremente.

La libertad de elegir una actitud frente a nuestra constitución psicológica se puede demostrar también en casos patológicos. Los psiquiatras topamos constantemente con pacientes cuya actitud hacia lo que puede haber de patológico en ellos no tiene nada de patológica. Yo conozco casos de paranoicos que han dado muerte a sus presuntos perseguidores y adversarios, llevados de sus ideas de persecución; y conozco casos de paranoicos que han perdonado a sus presuntos enemigos. Estos últimos no se dejaron llevar de su psicosis, sino que reaccionaron contra ella apoyándose en su humanidad. Y hay pacientes que sufren depresiones y se quitan la vida, mientras que otros superan los impulsos suicidas por amor a una causa o a una persona.

Yo estoy convencido de que una psicosis como la paranoia, o una depresión endógena, es algo primariamente somatógeno; su etiología tiene la explicación última en la bioquímica. Por eso no hay motivo para extraer conclusiones fatalistas. Esas conclusiones no están justifi-

---

73. *Psychoanalyse und Libidotheorie, Gesammelte Werke*, vol. XIII, 1923. p. 280; vers. castellana: *Psicoanálisis y teoría de la líbido*, en: *Obras completas*, vol, VII, Biblioteca Nueva, Madrid ²1983, pp. 2661-2676.

cadas ni siquiera en aquellos casos en que el sustrato bioquímico remonta hasta la herencia.

Si no cabe afirmar que la herencia determine una trayectoria vital, resulta aún más aventurado hacer esa misma afirmación sobre la infancia. Una vez me escribió una lectora de Alabama: «Yo he sufrido más con la idea de tener complejos que con los complejos mismos. Por nada del mundo renunciaría a las cosas terribles que viví en mi infancia. Estoy convencida de que todo aquello produjo en mí muchos efectos positivos.»

Quizá no sería una mala idea enfrentar el determinismo con el pan-determinismo, aplicando el uno al otro. Para ello debemos preguntarnos cuál es el origen del pan-determinismo. El origen del pandeterminismo está en una diferenciación insuficiente: la confusión de las causas con las razones. ¿En qué consiste la diferencia entre causas y razones? Troceando cebollas, se llora. Esas lágrimas tienen una causa. Pero ahí no hay razón alguna para llorar. Y un alpinista que se acerca a la cima de una montaña de cuatro mil metros de altitud puede sentir angustia o mareo. Estos sentimientos tienen una causa o una razón. La causa puede ser la carencia de oxígeno. Pero si el alpinista sabe que está mal equipado o no bien entrenado, entonces su angustia no tiene una causa, sino una razón.

Si el ser hombre es un «ser en el mundo», «el mundo» incluye un mundo del sentido y de los valores. El sentido y los valores son las «razones» que «mueven» al ser humano a adoptar un determinado comportamiento. Pero justamente este mundo del sentido y de los valores como posibles «móviles» humanos queda excluido, alejado del campo visual, cuando interpretamos al ser humano en la línea de un sistema cerrado. Lo que queda son las causas y los efectos. Los efectos están representados por las reacciones a los estímulos o por reflejos condicionados, mientras que las causas están representadas por los procesos, instintos o «mecanismos congénitos» condicionantes que «condicionan» los reflejos condicionados). Pero los instintos son algo que me impulsa, mientras que el sentido y los valores tiran de mí, me atraen.

Si nos apuntamos a nivel antropológico al modelo de un sistema cerrado, seremos ciegos a nivel de motivación para eso que atrae al hombre desde fuera; y no olvidemos que lo que le empuja desde dentro son las fuerzas y los impulsos instintivos. El sentido y los valores son el *logos* que la psique busca al trascenderse a sí misma. Si la psicología ha de merecer este nombre, debe conocer las dos mitades del mismo: el *logos* lo mismo que la psique.

HOMO PATIENS

Ensayo de una patodicea

Para Elly

PRÓLOGO A LA PRIMERA EDICIÓN

El presente libro tiene su origen en las lecciones que impartí en la Universidad de Viena durante el semestre de invierno de 1949-1950 con el título: *Ontología del hombre doliente*, y en el semestre de verano de 1950 con el título: *Sistemas y problemas de la psicoterapia*. Constituyen la continuación de las *Lecciones metaclínicas* que dicté en el mismo lugar durante el semestre de verano de 1949 con el título: *El problema cuerpo-alma y el problema de la voluntad libre a la luz de la investigación clínica,* que aparecieron en forma de libro con el título: *El hombre incondicionado*.

...Pero no fue el sufrimiento mismo su problema, sino la ausencia de respuesta al grito de la pregunta «¿*para qué* sufrir?»

Friedrich Nietzsche

A. DEL AUTOMATISMO A LA EXISTENCIA: CRÍTICA DEL NIHILISMO

Antes de abordar una interpretación del sentido del sufrimiento, debemos analizar la posibilidad radical de negar el sentido, y no sólo el sentido del sufrimiento. Antes del problema de la interpretación del sentido se impone el fenómeno de la negación del sentido.

La posibilidad radical de la negación del sentido nos sale al paso en la realidad fáctica de eso que se llama nihilismo. La esencia del nihilismo no consiste, como suele suponerse, en negar el ser; el nihilismo no discute propiamente el ser –o, más exactamente, el ser del ser–, sino el sentido del ser. El nihilismo no afirma que nada exista en realidad; afirma que la realidad no es nada más que esto o aquello; el nihilismo reduce la realidad a las formas concretas que toma en cada caso o la deriva de estas formas concretas.

Según sea el residuo al que queda reducida la realidad –o del que es derivada–, cabe distinguir tres variedades o formas de nihilismo. Si la realidad queda reducida[1] a lo físico, el nihilismo aparece en forma

---

1. Cf. Viktor E. Frankl, *Ärztliche Seelsorge*, Deuticke, Viena 1966, p. 26 (vers. cast.: *Psicoanálisis y existencialismo*, F.C.E., México 1977): «El reduccionismo genético y el pan-determinismo analítico.»

de fisiologismo, mientras que en el caso de una reducción a la realidad psíquica el nihilismo adopta la forma de psicologismo y en el caso de una reducción a la realidad sociológica adopta la forma de sociologismo.

De un modo u otro, la realidad aparece como mero efecto, producto o resultado de hechos fisiológicos, psicológicos o sociológicos. Pero cuando sólo se ve el efecto, no puede verse la intención, y si no se ve la intención tampoco puede verse el sentido. El ser queda privado de sentido.

Así se explica por qué estas tres formas de nihilismo: el fisiologismo, el psicologismo y el sociologismo, no *pueden* alcanzar la experiencia de un sentido: se limitan en su perspectiva a un estrato entitativo —el corporal, el anímico o el social—, desatendiendo precisamente ese ser dentro del cual puede manifestarse la intencionalidad: el ser espiritual. Sólo en la consideración del ser espiritual, en su tendencia al sentido y al valor, puede revelarse el sentido de la realidad, puede hacerse patente el sentido del ser.

Si antes hemos hablado de fisiologismo, psicologismo y sociologismo, debemos hacer notar ahora que estas variedades de nihilismo no se identifican en modo alguno con la fisiología, la psicología y la sociología. El «ismo» empieza exactamente en el punto donde la imagen de un estrato se convierte en imagen del mundo, donde empieza la generalización.[2] La fisiología, la psicología o la sociología deja de tener razón cuando empieza a generalizar. La disciplina que lo reduce todo, también lo relativiza todo, con una excepción: se absolutiza a sí misma.

En lo que respecta al fisiologismo, sólo conoce mecanismos y quimismos; pero incluso cuando esa concepción mecanicista queda superada en favor de un vitalismo, el fisiologismo sólo ve en el ser vivo —y también en el ser «hombre»— un aparato o un autómata que se rige por reflejos condicionados o incondicionados. La antropología degenera entonces en un anexo de la zoología, y la teoría del ser humano se convierte en teoría de ciertos mamíferos a los que el andar erecto se les subió a la cabeza.

---

2. El peligro no está en que los investigadores «especialicen», sino en que los especialistas generalicen. Todos conocemos a los llamados *terribles simplificateurs*. A ellos hay que añadir los *terribles généralisateurs*, como yo los llamaría. Los *terribles généralisateurs* no sólo lo miden todo con la misma vara, sino que generalizan los resultados de su investigación.

También psicologismo contempla al hombre desde el prisma de un aparato. También la psicología psicologista habla de «mecanismos psíquicos». Pero si sólo se considera el automatismo de un aparato anímico, se pasa por alto la autonomía de la existencia libre. La vida psíquica se presenta entonces como un haz de instintos. En la línea de este psicologismo se habla también de «instintos parciales» o de «componentes instintivos», como si tales componentes fuesen la resultante de un paralelogramo de fuerzas.

El sociologismo, en fin, se caracteriza también por considerar al hombre como un juguete; ya no el juguete de fuerzas vitales, sino de fuerzas sociales.

En cada uno de estos tres aspectos el ser humano pierde sentido. El hombre aparece en ellos como un títere movido por alambres internos o externos. La imagen del hombre degenera en una caricatura, el hombre real en un homúnculo. Es evidente que una teoría que suplanta la imagen real del hombre por otra imagen construida, no puede menos de fracasar en la práctica: el nihilismo nunca puede llevar a un humanismo; siempre desemboca en un *homunculismo*.

En las *Lecciones metaclínicas* que se han publicado con el título de *El hombre incondicionado*[3] intentamos hacer una crítica del fisiologismo; ahora tratamos de ofrecer la crítica del psicologismo y del sociologismo. Sólo superando estos dos nihilismos se franquea el acceso a una interpretación del sentido del sufrimiento.

I. EL PSICOLOGISMO

1. Psicologismo y psicoterapia

El peligro del psicologismo sigue siendo agudo hoy como ayer y, en consecuencia, también la necesidad de una separación del mismo sigue siendo hoy tan actual como ayer. Esto se constata con especial claridad en el campo de la psicoterapia. Puedo ilustrarlo con un caso concreto ocurrido en el curso de mi ejercicio médico en un ambulatorio neurológico:

Se presenta ante nosotros un joven oficial de sastre y nos dice que viene «por la cuestión de la eternidad». Explica su pensamiento diciendo que él está convencido de que todo es pasajero y no hay nada «eter-

---

3. Deuticke, Viena 1949.

no». Le preocupa especialmente la mortalidad del hombre, y recuerda que en su infancia le sobrecogió la idea de que también él tendría que morir.

Lo que revela ese pensamiento es nada más y nada menos que el tránsito de lo lógico a lo existencial. La lógica enseña: Cayo es hombre; todos los hombres son mortales; luego Cayo es mortal. El apartamiento de lo meramente lógico y la orientación a lo existencial se caracteriza por la aplicación de la lógica a mi propia existencia, concreta y personal, en su unicidad y singularidad. No sólo «se» muere, sino que el pensador de este pensamiento también tiene que morir. La idea de la muerte aparece referida al propio individuo. El sujeto no queda excluido, sino que está implicado en la validez de la realidad objetiva.

Esto, en cuanto al análisis del proceso mental de nuestro paciente. Le preguntamos por qué no se dirigió a un sacerdote, seguramente más competente en temas como la «eternidad». El paciente contesta que es irreligioso desde muchos años atrás. Había consultado, sin embargo, con su padre, y este reconoció que, en efecto, todo es pasajero y que sobre todo lo que no se da es una supervivencia del alma después de la muerte.

Le preguntamos después por la profesión de su padre y nos contesta que es contable. Nos abstuvimos de preguntarle si un contable es el indicado para hacer el balance del sentido y el valor de la existencia humana.

Echamos mano de un formulario para recetas. En ese momento, el paciente se defiende: «Por favor, nada de medicamentos.» No era nuestra intención prescribirle medicamentos, y anotamos en el formulario el título de un folleto de divulgación que trata la cuestión del sentido de la vida y el problema de si la caducidad de la existencia supone una falta de sentido de ésta.[4] Recomendamos al paciente la lectura del folleto y le invitamos a volver luego.

A los pocos días aparece de nuevo en el ambulatorio y se muestra muy insatisfecho con lo que ha leído. Da a entender, sin embargo, que se siente mucho mejor. En efecto, ha encontrado más trabajo y tiene menos tiempo para sus cavilaciones.

Pero nosotros insistimos. No dejamos escapar la problemática suscitada por aquel hombre. Al contrario, queremos afrontarla y examinar las objeciones que nuestro paciente presenta contra la postura afir-

---

4. Cf. Kant: «La filosofía debe actuar como un medicamento».

mativa ante la vida que defiende el folleto. Queremos analizar el mal espiritual del paciente, que se trata realmente de un mal espiritual y no de una enfermedad psíquica. Para poder aliviarle en este mal espiritual, debemos hacerle afrontar por las buenas o por las malas sus crisis existenciales.

Puede ocurrir, en efecto, que este joven vuelva a encontrarse un día con menos trabajo o en paro total. Entonces quedaría inerme, sin apoyo espiritual. Hay que evitar eso, ya que también es tarea del médico prevenir el sufrimiento.

Se dirá que ésa es una terapia un tanto extraña y un procedimiento bastante peregrino por parte del médico: incrementar la dolorosa inquietud que una persona ya ha superado espontáneamente. Pero el que así habla, olvida que esa inquietud —que es quizá una *inquietas cordis* en sentido agustiniano— no constituye una verdadera enfermedad, tampoco enfermedad psíquica, sino un mal espiritual, una dolencia espiritual, como hemos dicho. La dolencia espiritual como tal, como espiritual, no es nada morbosa, sino algo humano; lo más humano que hay, en cierto sentido.

Es verdad que la psicología médica anterior no supo cómo catalogar este fenómeno de la dolencia espiritual. Sentía perplejidad ante esa inquietud dolorida. ¿Dónde iba a clasificar el mal espiritual sino en las categorías del sufrimiento anímico, de la enfermedad mental? Esta perplejidad obedecía en parte a que la psicología médica sólo había distinguido entre psicosis y neurosis, con la paradoja, por no decir la ironía, de que las psicosis representan por definición enfermedades causadas por el factor corporal, es decir, somatógenas (por eso Haeberlin afirmó con razón que debían llamarse somatosis),[5] mientras que las neurosis no representan enfermedades del sistema nervioso, como cabría esperar del término, sino a la inversa, estados patológicos causados por vía psíquica; estados psicógenos. De ese modo, a nivel terapéutico y no genético, las psicosis en general requieren una somatoterapia y las neurosis una psicoterapia.

Si las psicosis no son verdaderas enfermedades psíquicas, tanto menos podrán ser enfermedades del espíritu. No lo pueden ser de entrada.

En efecto, lo espiritual no puede ser patológico. Estar enfermo, ponerse enfermo, es propio del organismo psicofísico y no de un ser

---

5. También Henri Ey habla de las psicosis como somatosis con sintomatología psíquica» (*Études psychiatriques*, París 1948).

espiritual, de una persona. Cuando se trata de la persona, de lo espiritual, las categorías nosológicas fracasan inevitablemente, y en lugar de ellas aparecen las categorías noológicas. Pero el par de categorías noo lógicas no es ya «sano - enfermo», sino que se llama «verdadero - falso».

El peligro de las confusiones categoriales aparece siempre que se olvida la independencia de lo espiritual frente a lo psíquico. Este olvido de lo espiritual en lo que tiene de peculiar es algo típico del psicologismo. Pero dentro de la psicología médica se sigue fomentando el psicologismo cuando se habla de soma y de psique. El peligro psicologista sube de punto cuando se habla de la unidad y totalidad psicosomática del hombre. Así el peligro del psicologismo se incrementa con el peligro adicional del biologismo.

Ocurre en realidad que lo psicosomático, la psicofisis del hombre, si bien representa una unidad, no constituye por ello la totalidad del hombre. La totalidad incluye lo espiritual: ese elemento espiritual, la persona, es justamente aquello que funda la unidad del hombre. No basta hablar de lo corporal y lo anímico: *tertium datur*.

Para el psicologismo no hay un tercer término: para él no existe lo espiritual, al menos como una variedad óntica independiente. Y un psicoterapeuta imbuido de psicologismo ignorará lo espiritual. Las secuelas de esta ceguera se constatan volviendo al caso de nuestro paciente. Su «inquietud» responde a una «carencia metafísica». Esta carencia metafísica aparecerá en una óptica psicologista como el mero síntoma de una neurosis, y el psicoterapeuta psicologista se sentirá tentado a tratar ese síntoma neurótico por la vía psicoterapéutica. Es fácil prever dónde desembocará el tratamiento: en una «represión» de la carencia metafísica o, si se prefiere, en una educación en eso que Scheler denominó frivolidad metafísica. Con razón habló Caruso, a propósito de un tema análogo, de un aborto espiritual.

Es preciso evitarlo. Y sólo es posible hacerlo si caemos en la cuenta de que, tras la aparente enfermedad anímica, hay una verdadera carencia espiritual. En otros términos: es posible que la crisis de maduración de una persona transcurra bajo el signo clínico de una neurosis.[6] ¿O tiene algo de extraño que una persona que siente el agobio de problemas espirituales y se encuentra en la tensión de un sentimiento de absurdo se comporte como un neurótico en sentido estricto, es decir, que una persona, sin hallarse en estado anímico patológico, sino en crisis espiritual, padezca insomnios, sudores y temblores como un neu-

---

6. Cf. Georg Trakl: «¡Qué enfermo parece todo lo que deviene!»

rótico? A pesar de la diversa etiología de sus sufrimientos, mostrará idéntica sintomatología; pero la misma sintomatología no nos debe engañar en nuestro diagnóstico diferencial, en la distinción de lo espiritual y lo humano frente a lo anímico y lo patológico.

Estas reflexiones diagnósticas dan lugar a otras reflexiones terapéuticas. Hemos dicho antes que volvimos a la carga con nuestro paciente. No le dejamos en paz, no le concedimos el aparente descanso de la frivolidad metafísica. Y no podíamos dejarle en paz mientras él no encontrase el sentido de su existencia y, con ella, de sí mismo. Quizá sea éste el santo y seña de toda psicoterapia: «no te dejo hasta que llegues a ser tú mismo».

Hemos trascendido así el marco del tratamiento patológico de la enfermedad. No se trata de liberar a una persona de su enfermedad, sino de conducirla a su verdad. A «su» verdad, ya que al psicoterapeuta le importa, más que la exactitud de un conocimiento, la sinceridad de una confesión del paciente. El psicoterapeuta, como médico, debe ser neutral en este terreno. Tiene que practicar el deber de la tolerancia, tolerancia no sólo necesaria, sino también posible. Puedo ser tolerante con la verdad de mi paciente; pero esta verdad resultará, tarde o temprano, intolerante para él. Será inexorable hasta que él reconozca la verdad, una vez conocida como suya, como vinculante para él.

El médico no tiene derecho a imponer su propia verdad al paciente. Esa imposición es ilícita dentro de la deontología médica: pero es, además, innecesaria en la línea técnica médica, ya que la verdad a la que debe llegar el paciente se le impone a éste por sí misma, una vez que es realmente su verdad.[7]

De cara a esta verdad debemos librar al paciente de su frivolidad metafísica, en cierto modo, para ponerle en peligro: el peligro de un estado de tensión pasajero. Es preciso asumir conscientemente este sufrimiento. Estamos muy lejos de la postura de la psicoterapia clásica; no creemos ya que la misión de la psicoterapia sea capacitar al hombre para trabajar y para gozar: debe capacitarle también, al menos en cierto modo, *para sufrir*.

---

7. Pero «su» verdad nunca es «una» verdad, sino siempre «la» verdad, pero la verdad vista en la perspectiva de cada cual. Es esta perspectiva la que revela a cada cual la verdad en general. Por otra parte, mi perspectiva, si se transfiere a otro, la deforma la verdad. De ese modo, *lo único absoluto que la verdad permite al hombre es la unicidad absoluta de la perspectiva, donde la verdad se manifiesta a cada hombre.* Y así el perspectivismo no tiene por qué desembocar en un relativismo.

En todo caso, esto es válido sólo para el sufrimiento necesario, ineludible, para un sufrimiento que constituye la fase crítica de la maduración existencial. El tratamiento destinado a «paliar» ese sufrimiento, una nueva represión de la carencia metafísica, sería menos doloroso, pero la existencia de una persona sometida a ese tratamiento se empobrecería en su sentido.

La liberación del dolor a cualquier precio no es una máxima admisible del tratamiento médico. El principio de placer, en la línea del psicoanálisis, significa un principio psicológico y no un principio terapéutico; pero no sólo es insostenible como principio psicológico,[8] sino que también debe superarse como método terapéutico. No le es lícito al médico buscar la euforia a cualquier precio: la euforia a cualquier precio equivaldría a la eutanasia parcial.

La liberación del dolor forma parte, sin duda, del quehacer médico. Pero no podemos liberar a un ser humano de sus dolores al precio de su propia abdicación. Y sería abdicar de sí mismo evitar radicalmente el displacer, combatir el dolor incondicionalmente, incluyendo el descontento y el dolor de un sufrimiento cargado de sentido existencial. Entonces podría ocurrir que el hombre, al perder su dolor, perdiera su propia individualidad.

Frente al yo fáctico está el yo facultativo. Este yo representa el símbolo de las posibilidades del yo. Esas posibilidades son el cumplimiento del sentido y la realización de los valores, y son posibilidades que aparecen cuando el hombre afronta la necesidad inexcusable de su destino. *El que engaña a una persona en lo concerniente a estas posibilidades, la despoja de su propia individualidad como ámbito donde respira el yo.*

Frente a una concepción determinista y criminológica, Scheler declaró que el delincuente tiene derecho a expiar su culpa. Fue Rilke el que proclamó la aspiración del hombre a «morir su muerte». Nosotros creemos que el hombre tiene también derecho a sufrir su dolor. El presupuesto para ello es que sea realmente «su» dolor, que sea el sufrimiento inevitable y necesario, cargado de sentido existencial. Vamos a dejar de lado y aplazar la respuesta a la pregunta sobre las condiciones para que el sufrimiento tenga sentido.

---

8. El principio de realidad no se contrapone al principio de placer, sino que es una simple ampliación de éste y esta a su servicio en cuanto que es una mera «modificación» «que también en el fondo busca, el placer» (S. Freud, *Gesammelte Werke*, vol. XI, p. 370).

2. Psicoterapia y logoterapia

Hemos partido del principio de que el hombre es un ser espiritual, de que es espiritual en su ser. Pero lo espiritual es precisamente lo que el psicologismo ignora. De ahí la insuficiencia de toda psicoterapia en sentido estricto, tradicional, en sentido psicologista: ésta no ve lo espiritual. Esa insuficiencia deriva en incompetencia cuando la psicoterapia psicologista afronta la problemática espiritual. Nunca verá en la problemática espiritual algo simplemente humano, sino algo psíquicamente patológico. No toma en serio al hombre en su problemática espiritual, sino que lo toma en enfermo, si vale la expresión. Su lucha por la búsqueda de un contenido espiritual de la vida, su esfuerzo por el sentido de la existencia humana nunca es para la psicoterapia psicologista lo que en realidad es: *lo más humano* que existe y lo que distingue al hombre como tal; para ella es siempre algo *demasiado humano*: el derivado de un complejo de Edipo, de un sentimiento de inferioridad o algo por el estilo.

En cualquier caso, la psicoterapia psicologista no puede menos de fracasar ante la problemática espiritual. Esta problemática sólo puede afrontarse mediante una psicoterapia no psicologista, una psicoterapia que esté más allá del complejo de Edipo y del sentimiento de inferioridad. La psicoterapia fracasará en su intento de erradicar la problemática espiritual como algo psíquicamente patológico, de derivarla de complejos o de reducirla a complejos. También fracasará si intenta ofrecer al paciente sumido en una problemática espiritual cualquier receta, haciéndosela tragar literalmente con medicamentos prescritos. Nuestro paciente reveló un admirable instinto al rechazar de plano la prescripción de «medicamentos». Sabía en el fondo que sólo se le podía ayudar con una psicoterapia orientada en lo espiritual.

Conviene describir más ampliamente la psicoterapia psicologista, no orientada en lo espiritual, más bien desconocedora de lo espiritual.

El espíritu del ser humano es espíritu personal. Pero el psicologismo es ciego para lo espiritual. Por eso pasa por alto a la persona. El psicologismo trata a la persona lo mismo que a su contrario: como una cosa –utilizando la antítesis de William Stern. El psicoterapeuta que no ha superado el psicologismo, «maneja» al individuo como una cosa, en lugar de «tratarlo» como persona.

El psicologismo, pues, cosifica, objetiva a la persona. Pero el que habla de la persona como si fuese una cosa, pasa por alto su realidad. La persona escapa a toda captación cosificante. La existencia personal no es objetivable en su última sustancia: *la existencia nunca se me presenta como un objeto; está siempre detrás de mi pensamiento, detrás de mí como sujeto. Por eso es, en última instancia, un misterio.*

La existencia no se puede objetivar, sino únicamente elucidar. Pero sólo es elucidable porque ella misma se comprende a sí misma: la existencia goza de una autocomprensión.[9] Cabe explicitar esta autocomprensión que va implícita en la existencia como tal, y si es posible la explicitación, también lo será la elucidación de la existencia.

La existencia, sin embargo, se resiste al análisis meramente psíquico; sólo un análisis existencial (que, como veremos, no debe confundirse con un análisis «de la» existencia) tiene acceso a ella. El análisis existencial representa un caso límite, en cuanto que respeta en su objeto el carácter de sujeto.

El psicologismo, en cambio, convierte a la persona en objeto. No sólo la persona, sino también *los actos* espirituales *aparecen convertidos en objeto. Pero los actos* espirituales *son* esencialmente *intencionales, y esto significa que se orientan intencionalmente hacia sus objetos. En el momento en que los actos mismos pasan a ser objeto, sus propios objetos se ocultan a nuestra mirada.* Como tales objetos son principalmente valores –valores objetivos–, resulta que el psicologismo es tan ciego para los valores como lo es para el espíritu.

La intencionalidad se resiste al análisis psicológico no menos que la existencialidad. Y si sólo un análisis existencial respeta el carácter de sujeto que posee la persona, el análisis fenomenológico es el único que respeta el carácter objetivo de los valores. El análisis fenomenológico no interfiere la realización de los actos; lejos de relegar los valores, nos hace verlos simultáneamente mientras son analizados.

El psicologismo, al no respetar los valores objetivos como tales, los subjetiviza. Así resulta que, convirtiendo a la persona en cosa, el psicologismo objetiviza lo subjetivo; el contrapunto de esta *objetivización de lo subjetivo* es la *subjetivización de lo objetivo*.

---

9. La autocomprensión de la existencia es un fenómeno irreductible. La existencia, en efecto, puede entenderse a sí misma, mas no puede entender su propia autocomprensión. *Esta* comprensión, esta autocomprensión *potenciada* no puede darse en una dimensión superior a la de la autocomprensión originaria. Todo esto indica la necesidad del carácter *inmediato* de la autocomprensión. Cf. Y.K. Suominen («Acta psychiatrica et neurologica» 60 [1950] 17): «El que percibe, para ser capaz de percibir, tiene que poseer necesariamente una dimensión más que el objeto percibido.»

El psicologismo, pues, peca doblemente contra lo espiritual: olvidando la existencialidad de la persona, peca contra el «espíritu subjetivo»; y olvidando la intencionalidad de los actos espirituales, peca contra el «espíritu objetivo». Esta doble falta necesita un doble correctivo: el olvido de la existencialidad del sujeto espiritual exige la autorreflexión sobre la existencia; y el olvido de la intencionalidad hacia lo objetivo-espiritual exige la reconsideración del mundo de los valores, del cosmos de los valores: una reconsideración del logos.

Nota a la segunda edición

Si el ser humano es esencialmente un ser espiritual (que trasciende, por tanto, la *physis* y la *psykhe*), el *logos* (sentido) es el aspecto objetivo, y la existencia (lo específicamente humano) el aspecto subjetivo de esa espiritualidad. Pero ambos aspectos quedan salvados y unidos entre sí mediante la autotrascendencia esencial del ser humano, que yo defino como la supertransferencia hacia algo o hacia alguien: hacia un sentido por cumplir o hacia un semejante que sale al encuentro; en todo caso, el ser humano es realmente humano en la medida en que se disuelve en el servicio a una causa o en el amor a una persona; cabe afirmar que el hombre es realmente él mismo (y se realiza a sí mismo) en la medida en que se pasa por alto y se olvida de sí con la entrega a una misión o a su semejante.

Esta autotrascendencia de la existencia humana se refleja a nivel cognitivo en forma de esa intencionalidad de los actos espirituales subrayada desde Brentano y Husserl. Pero, al mismo tiempo, esta capacidad del espíritu humano para pasar por encima del «contenido» inmanente de la conciencia, aunque a través de él, hasta un «objeto» trascendente a la conciencia, es una nota distintiva que caracteriza al espíritu humano como tal, cualitativamente, frente al modo funcional psíquico de los seres vivos no humanos. Esto fue confirmado no sólo por el antropólogo Max Scheler, sino también por Arnold Gehlen y el biólogo Adolf Portmann. Por último, fue Konrad Lorenz el que se dio a conocer al introducir una diferencia cualitativa en el mundo de los seres vivos, más allá de las diferencias meramente graduales. Y si se me objeta que cabe demostrar que un chimpacé es capaz de producir, en una determinada constelación, algo que nosotros definimos como específicamente humano, entonces no tengo inconveniente en reconocer que el chimpancé –en ese momento y mientras eso ocurra– debe ser considerado como un ser humano.

3. Logoterapia y análisis existencial

Eso que nosotros hemos denominado logoterapia pretende introducir el logos en la psicoterapia, y eso que nosotros hemos denominado análisis existencial pretende introducir la existencia en la psicoterapia.

La reflexión psicoterapéutica sobre el *logos* equivale a la reflexión sobre el sentido y sobre los valores. La reflexión psicoterapéutica acerca de la existencia supone reflexión sobre la libertad y la responsabilidad.

La reflexión sobre el sentido y sobre los valores es una meditación sobre el deber ser, y la reflexión sobre la libertad y la responsabilidad viene a ser una meditación sobre el poder ser.

Como ambos, la logoterapia, y el análisis existencial, constituyen una psicoterapia «orientada en lo espiritual», esta psicoterapia se divide en logoterapia como terapia de «desde lo espiritual» y análisis existencial como análisis «sobre lo espiritual». La logoterapia parte de lo espiritual, y el análisis existencial conduce a lo espiritual. Pero la logoterapia no sólo presupone lo espiritual, el mundo objetivo del sentido y de los valores, sino que moviliza éstos en el quehacer psiquiátrico. Y el análisis existencial no se limita a mostrar el *logos* en la línea del deber, sino que hace algo más: trata de despertar las posibilidades de la existencia.

Pueden surgir, sin embargo, algunos malentendidos en relación con la logoterapia y el análisis existencial: El primer malentendido es suponer que la logoterapia consiste en abordar al paciente «con la lógica en la mano», tratando de «disuadirle» de algo que «se le ha metido en la cabeza». Aquí se confunde el *logos* con la lógica y se equipara la logoterapia, erróneamente, con ese método de tratamiento psicoterapéutico que Dubois llamó «persuasión».

El segundo malentendido no versa sobre el «logos» en la «logoterapia», sino sobre el «análisis» en el «análisis existencial». No hay que olvidar el sentido del término «análisis». El análisis existencial no significa, como queda dicho, análisis «de la» existencia, lo que sería una *contradictio in adjecto*.[10] La existencia no es analizable ni sintetizable.

---

10. Nosotros nunca definimos el análisis existencial como análisis»de» la existencia, sino como análisis «de cara a» la existencia. Cf. *Die Existenzanalyse und die Pro-*

No puede ser lo segundo porque la existencia «es» ya síntesis (recuérdese la «apercepción sintética» de Kant): la existencia es siempre el sujeto de todas las síntesis y por eso no puede ser objeto de una síntesis. Si el análisis de la existencia representa una *contradictio in adjecto*, la síntesis de la existencia, y también ciertas expresiones como «psicosíntesis»,[11] constituyen una redundancia.

En tercer lugar, la logoterapia como investigación contrasta a nivel heurístico, y como doctrina a nivel didáctico, con la psicoterapia tradicional, con la psicoterapia en sentido estricto; pero no está destinada a sustituirla. *No es posible sustituir la psicoterapia por la logoterapia, pero es necesario complementar la psicoterapia con la logoterapia* (lo que hemos denominado «cura médica de almas» tampoco está concebido como un sustitutivo de la cura pastoral de almas).

El último malentendido se refiere a nuestra fórmula «psicoterapia desde lo espiritual». «Desde lo espiritual» suena algo así como «desde arriba». Y entonces cabe objetar que esa psicoterapia intenta construir la casa empezando por el tejado. Pero no se trata de eso. Se trata de no interrumpir lo que se ha empezado: en esa «infra-estructura» que la psicología «profunda» considera con exclusividad.

Algunas aclaraciones más: El análisis existencial constituye una corriente investigadora y no una opinión de escuela. Como corriente investigadora está abierto en dos dimensiones: dispuesto a la cooperación con otras corrientes y a la evolución propia.

El análisis existencial es unilateral, como cualquier otra corriente investigadora; lo es necesariamente, y esta necesidad no es meramente fáctica, sino obligada. Esto requiere un comentario:

Peter R. Hofstätter[12] declaró una vez: «Cada una de las tres instancias psíquicas ha encontrado su abogado terapéutico: el ello en Freud, el yo en Adler y el super yo en C.G. Jung, R. Allers y V. Frankl.» Admitiendo el argot psicoanalítico como un modo de hablar, se puede estar de acuerdo con esta opinión. Pero debemos aceptar que un abogado tome partido en favor de su cliente, ya que no sólo tiene el derecho, sino el deber de hacerlo.

Si recordamos la tarea de aplicar un correctivo a la psicoterapia psicologista y el deber de unilateralidad, comprenderemos lo atinado del

---

bleme der Zeit, Viena 1947, p. 34-35, y *Der unbewusste Gott*, Viena 1948, p. 32; vers. cast.: *La presencia ignorada de Dios*, Herder, Barcelona ⁹1994.

11. Cf. Maeder, *De la psychanalyse à la psychosynthèse*, L'encéphale 1926, p. 584.
12. *Einführung in die Tiefenpsychologie*, Viena 1948, p. 183-184.

consejo que nos da Kierkegaard: «El que haya de imponer un correctivo, debe conocer exactamente los aspectos débiles de la realidad y luego subrayar unilateralmente el lado contrario. En eso consiste el correctivo y también la renuncia del que haya de practicarlo.»

El alma es un «ancho país», en expresión de Arthur Schnitzler; pero también lo es el conocimiento del alma, y la terapia del alma: la psicoterapia. Por eso cabe recorrer este ancho país en las más diversas direcciones, es necesario hacerlo si se quiere explorar un poco. Y sólo una colaboración de las diversas corrientes que se dan dentro de la psicoterapia puede conducir a resultados óptimos de investigación y de tratamiento.

Nunca hay que olvidar, sin embargo, que precisamente en esa colaboración, la unilateralidad cumple su función, o incluso una misión. Sucede aquí como en una orquesta, cuya ejecución descansa en la colaboración, en el concurso de los distintos instrumentos: cada músico toca su instrumento, y sólo debe tocar el suyo.

Esto es válido sólo para el músico que actúa en la orquesta y no para el músico en tiempo libre. El músico que toca constantemente su instrumento en tiempo libre no suele ser muy grato a los vecinos.

Algo análogo ocurre en la ciencia: lo que es válido para la teoría científica no lo es necesariamente para la práctica científica. Sin duda, el que se encuentra en el frente de la investigación científica y debe mantener allí su parcela, sólo puede interesarse por esa parcela y por eso ha de ser necesariamente «unilateral». Pero esto sólo es válido en el campo de la investigación, y no lo es ya en el de la enseñanza. Quizá no esté de más recordar en este lugar la significativa leyenda que se cuenta sobre las dos primeras escuelas rivales del Talmud, la escuela de Hilel y la escuela Samay: rivalizaron durante mucho tiempo, hasta que una voz celestial dio la preferencia a la escuela de Hilel porque adoptaba una postura modesta, enseñando, además de sus propias doctrinas, las de la escuela de Samay.

Esto tiene particular aplicación en la práctica, donde estamos obligados a proceder de modo ecléctico. Nosotros mismos adoptamos deliberadamente una posición ecléctica en nuestro curso semestral sobre *Prácticas psicoterapéuticas*, como también en nuestro libro *Die Psychotherapie in der Praxis*.[13]

Sería impensable no proceder en la psicoterapia práctica de modo ecléctico. La psicoterapia es, en cierto sentido, una ecuación con dos

---

13. Viena 1947.

incógnitas: $p = x + y$. Toda psicoterapia, en efecto, debe contar con dos factores variables «desconocidos», que no cabe someter a ningún cálculo: la individualidad del paciente y la personalidad del médico. El método de tratamiento psicoterapéutico debe modificarse, no sólo a tenor de la individualidad del paciente, sino también de la personalidad del médico. Conviene tener presente que la psicoterapia, en lo que respecta al paciente, no sólo debe ajustarse de persona a persona, sino que ha de variar de una situación del paciente a otra. Nunca podemos esquematizar, sino que es preciso individualizar e improvisar.

Todo esto es imposible sin un cierto grado de eclecticismo. Pero no debemos convertir el eclecticismo en un sincretismo, diciendo, por ejemplo: si el psicoanálisis es bueno y la psicología individual es buena, la combinación del psicoanálisis con la psicología individual será muy buena. Menos sentido tiene aún el considerar la exclusión de corrientes psicoterapéuticas como una corriente más. Esa paradoja equivaldría a la fundación de una «Asociación de los adversarios de las asociaciones».

Tampoco estará de más preguntarnos en qué sentido la logoterapia o el análisis existencial –dos facetas de una misma teoría– guardan una relación interna con la actualidad. Cabe preguntar hasta qué punto habla nuestra época en esta teoría o, a la inversa, hasta qué punto esta teoría habla a nuestra época, hasta qué punto tiene algo que decir y que dar a nuestra época, y qué es lo que la época le puede dar.

Con otras palabras: preguntamos, de un lado, por el condicionamiento temporal de nuestra teoría y, de otro, por su valor de actualidad. O preguntamos si esta doctrina es síntoma del presente, por una parte, y de su terapia, por otra.

En cuanto a la primera pregunta, no es difícil precisar en qué sentido nuestra teoría es expresión de la mentalidad de nuestra época. Dijimos anteriormente que no se trata sólo de restablecer la capacidad de trabajo y de goce del ser humano; una de nuestras aspiraciones, y no la menor ni la última, es potenciar la capacidad de sufrimiento del ser humano. Pero este objetivo viene a reflejar el cúmulo de sufrimientos de una generación.

Esto, en cuanto a la cuestión de lo sintomático. Veamos la cuestión terapéutica. Hemos dicho que la psicoterapia debe modificarse de persona a persona y de una situación a otra. ¿No es válido esto mismo en un sentido global? ¿No cabe hablar, en lugar de personas y situaciones, de naciones y generaciones? ¿No debe adaptarse la psicoterapia a la mentalidad actual? ¿Hasta qué punto la logoterapia o el análisis existencial constituye una terapia adecuada? ¿Hasta qué punto es actual, está a tono con la época?

El análisis existencial, como hemos dicho, aborda la lucha del hombre en torno a un sentido y no sólo al sentido del sufrimiento, sino también de la vida en general, de la existencia. El análisis existencial no considera sólo la «lucha por la existencia y la ayuda mutua»,[14] como reza el título programático de un libro, sino que considera la lucha por el sentido de la existencia y el apoyo en la búsqueda del sentido. En suma: el análisis existencial coloca en primer plano la orientación en el sentido y la tendencia humana a los valores.

Y ahora tengo el gusto de ceder la palabra a un colega mío. Escribe en una carta: «¿Por qué me ha interesado tanto el análisis existencial? Fui luchador de la resistencia; la Gestapo me arrestó en las últimas semanas antes del final de la guerra; me maltrataron en la audiencia y me llevaron al próximo campo de concentración de R. cerca de I. Tuve que suscribir mi condena a muerte, y la ejecución debía tener lugar públicamente el 3 de mayo de 1945. No me lo tome a mal si considero un milagro el que escapara de este destino. En esos días, *cuando uno cree haber llegado a la altura absoluta de la propia existencia, las preguntas que el individuo se hace son más hondas y radicales que las que puede formular un análisis de escuela*. En aquella situación se comprendía perfectamente cuál debe ser la tarea de la psicoterapia. Todos los sistemas ortodoxos fracasan frente a ese análisis que uno hace de sí mismo. En esa situación, a la espera del final de la vida, uno no se pregunta si un desequilibrio psíquico o un complejo debe atribuirse a un trauma pregenital, erótico-anal o intrauterino, si se debe a una inferioridad orgánica o arquetipos del inconsciente colectivo; en aquella situación no se planteaban tales cuestiones. Allí hablaba cada cual consigo mismo o con otros sobre temas más esenciales. Y sobre esos temas esenciales se afana también nuestra nueva investigación terapéutica.» Creo que estas líneas hablan por sí solas y hablan en favor de una cierta «adaptación al tiempo» y en contra de un mero condicionamiento histórico del tiempo.

Ahora bien: la psicoterapia psicologista, forjándose alguna ilusión sobre una libertad axiológica (imaginaria), creyó poder excluir la aspiración humana a los valores. En realidad, esta psicoterapia no dejaba de lado los valores, sino que padecía ceguera axiológica. Y no fue sólo ciega a los valores, sino también a la dignidad humana.

---

14. Peter Kropotkin.

El valor, el valor objetivo, es un asunto personal mío, es algo que me afecta personalmente. Pero una persona posee dignidad, y esta dignidad es un valor en sí. Este valor de la persona, esta dignidad, no debe confundirse con el valor útil que la persona puede tener más allá de su dignidad. *El valor útil de un ser humano nada tiene que ver con su dignidad personal.*

Padece ceguera axiológica todo tratamiento que cosifica a la persona. Ahora bien, ¿dónde se ha cosificado, objetivado a la persona como nunca antes se hiciera? En el campo de concentración. Allí los seres humanos fueron tratados como objetos. Recordemos concretamente cómo se utilizó a los seres humanos como objetos de estudio médico-experimental. Pero este estudio fue un estudio *sine ira*, si vale la expresión: allí no cabía hablar de odio, ya por razones de principio: sólo se puede odiar a un sujeto, no algo que se ha degradado a la condición de simple objeto. En el campo de concentración no se odiaba a los seres humanos, ni siquiera como se aborrecen las sabandijas que también se exterminan y gasifican. Tampoco se quiso castigarlos, como se quiere castigar a los delincuentes. Allí se eliminó todo resto de personalidad. En lugar de considerar la dignidad de las personas, sólo se contempló el valor útil de los esclavos: mientras estos esclavos se mantenían en vida y eran aptos para el trabajo: una vez muertos, su valor real era el de la materia prima para la fabricación de jabón.

En el campo de concentración la persona se convirtió en cosa. Pero el ser humano puede convertirse en cosa por múltiples vías. Al ser humano le gusta obedecer ciegamente. Tiende desde hace mucho tiempo a sentirse más o menos como pieza de una maquinaria, y ha empezado a ser un autómata del mando. La huida y el miedo a la responsabilidad se apoderan del individuo. Ese individuo está muy lejos de hacer lo que persigue el análisis existencial: responsabilizarse con su existencia. El análisis existencial, en efecto, llama al hombre a la responsabilidad y a la libertad; habla al hombre libre y responsable. Se centra en el sentido del sufrimiento, en la dignidad del hombre, en la conciencia de responsabilidad.

4. Análisis existencial y psicoanálisis

El que quiera entender la posición del análisis existencial debe conocer su posición inicial. Pero la posición inicial del análisis existencial fue una oposición, concretamente contra el psicologismo instalado en la psicoterapia.

El pecado contra lo espiritual fue el escándalo del psicologismo. Hace tiempo existió una «psicología sin alma» como la llamó Fr. A. Lange, y está ya superada gracias, en parte, a las averiguaciones de un Sigmund Freud. Pero sigue habiendo una psicología sin espíritu. Esta psicología «falta de espíritu», la psicología psicologista, es necesariamente ciega para los valores, como hemos dicho.

El método del psicologismo se caracteriza por una proyección: el psicologismo proyecta todo fenómeno desde el «espacio» espiritual al «plano» de lo psíquico. El acto espiritual pierde así su referencia intencional a los objetos trascendentes, a los objetos que rebasan el plano de lo psíquico. Pero si falta la referencia al objeto, de la intención se produce, en lugar de lo espiritual, un estado psíquico. Donde hubo intencionalidad espiritual, queda sólo la facticidad psíquica.

Pero, una vez efectuada esta proyección, todo lo humano resulta ambiguo. Recordemos el ejemplo de la proyección de figuras tridimensionales –por ejemplo, de un cono, una esfera y un cilindro– al plano bidimensional: estas figuras, que ahora sólo pueden verse en perfil, pierden su univocidad, ya que las tres aparecen como un círculo, como el mismo e idéntico círculo. Otro tanto ocurre con la proyección psicologista de lo espiritual en el plano de lo psíquico: las visiones de una Bernadette no difieren ya de las alucinaciones de una apacible histérica, y tanto Mahoma como Dostoievski aparecen confundidos con los otros epilépticos.

Ahora comprendemos que el psicologismo esté asociado necesariamente, dentro de la psicoterapia, a un psicopatologismo, con su preferencia por las patografías: el psicologismo, además de soslayar lo espiritual, tiende a ver dentro de lo psíquico únicamente lo morboso.

Un ejemplo: Según Künzli,[15] «Kierkegaard fue mimado por sus progenitores y educado por el padre, un severo pietista, de un modo absurdo. Su grave neurosis de angustia se basa en un fuerte odio al padre en reacción reprimida a esa pedagogía, odio que el discípulo de Hegel transfirió luego a sus profesores y superiores, a Dios y a toda autoridad, y que se manifestó en una crítica desmedida de todo. El escritor y poeta anticipó en su filosofía, casi con distancia de un siglo, ciertos

---

15. *Die Angst als abendländische Krankheit*, Zurich 1948, citado por Kielholz, «Schweizerische Medizinische Wochenschrift» 79 (1949) 115.

temas del psicoanálisis, pero sin poder liberarse de sus sufrimientos de origen nervioso».

Hasta aquí Künzli. Otros autores, citados por von Muralt[16] a propósito de otro «caso», opinan de diverso modo: Binnet hizo el siguiente diagnóstico de Jesús: «paranoia con crisis hebefrénica juvenil»; también Loosten y Hirsch propusieron el diagnóstico de paranoia, concretamente por su «megalomanía»: «creyó ser Dios». Según Lange-Eichbaum,[17] el elemento psicopatológico es el denominador común de los rasgos de Jesús. «¿Puede un hombre razonable dudar de que se trataba de una psicosis? La idea de que Jesús padecía un trastorno mental es convincente. El diagnóstico concreto del psiquiatra es lo de menos: paranoia, parafrenia o esquizofrenia incipiente con síntomas paranoides.» Su constitución innata fue esquizoide-psicopática en extremo. El mencionado investigador conoce al menos que Jesús poseía «un talento inicial algo superior a la media». «Precisamente ese elemento psicótico despertó en los discípulos el sentimiento de lo numinoso. Nuestra ética actual es mucho más elevada que la del Nazareno, cuya ética desmerece mucho, aunque siga dando el nombre a la nuestra.» V. Muralt hacía constar que esta frase de Lange-Eichbaum fue estampada el año 1942, época en la que los enfermos mentales eran eutanasiados.

a) *Placer y valor*

Dentro de la óptica psicologista todo es, además de ambiguo, uniforme. Una vez sacrificado el objeto trascendente de los actos intencionales, el objeto espiritual, del valor objetivo sólo resta el placer subjetivo: un mismo e idéntico placer: el placer indiferente.[18]

Este placer siempre idéntico que resta en tal perspectiva supone una nivelación: el mundo pierde su dimensión profunda, la realidad pierde su relieve axiológico.

Resumiendo: el placer es el saldo tras una intervención psicologista; el placer es lo que queda cuando un acto es despojado de su intencionalidad, cuando se vacía de sentido.

---

16. *Wahnsinniger oder Prophet*, Zurich 1946, p. 249-250.
17. *Genie, Irrsinn und Ruhm*, 1928, citado por v. Muralt.
18. Cf. Viktor E. v. Gebsattel: «El crepúsculo de lo estrictamente psicológico hace a todos los gatos pardos» (*Christentum und Humanismus*, Stuttgart 1947, p. 34).

Ensayo de una patodicea

Resulta así que el principio de placer[19] no sólo no constituye una posible máxima de tratamiento, como dijimos, sino que tampoco es un principio válido de explicación: considerar los «mecanismos psíquicos», el «aparato anímico» como algo que está regido por un principio de placer apenas explica nada.

El principio de placer no es un principio psicológico, sino patológico: su hipotética validez no se refiere a los fenómenos psíquicos normales, sino patológicos. Originariamente, normalmente, el hombre no persigue el mero placer, sino un sentido. El placer se produce espontáneamente tras el logro de un objetivo; el placer es la consecuencia y no el objetivo. *El placer sigue, no se persigue.* El placer es cuestión de efecto, no cuestión de intención; se puede «efectuar», mas no intentar. Es más: cuando se persigue directamente, se escabulle.

Dice Kierkegaard que la puerta de la felicidad se abre hacia fuera: al que intenta empujarla hacia adentro, se le cierra. Es algo análogo a lo que ocurre en el insomnio: el sueño huye cuando se busca con ansia, como la paloma que posa en la mano cuando ésta permanece quieta y echa a volar cuando va tras ella.

Esto aparece con especial claridad en el placer supremo: la vida sexual. El núcleo de las neurosis sexuales consiste en que el hombre persigue como objetivo ese placer que se le otorga como premio de la satisfacción instintiva, como un efecto automático, y por eso fracasa en su intento de obtención del placer.

Si, en lugar de fijarse en el objeto de una tendencia, la atención reflexiva se centra en la tendencia misma, si nos apartamos del objeto para volvernos hacia la tendencia, no percibimos ya el objeto, sino un estado. El puesto de la intencionalidad lo ocupa la facticidad, y en lugar de la intención (acompañada de placer) de un valor aparece el hecho del «placer» que es absurdo en sí. *Entonces ya no se posee algo que puede causar placer, sino el placer mismo; pero éste, sin un soporte, desaparece.*

---

19. En esta crítica de la concepción psicoanalítica del principio de placer podemos dejar de lado el denominado principio de realidad, ya que constituye una simple «modificación» del principio de placer» (S. Freud, *Gesammelte Werke*, vol. XI, p. 370) y «significa en cierto sentido una prolongación del principio de placer con otros medios» (H. Hartmann, *Ich-Psychologie und Anpassungsproblem*, «Psyche» 14 [1960] 81). «Se renuncia aun placer instantáneo, incierto en sus consecuencias, pero sólo para obtener por otro camino un placer cierto» (S. Freud, *Gesammelte Werke*, vol. V, p. 415).

Si la atención al objeto influye en el placer, la desatención al objeto influye en la pérdida del placer. El goce perseguido se deshace. Uno no disfruta del placer. La búsqueda del goce le priva a uno del goce. Ese comportamiento supone la inversión del placer como consecuencia en un placer como intención. Pero hay que señalar que ese comportamiento representa un fenómeno típicamente neurótico. Ahora se comprende por qué el psicoanálisis formuló el principio de placer: generalizó injustificadamente el fenómeno característico de la neurosis: la inversión de la consecuencia en intención, un fenómeno que el psicoanálisis hubo de constatar tarde o temprano.

b) *Instinto y sentido*

Frente a una psicoterapia de espaldas a lo espiritual, la psicoterapia orientada en lo espiritual no conoce una tendencia primaria al placer, sino la búsqueda originaria del sentido y la tendencia a los valores. En otros términos: esta psicoterapia ve la intencionalidad de lo espiritual. No sólo la intencionalidad, sino también la existencialidad.

El análisis existencial descubre un «deber» previo al «querer»; el psicoanálisis, en cambio, ve detrás del querer consciente un «tener que» inconsciente. Para el análisis existencial, el hombre tiene frente a sí los valores; para el psicoanálisis, a la espalda del hombre están los instintos, el ello; para el psicoanálisis, toda energía es energía instintiva, fuerza impulsora; todo es *vis: vis a tergo*.

En realidad, el hombre no es movido por los instintos, sino por los valores. Es un abuso lingüístico decir que los valores empujan o presionan al hombre. Los valores me atraen, pero no me impelen. Yo me decido libre y responsablemente a la realización de los valores, opto por la realización de los valores, me abro al mundo de los valores; pero todo esto no permite hablar de instintos ni de pulsiones. Es verdad que no sólo lo psíquico tiene su dinámica, sino también lo espiritual; pero la dinámica de lo espiritual no se basa en instintos, sino en la tendencia axiológica. Los instintos psíquicos son la energía que «alimenta» esta tendencia axiológica espiritual.

Tratemos de aclarar con un símil el error que comete el psicoanálisis frente a esa energía impulsora que alimenta la vida espiritual: ¿qué ve un manobrero de la ciudad? Tuberías de gas y agua, cables de corriente eléctrica. Es todo lo que ve de la ciudad mientras se encuentra en su mundo de conducciones. Si no conoce las universidades, las iglesias, los teatros y museos de la ciudad, ignora su vida cultural. Pero todo esto lo aprende en su tiempo libre, cuando se integra en la ciudad misma; mientras está en sus conducciones, en la infraestructura de la ciudad, se mueve en el mundo de las energías que alimentan la vida cultural. Pero la vida cultural no consta de gas, electricidad y agua.

Es lo que le ocurre al psicoanalista. También él ve únicamente la infraestructura, el subsuelo psíquico de la vida espiritual. Ve únicamente la dinámica afectiva y la energética instintiva. Pero la vida espiritual no consta de placer y de instintos. Estos elementos no son su verdadero objeto.

El psicoanalista, sin embargo, presupone tácitamente lo espiritual. Si un tratamiento psicoanalítico ha de ser efectivo, eficaz, lo será por la vía de un cambio existencial, sobre la base de un giro existencial: no es la teoría psicoanalítica, sino el psicoanalista como ser humano el que actúa. En efecto, el psicoanalista nunca es sólo psicoanalista, deja de lado su papel de psicoanalista; cuando actúa personalmente, actúa en privado, ya no desde su vida profesional, sino desde su vida privada. Como el manobrero sólo conoce la vida cultural gracias a su tiempo libre, el psicoanalista sólo sabe de la vida espiritual de los demás como individuo privado.

Dijimos antes que en la óptica psicoanálitica hay un «tener que» inconsciente detrás del querer consciente. En este aspecto los objetivos que el yo persigue son medios para los fines que el ello impone a espaldas del yo, por encima de su cabeza. En esa perspectiva todas las motivaciones humanas parecen inauténticas y el hombre mismo aparece falseado. Todas las tendencias culturales, sean de naturaleza estética, ética o religiosa, en una palabra, toda tendencia espiritual, deriva en una mera sublimación.

Así las cosas, lo espiritual del ser humano será también una mentira vital, un espejismo. Es lo que se desprende del psicoanálisis. De creer en sus principios, mi entusiasmo por la cirugía o por la verdad será una simple imaginación mía. El psicoanalista intentará convencerme de que «en realidad» yo soy un sádico o un «voyeur» sublimado. En otros términos, yo me dejo llevar de mis instintos y me hago la ilusión de perseguir determinados valores.

El psicoanálisis sospecha siempre algo detrás de todo; de ahí que esté siempre dispuesto a desenmascarar–es esencialmente una psicoterapia «desenmascarante»–,[20] a poner en evidencia.

---

20. «El chiste americano más lacónico entre los muchos que se cuentan sobre los psicoanalistas, citado por Joseph Wilder en «American Journal of Psychotherapy» 26

Suponiendo que así sea, que mi tendencia axiológica sea pura ficción y que en realidad me mueva bajo el dictado de los instintos, yo tendría derecho a preguntar: ¿por qué mantengo esta ficción? ¿Por qué sublimo la realidad?

No es difícil adivinar la respuesta que daría el psicoanálisis: debo sublimar en aras de la cultura. Hay, pues, un «en aras de». Y si el psicoanalista reconoce un «en aras de», tendrá que reconocer que hay eso que se llama valor. *Quod erat demonstrandum.*

El psicoanálisis podía haberse ahorrado este trabajo: le bastaba con no negar *a priori* la tendencia axiológica del hombre para no tener que introducir luego *a posteriori* aquellos valores que había escamoteado.

Esto, en lo concerniente al «por qué debo sublimar». La segunda pregunta espontánea es: ¿cómo puedo sublimar? Sabemos que el psicoanálisis ve sólo los instintos y no la tendencia axiológica. Pero de ese modo ciertos fenómenos como la sublimación o la represión resultan incomprensibles, y la pregunta sobre la posibilidad de la sublimación no halla respuesta. La pregunta, en efecto, debe desembocar en otra más general: ¿Quién reprime a quién? ¿Los instintos del yo a los instintos del ello? Esta respuesta no aclara nada; nos lleva al terreno del psicoanálisis: la concepción de un yo derivado genéticamente del ello, un yo que se construye a sí mismo partiendo de sus propios instintos. Pero tal concepción resulta contradictoria.

Esta concepción implica una contradicción interna, no sólo a nivel génetico, sino también a nivel dinámico. Un instinto nunca puede forzar a otro a cambiar y a perseguir otros objetos o fines. Es imposible que lo instintivo pueda transformarse en algo axiológico para domesticar así los instintos. *¿O acaso un río puede construirse su propia central eléctrica?*

No es posible, pues, concebir al yo como algo que se ha construido a sí mismo partiendo de los instintos. Pero esto no excluye que la tendencia axiológica lleve asociado el elemento instintivo, habida cuenta que los instintos, como queda dicho, intervienen como factor energético. Es el yo, sin embargo, el que aplica esta energía y puede disponer de ella. La energía instintiva que entra en la dinámica de la tendencia axiológica humana está regida por una instancia no instintiva, cuya realidad queda demostrada por esta intervención y no se contradice con ella.

(1972) 447, me parece muy certero: «¿Es usted psicoanalista?» – «¿Qué hay detrás de esa pregunta?» – «Ya me parecía: usted es psicoanalista».

Ensayo de una patodicea

La dificultad que presenta siempre toda polémica contra el psicoanálisis es que éste se parapeta detrás de su propio psicologismo, declarando, por ejemplo, que la oposición al psicoanálisis obedece a resistencias del sujeto o a que éste no se ha sometido al análisis didáctico. Esta cómoda respuesta no explica nada. Sobre todo porque de ese modo el psicoanálisis renuncia a su pretensión de ser considerado como ciencia. En efecto, cuando la evidencia de sus tesis aparece ligada a una condición afectiva o a cualquier presupuesto emocional, su racionalidad deja algo que desear. La ciencia tiene una base racional y no emocional; en lo emocional se funda la fe, mas no el saber.

A pesar de estas dificultades que encuentra la polémica contra el psicoanálisis y contra el psicologismo en general, la tarea se nos facilita, e incluso resulta superflua a la vista del espectáculo permanente: los «ismos» se devoran unos a otros.

De este modo las diversas psicoterapias enmascarantes se desenmascaran mutuamente; la psicología individual acusa (no sin alguna razón) al psicoanálisis de abrigar una actitud descalificadora hacia los modos más sublimes, no sexuales, del ser humano en favor de lo libidinoso: para el psicólogo individual, el psicoanalista está predispuesto a aceptar las excusas neuróticas sobre el poder del ello. La psicología individual, en cambio, debe considerarse, a juicio del psicoanálisis, como un medio para reforzar la represión de los instintos. En cualquier caso, algo se utiliza para un fin, sea cual sea este fin.

También aparecen otros «ismos»: el ismo que otorga la primacía a lo vital: el biologismo; o el que antepone lo social a lo demás: el sociologismo; o el que da la preferencia a una combinación de las dos dimensiones, unificando la unilateralidad de ambas en otra unilateralidad mayor: la del racismo. Entonces puede ocurrir lo que una vez ocurrió realmente: que se acuse a la psicología individual de no ser más que «un arma en la lucha judía por el poder planetario».

Todos estos «ismos» han intentado demostrar la inautenticidad de las motivaciones humanas. Se trata, a fin de cuentas, de una especie de graduación de esta inautenticidad: primero, el psicoanálisis psicologiza la conciencia moral, convirtiéndola en el super yo;[21] al final, esa con-

---

21. Identificar el super yo con la conciencia es un flagrante reduccionismo. El psicoanálisis moderno no mantiene ya la identificación del super yo y la conciencia moral ni reduce ésta al primero. Esa reducción de la conciencia moral al super yo no sólo es un reduccionismo, sino un subhumanismo, como señala Joseph Wilder: «Si, mientras se está formando el super yo de nuestros hijos, les prohibimos un placer actual o les

ciencia queda sociologizada: de creer a una declaración de psiquiatras franceses, el super yo no es sino «la superestructura ideológica de la clase dominante». En efecto, «el psicoanálisis olvida el hecho esencial: que los mecanismos psíquicos que describe son simples factores mediatos a través de los cuales la realidad social alcanza al individuo»; pero el psicoanálisis mismo es «una ideología reaccionaria»,[22] apta sólo para «distraer de la lucha política».

Así se atacan los «ismos» mutuamente. Cada cual ve en su óptica unilateral un estrato del ser. Proyecta en el plano de ese estrato toda la realidad, al margen de su dimensionalidad global. Este plano pasa a ser el verdadero ser, y el resto pasa a ser inauténtico, simple apariencia, mera tramoya. Sólo quedan al final tramoyas, bastidores, y así todo deviene apariencia: *omnia vana*. Lo dicho: detrás de todos los «ismos» está el puro y simple nihil-ismo.

Pero estos «ismos», al igual que todo relativismo y todo escepticismo, se refutan a sí mismos. Unos a otros se tiran los trastos a la cabeza, sin advertir que los ídolos de barro se resquebrajan.

Debemos intentar, sin embargo, desenmascarar a la psicoterapia «desenmascarante» y someter ese feudo del psicologismo con sus propias armas psicologistas. Vamos a partir para ello de la ecuación según la cual el saber es poder. Si damos la vuelta a esta ecuación, el enunciado es: la ignorancia de algo, la inconsciencia de algo, es igual a impotencia. Pero de ahí se sigue que el conocimiento del inconsciente del otro me confiere poder. Pues bien: la psicología profunda me permite, al parecer, conocer al otro hasta las profundidades de su inconsciente, de suerte que puedo saber de él más que de lo que él mismo sabe. Pero al obtener este conocimiento de su alma con los recursos de la psicología profunda, no sólo tengo en mi mano la llave de su alma, sino que lo tengo a él mismo. Entonces puedo hacer del otro lo que quiero, de él, es decir, de sus complejos y mecanis-

---

obligamos a hacer algo desagradable, lo justificamos diciendo que así evitarán malestares futuros o que así obtendrán futuros placeres. Este proceder no es típicamente humano; el condicionamiento de animales sigue el mismo principio. Si condiciono un animal a no tocar al alimento cuando se enciende una luz roja, con lo que evita recibir un electrochoque doloroso, le enseño a sacrificar el placer actual (alimento), para evitar un dolor futuro (electrochoque)» (*Values and the Psychology of the Superego*, «American Journal of Psychotherapy» 27 [1973] 187-203).

22. Tal es el título del citado manifiesto francés aparecido en «Nouvelle critique», junio de 1949.

mos; tengo ante mí su alma como el técnico tiene ante sí un panel de mando.

Lo que acabamos de esbozar es el tipo de un *médecin technicien*, el correlato moderno, si bien anacrónico, del *homme machine*. Si exploramos hasta el fondo esta actitud médico-psicologista, vemos que se basa en el resentimiento. Su fundamento no es sólo una tendencia al dominio, sino también una tendencia descalificadora, por usar una expresión de la psicología individual. Es el afán de no respetar a los demás como seres humanos, de despojarlos de su dignidad humana. Es la degradación del tú en el ello: el alma del ser humano se desvirtúa, se desesencia.

No es que esta tendencia innata a la tecnificación, a la despersonalización y a la cosificación por resentimiento sea exclusiva de la psicoterapia psicologista; no es difícil probar que esta tendencia invade la psiquiatría en general, una psiquiatría carente de ese respeto a la persona espiritual del paciente y del hombre psíquicamente enfermo. Las motivaciones inauténticas, subjetivas, de esa actitud impersonal tienen poco que ver con el enfermo; también eso es poder: el poder de inutilizar a un hombre, de degradarlo a mero «caso» de «pa» (paranoia), de «p.p.» (parálisis progresiva) o diagnósticos similares. Si el hombre desaparece para una psicoterapia psicologista detrás de los complejos, como mero juguete de éstos, para la psiquiatría psicologista desaparece detrás de los síntomas, como su mero soporte. El psicoterapeuta psicologista degrada al ser humano en un ser calculable, para ser luego puesto bajo tutela por el psiquiatra psicologista a causa de su eventual incalculabilidad. En ambos casos el tratamiento delata una tendencia al dominio.

Uno de mis colegas más próximos contestó cuando le preguntaron por qué había elegido la profesión psiquiátrica: «Mire usted, yo preferí tener en mi mano la llave del manicomio antes que otros la tuvieran en la suya.» El «poder de las llaves»: eso es todo. El poder sobre los seres humanos a través del rodeo del poder sobre sus almas. De ahí esa aureola mágica que envuelve al método más antiguo de psicoterapia: el tratamiento hipnótico.

¿Tiene algo de extraño que este afán de poder y esta tendencia descalificadora haya suscitado una contracorriente? ¿Que algo se subleve en nosotros ante esa degradación de la persona en cosa y del yo en el ello? El psicologismo no pudo imponerse dentro de la psicoterapia sin resistencias.

5. Psicoanálisis y psicología individual

Frente al psicoanálisis como un análisis orientado hacia la esfera instintiva, el análisis existencial constituye un análisis orientado hacia el sentido. Pero lo que está en debate para el análisis existencial es el sentido de la existencia. Lo incuestionable para él es la orientación del hombre hacia el sentido. El análisis existencial considera al ser humano embargado esencialmente por un deseo de sentido.

Conviene quizá, para continuar nuestras indagaciones, aducir a nivel heurístico-hipotético una tesis de Hans Urs von Balthasar que dice: «el sentido del ser está en el amor».[23]

Al anticipar que el amor constituye el sentido del ser, hay que añadir que el amor es siempre amor a un tú. Yo sólo puedo amar un *concretum*, nunca un *abstractum*, nunca valores como tales, valores en sí. Sólo puedo amar los valores «en» alguien, en una persona (esta persona no tiene por qué ser persona humana; puede ser una persona superhumana: una superpersona; Dios, por ejemplo). También la persona es un *concretum*, incluso *concretissimum*. El amante capta su concreción a través de sus cualidades concretas; pero no son estas cualidades ni su carácter psicofísico (cuyo soporte es la persona) el objeto de amor. Porque todo eso —cada cualidad, cada rasgo caracterológico— es más o menos genérico, pero la persona misma es única y singular, y sólo cuando es percibida en su unicidad y singularidad se le ama. Si sólo se tienen en cuenta las características corporales o las cualidades psíquicas, no hay una actitud amorosa, sino enamorada; la actitud amorosa hacia otro se distingue en que el cuadro sintomático externo e interno apunta hacia la persona que en él se manifiesta. Sólo a ésta puedo tratarla de tú; no puedo hablar o sonreír a un valor en sí, a un algo, ni a una cualidad «de» alguien; por ejemplo, al color de su cabello o de sus ojos, a la forma de su nariz, por mucho que estos detalles me puedan excitar o cautivar.

El amor presupone, pues, la relación a un tú. En la óptica psicoanalítica o de la psicología individual, esta relación permanece al fondo, mientras se colocan en primer plano otras dos relaciones posibles: la relación al ello y al se *(man)*. Así quedan perfiladas las tres dimensiones donde el yo se enfrenta al no yo: tú, ello y el se impersonal.

La relación yo - ello y yo - se impersonal constituye una relación anónima; la relación yo - tú significa, en cambio, una relación perso-

---

23. *Wahrheit I (Wahrheit der Welt)*, Einsiedeln-Zurich 1947, p. 118.

nal. Mientras yo ame únicamente desde el ello, desde mis instintos, no amo propiamente. Y mientras me refiera únicamente al se, mientras busque un tipo impersonal, tampoco amo propiamente. El amor es amor entre un yo y un tú, o no es amor en absoluto.

Hay que decir, en general, que tanto el «amor» basado en el ello como el «amor» al «se» impersonal se condicionan de algún modo: el ello sólo encuentra un «se» y sólo busca un «se»; mientras que el yo busca y encuentra siempre a un tú.

Esta afinidad entre el ello y el «se» impersonal se explica también por otras razones: cuando la relación personal yo - tú degenera en la relación anónima ello - se impersonal, el yo no representa algo auténtico, algo propio, algo mío en relación con el tú; pero tampoco se interesa por el tú como tal, como un ser personal, sino únicamente como un ser anónimo. Con otras palabras: el ello como origen del «amor» no es aún un yo amante, y el se impersonal como objeto de amor no es ya el tú amado.

¿Qué ocurre cuando se inserta el amor en la red categorial, en el sistema de coordenadas del psicoanálisis y de la psicología individual? Estas dos corrientes tomarán lo que les convenga: aquello que se puede proyectar en la abscisa psicologista del psicoanálisis o en la coordenada sociologista de la psicología individual. Pero ninguna de las dos respetará el fenómeno del amor en su pureza ni lo mantendrán en su existencialidad. Eso sólo puede hacerlo un análisis fenomenológico o existencial. La psicología profunda psicologista desdeña la existencialidad personal del amor y contempla únicamente su facticidad vital o social. El resto sólo podrá ser un modo deficiente del amor.

Nosotros conocemos esos modos deficientes del amor: la líbido y el sentimiento comunitario; es lo que resta, lo que ha llegado a ser el amor en sus manos: por un lado, mera sexualidad: la pasión sexual del hombre, y por otro, mera socialidad: el nexo social del ser humano.

¿En qué se resuelve, al hilo de esa decadencia, el deseo de sentido? Paralelamente al desvío de la existencialidad personal y la orientación hacia la facticidad vital, concretamente a la sexualidad del ser humano, el deseo de sentido pasa a ser deseo de placer. Y paralelamente a la orientación hacia la facticidad social, a la sociabilidad del ser humano, el deseo de sentido pasa a ser un afán de poder.

Resulta así que la decadencia del amor viene acompañada de una degeneración del deseo de sentido. Pero el deseo degenerado de sentido es un deseo subjetivizado de sentido. En esta perspectiva el afán de poder está en oposición frontal con el deseo del amor, del amor como sentido del ser:

El poder sólo conoce un sentido subjetivo, relativo, y un valor «para mí»; pero el amor ve también el sentido y el valor objetivos, absolutos, el valor «en sí».

El poder busca el valor útil de una cosa; el amor salva la dignidad de la persona.

El poder hace egoísta al individuo; el amor le hace atento a los valores.

A aquellos que son partidarios del poder, una frase de John Ruskin les construye un puente de oro: «Sólo hay un poder: el poder de salvar; y sólo hay un honor: el honor de ayudar.» Hay, en efecto, una relación análoga entre el poder y el sentido, y el honor y la obra. Pero sería un error imaginar que la voluntad de rendimiento sea un sucedáneo del afán de honor en la línea de una sublimación. Hay que decir, a la inversa, que lo originario no es la ambición, sino el afán de rendimiento; toda ambición es originariamente afán de rendimiento, un afán degenerado de rendimiento.

El afán de rendimiento es incómodo en comparación con la ambición. Porque uno puede descansar en los honores, en los laureles; pero la acción no deja descansar: los activos se sienten impulsados a continuar hasta el rendimiento máximo. Digamos entre paréntesis que nunca se puede rendir lo mejor en sentido absoluto; sólo cabe dar «lo mejor de uno mismo», lo mejor en relación con la propia persona y con su situación. Mi rival no es un otro; pero mi rival tampoco soy yo mismo, por ejemplo, en la época de la madurez perdida o de la inmadurez; mi rival sólo puedo ser yo mismo con las posibilidades de que dispongo en el momento presente.

Esto no impide que tenga que *aspirar a lo absolutamente mejor* si quiero *alcanzar lo relativamente mejor*.[24]

Se objetará que es imposible saber todo esto y no verse impedido por este mismo saber, ya que el afán de lo absolutamente mejor topa con la conciencia de lo meramente relativo. Preguntémonos en serio: este saber ¿va a paralizar mi voluntad? ¿Puedo querer que lo absolutamente mejor nazca de mi acción sabiendo al mismo tiempo que sólo surge un bien relativo? Hay que contestar afirmativamente; pero esto sólo es posible a condición de que yo también sepa que el efecto sólo

---

[24] Cf. La frase de Goethe «hay que apuntar siempre la diana del blanco de tiro, aunque no siempre se acierte».

es un bien relativo si la intención de mi querer es lo absolutamente mejor. De este modo la conciencia del efecto siempre insuficiente, correctamente entendida, no equivale en modo alguno a un obstáculo inevitable, sino por el contrario, a un posible estímulo, el estímulo del afán de rendimiento máximo. Con otras palabras: la conciencia de un efecto imperfecto no sólo no estorba la intención de lo perfecto, sino que lo puede fomentar. El ser humano necesita de un guía, un guía que le preceda a una distancia insalvable; el guía deja de ser necesario una vez que se retrasa. La existencia oscila entre el ser y el deber ser, y esta oscilación es necesaria. Porque el hombre no existe para ser, sino para devenir.

Nota a la segunda edición*

La señora Dr. Herzog-Dürck tiene razón al afirmar que Freud concibe el amor como mero epifenómeno, cuando en realidad es un *fenómeno originario de la existencia humana* y no mero epifenómeno, sea en la línea de las tendencias inhibidoras o de la sublimación. En efecto, se puede demostrar fenomenológicamente que el amor precede a esta sublimación a modo de condición de su posibilidad; por eso la capacidad de amor –*presupuesto* de la sublimación– no puede a su vez ser el *resultado* de un proceso de sublimación. Con otras palabras, sólo sobre la base de una capacidad de amor existencialmente originaria y primaria, de una orientación originaria del ser humano hacia el amor, se puede comprender la sublimación, es decir, la integración de la sexualidad en la totalidad de la persona. En suma: *sólo el yo que se dirige a un tú puede integrar el propio ello*.

Hasta aquí la crítica de ciertas concepciones de Freud. Pero debemos ser lo suficientemente generosos para proteger a Freud contra sus propios *malentendidos*. ¿Cuál es en definitiva la tesis del psicoanálisis, prescindiendo de todos los condicionamientos de su época, de toda alharaca decimonónica que pudiera afectarle? El edificio del psicoanálisis descansa en dos conceptos esenciales: la represión y la transferencia. El psicoanálisis hace un tratamiento de la represión mediante la concienciación y la explicación. Todos conocemos el símil freudia-

---

* Texto sacado de Viktor E. Frankl, *Logotherapie und Religion*, publicado en Wilhelm Bitter (dir.), *Psychotherapie und religiose Erfahrung*, Klett, Stuttgart 1965, p. 135-136.

no de la desecación del Zuidersee; me refiero a la prometeica frase: «donde hay ello, debe surgir el yo.» En cuanto al segundo principio, el de transferencia, se trata a mi juicio de un verdadero *vehículo de encuentro existencial*. Por eso el núcleo aceptable del psicoanálisis se puede enunciar en esta fórmula que reúne los dos principios de la concienciación y la transferencia: «Donde hay ello, debe surgir el yo»; pero el yo sólo deviene yo en el tú.

II. Sociologismo

Todo lo humano está condicionado. Pero sólo es propiamente humano aquello que supera su propio condicionamiento «trascendiéndolo». Así, el ser humano sólo lo es en la medida en que, como ser espiritual, se eleva por encima de su ser corporal y anímico. O también: el ser humano sólo es existencial en la medida en que se distancia de lo vital y de lo social. El hombre es también, sin duda, un ser vital y social (cf. lo dicho anteriormente sobre el psicoanálisis y sobre la psicología individual); pero la existencia lleva consigo la posibilidad de trascender las necesidades vitales y sociales. Los condicionamientos del ser humano no son, pues, un simple dato fáctico, sino un reto: el reto a superarlos.

El biologismo y el psicologismo se centran en el condicionamiento vital del hombre; el sociologismo, en su condicionamiento social.[25] Ahora bien: todo está más o menos condicionado socialmente, y en este sentido toda pregunta por el condicionamiento social, de cualquier tipo que sea, está justificada en principio; pero esto no significa, ni mucho menos, que toda pregunta sea fecunda.

Cabe preguntar, por ejemplo, cuáles son los presupuestos sociológicos de la carrera de medicina. No tiene sentido, en cambio, preguntar por la sociología de la cirugía del estómago; y no es posible emitir un juicio político-crítico de los métodos operatorios de Billroth I, II y III o dar una respuesta a la pregunta sobre el modo adecuado de ope-

---

25. Cf. Viktor E. Frankl, *Der Wille zum Sinn*, Huber, Berna-Stuttgart-Viena 1972, p. 137-138: «El peligro no reside tanto en la universalidad cuanto en la omnisciencia que algunos científicos aparentan tener, aspirando a un "saber total" (Jaspers). Cuando esto ocurre, la ciencia degenera en ideología. En lo que respecta a las ciencias del hombre, la biología es actualmente un biologismo, la psicología un psicologismo y la sociología un sociologismo.»

Ensayo de una patodicea

rar. Lo que sí es posible es plantear una pregunta sobre las condiciones económicas en las que el enfermo asegurado o el no asegurado puede permitirse una operación de estómago.

Insistimos: en el ser humano todo está socialmente condicionado; el sociologismo sólo ve este condicionamiento social, ve todo lo humano envuelto y entretejido en este condicionamiento, de tal modo que detrás de ella lo auténticamente humano acaba desapareciendo de su vista. Frente al sociologismo y al psicologismo, debemos ampliar de nuevo la indagación a lo que pueda haber en ellos en la línea de una psicogénesis. ¿Qué pretende alguien que siempre intenta mostrar exclusivamente el condicionamiento sociológico de los fenómenos humanos? Analicemos la cuestión: también está socialmente condicionado, entre otras cosas, el conocimiento, la comprensión de algo; pero sólo está condicionado el sujeto cognoscente y el acto de conocimiento, como resulta de una consideración atenta. El objeto conocido o por conocer escapa a todo condicionamiento social. Y el sociologismo tiende siempre a hacer desaparecer detrás de la serie de condicionamientos del sujeto el conocimiento de su objeto. Eso es lo que busca en definitiva: disolver el objeto en el sujeto, en ese sujeto extremadamente condicionado. El objeto queda absorbido en el sujeto. El objeto queda a merced del condicionamiento del sujeto; y ese condicionamiento extremo en que participa el objeto es existencial y esencial: el objeto aparece causado en la existencia *(Dasein)* y determinado en la esencia por lo social. Y de ese modo se renuncia también a la objetividad del objeto: el sociologismo se convierte en un subjetivismo.

El error del sociologismo consiste en la confusión del objeto y el contenido: el contenido de un conocimiento es inmanente a la conciencia y está sometido al condicionamiento del sujeto; el objeto de un conocimiento, en cambio, es trascedente a la conciencia y no está sometido al condicionamiento del sujeto.

Sabemos también la razón de que el conocimiento esté condicionado en grado extremo por el sujeto: todo contenido representa *a priori* un sector de la esfera de los objetos. Sabemos, por ejemplo, que los órganos sensoriales ejercen una función de filtro: un órgano sensorial está ajustado para una determinada frecuencia: la frecuencia de una energía sensorial específica. Pero también el organismo como tal toma del mundo un sector, y este sector constituye su medio ambiente (específico). Un medio ambiente representa así un aspecto del mundo, y cada aspecto es una selección del espectro del mundo.

Se trata de probar que todo condicionamiento y toda subjetividad del conocimiento se extiende sólo al aspecto selectivo, no al objeto en su globalidad. Con otras palabras: *el conocimiento es selectivo, no productivo*; el conocimiento no produce un mundo, ni siquiera un entorno o un medio ambiente, sino que en su función se limita a seleccionar.

Algo similar cabe decir del organismo social: también éste condiciona el conocimiento y al sujeto cognoscente, pero no causa ni determina el objeto conocido y por conocer. El sociologismo, sin embargo, actúa como si este último, el objeto, dependiera de lo sociológico en su existencia y esencia. Sucede así que el sociologismo sólo ve la relatividad social. Lo relativiza todo con una excepción: el sociologismo se absolutiza a sí mismo. Por eso los sociologistas rehúsan aplicarse su sociologismo a sí mismos y se resisten a un análisis sociológico del sociologismo. Sabemos por qué.

El biologismo y el psicologismo —que ya no consideran el organismo social, sino el vital, el psicofísico— sólo conocen lo biológico o lo psicológico y pasan por alto la persona que está detrás del organismo psicofísico: pasan por alto la existencia subjetivo-espiritual. El sociologismo ve únicamente lo sociológico, y al relativizar y subjetivizar todo lo demás en lo sociológico, olvida lo objetivamente espiritual: el *logos*.

Para el sociologismo, lo sociológico lo es todo y lo puede todo. Lo sociológico, en la óptica del sociologismo, es algo productivo, y no meramente selectivo; es capaz de engendrar un mundo (y no sólo un entorno acotado en el mundo), incluso un mundo de los valores, si bien relativos y subjetivos.

¿Qué persigue el sociologista? Eliminar la objetividad del objeto y, si se trata de valores objetivos, desvalorizarlos.

Pero es necesario demostrar nuestra afirmación; es necesario averiguar si realmente el sociologismo (al igual que el psicologismo) oculta detrás de su relativismo, como motivo principal, una tendencia a la desvalorización.

Sirva de «amonestación» un escrito de Theodor Hartwig: *Der Existentialismus. Eine politisch-reaktionäre Ideologie* (Viena 1948). Tomamos un pasaje que se ocupa de la filosofía en general: «La filosofía... se enseña en las universidades estatales para inducir un alejamiento del mundo en los cerebros de la juventud estudiosa» (2). El autor aborda principalmente el tema del condicionamiento social de la filosofía, y anotamos este detalle como significativo, aunque no sea característico de la problemática sociológica ni típico del método sociologista; la unilateralidad de la concepción del autor no nos atañe a nosotros, sino a los sociólogos. Dice también el autor: «La miseria metafísica de la filosofía alemana desde Kant debe atribuirse a que Alemania apenas participó en el reparto (colonial) del planeta» (139). También este juicio sobre la metafísica habría que cargarlo a la cuenta de los sociólogos si el autor no se dejara llevar de la generalización afirmando, por ejemplo, que la inquietud metafísica es («no es más que») un temor al bolchevismo (8). En otro pasaje (18) identifica, generalizando, la libertad como tal con la «libertad de acción del capital monopolístico». Equipara, en fin, el concepto de la «nada» de Heidegger con el «crepúsculo de los dioses de la burguesía» (83). Puede sonar extraño que el autor cite una frase de Jaspers: «Fuera de los móviles y las situaciones de tipo psicológico y social, actúa en el mundo lo incondicionado de la existencia y la espiritualidad de las ideas», para criticarla así: «Esto es, naturalmente, puro derrotismo político» destinado a paralizar la iniciativa (174). Cabría esperar exactamente lo contrario; pero el autor no razona: sólo decreta.

El autor critica también el existencialismo, después de analizarlo exclusiva y unilateralmente de lo social: «La fe en una libertad existencial nace de una ilusión soñada en una época en que la libertad política era amputada por medidas dictatoriales» (159). La idea de una voluntad libre es para el autor una ficción (15, 63). «La psicología profunda moderna soñó con el concepto de la voluntad libre; los instintos que rigen nuestro inconsciente son en realidad los que guían nuestra voluntad» (76). Nosotros diríamos que *esto* es derrotismo, mucho más que la frase citada de Jaspers. Así nada tiene de extraño que nuestro autor catalogue el existencialismo en la lista de «absurdos» y lo alinee con «las creencias mágicas», el ocultismo y el cubismo» (153).

El autor asocia el psicologismo al sociologismo: según él, el filósofo sufre congojas psíquicas (65) y «el hombre religioso y el hombre filosófico son los mayores egoístas» (15-16). «La moderna psicología profunda nos ha revelado el carácter neurótico, no sólo de la religión, sino de toda metafísica» (46). El autor, sin embargo, no toma muy en serio la tarea de un diagnóstico exacto; de otro modo no se comprende que constate tan pronto síntomas neuróticos como síntomas psicóticos; por ejemplo, en la p. 11, donde declara que «en el caso de la filosofía existencial y de la creencia cristiana en el más allá, dominan las ideas delirantes», para afirmar en la p. 70 que «la religión es una especie de neurosis obsesiva». Nosotros preferimos no entrar a discutir fórmulas periodísticas, por ejemplo, «la religión es el intestino ciego psíquico del hombre» (68).

La religión, por lo demás, constituye para el autor un estupefaciente y queda equiparada en este aspecto al deporte, el cine y el jazz (7). «Toda religión nace del pensamiento infantil del hombre primitivo; Dios es un sucedáneo del padre para niños y grandes y pequeños» (86), dice el autor. ¿Por qué? Porque los niños pequeños imaginan a Dios como un señor anciano, digno, de barbas blancas –a tenor del condicionamiento psicológico de las representaciones humanas–, y los niños grandes, por ejemplo los papás de los niños pequeños, imaginan a Dios como un «Absoluto» nebuloso –a tenor del condicionamiento sociológico de sus representaciones (condicionamiento debido, por ejemplo, a la circunstancia de haber podido cursar estudios secundarios gracias a su situación social). Por eso, porque todas estas ideas de Dios son en buena medida relativas y subjetivas, por eso ¿no existe Dios? Todo este razonamiento está viciado de raíz por la confusión entre lo que está condicionado y lo que no lo está ni puede estarlo. El psicologismo de un Hartwig no puede menos de proceder así, ya que concibe a Dios como «el producto fantástico de ciertos neuróticos obsesivos» (178). También Dios, al igual que la voluntad libre, queda alineado entre las ficciones humanas (68).

La misma suerte corre obviamente el alma (ibid.); las cualidades psíquicas, si hemos de creer al autor, son meras «funciones del cuerpo (sistema nervioso)» (68). El autor pregunta luego, lógicamente, «qué hormonas intervienen especialmente en el origen y la difusión del existencialismo» (52).

Permítasenos no contestar a esa pregunta; nos conformamos con citar tres frases sin comentario: «En esta tónica sigue todo, y sería cosa de risa si no fuese tan triste» (69). «Lo que hoy se publica en el campo literario no vale la tinta que gasta» (20). «Contra las estupideces no se puede polemizar» (190). Coincidimos en esto con Hartwig... e interrumpimos nuestra polémica en este punto.

¿De qué se trata en realidad? El psicologismo y el sociologismo, como cualquier forma de nihilismo, sólo pretenden en el fondo una cosa: esgrimir la ciencia óntica contra la metafísica ontológica. Se echa mano a este fin de las ciencias «puras», exactas, empíricas. Pero se olvida que toda ciencia, también la ciencia natural, es metafísica de un modo u otro, que implica presupuestos metafísicos. Justamente por eso, porque estas implicaciones metafísicas son una metafísica solapada, suele ser muchas veces falsa. No olvidemos que las conclusiones metafísicas de la ciencia óntica son posibles, pero que los presupuestos metafísicos son necesarios. La ciencia no puede menos de reducir el ser, no puede menos de acotar un aspecto particular del espectro de la realidad. Sólo prescindiendo de todo lo que el hombre es más allá de eso, sólo fingiendo que el hombre es un ser meramente corporal, puedo ejercer de neurólogo. Sólo cuando ejerzo de neurólogo, cuando adopto la actitud de neurólogo ante un paciente, es válida la afirmación de Hartwig: que las cualidades psíquicas son funciones del sistema nervioso.

Pero no se olvide que antes de enfrentarme con un cerebro, sé ya algo de lo espiritual, conozco lo espiritual como una realidad inmediata. Puedo ponerla entre paréntesis cuando, aparte de conocer al hombre, quiero hacer ciencia, ciencia natural sobre el hombre; pero debo ser consciente de que tales acotaciones –exclusión de ciertas realidades para acotar una sola: la realidad corporal– son meras ficciones. El neurólogo finge, aunque no arbitrariamente, que el ser humano «es» un sistema nervioso, finge que sólo existe lo corporal, «como si» el ser humano no existiera espiritualmente (y sólo fuese una realidad corporal).

Hemos dicho que la ciencia natural debe proceder necesariamente «como si» el ser humano fuese un «sistema nervioso» y, como tal, no libre. Vemos, pues, que *la no libertad es una ficción*. Y así alcanzamos exactamente el resultado contrario al de Hartwig.

Pero los deterministas no nos lo ponen tan fácil. Ellos replicarán que esa «autocerteza» de la propia libertad que nosotros alegamos no es más que una ilusión del ser humano. Los deterministas no niegan, en efecto, que el hombre se crea libre; sólo afirman que éste se engaña, que se hace la ilusión de ser libre.

Tenemos así, al parecer, una afirmación frente a otra. Para avanzar, es preciso dar un rodeo, que es el siguiente: los filósofos deterministas no están solos en su tesis de la no libertad del ser humano: también los esquizofrénicos paranoides afirman lo mismo, sólo que ellos, además, se sienten no libres y limitan esta afirmación a su propia voluntad; por ejemplo, cuando declaran que su voluntad no es la suya, sino una voluntad ajena, que su querer está bajo la influencia de otros, o fórmulas por el estilo.

También el filósofo determinista puede considerar su voluntad como no libre o –como él lo expresaría– *vivirla* como no libre. Para lograrlo, le basta con una toma de 30 g (= 0,000030 g) de dietilamida del ácido lisérgico: es una dosis suficiente.[26] Aparece entonces una intoxicación que se refleja psíquicamente en estados de despersonalización

---

26. Para este tema y para lo que sigue cf. W.A. Stoll, «Schweiz. Arch. Neur.» 60 (1947); también A.M. Beckcı, «W.Z. Nervenhk.» 2 (1949) 402.

(y desrealización), en trastornos perceptivos, etc. Por ejemplo, un sujeto de experimentación tiene «la sensación de carecer de piel, de encontrarse más allá de la piel» o la vivencia de estar inmerso en otra persona; otro sujeto declara que le parece poseer «unas piernas infinitamente largas», con el pie izquierdo «hundido kilómetros y kilómetros», y siente una escisión entre la mitad izquierda y la mitad derecha del estómago; ve los rostros y las figuras con deformaciones caricaturescas, a veces como «figuras y rostros picassianos». Un tercer sujeto dice tener conciencia de una «disociación espacial del yo en dos partes» y hace constar: «Veo mi entorno y me veo a mí mismo como si fuéramos títeres.» Otros sujetos se sienten igualmente títeres, muñecos, y autómatas. En efecto, «bajo la acción lisérgica no se vive, sino que se vegeta», en expresión de uno de los sujetos.

¿Era preciso tomar dietilamida del ácido lisérgico para verificar en uno mismo la verdad del determinismo —y del surrealismo—? ¿Se trataba de demostrar que sólo en tales condiciones, en condiciones tóxicas, se puede verificar la verdad de los deterministas? ¿Qué clase de verdad es ésa?

Pues bien: tan cierto como que aquel sujeto tenía dos «yo» o el otro sujeto tenía una pierna kilométrica, igual de cierto es, probablemente, que la voluntad humana no es libre o, para expresarlo en el lenguaje de nuestros sujetos, que el hombre es un autómata. Con otras palabras: entre la hipótesis de que la dietilamida del ácido lisérgico genere una ilusión de libertad o de que elimine esa ilusión, es más probable la primera.

Concluyamos el comentario sobre la demostración de la psicogénesis de las motivaciones con los métodos sociologistas con otra cita del libro de Hartwig: la última frase (aparte el epílogo) del libro dice: «Debemos superar esta sombra metafísica de la religión que hoy vuelve a revivir en la figura del existencialismo» (185). Hartwig cree, frente a Nietzsche, que Dios no está aún «muerto». Pero el condicionamiento psicológico que subyace en la demostración rígidamente sociologista de los condicionamientos sociológicos ha quedado patente: los desenmascaradores sociologistas quedan psicológicamente desenmascarados.

Volvamos al tema que habíamos abandonado: para el sociologismo —decíamos— lo sociológico lo es todo y lo puede todo. Lo sociológico incluye aquí lo social, lo económico y lo político; o, con otras palabras: la sociedad, la economía y el Estado.[27]

---

[27]. En mi libro *Der Wille zum Sinn* (Hans Huber, Berna 1972) puntualizo: «No es que el marxismo afirme que las condiciones económicas y sociales determinan exclu-

Debemos prevenir, sin embargo, un malentendido: la confusión de la sociedad con la comunidad. La comunidad se basa en el «nosotros», en la relación entre el yo y el tú; la sociedad, en cambio, se basa en la categoría del «se» impersonal o está constituida por esta categoría. La diferencia aparece aún más clara hablando de «masa» en lugar de sociedad. La comunidad necesita de personalidades, como a la inversa toda personalidad necesita de la comunidad para poder realizarse en su marco, para ser persona. En la masa, por el contrario, ninguna personalidad humana puede hacerse valer ni puede desarrollarse. Pero la masa renuncia gustosa a la personalidad; ésta, en realidad, estorba a la masa.[28]

Si calificamos de colectivo todo lo que hemos contrapuesto a la comunidad, es evidente que todo sociologismo supone en última instancia una idea colectivista. Notemos entre paréntesis que cuando esta idea colectivista lleva a ese juicio de valor, la utilidad social pierde el único criterio de valor, mientras queda relegada la dignidad personal del hombre más allá de su utilidad social.

El pensamiento colectivista es síntoma de una enfermedad que sufre el hombre medio actual. En suma: el colectivismo es sólo uno de los aspectos de una patología del espíritu de nuestra época.

Patología del espíritu de nuestra época

El patólogo alemán Virchow formuló esta frase: «La política no es sino la medicina a gran escala.» El espectáculo político de nuestra época aconseja variar esta frase: la política es psiquiatría a gran escala.

---

siva y estrictamente al ser humano. El marximo reconoce, en efecto, que la relación de dependencia entre lo social y la conciencia del hombre es mutua, que se da también una reacción de la conciencia a lo social.» El hombre, pues, no sólo está marcado por las condiciones socioeconómicas y políticas, sino que es capaz también de rehacerlas, de remodeladas. No tiene por qué ser su víctima. Puede ser su creador.

28. Cf. La formulación propuesta en *Die ärztliche Seelsorge*: «El sentido de la individualidad sólo se cumple en la comunidad» (p. 88). «Pero si la comunidad ha de tener un sentido, no puede prescindir de la individualidad de los individuos que la forman, mientras que en la masa desaparece el sentido de la existencia singular, porque en ella la singularidad es un estorbo» (*ibíd*). «La verdadera comunidad es esencialmente una comunidad de personas responsables: pero la masa es sólo la suma de seres despersonalizados» (p. 90).

De ser cierta la frase de Virchow, el médico está autorizado a preocuparse de la política; y de ser justa nuestra variación no sólo está autorizado, sino que está obligado.

Se habla ya de «psicopolítica» (Johannes Neumann) y se habla también de revisiones psiquiátricas periódicas de los dirigentes políticos. Pero la patología del espíritu de nuestra época, la enfermedad del espíritu de la época, no significa que exista una verdadera enfermedad mental de la época. Está comprobado que las verdaderas enfermedades mentales, como también los suicidios, aparecen con independencia del espíritu de la época y que no aumentan en tiempo de guerra o de crisis.

Otra cosa es la existencia, bien comprobada, de una afinidad (en todos los tiempos) entre ciertas psicopatías y ciertas corrientes políticas: los psicópatas muestran una tendencia hacia los extremismos políticos, a la política radical.

En el octavo congreso de los psiquiatras escandinavos (Copenhague 1946) se hizo público el resultado de algunas investigaciones[29] llevadas a cabo por una comisión de psiquiatras nombrada por el ministro de justicia de Noruega. Fueron explorados 60 000 antiguos partidarios de Quisling y el resultado fue que el índice de paralíticos, paranoicos y psicópatas paranoides entre ellos era dos veces y medio superior al de la población media noruega. El 50 % de los miembros del partido nacionalsocialista noruego eran psicópatas. Entre los combatientes noruegos en el lado alemán sólo el 49,61 % alcanzaba el cociente medio de inteligencia de 90 a 100.

Como se ve, la exploración psiquiátrica de los dirigentes políticos llegó demasiado tarde. Habría que examinar psiquiátricamente a la masa de psicópatas que encumbran a un dirigente político, que le ayudan a conquistar el poder.

Podemos señalar cuatro notas esenciales en la patología del espíritu de nuestro tiempo:

1. La actitud existencial provisional. Esto se debe a que el hombre se ve forzado en tiempo de guerra a vivir al día... o de un día para otro. Nunca puede saber si va a vivir al día siguiente. El hombre que vive provisionalmente olvida cuánta razón tenía Bismarck cuando decía: «En la vida ocurre como con el dentista: siempre se cree que lo peor está por venir, cuando en realidad ya ha pasado.» La actitud existencial provisional, fruto de la guerra, no ha pasado aún; el hombre de hoy sigue bajo su influencia y está poseído de una especie de fobia atómi-

---

29. Ornulo Odegärd y Fröschaug, «Acta Psych.» 47 (1947) 556.

ca. Así adopta la actitud: después de mí (no el diluvio, sino) la bomba atómica.

El hombre en actitud existencial provisional no considera necesario actuar y afrontar su destino; el hombre que está afectado de la segunda nota dentro de una patología de la época, el hombre de actitud fatalista, cree que no es posible afrontar el destino. El hombre de actitud provisional dice: no vale la pena. Y el de actitud fatalista: no está en mis manos. Mientras el uno considera la existencia como algo provisional, el otro la considera como una fatalidad.

2. La actitud vital fatalista. No es sólo una secuela de la guerra, sino el producto de la experiencia de cautiverio en la guerra. Uno de mis pacientes lo expresó así: «Siempre estaban trasladándonos.» Pero fue sobre todo el fascismo, con su principio autoritario sobre el Jefe, el que educó al hombre para la huida y el temor a la responsabilidad personal, y el que le amaestró para la obediencia ciega; o, para expresarlo en el lenguaje de aquel período, para el «rígido seguimiento» del jefe militar o político.

El hombre medio de hoy está dominado por la superstición de los más diversos poderes del destino, y el nihilismo contemporáneo no hace sino alimentar esta creencia en el destino. Los tres grandes «homunculismos»: el biologismo, el psicologismo y el sociologismo, persuaden al hombre de que es mero autómata de reflejos, mero aparato de instintos o mero producto de la sangre y la tierra, de la herencia y del medio ambiente o de factores similares, sin libertad ni responsabilidad. La culpa está en la situación social en que se encuentra o en las predisposiciones anímico-corporales que posee. El fatalista echa la culpa a los instintos, al inconsciente y al ello; al servicio de este fatalismo, abusa del psicoanálisis y lo malentiende.

Tampoco el psicólogo C.G. Jung está exento de rasgos fatalistas. También Jung ve en el «arquetipo», en el «inconsciente arcaico y colectivo» un hado. No es extraño que con esa creencia en un inconsciente colectivo haya atribuido una culpa colectiva a los alemanes, a todos los alemanes, incluidos los antifascistas deportados a los campos de concentración: éstos eran, en opinión de Jung, nazis inconscientes. Aquí, en este «inconsciente colectivo», encontramos la tercera nota distintiva de nuestra época:

3. La idea colectivista. El nacionalsocialismo educó al hombre para la idea colectivista. Este movimiento solía juzgar siempre a nivel colectivo y global. Bastaba ser alemán, pertenecer al colectivo «nación alemana», para tener un mérito. Igualmente bastaba ser judío para car-

garse de culpa. Por desgracia, aquellos que debían haber sometido a tratamiento esta enfermedad espiritual de masas se dejaron contagiar de ella. No se comprende de otro modo que se llegase a hablar de culpa colectiva. Después de la guerra, bastaba ser alemán para cargarse de culpa, bastaba ser prusiano, o chulo, para atraerse la maldición del ridículo. El que habla de «el» chulo en general, procede como aquellos que hablaban de «el» judío, con la misma generalización.

Los juicios colectivistas sólo sirven en definitiva para escamotearle al hombre la responsabilidad de sus opiniones personales. Ocurre así que la mayoría de las personas de hoy no tienen ninguna opinión: la opinión los «tiene» a ellos.

La opinión colectivista cristaliza en los tópicos. Si no hubiera tópicos, habría, en lugar de las generalizaciones totalizantes, lo que tanto hace falta: la integración de los puntos de vista.

4. El fanatismo. El hombre de mentalidad colectivista desconoce su propia personalidad al diluirse en la masa; o más exactamente, al sumergirse en ella; el hombre fanático no desconoce su propia personalidad, sino la personalidad del otro, del que es de otra opinión.[30]

El totalitarismo convierte al ser humano en fanático. Una frase de Hitler expresa con toda claridad lo que es el totalitarismo: «la política es un juego donde se permiten todas las trampas.» Desde que Hitler pronunció la frase, importa menos saber los fines que persigue una política que saber los medios que utiliza para alcanzarlos. Con otras palabras: lo que importa no es el fin, sino el estilo de la política. Hay dos estilos de política y, en consecuencia, dos clases de políticos: *Para los unos, el fin justifica los medios, mientras que para los otros hay medios que el fin más sacrosanto no puede justificar*. Es falso que el fin justifique los medios; en realidad, una persona que lo convierte todo en medio para un fin, no puede perseguir un fin santo, pues el que considera justos todos los medios no puede considerar nada como santo.

Hay algo que no puede ser medio para un fin: el hombre, al que bajo ningún concepto se puede degradar a la condición de simple medio, según declara Kant en la segunda formulación del imperativo categórico.

La *fijación en el fin* politiza al hombre, y la *orientación en un sentido último* humaniza la política.

---

30. Sólo en un punto no ignora el fanatismo la personalidad del otro: cuando odia –se entiende personalmente–. Sobre esto habría que puntualizar que al hombre nunca le es lícito odiar a «alguien», sino más bien «algo» en él.

Ensayo de una patodicea

No cabe esperar que la política pueda resolver todos los problemas: la política no es ninguna panacea, ya por el simple hecho de que ella misma es a menudo un síntoma de enfermedad. Lo que es síntoma difícilmente puede ser una terapéutica.

El arte no tolera programas políticos ni directrices obligatorias. La tendencia política puede echar a perder una obra de arte; pero no debe confundirse la tendencia política de un artista con las consecuencias políticas que un artista puede extraer de su arte. El arte siempre es tendencioso en el sentido de tender hacia lo humano. El artista es infiel a su arte cuando se deja llevar de tendencias políticas, pero es fiel a su condición humana cuando extrae de su arte consecuencias políticas.[31]

Las cuatro notas de la patología de nuestra época encuentran ejemplos análogos en psiquiatría, aunque sólo análogos. Aparecen en una doble forma de las dos enfermedades mentales que conoce la psiquiatría clínica: la locura maníaco-depresiva y la esquizofrenia.

El hombre que adopta una actitud existencial provisional presenta cierta afinidad con el hombre maníaco. Sabemos que el maníaco vive en el instante, en el momento presente (Ludwig Binswanger, Erwin Straus), que en cierto modo «vive al día».

El correlato del hombre de actitud vital fatalista es el hombre melancólico: también éste con su inhibición psicomotora y su sensación de paralización de la voluntad y de impotencia frente al destino vive cruzado de brazos, incluso literalmente.

El pensamiento colectivista o, más exactamente, el sentimiento vital colectivista encuentra su contrapunto en la esquizofrenia catatónica, que priva de toda iniciativa y de todo interés; también el colectivismo induce al hombre a renunciar totalmente a la iniciativa y al propio interés, o a dejarse «orientar» y «coordinar». El Estado se convierte en el gran ídolo Moloc y hace del hombre un *golem*.

El contrapunto del fanatismo, en fin, es la paranoia. Pero el fanático no sólo corre paralelo al paranoico –con su megalomanía y sus ideas de persecución y conjura–, sino que en ocasiones es realmente paranoide, concretamente cuando padece «ideas fijas».

Hasta aquí el aspecto diagnóstico. ¿Qué decir en el aspecto tera-

---

31. ¿Qué ocurre cuando el arte de una persona no armoniza con su humanidad, cuando es infiel a su humanidad? ¿Qué ocurre cuando el hombre y la obra están disociados entre sí? Ello es sin duda culpa del autor; pero es culpa del público el no distinguir entre el hombre y la obra. Es triste que une no viva con arreglo a lo que escribe; pero ¿es por eso menos valioso lo que escribe?

péutico? ¿O se puede aplicar a nosotros lo que Bergson dijo de los filósofos: que son como médicos que diagnostican enfermedades que no pueden curar? ¿Es posible una terapéutica del espíritu de nuestra época?

Si no creyéramos en esa posibilidad, nosotros mismos seríamos fatalistas; pero nosotros no somos fatalistas; sólo somos pesimistas. Hemos llegado a serlo. La historia universal discurre de catástrofe en catástrofe, de la última catástrofe a la siguiente. Y el ser humano parece ser más un ser «decadente» que un ser «caído». El organismo de la humanidad siempre está supurando algo, y cuando se abre la úlcera y empieza a curarse, algo empieza a supurar en otro lugar.

Este talante pesimista alcanza también el arte. No se puede «dirigir» el arte, y tampoco se le puede «desviar»: el arte no se deja desviar de lo que percibe. Si el arte ha de ser veraz, no se le puede pedir que sea siempre bello. Esto sería confundir la estética con la cosmética y considerar al artista como socio de una especie de Liga de embellecimiento de la realidad. Pero si el hombre no está en el mundo como un simple excursionista, el arte tampoco es un club de embellecimiento de la realidad. Si se tomase en serio esta idea del arte, la interpretación de una *Symphonie pathétique* sería ilegal.

Nosotros somos pesimistas; pero justamente por ello somos activistas y nada fatalistas. El activismo iba unido antes al optimismo, cuando la creencia en el progreso y la ingenuidad del progreso. Hoy somos más modestos, y el activismo se nutre de pesimismo.

Nosotros conocemos al hombre. Hemos llegado a conocerle como quizá ninguna otra generación anterior a la nuestra. Nosotros sabemos de qué es capaz el hombre. Sabemos que el hombre es el ser que ha inventado las cámaras de gas; pero también el ser que entró en esas mismas cámaras, erguido y cantando la Marsellesa o con una oración a flor de labios. El hombre es capaz de lo uno y de lo otro; él mismo decide la opción entre ambas posibilidades. El hombre es un ser de opciones, está decidiendo en cada momento, y sólo existe en tanto que decide lo que ha de ser en el momento siguiente.

Existen sólo dos razas: la raza de los hombres honestos y la raza de los hombres viles. Justamente por eso, porque sabemos que los honestos están en minoría, todos están convocados a engrosar y proteger esta minoría.

La humanidad ha alcanzado un máximo de conciencia —de saber, de ciencia— y un máximo de responsabilidad; pero ha alcanzado también un mínimo de conciencia de responsabilidad. El hombre actual sabe mucho, sabe más que nunca, y es responsable de muchas cosas, más que nunca; pero de esta responsabilidad suya sabe muy poco.

Por eso el objetivo de una terapéutica de la neurosis colectiva es el mismo que el de la neurosis individual: culmina y desemboca en una llamada a la conciencia de responsabilidad. Pero el camino hacia esta meta pasa por el hombre individual, por la conciencia de responsabilidad y la afirmación de la responsabilidad del individuo (los ejemplos provocan una reacción en cadena).

Es preciso superar, ante todo, el fatalismo. El requisito para ello es que no se considere al hombre como un autómata. No hay ningún automatismo en la existencia humana, ni en lo grande ni en lo pequeño. No hay un progreso automático ni una decadencia automática del mundo, de Occidente, etcétera

La superación del fatalismo parte de la convicción de que ninguna persona es anónima y de que toda situación es histórica, siquiera en el sentido de la historia personal, de la historia vital no escrita.

Si queremos, pues, despertar en nuestros pacientes la conciencia de su responsabilidad, si queremos que se percaten realmente de su responsabilidad, debemos dejar patente el carácter histórico de la vida y, en consecuencia, la responsabilidad humana en la vida. Al hombre que acude a la consulta se le recomienda, por ejemplo, que imagine estar al final de su vida, hojeando en su biografía y abriendo el capítulo que trata del momento presente; milagrosamente tiene la posibilidad de decidir cuál será el próximo capítulo, con capacidad para introducir enmiendas en un capítulo decisivo de su historia personal no escrita. Se podría expresar la máxima en este imperativo: *Vive como si vivieras por segunda vez y como si la primera vez lo hubieras hecho tan mal como estás a punto de hacerlo ahora*. Si uno logra centrarse en esta fantasía, comprenderá toda la magnitud de la responsabilidad que el hombre tiene en cualquier instante de su vida: la responsabilidad de lo que va a ser el momento siguiente, del cariz que va a dar a la próxima jornada.

Todo ser humano es único y singular; no debemos perder la conciencia de esta unicidad y singularidad, no debemos perder esta conciencia comprometida ni por los resultados de la investigación científica ni por una cosmovisión de tipo naturalista. Cuando John Dewey dice: «El género hombre consta de unos pocos seres vivos que desde hace poco difieren algo del resto de la vida animal en un planeta medio de un sistema solar irrelevante» y lamenta que «en comparación con el género hombre, el universo sea enormemente grande»; pero la impresión no nos dura mucho. ¿Qué importan, en efecto, que la tierra sea tan pequeña en comparación con el cosmos y que no se encuentre en medio de él? Sería como sentir pena de que Goethe no hubiera nacido en el centro de la tierra o de que Kant no hubiese vivido en el polo magnético.

Pero el fanatismo no le va en zaga al fatalismo en consecuencias y en peligros; el fanatismo constituye una epidemia psíquica. Esta epidemia es, al igual que las otras, una secuela necesaria de la guerra; pero, a diferencia de aquéllas, es además una posible causa de guerra. Por otra parte, es más infecciosa; se extiende con más rapidez. Sus agentes provocadores son los tópicos que, una vez lanzados a las masas, desatan una reacción en cadena que es más peligrosa que la reacción física de la bomba atómica. La reacción en cadena de la bomba atómica nunca se pondría en marcha si no le precediera la reacción en cadena psicológica.

B. DE LA NEGACIÓN DEL SENTIDO A LA INTERPRETACIÓN DEL SENTIDO

El análisis existencial o la logoterapia –como una forma de psicoterapia que evita el fisiologismo, el psicologismo y el sociologismo– no se ocupa de lo que el hombre «puede» o le está «permitido» hacer, ni de lo que «no puede menos de» hacer, sino de lo que «debe» hacer. Para poder introducir esta categoría del deber, del valor, del sentido, en la psicoterapia, es preciso superar el nihilismo –que subyace siempre en el fisiologismo, psicologismo y sociologismo. La negación nihilista del sentido debe dejar paso al intento de una interpretación del sentido. Pero interpretar el sentido no equivale a dar sentido: el hombre que intenta interpretar el sentido del ser no trata de insuflar cualquier sentido al ser, sino de encontrar «el» sentido.

A la pregunta sobre la posibilidad de encontrar ese sentido, contestamos de entrada con una respuesta bastante común a la cuestión del sentido de la existencia: el sentido de la vida está en la vida misma. Lo más obvio parece considerar este enunciado como una tautología y la «solución» del problema del sentido como una solución aparente. Pero un análisis atento muestra que la equiparación del sentido de la vida con la vida misma sólo es una fórmula paradójica y no una fórmula tautológica. Si afirmo que el sentido de la vida es la vida misma, significo con la palabra «vida» –que aparece dos veces en esta frase– dos realidades distintas: primero entiendo por vida la vida fáctica, y luego la vida facultativa; segundo, la existencia dada, y luego, la existencia como una tarea. Con otras palabras: la tesis «el sentido de la vida es la vida misma», despojada de su carácter paradójico, significa que el elemento facultativo es el sentido del elemento fáctico de la vida.

Homo patiens

Esto revela un carácter dialéctico, una estructura polar que es general en la existencia, en el ser humano, el hombre, en electo, nunca «es», sino que «deviene»; el hombre nunca puede decir «yo soy el que soy», sino «yo soy el que llega a ser», o «yo llego a ser el que soy» llego a ser *actu* (en realidad) el que «soy» en potencia (posibilidad).

Sólo Dios puede decir «yo soy el que soy»; sólo él puede llamarse así. Porque Dios es *actus purus*, es potencia actuada, posibilidad realizada. En Dios hay una congruencia de existencia y modo de ser, de existencia y esencia. Pero en el hombre el ser, por una parte, y el poder y el deber ser, por otra, discrepan siempre entre sí. Esta discrepancia, esta distancia entre la existencia y la esencia, es lo propio del ser humano.

Si el sentido del ser humano estriba en reducir esta discrepancia, en acortar esta distancia, en una palabra: en aproximar la existencia a la esencia, no se puede olvidar que nunca se trata de «la» esencia, como sería una esencia «del» hombre que el hombre tuviese que realizar o representar, sino de la esencia propia de cada uno; se trata de la realización de la posibilidad axiológica reservada a cada individuo. La máxima «llega a ser el que eres» no significa sólo «llega a ser el que puedes y debes ser», sino también «llega a ser lo único que puedes y debes ser». No se trata sólo de que yo sea hombre, sino de que llegue a ser yo mismo.

Se plantea en este punto, como se sabe, el problema del principio de individuación: cómo se realiza cada esencia, cada idea, en múltiples formas. Parece que el hombre está más allá de este principio y lo trasciende. En efecto, a cada existencia humana corresponde una única esencia: la suya propia; cada existencia humana es exclusiva de su esencia. El hombre logra, hasta cierto punto, no sólo la superación, sino nada menos que la inversión del principio de individuación. Esto nos hace evocar al actor que con su única existencia «representa», da vida y encarna una serie de «caracteres», de «personajes».

Según esto, si el sentido de la vida consiste en que el hombre realice su esencia, se comprende que el sentido de la existencia sólo pueda ser un sentido concreto; se refiere siempre a la persona individual y a la situación concreta (ya que no sólo corresponde a cada persona individual, sino a cada situación personal). La cuestión del sentido de la vida, por tanto, sólo se puede plantear en forma concreta, y sólo se puede contestar de modo activo: contestar a las «preguntas de la vida» significa «responsabilizarse», «efectuar» las respuestas.

Si es posible preguntar por el sentido, hay que preguntar por el sentido de una persona concreta y de una situación concreta. Si la cuestión del sentido se dirige a la totalidad, pierde sentido. Si se formula la pregunta de modo concreto, se plantea *ad hoc*, es decir, se pregunta por un sentido relativo, si bien no en la línea de un relativismo, sino en un sentido particular. La contestación a la pregunta por el sentido absoluto escapa a las posibilidades del ser humano.

El hombre no sólo es incapaz de conocer el sentido absoluto, sino que tampoco bajo ningún otro aspecto está en condiciones de conocer lo absoluto. El hombre puede alcanzar un conocimiento absoluto;[1] pero no posee un conocimiento de lo absoluto. El hombre puede tener un conocimiento objetivo;[2] pero no puede tener un conocimiento objetivo del sujeto, de sí mismo; el sujeto es trascendente a sí mismo. Si es verdad lo que afirmó la filosofía antigua: que el filosofar comienza con el asombro, el auténtico milagro que encuentra el filósofo es el misterio, el protofenómeno de su propia existencia. Como filósofo, yo me asombro de ser, de ser *yo*.

El filósofo debe detenerse ante esta realidad más íntima o, más exactamente, ante esta verdad más extrema; esta realidad y verdad no se puede expresar en conceptos ni en palabras.[3] En efecto, «una totalidad que nada deja fuera de sí, ya no tiene el carácter de la verdad, como la totalidad de la materia dejaría de ser pesada» (Karl Jaspers). Pero en este sentido cabe decir que lo absoluto no tiene el carácter de una realidad dotada de sentido.

La pregunta por el sentido fracasa tan pronto como se aplica a la totalidad. La totalidad, en efecto, es inabarcable, y por eso su sentido rebasa necesariamente nuestra capacidad de comprensión. El sentido del todo es inefable, inasequible, incluso en la línea de un concepto límite, por lo que cabe afirmar que el todo carece de sentido, porque tiene un supersentido. Pero el «supersentido» nada tiene que ver con lo «suprasensible», y significa aquí «suprarracional».

No es posible concebir el supersentido; es preciso creer en él. Lo suprarracional sólo puede ser objeto de fe, como todo lo extrasensible, como todo lo que no es sensible, pero que no por ello es menos inmediato.

El sentido del todo, el supersentido, es indemostrable; su demostración es imposible, a menos que nos limitemos a una demostración

---

1. Cf. p. 112.
2. Cf. p. 105.
3. Cf. la afirmación de Arthur Koestler: «las consideraciones lógicas pierden su función reguladora cuando se acercan al polo magnético de la verdad y al Absoluto.»

de probabilidad, declarando: la mayor parte de las realidades *tienen* sentido, un sentido concreto; por eso la creencia de que *todo* tiene sentido es probablemente racional.

Pero la increencia en ese sentido del «todo», de la totalidad, en ese supersentido, no sólo es absurda en este aspecto, sino que también carece de amor. En efecto, el supuesto de que todo sea absurdo implica que la propia existencia es la única instancia que confiere sentido (aunque fracasando en esa prestación de sentido), el único soporte de sentido. Esto es soberbia; la humildad hace creer, hace barruntar que el todo posee incomparablemente más sentido, aunque este sentido apenas sea demostrable.

Pero el supersentido, no susceptible de demostración, tampoco la necesita; no sólo es imposible demostrarlo, sino también innecesario. Porque si nada tuviera sentido, yo podría constatarlo de algún modo; pero si todo tiene sentido, si impera el supersentido en todas partes, yo no puedo constatarlo en modo alguno, yo no puedo nunca abarcarlo todo. Con otras palabras: la ausencia de sentido del todo, la carencia total de sentido, debería ser demostrable; y a la inversa, la indemostrabilidad del sentido total no puede ser una demostración de que no se dé esa plenitud de sentido. En efecto, la plenitud de sentido total es indemostrable; no puede demostrarse, sólo puede pensarse en un concepto límite: precisamente el concepto de un supersentido. Pero esto significa que el *onus probandi* recae sobre el dubitante. *El peso de la prueba no carga sobre las espaldas del que cree en un supersentido; sólo recae sobre él el peso de la indemostrabilidad de este supersentido.* No es cierto, pues, lo que suele afirmarse: que el sentido de nuestra vida consiste en asumir la falta de sentido de este mundo y que el sentido de la existencia consiste en afrontar el «absurdo» del ser; en realidad, la inabarcabilidad del todo, la inmensidad de la plenitud de sentido de este todo, la indemostrabilidad del supersentido, el asumir todo esto forma parte de nuestra existencia. En esta perspectiva no es sólo, como dijimos, que la fe en este supersentido «tenga» sentido, sino que podemos afirmar que la fe en un supersentido es sentido.

Nosotros diríamos, pues, que la pregunta por el sentido fracasa cuando versa sobre el todo; pero no fracasa sólo cuando versa sobre el todo, sino también cuando se dirige al fundamento: cuando ella misma va al fondo.

La existencia es el único ser que plantea la cuestión del sentido. Pero no sólo pregunta en cada caso por el sentido de la facticidad, sino también por el sentido de su propia existencialidad; no sólo pregunta por

Ensayo de una patodicea

el sentido de hechos concretos, sino por el sentido de sí misma, por el sentido de su ser, único capaz de formular la cuestión del sentido. En ese mismo instante ya no se plantea la pregunta por el sentido de modo concreto, sino de modo reflexivo. En esta reflexión fracasa y no puede menos de fracasar la pregunta por el sentido. Porque no cabe ya preguntar racionalmente por el sentido de la pregunta por el sentido. Esto equivaldría a preguntar por el sentido del sentido. Pero no es posible ir más allá del ser del sentido, preguntar por encima del ser del sentido. Debemos renunciar así a encontrar el sentido de eso que es la búsqueda del sentido. Pero buscar el sentido es lo mismo que existir. Por eso la existencia no puede encontrar el sentido y el fundamento de su propio ser; no puede ir al fondo de sí misma.

Cuando la pregunta por el sentido se dirige al todo, fracasa porque, como hemos dicho, el todo no tiene sentido: tiene supersentido.

Cuando la pregunta por el sentido se dirige al fundamento, fracasa porque –así podemos completar lo dicho– el «fundamento» tampoco tiene sentido: el fundamento «es» sentido.

Debemos, pues, decir: el mundo, la realidad «en conjunto» carece de sentido; pero, «en el fondo», nuestro ser, la existencia, tampoco tiene sentido: no puede tener sentido porque ella misma es sentido.

La distinción entre el sentido y el supersentido es importante en la teoría y también en la práctica. Porque si yo no diferencio el sentido y el supersentido, sino que los confundo, se produce una interferencia de ambos, y esta interferencia significa un obstáculo. Entonces no es posible la acción; no hay posibilidad de opción, de resolución, de responsabilidad. Yo quedaría inhibido, paralizado, con las manos atadas. Si renuncio a mi creencia en un supersentido con el pretexto de que, haga lo que haga y cualquiera que sea el rumbo de mi acción, el supersentido se impone de un modo u otro en el efecto de la acción, si me dejo llevar de esa postura, quedo con las manos atadas. Por eso debo obrar como si todo dependiera de mí, de lo que yo haga o deje de hacer.

Con otras palabras: no me es lícito saber ni creer nada en lo que al supersentido se refiere. Tanto más teniendo en cuenta que el supersentido no me *deja* saber nada. Porque el supersentido sólo se da «en el efecto» y no en la intención. Por eso nada puedo saber del supersentido *a priori*, sino sólo barruntarlo *a posteriori*.

En el momento de la acción, para poder obrar, debo dejar de lado mi creencia en el supersentido. En el momento de la acción sólo me está permitido atenerme al sentido que se me hace patente, no al supersentido, que se impone siempre. Puedo perder cuidado, porque el supersentido se impone siempre. Puedo contar con él. Puedo contar con él, mas no puedo manejarlo.

Dejar de lado la creencia en un supersentido no significa descartar el supersentido. La imposición de un sentido que se me hace patente depende de mi iniciativa; pero el supersentido se impone con independencia de mi iniciativa; con o sin mi colaboración, con o sin mi intervención. En suma: la historia en que se cumple el supersentido acontece a través de mis acciones o por encima de mis omisiones.

Interpretación metaclínica del sentido del sufrimiento

Cumplimos el sentido de la existencia –llenamos de sentido nuestra existencia– realizando los valores. Esta realización de valores puede producirse por tres vías: la primera posibilidad de realizar valores consiste en crear algo, en configurar un mundo; la segunda posibilidad consiste en vivir algo, asumir el mundo, asimilar la belleza o la verdad del ser; la tercera posibilidad de realización de valores consiste en padecer, en sufrimiento del ser, del destino.

La realización de valores en el sufrimiento del mundo y del destino muestra a las claras que la no realización de valores «creativos» y de «valores vivenciales» ofrece la posibilidad de realizar otros valores adoptando la actitud correcta ante esa limitación de posibilidades: los «valores actitudinales». De ese modo la renuncia forzosa supone un acicate para las máximas posibilidades de sentido y de valor: las que sólo se contienen en el sufrimiento.

No es fácil exponer la riqueza de sentido que alberga el sufrimiento. Las posibilidades axiológicas del hacer creativo y de las vivencias pueden ser limitadas y pueden agotarse; pero las posibilidades del sufrimiento son ilimitadas. Ya por esto los valores actitudinales son superiores en rango ético a los valores creativos y vivenciales.[4] Pero lo son además por otras razones:

Lo que yo necesito para realizar obras creativas es algún tipo de talento; si lo tengo, me basta utilizarlo. Para realizar valores vivencia-

---

4. Es interesante la jerarquía que rige las tres categorías axiológicas y, a tenor de ella, la superioridad de los valores actitudinales sobre los valores creativos y los valores vivenciales, según se ha podido confirmar por análisis factorial de una muestra de 1340 sujetos de experimentación (E.S. Lukas, *Logotherapie als Persönlichkeitstheorie*, tesis doctoral, Viena 1971).

les me basta asimismo con algo que ya poseo: los órganos correspondientes: mis oídos para oír una sinfonía, mis ojos para ver un arrebol alpestre, etcétera.

Para realizar, en cambio, valores actitudinales, necesito, además de la capacidad creadora y la capacidad vivencial, la capacidad de sufrimiento. Pero el hombre no «posee» esta capacidad; nadie se la puso en la cuna; se poseen órganos y se puede poseer talento, pero la capacidad de sufrimiento debe adquirirla el hombre por sí mismo; tiene que padecerla primero para sí.

Si yo contase ya con una capacidad de sufrimiento, si éste fuera un rasgo caracterológico, y como tal, innato y no adquirido, sería en realidad apatía, algo que no permite que aflore el sufrimiento. La apatía es la incapacidad de sufrir. La apatía excluye la posibilidad de realizar valores actitudinales mediante el sufrimiento y en el sufrimiento.

El que no puede configurar el destino mediante la realización de valores creativos, puede dominarlo a pesar de todo, realizando valores actitudinales, es decir, adoptando una actitud correcta frente al destino mediante el adecuado sufrimiento. Esto presupone la previa adquisición de la capacidad de sufrimiento. Este dominio interno –con renuncia a la configuración externa– resulta ser, en definitiva, una configuración: la autoconfiguración. Porque la adquisición de la capacidad de sufrimiento es un acto de autoconfiguración.

Jaspers define el ser del hombre, en una fórmula muy feliz, como «ser decisivo» que nunca «es» sin más, sino que cada vez decide lo que es. Pero la existencia humana hace que también la persona del hombre sea un ser decisivo. Si el ser de la persona es un ser decisivo, el carácter es un ser devenido. Pero este ser no es «devenido» únicamente por haber llegado a ser lo que es por la herencia y el medio ambiente; *tertium datur*: hay algo, además del medio ambiente y de la herencia, que constituye al hombre: lo que el hombre hace de sí mismo; el hombre, es decir, la persona; «de sí mismo», es decir, del carácter. Por eso la fórmula de Allers: el hombre «tiene» un carácter, pero «es» una persona, admite un complemento: y «deviene» una personalidad. La persona que alguien «es», dialogando con el carácter que «tiene», adoptando una posición ante él, lo configura y se configura ella constantemente, y «llega a ser» una personalidad. Pero esto significa que yo no actúo únicamente con arreglo a lo que soy, sino que llego a ser lo que soy con arreglo a lo que hago.

El hombre «se» decide; como ser decisivo que es, el hombre no se limita a decidir algo, sino que se decide a sí mismo. Toda decisión es autodecisión, y la autodecisión es autoconfiguración. Mientras configuro el destino, configuro la persona que soy, el carácter que tengo, y «se» configura la personalidad que llego a ser.

La realización de valores actitudinales, si ha de constituir una obra humana, presupone el sufrimiento y la capacidad de sufrir. Pero la realización de valores, el obrar humano, presupone también una decisión previa. Se suele creer que esta decisión, además de voluntaria debe ser consciente. Yo sostengo, en cambio, que también hay decisiones inconscientes, al menos en el sentido de que se ejecutan sin un acto reflexivo.

Podemos aclararlo con un ejemplo: Un hombre se arroja de un puente al agua. Otro salta detrás de él para salvarlo. Una vez logrado su objetivo, le preguntamos cómo tomó esta decisión. Él nos contesta que no se puede hablar de decisión, que el salvar una vida humana es algo espontáneo. Así las cosas, cabe preguntar: esa acción ¿carece de valor por el hecho de ser para él algo obvio? ¿No pasaban en aquel momento por el puente otras personas que vieron el incidente sin tomar la decisión de lanzarse al agua, sin considerarlo tan obvio como el otro?

Vemos así que lo significativo es que alguien considere su acción de salvamento como algo obvio. Porque no es nada obvio que eso sea para alguien algo obvio. Nada es obvio; todo puede llegar a ser obvio. O, volviendo al caso del salvamento, aquel hombre *tuvo que* decidirse alguna vez en su vida, siquiera una vez.

Es evidente, pues, que toda decisión obvia, espontánea y, en este sentido, inconsciente constituye el último eslabón de toda cadena de decisiones donde la primera decisión, la originaria, la opción primordial, fue más o menos consciente. Pero esta decisión primordial arrastra consigo otras muchas pos-decisiones, cada vez menos conscientes. Las decisiones son cada vez menos premeditadas, pero siguen siendo voluntarias, decisiones libres.

Si, como decíamos, el ser humano «se» está decidiendo en todo momento, si cada decisión, es en este sentido, autodecisión, otro tanto cabe decir, y con más razón, sobre la decisión primordial. La bondad del obrar da como fruto, a la larga, la bondad del ser.

Sabemos que la acción es en definitiva la transmutación de una posibilidad en realidad, de una potencia en acto. Pero en lo que respecta a la autoconfiguración, el agente no puede conformarse con la unicidad de una acción; hace algo más: fija el acto en un hábito. Lo que era acción, pasa a ser actitud. Pero su valor no es ahora menor, sino más elevado.

Ensayo de una patodicea

Cualquier ser humano conoce instintivamente el posible sentido del sufrimiento y, en consecuencia, el valor de la capacidad de sufrimiento, conoce la capacidad de sufrimiento como valor. Este saber está profundamente arraigado, como lo revela el cuadro clínico de la melancolía anestética: en tales casos se produce una «anestesia» o, más exactamente, una apatía, y los pacientes lamentan no sentir dolor, no experimentar ningún sentimiento de alegría o de sufrimiento, ni poder llorar; en una palabra, aunque suene a paradoja: estos enfermos sufren por la incapacidad de sufrir que «padecen». Una paciente se quejaba de no tener dolor de muelas y, tras la extracción de la pieza, se quejó de no haber sentido nada. Vemos, pues, que el ser humano anhela estar en comunicación pática con el mundo y que no desea eludir el peligro de que eso le acarree la desgracia.

Quedamos, pues, en que el sufrimiento es un acto valioso. Un paciente nos lo demostró de modo impresionante en una clase clínica; padecía un *morbus little* (parálisis infantil cerebral) con atetosis doble (especie de movimientos compulsivos acompañados de graves luxaciones articulares). El joven no había podido asistir a centros escolares, pero estudió y leyó mucho en privado. Si aplicamos el esquema de las «tres tareas vitales» que enseña la psicología individual, vemos lo poco que le dio la vida, lo mucho que le faltaba: ¿«Trabajo»? El joven estaba incapacitado para cualquier actividad laboral. ¿«Comunidad»? Hizo referencia de paso, en su presentación en clase, a los comentarios estúpidos que solía hacer la gente en la calle: «Un paralítico...» «Amor», en fin: tenía excluida de antemano la realización de la vida amorosa. El hombre era un inválido. Pero él se comportaba de modo diferente que otros inválidos. Así lo demuestra con claridad la respuesta que una inválida dio una vez en un centro cuando la preguntaron que en qué ocupaba su tiempo; la respuesta fue: «De noche, duermo, y de día... me consumo.»

Nuestro enfermo adoptó otro comportamiento, como decimos: no se dejó abatir, no se limitó a vegetar. Aprovechó la exclusión forzosa de todas esas posibilidades de autorrealización que señala la psicología individual –«trabajo, comunidad y amor»– como acicate para nuevas posibilidades de autorrelación y de realización de valores; su invalidez se convirtió en un estímulo. Como los árboles de un tupido bosque que se ven forzados a crecer, más que a lo ancho, a lo alto, nuestro paciente se desarrolló hacia arriba en medio de la estrechez y la limitación de sus posibilidades. Hoy trabaja como funcionario en una organización de minusválidos.

Él supo tomar postura ante su condición disminuida, supo cargar con la cruz, supo realizar valores actitudinales: una obra admirable la suya. ¿No fue toda su vida el fruto de una gran renuncia? Pues bien: esta «renuncia» fue «obra» suya: una obra realizada con gallardía, incluso con elegancia, a un nivel humano, que nos hizo exclamar, al presentarlo en el aula: *Ecce vita hominis.*

El psicoterapeuta que ha comprendido el valor de tal renuncia no puede menos de apreciar ese testimonio y de quedarle agradecido. Él recibe así algo que debe brindar luego a otras personas, a sus enfermos: ánimo y consuelo. Aunque se trate de casos aislados, el psicoterapeuta fue testigo de que el ser humano no sólo necesita siempre realizar el «acto» de renuncia, sino que ese acto es posible. El psiquiatra se convierte en espejo que devuelve la imagen de los enfermos que sufren de modo ejemplar, que «hacen» la renuncia. Una mirada de otros enfermos a este espejo les indica que no es imposible lo que se les pide. Por lo que respecta al médico, se presentará de otro modo ante el enfermo, de un modo más persuasivo, si es consciente de la posibilidad o, más exactamente, de la factibilidad de esta posibilidad. Por eso, también el efecto sobre el enfermo será diferente. Porque, no nos hagamos ilusiones, sólo el que está convencido puede convencer a otros. Sólo el que, además de estar convencido de que la vida puede tener sentido aun en el caso de un *morbus little,* es testigo de que este sentido tuvo cumplimiento siquiera una vez, puede hacer creíble esa posibilidad al «caso» siguiente. Sólo él puede descubrir posibilidades de sentido en la vida, en el sufrimiento de otro, y despertar su anhelo de sentido.

Al psiquiatra le infundieron ánimo y consuelo, y él ha de transmitir ese ánimo y consuelo. Pero a él se le paga con otra moneda. ¿Quién no ha sentido alguna vez que las convicciones de otro refuerzan las suyas propias? ¿Quién no sabe que, consolando a otros, experimenta consuelo? Así podemos variar el dicho *docendo discimus* en *consolando consolamur.*

El sufrimiento, pues, puede ser una obra rentable. Pero el sufrimiento –el auténtico– no es sólo una obra, sino un incremento. Cuando asumo un sufrimiento, cuando lo hago mío, crezco, siento un incremento de fuerza: hay una especie de metabolismo. La esencia del metabolismo consiste en una transformación de sustancias, material bruto, en fuerza. En el plano humano se trata de la transformación de ese material bruto que es el destino: el doliente ya no puede configurar el destino externamente, pero el sufrimiento le capacita para dominar el destino desde dentro, transportándolo del plano de lo fáctico al plano existencial. En el caso de nuestro paciente, el *factum*, el hecho era: yo padezco un *morbus little*, esta enfermedad me es «dada». Pero no quedó ahí la cosa, sino que ese hecho fue elaborado existencialmente: yo padezco un *morbus little* y esta enfermedad me es dada como una tarea: me encuentro con la responsabilidad de lo que voy a hacer con ella. Transportando el *factum*, el hecho, a un plano superior, me coloco a mí mismo, coloco mi existencia en un grado superior. Eso se llama crecer.

Puede parecer que estamos moralizando, que estamos introduciendo la filosofía en la psicoterapia; pero no es así. Son los pacientes los que nos aportan a nosotros «la filosofía», es decir, cuestiones filosóficas. Pero no lo hacen sin aportar también respuestas. Los psicoterapeutas no debemos presentarnos sólo como enseñantes, sino a veces como aprendices que necesitan ser aleccionados.

Un testimonio práctico puede aclararlo: Una paciente colostomizada (dotada de ano artificial) a sus 22 años de edad nos escribe: «la frase de Hölderlin: "El que se sobrepone a su dolor, sube más alto", me acompaña constantemente. De la muerte de mi esposo ha surgido en mí una paz que nunca había sentido. Aunque mi existencia sea en cierto modo absurda, ya la posibilidad de pensar que vivió aquel ser humano justifica cada momento de mi existencia. No hay que buscar al ser humano en su entorno más próximo; una obra suya puede ser suficiente estímulo; ni siquiera es necesario que viva ya. No me cambiaría por nadie, quiero ser yo misma... aun como persona enferma.» El sufrimiento la cercó; pero ella, superando su dolor, se eleva por encima de sí.

Sufrir significa obrar y significa crecer. Pero significa también madurar. En efecto, el ser humano que se supera, madura hacia su mismidad. Sí, el verdadero resultado del sufrimiento es un proceso de maduración. Pero la maduración se basa en que el ser humano alcanza la libertad interior, a pesar de la dependencia exterior. Pensemos en una situación extrema como la del cautiverio de guerra o del campo de concentración: en esa situación el ser humano se halla en el límite de dependencia de condiciones que le son impuestas, de circunstancias que le son dictadas. Pero resulta que esas circunstancias y condiciones sólo le hacen dependiente en lo que respecta a su acción y su pasión (la única acción era cavar, y la única pasión, golpes, hambre y frío); pero le dejan libre de adoptar una actitud u otra ante esta situación de extrema dependencia. Pero esto significa que el ser humano es dependiente en la realización de los valores creativos y vivenciales, pero es libre en la realización de los valores actitudinales: libre «de» todas las condiciones y circunstancias y libre «para» el dominio interno del destino, «para» el sufrimiento auténtico. Esta libertad no tiene condiciones, es una libertad «bajo cualquier circunstancia» y hasta el último suspiro.

Las situaciones extremas, por tanto, además de hacer que el hombre alcance la libertad interior, le ayudan a conseguir la madurez plena. Tales situaciones vienen a ser una piedra de toque de su madurez, un *experimentum crucis*. No es de extrañar que haya personas que jamás en su vida han soñado con el «examen de bachillerato» esa pesadilla de los estudiantes, sueñen una y otra vez con los campos de concentración: por lo visto, el campo de concentración confería la verdadera madurez.

Tomemos otra carta: la de una paciente que padece una grave tuberculosis pulmonar y sabe que no tiene posibilidades de curación y sí de una muerte segura. Escribe: «¿Cuándo ha sido mi vida tan rica? ¿Cuando era útil a los demás (ejercía de contable) y, enfrascada en mis deberes, no era yo misma? ¿O en estos últimos años de debate espiritual con mil y un problemas? Hasta la lucha por la superación del miedo a morir, que me ha torturado, acosado hasta extremos inimaginables; hasta eso me parece que ha sido más valioso que una docena de hermosos balances económicos.»

Su vida fue «más rica»; ésa es la palabra. Porque el sufrimiento no significa sólo obrar, crecer y madurar, sino también enriquecerse. El hombre que, como queda dicho, madura hacia su mismidad, madura al encuentro de la verdad. El sufrimiento no posee sólo una dignidad ética; posee además una relevancia metafísica. El sufrimiento hace al ser humano lúcido y al mundo diáfano. El ser se vuelve transparente, dejando asomar una dimensionalidad metafísica.

Un poema de Dehmel expresa este saber:

> Hay una fuente que se llama dolor.
> De ella mana la dicha pura.
> Pero el que mira en sus aguas
> siente pavor.
> Ve en el hondo pozo
> su imagen clara enmarcada en la noche.
> ¡Bebe! La imagen se desvanece.
> Brota la luz.

«¡Bebe!» Asume el sufrimiento. «Brota la luz»: el ser se transparenta, el ser humano lo escruta y se le abren a él, el doliente, panoramas de profundidad. El hombre, asomado al abismo, mira la profundidad, y en el hondo del abismo descubre *la estructura trágica de la existencia*. Lo que se le revela es que el ser humano es, en el fondo y en definitiva, pasión; que *la esencia del hombre es ser doliente: homo patiens*. El hombre hace este descubrimiento más allá del bien y el mal, de la belleza y la fealdad; lo vive asentimentalmente, sin sentimientos ni resentimientos. Es una intuición simple, pura, de la verdad. El hombre se acerca a la verdad, se conciencia de la verdad, está en la verdad. Y esto, sin rencores ni quejas. Todo eso está muy superado, y él está muy por encima.

Y la verdad le libera. Pues esa verdad no es ya la suya, sino «la» verdad, la verdad general, común a todos:

No debes aferrarte a tu dolor.
Puedes sumergirlo en el dolor general,

como dice la primera de las *Canciones de los niños muertos* de Rückert (puestas en música por Mahler).

¿Cómo va a encajar en esa sabiduría la imagen del hombre que ofrece el nihilismo? Ya conocemos la imagen caricaturesca del hombre en los tres marcos del biologismo, el psicologismo y el sociologismo: conocemos el *zoon politikon*, conocemos el *homo faber*, conocemos el *homo sapiens*.

El *homo faber*: el hombre meramente productor; la absolutización, la divinización de los valores creativos. Sólo se han tenido ojos para ver al hombre hacedor. ¿Dónde ha quedado el hombre doliente? El ser del hombre parecía activo, no pasivo. El hombre era un ser vivo y no un ser sufrido. Se falseó el balance de la existencia: no había pasivos, sino sólo activos. No había culpa ni sufrimiento.

¿Cuál era la imagen del hombre en el marco biologista? ¿La del mamífero más desarrollado? ¿La del mamífero al que el andar erecto se le subió a la cabeza? *Sapere aude*, dice su imperativo: atrévete a ser racional. Y el hombre se atrevió. Se atrevió a absolutizar la razón; la Ilustración divinizó literalmente a la razón.

A esta imagen biológica del hombre nosotros oponemos una imagen noológica. Al *homo sapiens* contraponemos el *homo patiens*. Al imperativo *sapere aude* salimos al paso con el *pati aude*: osa sufrir.

Esta audacia, *la audacia para el sufrimiento*, es lo que importa. Se trata de asumir el sufrimiento, de afirmar el destino, de tomar postura ante él. Sólo por esta vía podemos acercarnos a la verdad, barruntarla; por esta vía y no por la vía de la huida y el miedo al sufrimiento. Ahora entendemos las palabras de Rilke en una carta a la condesa de Sizzo: «El que no aprueba alguna vez la dimensión terrible de la vida, en una opción definitiva, el que no la acoge con júbilo, nunca gozará de los inefables poderes de nuestra existencia, quedará marginado y, a la hora de la verdad, no habrá sido ni vivo ni muerto.»

Tres siglos han sido víctima del miedo al sufrimiento y de la huida ante él, con el intento de embellecer la realidad. Se ocultó la verdad y se buscó refugio en los ídolos: en la actividad y en la racionalidad. El sufrimiento, la necesidad del sufrimiento, y su posibilidad axiológica pasaron inadvertidos. Los hombres se hicieron la ilusión de que, con ayuda de la acción y de la razón, el sufrimiento, el mal y la muerte iban a desaparecer del mundo. Se olvidó, con la acción, la pasión; se olvidó que *la existencia humana es pasión*. La *ratio*, la razón, la ciencia, tenían que arreglar las cosas. No en vano se la había glorificado. No en vano se llegó a la apoteosis del hombre racional, del *homo sapiens*. Hay que enseñar a ceder, hay que aprender a ceder, hay que dejar paso a la realidad, a la necesidad del sufrimiento y a la posibilidad de llenar de sentido el sufrimiento.

Hemos dicho que es necesario asumir el sufrimiento. Para asumirlo, para poder aceptarlo, yo debo afrontarlo. Porque sólo «mana la dicha pura», sólo «brota la luz» si «bebo», si incorporo el sufrimiento, si lo hago mío. Sólo el sufrimiento asimilado deja de ser sufrimiento. Aquí observamos un contrapunto del placer; una analogía con el placer: también éste, como hemos visto, deja de ser placer cuando se persigue directamente: *el hombre que busca el placer, lo pierde*. El placer sólo puede ser un efecto («gratificación»), mas no una intención; el placer se puede «efectuar», mas no perseguir. Si se persigue —como en las neurosis sexuales—, en lugar de buscar y amar al ser humano, si la intención no va dirigida al otro, el hombre pierde también el placer.

Mas, para poder afrontar el sufrimiento, debo trascenderlo. Con otras palabras: yo sólo puedo afrontar el sufrimiento, sólo puedo sufrir con sentido, si sufro por un algo o un alguien. De modo que el sufrimiento, para tener sentido, no puede ser un fin en sí mismo. La disposición al sufrimiento, la disposición al sacrificio, puede degenerar en masoquismo. El sufrimiento sólo tiene sentido cuando se padece «por causa de». Al aceptarlo, no sólo lo afrontamos, sino que a través del sufrimiento buscamos algo que no se identifica con él: trascendemos el sufrimiento.

Ensayo de una patodicea

El sufrimiento dotado de sentido apunta siempre más allá de sí mismo. El sufrimiento dotado de sentido remite a una «causa» por la que padecemos. En suma: el sufrimiento con plenitud de sentido es el sacrificio.

Siendo el análisis existencial una psicoterapia, debe abordar el análisis del sufrimiento en sus posibilidades de sentido. Debe tratar de «dotar de sentido» al sufrimiento, en feliz expresión de Paul Polak.[5] Como hemos visto, este «dotar de sentido» resuelve muchas veces el sufrimiento en sacrificio.

Intentaré ilustrarlo con un caso concreto: Un día acude a nosotros un médico entrado en años. Sufre de un estado depresivo grave; compruebo pronto que no es endógeno, sino exógeno, psicógeno, de tipo reactivo: la depresión de este hombre data de la muerte de su esposa, con la que había vivido un matrimonio muy feliz. El hombre no le encuentra ya sentido a la vida; pero es consciente de que su estado no es patológico. Y nosotros tenemos que darle la razón: su duelo resultó anormalmente largo, pero también su matrimonio había sido «anormalmente» feliz; el amor se mantuvo en el transcurso del tiempo.

Nuestro paciente (sería excesivo decir «enfermo») desea saber lo que debe hacer. Pero avisa de entrada: «Nada de medicamentos; no se moleste en ese punto porque yo mismo puedo prescribírmelos.» Tiene razón al negarse a ser tratado por vía medicamentosa; eso equivaldría a narcotizarle. «Eso no me iba a ayudar; mi vida no iba a tener más sentido por el hecho de no ser consciente de que ha perdido todo sentido.»

Hay que aclararle a nuestro paciente que nada ni nadie le puede arrebatar lo que ha vivido: el matrimonio feliz. Aunque sólo esa felicidad hubiera dado sentido a su vida, ésta conservaría su sentido. Con otras palabras: le hacemos ver lo que hemos expuesto en otro lugar: que es un error ver *sólo los rastrojos de la caducidad* y no *los trojes llenos del pasado*; que es absurdo hablar sólo del «diente roedor del tiempo», como si éste sólo produjera una especie de erosión, cuando en realidad vivimos en un perpetuo aluvión, por seguir con la terminología geológica. *Nada se pierde irremediablemente en el pasado; haber pasado significa que todo se salva definitivamente en el pasado.* El tiempo transcurre, pero el acontecer fluye hacia la historia. Si Erwin Straus[6] llama «historia» a «lo pasado» porque «al quedar realizado, resiste la caduci-

---

5. *Frankls Existenzanalyse in ihrer Bedeutung für Anthropologie und Psychotherapie*, Tyrolia-Verlag, Innsbruck 1949, p. 22.
6. *Vom Sinn der Sinne*, Berlín 1935, p. 244.

dad», nosotros podemos decir de nuestro paciente que el sentido de su vida resiste la caducidad, como su amor a la esposa resiste su muerte.

Pero el verdadero problema que mueve al paciente a pedir consejo es otro: él sufre porque «no ayuda a nadie» con su sufrimiento. Él sufriría de grado si hubiera alguien por quien poder sufrir, por el que sacrificar su vida.

Una sencilla reflexión le hace comprender que su sufrimiento no carece de sentido. Para mostrarle este sentido, nos basta preguntarle lo que ocurriría si él hubiera precedido a su esposa en la muerte y ella le hubiera sobrevivido: ¿habría preferido que fuera su esposa la que hiciese duelo por él? El paciente comprende en el acto que su esposa se vio libre de un sufrimiento: el duelo, y que él debía pagarlo al precio de su propio duelo, de su propio sufrimiento.

El paciente recuperó en aquel momento la conciencia del sentido de su vida, del sufrimiento; éste quedó «dotado de sentido»; el luto «por alguien» se convirtió en el «sacrificio» por alguien.

Bastó un diálogo de pocos minutos. En esos pocos minutos el paciente dio un giro copernicano. No le desapareció el sufrimiento; pero ¿no fue bastante haber podido superar la idea del absurdo de ese sufrimiento?[7]

La prestación de sentido, la «dotación de sentido» que se produce cuando el sufrimiento pasa a ser sacrificio, llega hasta el punto de implicar toda la vida. El sacrificio puede dar sentido a la misma muerte, mientras que el instinto de conservación es incapaz de dar siquiera sentido a la vida: vivimos en una época de pulmones de acero, corazones artificiales y cerebros electrónicos; y se prevé –lo anticipa el libro de un capellán de hospital– que en los centros asistenciales del futuro sobrevivan las cabezas separadas de aquellos internados cuyo organismo no pueda seguir viviendo, sobrevivan conectadas a sistemas de cables, conservadas en «vida» mediante circulación sanguínea artificial. Aún es un simple futurible, y ya nos causa pesadilla. No es nada deseable, en efecto, conservar la vida a cualquier precio, con peligro de que ya no sea vida en el verdadero sentido de la palabra. Nos resistimos a la idea de que nuestra existencia quede reducida a lo meramente ani-

---

7. En este sentido contestó también la mayoría de los estudiantes de la Harvard University entrevistados por Edwin S. Shneidman a la pregunta de si preferían morir antes o después de su pareja femenina. Eligieron la segunda posibilidad para ahorrar a la pareja la congoja y la preocupación de la soledad (*On the Deromantization of Death*, «Amer. J. Psychother», 25 [1971] 4).

Ensayo de una patodicea

mal, como en la teoría de una psicoterapia biologista o en la práctica de una conservación de la vida a cualquier precio. Ludwig Binswanger denomina esa existencia fisiológica resultante «el horror puro». ¿De dónde procede esa resistencia visceral? De que no es verdad que al hombre le interese vegetar corporalmente; lo que el hombre busca en definitiva es existir espiritualmente. El hombre no quiere «estar ahí», existir a cualquier precio; lo que quiere realmente es vivir una vida que tenga sentido. Lo decisivo no es la duración de la existencia, sino llenar de sentido esa existencia. Una vida breve puede tener sentido, mientras que una vida larga puede ser absurda. Es más: si no hubiera muerte, si no acabase la vida, ésta sería ya absurda. El hombre podría aplazar todo indefinidamente: lo mismo podría hacerlo hoy que mañana o pasado mañana. No habría compromiso ni responsabilidad de aprovechar el tiempo para realizar los valores y llenar de sentido la existencia.

El hombre ha creído siempre que el sacrificio puede dar sentido a la muerte, y cuando se aproxima esa hora trata de reavivar esta conciencia; los «destinados a morir» tratan de convertir su sufrimiento y su muerte en un sacrificio. Por eso no es de extrañar que las personas que se encuentran en campos de prisioneros o de concentración sean propensas a entablar debates filosóficos y diálogos sobre temas trascendentes. Lo hacen por un instinto de autoconservación espiritual. Pues no hay que olvidar el hambre espiritual, el hambre de pan espiritual en esas situaciones extremas, que no es menor que el hambre de pan material. Tampoco es de extrañar que los reclusos de los campos de concentración no pierdan el apetito a pesar de todos los horrores de que son testigos: el instinto de conservación –en sentido estricto– se impone por encima de todos los horrores y de todas las atrocidades.

Otro tanto ocurre en la esfera espiritual: todo el que mantenía una conciencia espiritual, rechazaba el imperativo *primum vivere, deinde philosophari*, para trocarlo por este otro: *primum philosophari, deinde mori*. Lo importante era, ante el peligro para la vida y la amenaza de muerte, buscar el sentido de esa muerte y avanzar con la cabeza levantada para morir.

La primacía del filosofar, expresada en el lema *primum philosophari*, mantienen su legitimidad, no desde la vertiente intelectual, sino desde la vertiente existencial, desde un pensamiento existencial, «pasional». Nosotros conocemos a un hombre que fue a parar a un campo de concentración y allí intentó pasar de contrabando un manuscrito, listo para la imprenta, de un libro que era la obra de toda su vida, para salvarlo a la espera de tiempos mejores. No lo consiguió; el manuscrito se perdió y no hubo posibilidad de que un día se publicara en forma de libro. Pero en aquel trance extremo e íntimo, aquel hombre comprendió por propia experiencia que el vivir, sufrir y morir de acuerdo con las enseñanzas de su libro era más importante que dar éste a la imprenta.[8]

Hemos analizado la diferencia entre el sufrimiento con sentido y el sufrimiento sin sentido. Esto nos lleva a otra distinción: la existente entre el sufrimiento necesario y el sufrimiento innecesario. En este punto debemos tener presente que ese «sufrimiento auténtico» que permite la realización de los valores actitudinales sólo puede ser el sufrimiento del verdadero destino. Con otras palabras: sólo se dan las posibilidades axiológicas en referencia a los valores actitudinales si se da una necesidad regida por el destino. De ese modo la realización de los valores actitudinales se revela como el cumplimiento del posible sentido del sufrimiento necesario.

El que padece una enfermedad operable y, a pesar de ello, no se deja operar, es que tiene miedo a la operación o quiere representar el papel del héroe y el mártir. El miedo a la operación se corresponde con el escapismo que ya hemos analizado; y la otra actitud mencionada se corresponde con el *masoquismo*. El escapista huye del dolor necesario, y el masoquista se abandona a sí mismo al sufrimiento innecesario.

Esta distinción entre el sufrimiento como una necesidad inexorable y como un lujo innecesario aparece con toda nitidez en un anuncio que entresacamos de las páginas de un periódico americano de lengua alemana:

> Acoge con paciencia
> lo que envía la providencia.
> Mas... si chinches hay,
> llama presto a Rosenstein (644 W 161 Str.)

«Lo que envía la providencia»: eso y sólo eso es la necesidad inexorable, el sufrimiento necesario, un sufrimiento susceptible de sentido, un sufrimiento que posibilita la realización de valores actitudinales, «llevándolo con paciencia».

---

8. Esto tiene que ver con el oficio del escritor: escribir un libro no es mucho; saber vivir es más; sería mucho más escribir un libro que enseñe a vivir. Sería mucho más aún vivir una vida que merezca ser relatada en un libro.

¿En qué consiste el masoquismo? En falsear el displacer disfrazándolo de placer. Pero ambos, el placer y el displacer, son sentimientos estáticos y no intencionales —para utilizar esta contraposición de Scheler—. Frente al masoquista está el hombre que no cambia falsamente el displacer en placer, sino que reconvierte el sufrimiento en obra humana. Igualmente distanciado del lloriqueo y del masoquismo, afronta el sufrimiento, contrariamente al quejumbroso; mas no lo afronta como un fin al estilo del masoquista, como un fin en sí, sino que lo trasciende abordando a través de él el móvil de su padecer: el sacrificio. Con este sentido del sacrificio transfiere el sufrimiento del plano de lo fáctico al plano de lo existencial, pero también se transciende a sí mismo; «superando su dolor, sube más alto» (Hölderlin), camina hacia arriba y hacia delante. No se puede hablar aquí de una regresión en sentido psicoanalítico; antes al contrario, habría que hablar más bien de un progreso en sentido existencial.

El sufrimiento es intencional si posee una referencia al sentido y al valor. Esta referencia puede apuntar también al propio doliente. Entonces aparece, en lugar del masoquismo, el autismo. La referencia al sentido y al valor es entonces de tipo reflexivo, autorreferencial.

Recordemos una analogía que ofrece a este respecto un fenómeno como el esteticismo: el esteta lo vive todo como si estuviera dentro de un marco: como si fuera el tema de un cuadro, el argumento de una novela; el ser se degrada en apariencia. El esteta huye de la vida para refugiarse en la vivencia. De modo análogo procede el doliente autista: huye del sufrimiento para refugiarse en la autocompasión. Si el fariseo dice: Ved qué bueno soy, el doliente autista dice: Ved qué desgraciado soy. El autismo se asocia a menudo con el exhibicionismo. «Ved» significa ya exhibición, por no decir prostitución. El doliente «hecho y derecho» nunca ofrece en espectáculo su sufrimiento. Al doliente no le cuadra el mucho hablar, sino el callar; el sufrimiento auténtico es siempre «sufrimiento mudo».

A propósito de nuestra distinción entre sufrimiento necesario e innecesario no hay que olvidar que el primero puede ser un sufrimiento voluntario. El sufrimiento puede ser necesario en la línea de una necesidad superior que le hace a uno asumirlo libremente. El sufrimiento voluntario por excelencia es, por ejemplo, el martirio. El masoquista sufre presuntuosamente, caprichosamente; el mártir padece libremente. El martirio no tiene nada que ver con el masoquismo.

Tampoco se puede comparar al penitente con el masoquista. La diferencia entre el mártir y el penitente consiste en que el primero acepta el sufrimiento, mientras que el segundo se entrega a él. Los dos comparten, sin embargo, el aspecto de voluntariedad. La penitencia del penitente es una expiación voluntaria, contrariamente al castigo o expiación involuntaria.

La diferencia entre el masoquista y el penitente consiste en que el sufrimiento del segundo es de carácter intencional. Y la intención, el móvil de toda penitencia, es el arrepentimiento. Sólo el hombre arrepentido está interesado en castigarse voluntariamente. ¿Por qué no se limita a arrepentirse, sino que se castiga a sí mismo? Si me limito a arrepentirme, corro el riesgo de reincidir con facilidad. Sólo acompañando este arrepentimiento con la penalización voluntaria, con la expiación, con el sufrimiento asumido libremente, con un displacer, queda conjurado el peligro hasta cierto punto. El arrepentimiento asociado al displacer tiene más peso desde la perspectiva de una «economía del placer» (Freud). De lo contrario, si el arrepentimiento no estuviera cargado de displacer, sería demasiado «fácil». La penitencia está destinada a evitar el peligro de reincidencia.

Volvamos al doble imperativo: el médico debe ayudar en la medida de lo posible y mitigar el dolor si es necesario. Ayudar y curar la enfermedad: el médico que no hace esto, no procede médicamente.

Si es necesario, aliviar y eliminar el dolor; el que no haga esto procede inhumanamente.

Pero hemos visto también que no es justo suprimir los dolores «a cualquier precio», impedir la libertad de sufrir: nos hemos pronunciado contra una euforia *à tout prix*. Lo que debemos subrayar en esta fórmula es el adjetivo «cualquiera». Porque siempre pagamos algún precio. La cuestión es si el precio no es excesivamente elevado, si no compramos el alivio del dolor a precio demasiado caro; pero es indudable que hay que pagar un precio. De ese modo, la indicación de tales medidas de tratamiento paliativo, sintomático, deriva siempre en una ponderación del mal menor frente al mal mayor, ya se trate de intervenciones quirúrgicas como la leucotomía prefrontal, transorbital, etc., o de la simple aplicación de una dosis de morfina. Supongamos el caso concreto de un paciente que es egiptólogo, investigador de jeroglíficos y colaborador de una enciclopedia: padece una gravísima neurosis obsesiva y desea verse libre de ella mediante una leucotomía; ante la duda de que la operación le incapacite para seguir trabajando científicamente, rehusamos extender la indicación.

Nunca podemos dispensarnos de esta ponderación de motivos. En cualquier terapéutica, incluida la medicamentosa, hay que calibrar los efectos secundarios, además del hecho terapéutico. Todo medicamento tiene efectos tóxicos. La diferencia entre la dosis terapéutica y, la dosis tóxica es sólo de grado; pero, en principio, cualquier dosis es en cierto sentido tóxica. El hecho de que esta toxicidad, en caso de indicación, sea mínima y por ello despreciable, no altera esa verdad.

Si examinamos el doble precepto médico: «ayudar en lo posible, mitigar el dolor cuando es necesario», vemos que el segundo entraña siempre un riesgo: el riesgo de acortar la vida de un enfermo, quizá en algunas horas. Se trata sin duda de horas de inconsciencia agónica, horas de edemas pulmonares terminales y nada más. Debemos tener presente este peligro, debemos asumirlo en nuestra conciencia. Es evidente que se trata de pacientes *in extremis* o de las «últimas» horas de vida. Pero siempre es un cargo de conciencia para el médico el decidir cuándo ha llegado esa hora, ese momento en que el primer precepto cede el paso al segundo. Suele ocurrir que la posibilidad de ayudar disminuye en la medida en que la necesidad de mitigar el dolor aumenta. El momento en cuestión corresponde así al punto de intersección de estas curvas descendentes y ascendentes. He aquí un caso personal en el que este tema adquirió tonos dramáticos: No se pudo conseguir prostigmina para una paciente que padecía una miastenia grave. Era en tiempo de guerra. La paciente acusaba ya síntomas de parálisis diafrágmica. Ordenamos que se le administraran las últimas ampollas existentes de prostigmina y, en el momento en que reapareciese la disnea, una dosis de morfina.

Cabe preguntar en qué difiere ese procedimiento de una verdadera eutanasia.[9] La diferencia está en que en este caso se le quita un sufrimiento al enfermo, a tenor del precepto del alivio del dolor, mientras que en el caso de la eutanasia se le quita la vida al enfermo con la intención de evitarle el dolor a cualquier precio. Hay que reconocer que las fronteras son fluidas entre lo primero y lo segundo. Pero sería un error proponer casos límite, como ocurre a menudo, para reducir una teoría al absurdo. En la vida, en la práctica médica, «se entiende» perfectamente este «elemento moral».

El médico no puede conocer con certeza el punto de intersección de las dos curvas: la posibilidad de ayudar y la necesidad de mitigar el dolor, el tránsito de la una a la otra. No hay ley ni regla que pueda

---

9. Hemos justificado repetidas veces nuestro rechazo fundamental de la eutanasia (cf. *Ärztliche Seelsorge*, p. 63-65, y *Die Sinnfrage in der Psychotherapie*, p. 112 y 114-122).

orientarle. Se ve obligado a individualizar y a improvisar. Ninguna ley podría descargarle de estas opciones. El mismo debe afrontarlas según su leal saber y entender.

Dijimos antes que el médico no puede saber con certeza el momento justo; debe adivinarlo. Pero sólo puede hacerlo desde esa facultad divinatoria que es la conciencia moral. La conciencia debe adivinar: su misión esencial es adaptar la ley general al caso único y singular que no puede someterse a ninguna legalidad. Eso no puede hacerlo el saber, el intelecto, sino sólo la intuición, la adivinación de la conciencia.[10]

¿Cómo iban a ayudar las leyes con sus artículos y apartados? La conciencia moral –que es lo menos burocrático que existe– escapa a todo eso y, sin embargo, su exactitud y rigor no fallan. Ningún tribunal del mundo podría juzgar y penar con tanta justicia. Pero sólo puede hacerlo en silencio y soledad, no en público. El fallo de conciencia del individuo, del médico individual, dado a la publicidad, pronto sería objeto de malentendidos. Por eso este problema es, en cierto modo, una cuestión de conciencia para el médico y una cuestión de confianza para el enfermo y sus familiares. La conciencia del médico debe ser «lúcida» y la confianza del enfermo debe ser «ciega».

Esta conciencia obliga al médico, a tenor del «segundo precepto», a mitigar el sufrimiento del enfermo (no a cualquier precio), aun con un riesgo que él debe asumir conscientemente. Una regulación legal, oficial, en este terreno tan escabroso sólo serviría, quizá, para que el médico abusara de este derecho o para que el enfermo malentendiera este deber médico. En efecto, si el médico, amparado por la legalidad de su quehacer, puede tomarlo a la ligera y renunciar a guiarse por su conciencia insobornable, el enfermo por su parte nunca sabría cuándo el médico actuaba como médico y cuándo como verdugo.

Hubo un tiempo en que el enfermo no podía averiguar esto. Un tiempo en que el médico era tres cosas en una persona: abogado al servicio exclusivo de una utilidad social, juez del digno o indigno de vivir y verdugo. Para que no vuelva ese tiempo, debemos adoptar un lema que se encuentra en el Talmud: «Destruir un alma es como destruir todo el universo; salvar un alma es como salvar todo el universo.»

---

10. Cf. Viktor E. Frankl, *Der unbewusste Gott*, Kösel-Verlag, Munich 1974; vers. cast.: *La presencia ignorada de Dios*, Herder, Barcelona 91994.

Apéndice a la segunda edición. ¿Qué es el hombre?*

In memoriam... En recuerdo... ¿«Qué es el hombre para que te acuerdes de él»? Es la pregunta que el salmista dirige a Dios. Hagámonos esta pregunta aquí y ahora: ¿Qué fueron los colegas fallecidos para que los recordemos en este día? Ustedes saben que ellos vivieron y murieron entre 1938 y 1945, unos en circunstancias normales, otros en la cárcel y otros en campos de concentración. Mi deber es dar testimonio ante ustedes de aquellos médicos vieneses que padecieron y acabaron sus días en los campos de concentración; dar testimonio de médicos auténticos, que vivieron y murieron como médicos; de verdaderos médicos que no podían ver sufrir a los demás, pero ellos supieron sufrir, supieron asumir el sufrimiento, el sufrimiento auténtico.

Fue en el verano de 1942. Hubo deportaciones en todas partes; no faltaban los médicos entre las víctimas. Una noche me encontré en el Praterstern con una joven dermatóloga. Hablamos de la profesión médica en aquella época, de la misión del médico en aquel tiempo. Y nombramos a Albert Schweitzer, el médico de la selva virgen de la Lambaréné, y expresamos nuestra admiración por él. Y dijimos que no podíamos quejarnos de no tener ocasión de seguir la conducta de aquel médico y hombre ejemplar: teníamos sobradas ocasiones de prestar ayuda médica en circunstancias extremadamente difíciles. No necesitábamos viajar a las selvas africanas. Hablamos de todo esto y nos prometimos mutuamente tener presente nuestra misión si un día éramos deportados. No tardó mucho en llegar ese día. Pero a la joven colega no le dejaron mucho tiempo para ejercer su misión médica: pocos días después de su llegada a un campamento fue víctima de una infección tifoidea. Pocas semanas después había fallecido. Su nombre es Gisa Gerbel. La recordamos.

Otro fue un médico de beneficencia del distrito 16; en Viena se le conocía como «el ángel de Ottakring»; era un vienés típico; en el campo de concentración soñaba con la fiesta del retorno, que pensaba celebrar a base de un vino nuevo, mientras entonaba con lágrimas en los ojos una canción báquica. Así era el ángel de Ottakring. Pero nadie le protegió, ningún ángel custodio, cuando le llevaron desde la estación de Auschwitz al lado izquierdo, o sea, directamente a la cámara de gas.

---

* Discurso conmemorativo pronunciado por encargo de la Sociedad de médicos de Viena el 25 de marzo de 1949 en homenaje a los socios fallecidos en los años 1938-1945; publicado en «Wiener klinische Wochenschrift», año 61 (1949) 15, 1-4.

Fui testigo presencial. Así fue el ángel de Ottakring. Su nombre es doctor Plautus. Le recordamos.

Otro fue el doctor Lamberg, hijo del primer médico jefe de la mundialmente famosa Sociedad Vienesa de Salvamento, conocido por todos los alumnos de Primeros Auxilios por su manual; el doctor Lamberg fue un perfecto caballero en su porte y en su conducta. Esto lo sabe todo el que conoció personalmente a aquel gran hombre. Yo le vi cuando agonizaba en una barraca semisubterránea, entre docenas de compañeros que yacían cerca de él, a punto de perecer de hambre; el último ruego que me hizo fue que le apartase un poco el cadáver que tenía contiguo y casi encima de él. Así murió el que fuera famoso doctor Lamberg, uno de los pocos compañeros de campo con los que pudimos sostener conversaciones filosóficas mientras trabajábamos duramente en la vía férrea, entre torbellinos de nieve. Le recordamos.

Otra fue la señora Martha Rappaport, mi antigua adjunta en el Hospital Rothschild de Viena y que antes había sido médico adjunta con Wagner-Jauregg. Una señora de gran corazón, que no podía reprimir las lágrimas cuando veía a alguien llorar. ¿Quién la lloró a ella cuando fue deportada? Eso fue la señora doctora Rappaport. La recordamos.

Otros fueron un joven cirujano del mismo Hospital, el doctor Paul Fürst, y otro médico, el doctor Ernst Rosenberg. Pude hablar con los dos en el campo de concentración poco antes de que falleieran. Y en sus últimas palabras *no hubo el menor asomo de odio; sólo nostalgia y perdón*, pues lo que ellos odiaban y lo que nosotros odiamos no son los hombres; a los hombres hay que perdonarlos; lo que ellos odiaban era el sistema que a uno hacía culpable y a otro condenaba a la muerte.

He mencionado unos pocos nombres, y no por su rango científico; hablo de individuos, pero me refiero a todos. Esos pocos representan a la muchedumbre, pues ninguna crónica puede abarcar a todos los que fueron marcados por mano humana. Ellos no necesitan ninguna crónica y ningún monumento, porque cada acción humana es su propio monumento, más perenne que la obra de nuestras manos. Las acciones de un ser humano, en efecto, no pueden desaparecer; lo hecho no puede erradicarse del mundo. Y no es verdad que lo hecho se pierda en el pasado, sino que se conserva en él irrevocablemente.

Es verdad que en aquellos años los médicos fueron cubiertos de ignominia. Pero también lo es que en aquellos años rayaron a gran altura. Hubo médicos que hicieron experimentos en los campos de concentración con los condenados a muerte; pero hubo otros que hicieron experimentos en sí mismos, y yo recuerdo a un neurólogo berlinés apellidado Wolf, con el que sostuve muchas conversaciones nocturnas en los sombríos barracones sobre problemas actuales de la moderna psicoterapia; poco antes de morir en el campo redactó un escrito describiendo las experiencias de sus últimas horas.

La experiencia del campo de concentración fue en realidad un gran experimento, un verdadero *experimentum crucis*. Nuestros colegas difuntos lo pasaron con honor. Ellos nos demostraron que el ser humano puede ser hombre, verdadero hombre y verdadero médico, aun en las peores condiciones, en las más indignas. Su ejemplo debe ser una lección para nosotros, debe enseñarnos lo que el hombre es y lo que puede ser.

¿Qué es el hombre? Nosotros lo hemos conocido quizá como ninguna otra generación; nosotros llegamos a conocerle en el campo de concentración, en el campo donde uno perdía todo lo que poseyó: dinero, poder, fama, dicha, donde sólo quedaba lo que un ser humano no «tiene», sino que «es»: lo que quedaba era el hombre mismo, consumido de dolor y abrasado de sufrimiento, fundido en lo esencial de él, en lo humano.

¿Qué es, pues, el hombre? Seguimos preguntando. Es un ser que siempre decide lo que es. Un ser que alberga en sí la posibilidad de descender al nivel de un animal o de elevarse a una vida acendrada. El hombre es ese ser que ha inventado las cámaras de gas; pero es también ese ser que caminó en dirección a esas cámaras de gas en actitud erguida o rezando el Padre nuestro o con la oración judía de los agonizantes en los labios.

Eso es el hombre. Y ahora conocemos también la respuesta a la pregunta que hemos formulado al principio: ¿Qué es el hombre para que nos acordemos de él? «Es una caña», dijo Pascal, «pero una caña pensante». Y este pensamiento, esta conciencia, esta responsabilidad constituye la dignidad del hombre, la dignidad de cada ser humano. Y siempre está en manos de cada hombre pisotear esa dignidad o mantenerla. Si lo segundo constituye el mérito personal de un ser humano, lo primero constituye su culpa personal. Y sólo existe la culpa personal. *No es justo hablar de culpa colectiva.* Existe sin duda esa culpa personal que es el «no haber hecho nada» de malo, pero haber omitido muchas cosas; el individuo las ha omitido por miedo a las consecuencias para él o para los suyos. *Pero el que quiera acusar a ese individuo de ser un «cobarde», debería antes demostrar que él hubiera sido un héroe en la misma situación.*

Pero ¿no es mejor no juzgar a los demás? Paul Valéry lo dijo una vez: *Si nous jugeons et accusons, le fonds n'est pas atteint*: mientras juzguemos y acusemos, no hemos tocado fondo. Y nosotros no sólo queremos recordar a los muertos, sino también perdonar a los vivos. Si extendemos la mano a los muertos, por encima de todas las tumbas, queremos extenderla también a los vivos, más allá de todo odio. Y si decimos: honor a los muertos, queremos añadir también: Y paz a todos los vivos de buena voluntad.

C. DE LA AUTONOMÍA A LA TRASCENDENCIA: CRISIS DEL HUMANISMO

Preámbulo a la segunda edición

Aunque muchas de las ideas que expongo a continuación rebasan los «fundamentos antropológicos de la psicoterapia», para tocar cuestiones teológicas, apenas encuentro en ellas nada que rectificar al cabo de un cuarto de siglo.[1] Y no se olvide que las reflexiones que aquí se esbozan sobre temas fronterizos entre lo antropológico y lo teológico no forman parte de la logoterapia; es obvio que este método y técnica de psicoterapia lo practican también personas que no suscriben ninguna de las notas lacónicas que voy a exponer a continuación.

En lo que respecta a la problemática del área fronteriza entre «psicoterapia y religión» –como dice el subtítulo de mi libro *La presencia ignorada de Dios* (Herder, Barcelona ⁵1985)–, me he expresado con suficiente amplitud, no sólo en ese libro, sino también en otros, como *Der Wille zum Sinn* (Huber, Berna 1978), *Das Leiden am sinnlosen Leben* (Herder, Friburgo 1978) y *Psicoanálisis y existencialismo* (F.C.E, México 1977). Por eso puedo limitarme a algunas citas tomadas de estos libros: «La religión sólo puede ser para la logoterapia un objeto, mas no una posición.» La logoterapia, en efecto, debe ser «aplicable a cualquier enfermo, sea creyente o increyente, y por cualquier médico, al margen de su filosofía personal». Es natural, por otra parte, que la logoterapia, siendo una psicoterapia orientada en el sentido, «se ocupe del fenómeno de la fe». Coincide en esto con Albert Einstein, según

---

1. O de un tercio de siglo (Nota a la nueva edición de *Fundamentos antropológicos de la psicoterapia*).

el cual «aquel que pregunta por el sentido de la vida adopta una actitud religiosa» (Wittgenstein dice asimismo en sus *Diarios 1914-1916* que «creer en Dios significa ver que la vida tiene un sentido». Y J. Günther anota en un apunte del 3.8.1944 a su diario *El último año*: «A Dios se le puede concebir sin duda como sentido»). «Cabe afirmar en todo caso –puede leerse en uno de mis libros– que la logoterapia tiene derecho a abordar, no sólo el anhelo de sentido, sino también el anhelo de un *último* sentido, de un supersentido, y la fe religiosa es en definitiva una fe en el supersentido.»

Tampoco me he recatado de hacer una crítica de la vida religiosa actual en *La presencia ignorada de Dios* y en *Das Leiden am sinnlosen Leben*. Sólo me resta añadir, si no una confesión, sí al menos una confidencia: Desde hace algún tiempo me ocupa cada vez más un tema que ya viví y experimenté a mis 14 años y que sólo tuve ocasión de airear públicamente en *Ärztliche Seelsorge*, de 1946 (vers. cast. *Psicoanálisis y existencialismo*): mi tesis de que la mejor definición de Dios es, quizá, la de ser *el interlocutor de nuestros soliloquios más íntimos*. Esto significa de hecho que lo que uno piensa en su extrema soledad –y por tanto, en la máxima sinceridad consigo mismo– y lo que habla en su «lenguaje interior» se lo está diciendo a Dios (*tibi cor meum loquitur*); en este sentido es irrelevante que uno sea teísta o ateo, ya que en ambos casos se puede definir a Dios «operacionalmente» como el interlocutor de uno. El teísta sólo difiere del ateo en que no admite la hipótesis de que el interlocutor sea él mismo, sino que considera a este interlocutor como alguien que no es él mismo. Pero este punto no interviene en una definición operacional. En la línea de esa definición, en efecto, nos asiste el derecho a convenir simplemente en llamar a ese alguien Dios.

El primer apartado fue un intento de hacer la crítica del nihilismo o, como sería más exacto, de los nihilismos: aquellos tres ismos que aíslan y absolutizan un estrato del ser –especialmente del ser humano–, ciñéndose a la perspectiva correspondiente ese estrato en cuestión. Según se trate de uno u otro estrato –biológico-fisiológico, psicológico o sociológico–, nos encontramos, en lo que respecta a la perspectiva, con un biologismo, un psicologismo o un sociologismo. Ninguno de estos tres horizontes de comprensión permite acceder a la esencia del hombre.

Si llamamos humanismo a toda postura que se ajusta a la esencia del hombre tanto en la práctica, en la vida, como en la teoría, en la doctrina, habrá que decir que todo humanismo presupone una doctrina de la esencia del ser humano y, por tanto, una imagen del hombre que incluye la esencia de éste. De ahí que sólo podamos llegar a alcanzar un humanismo después de haber superado críticamente el nihilismo.² En efecto, lo que el nihilismo nos ofrece, en lugar de una imagen del hombre, de la esencia del hombre, no es el hombre ni la esencia del hombre, sino un humúnculo, un artefacto, el producto artificial de una visión limitada y restringida. Conocemos ya los homúnculos de los distintos ismos: el *Homo sapiens*, el *zoon politikon*, el «hombre» como autómata de reflejos, el haz de instintos, etcétera.

Hay algo que no encuentra sitio en todos estos marcos nihilistas: el *Homo patiens*, la imagen del hombre doliente, del hombre que sufre con sentido, que asume su sufrimiento: el sufrimiento mismo como un acto lleno de sentido.

El sufrimiento viene a ser así el test por excelencia: hemos visto que ello representa el *experimentum crucis*, la piedra de toque, la confirmación práctica en la vida del hombre: su vida debe acreditarse en el sufrimiento. Y ahora se comprueba que el sufrimiento es también un test para la teoría sobre el hombre: ésta ha de acreditarse en la interpretación del sentido del sufrimiento.

Ahora bien: en nuestro intento de pasar del nihilismo o negación del sentido a una interpretación del sentido, y no sólo del sufrimiento, hemos visto que no es suficiente la categoría del sentido, sino que es preciso recurrir a la idea de un supersentido. Teniendo en cuenta, además, que nuestra cuestión no es el ser en general, sino el ser humano en particular y que, por tanto, tenemos que habérnoslas con eso que se llama existencia, con el modo de ser propio del hombre y exclusivo de él, hemos visto asimismo que el análisis de la existencia no es posible sin incluir la trascendencia. Por consiguiente, una teoría sobre la esencia del hombre, sobre la existencia humana, no puede detenerse en la existencia, en la inmanencia del ser humano.

Hemos demostrado en los primeros capítulos, dedicados a la crítica del nihilismo, que para éste el hombre no es nada; el nihilismo, en efecto, no ve en esta óptica «nada más que» el producto de condicionamientos y fenómenos biológicos, psicológicos o sociológicos.

La crítica al nihilismo consistió, pues, en demostrar que el hombre ha llegado a ser nada. Ahora bien: la crisis del humanismo consiste en que el hombre ha llegado a ser todo.

---

2. Cf. Viktor E. Frankl, *Der Mensch auf der Suche nach Sinn. Zur Rehumanisierung der Psychotherapie*, Herder, Friburgo de Brisgovia 1973.

La antropología o teoría sobre el ser del hombre se vio obligada a poner al hombre en el primer plano de la realidad. Pero lo que no le está permitido es colocar al hombre en el punto central. Y esto es lo que hizo cuando trató de interpretar al hombre en su propio criterio. Al detenerse en la inmanencia humana, la antropología se congela en un antropologismo. La filosofía de la existencia, la teoría de la existencia humana, cuando intenta excluir la trascendencia y la trascendentalidad –la referencia de la existencia humana a la trascendencia–, incurre en un existencialismo.

Está claro que, tras la superación de los tres grandes ismos, debemos evitar el último: aislar y absolutizar, no ya uno de los tres estratos entitativos[3] que se cruzan en el hombre, sino este mismo punto de intersección, su lugar de cruce: absolutizar al hombre.

Para que la antropología evite el peligro del antropologismo y la filosofía existencial el peligro del existencialismo, es imprescindible la trascendencia. Pero no sólo la ciencia del hombre o el saber de la existencia humana debe referirse a su trascendencia: esta condición es válida para toda ciencia. Nada menos que Albert Einstein declara: «La ciencia sin religión es inválida», aunque añade: «La religión sin ciencia es ciega».[4] Si es imposible para la ciencia limitarse a una consideración inmanentista sin incurrir en un ismo, más lo será para una teoría del hombre, de la existencia humana, evitar la referencia a la trascendencia.

I. Antropocentrismo

Hemos dicho que la crisis del humanismo comienza cuando el hombre llega a ser «todo», y que el antropologismo comienza cuando

---

3. Los estratos entitativos son esencialmente diversos y por eso es preciso distinguirlos con claridad, pero están unidos de modo indisoluble en el hombre y sólo se pueden disociar a nivel heurístico y artificial. El hombre representa una unidad y totalidad corpóreo-anímico-espiritual; pero es lo espiritual, la persona, la que funda y garantiza esa unidad y totalidad. Es un hecho que esta conexión íntima sólo es válida en la realidad humana actual (si fuese válida más allá de la vinculación de por vida –pero sólo de por vida– de la persona a su organismo psicofísico, ésta participaría en la mortalidad de su organismo). Huelga decir que los diferentes estratos entitativos suponen un último *tertium comparationis*; pero la única coincidencia consiste en que son estratos del ser, de un mismo ser que nunca nos es accesible empíricamente.

4. *Out of My later Years*, Philosophical Library, Nueva York.

el hombre no sólo aparece en primer plano, sino que se coloca en el punto central, convirtiéndose en criterio de toda valoración. ¿De dónde procede esta tendencia? Freud se refirió una vez a la conmoción que sufrió el hombre en la idea que tenía de sí mismo (Freud habla de «narcisismo») con el giro copernicano, que trastocaba la cosmovisión general: el giro desde la cosmovisión geocéntrica a la cosmovisión heliocéntrica. Nosotros diríamos que la humanidad de la época sintió una especie de complejo de inferioridad planetaria, que pronto buscó su compensación —en la línea de la teoría adleriana–: el hombre debía llegar a alcanzar la conciencia de un valor superior. Comenzó entonces a usurpar el valor supremo: no sólo a compensar, sino a «sobrecompensar». ¿Cómo entender de otro modo que justamente en el momento de conocer que la tierra no ocupa el centro del universo, el hombre ocupe el puesto de Dios? Precisamente en aquella época el teocentrismo de la filosofía comenzó a degenerar en su antropocentrismo. La renuncia radical a la trascendencia —en la interpretación del sentido de la vida humana— se hizo explícita.

Mientras la antropología —la filosófica y la científica; por ejemplo, la médica— no rectifique este mal paso, persista en ese antropocentrismo e incida en un antropologismo, no podrá ofrecer una doctrina objetiva del ser del hombre. La renuncia a la óptica inmanentista y la inclusión de la trascendencia es algo que responde a la esencia del hombre. Sabemos desde Scheler y Gehlen que el hombre es un ser abierto al mundo, pero no como el animal, que está abierto a un entorno, a su medio ambiente específico. Frente al animal ligado a su medio ambiente, el hombre no posee un entorno, sino un «mundo», irrumpe del medio ambiente «al» mundo y traspasa ese mundo trascendiendo al supermundo.

Este rasgo trascendente del ser humano es lo que debe abordar la antropología, la teoría del ser del hombre. Por eso no puede menos de fracasar si intenta comprender al hombre exclusivamente desde el hombre. Sólo renunciando a esta temeridad, una antropología puede superar el nihilismo y permitir la construcción de un humanismo. En suma: la teoría del ser del hombre debe quedar abierta al mundo y al supermundo; debe dejar abierta la puerta a la trascendencia. Pero a través de la puerta abierta se proyecta la sombra del absoluto.

El nihilismo es una negación del sentido. Para el nihilismo es imposible la creencia en un supersentido, pero también la creencia en cualquier sentido. Por eso todo nihilismo se caracteriza por un escepticismo axiológico. Pero el escepticismo axiológico equivale a un relativismo axiológico. Y así pasamos de la problemática del sentido a la problemática del valor.

El relativismo axiológico profesa la relatividad de todos los valores. Pero ¿es cierto que los valores son relativos? Sí, lo son; pero lo son en un sentido diferente al expresado por el relativismo. No son relativos al sujeto que valora, sino relativos a un valor absoluto. Sólo desde un valor absoluto es posible emitir un juicio de valor. Toda valoración supone un máximo de valor, lo óptimo. Sólo desde esa base adquieren las cosas su valor.

Pero el valor absoluto, el *summum bonum*, sólo se puede concebir en conexión con una persona, con la *summa persona bona*. Y como tal, es necesariamente más que la persona en sentido tradicional: debe ser necesariamente una superpersona.

La condición personal del valor supremo se desprende ya de lo dicho anteriormente: también los valores humanos más elevados están ligados a una persona humana –tal es el caso de los valores actitudinales– y sólo se determinan desde la persona misma. Sólo cuando la persona se independiza, se contrapone, escapa a todo condicionamiento situativo, sólo entonces se le revelan esas últimas posibilidades axiológicas que pueden realizarse en los valores actitudinales. Y si se trata del valor supremo, del último sentido –de supersentido–, estará ligado, más que a una persona, a una superpersona (con esta conclusión por analogía no incurrimos en un nuevo error que nosotros mismos hemos denunciado en el antropocentrismo: el antropomorfismo; así se demostrará en el último apartado).

Volvamos al tema anterior: el máximo de valor como presupuesto de toda valoración. Nadie debe extrañarse de esta tesis. Una simple reflexión nos enseña que, para determinar el contenido porcentual de algo, debemos partir de la división porcentual, por poner este ejemplo cotidiano. La fracción «del ciento», el tanto «por ciento», presupone un *totum*.

Se constata una vez más que lo relativo, lejos de excluir lo absoluto, lo presupone.

Las cosas son relativas, sin duda; pero de ese modo demuestran, confirman y atestiguan la existencia de algo incondicionado que las condicionó.

Pero lo incondicionado y absoluto no solamente es el presupuesto de toda valoración y mensurabilidad, sino también de toda visibilidad de los valores. En este punto la situación es la misma que en la visibilidad de las cosas, tomando este término en sentido estricto, literal: si preguntamos cómo se hacen visibles las cosas, la respuesta es que el fenómeno se produce de dos modos; o bien reflejando la luz, o bien absorbiendo la luz y constrastando así con las cosas que reflejan la luz. De ese modo las cosas se hacen visibles; de modo análogo las cosas se hacen valiosas —ya no en sentido óptico, sino ético—: dejando entrever en su imperfección lo perfecto, en su finitud lo infinito y esto, igualmente, de doble modo: mediante el reflejo o mediante la opacidad.

En suma: sólo desde un valor absoluto, desde una persona absolutamente valiosa, desde Dios, adquieren las cosas un valor. Sólo cuando las hacemos comparecer —aunque de modo tácito e inconsciente— ante el tribunal divino, somos capaces de calibrar el valor de las cosas, el valor que les corresponde. En toda valoración tenemos presente de modo tácito e inconsciente a la persona absolutamente valiosa, presuponemos siempre al árbitro divino. Esto se produce aun en la valoración más vulgar: Allers demostró en experimentos rigurosos de fisiología de los sentidos que al enjuiciar el grado de intensidad de un color partimos inconscientemente de una intensidad máxima que nunca se realiza empíricamente. Aunque nunca hayamos visto un rojo al cien por cien, esa intensidad está presente en toda comparación que hacemos, en toda comparación de lo «más o menos rojo».

En toda valoración, pues, se emplaza a los valores ante el tribunal divino. Este tribunal los ordena jerárquicamente. Dentro de esta jerarquía se establece el puesto de cada uno y eventualmente se los «llama al orden»: cuando las cosas se sobrevaloran, cuando se divinizan en un intento de ocupar el puesto que está reservado a la persona absoluta.

La esencia de todo endiosamiento es el olvido de este valor absoluto, anterior a toda valoración y superior al valor de las cosas: el olvido de que «todas las cosas eran sólo lugartenientes del Señor».[5]

Las cosas, pues, son relativas, en un sentido diferente al propuesto por el relativismo: están en relación con lo irrelacionable: El sistema referencial de los valores es Dios: De ahí que Dios no pueda ser una magnitud de cualquier orden, ni siquiera una magnitud infinita, sino el orden mismo de magnitudes. El sistema referencial debe ser por su parte inconmensurable: no es medible, no es comparable es «el totalmente otro». Dios no se encuentra en ninguna dimensión, simplemente porque él es la dimensionalidad de las referencias axiológicas. Como el punto de fuga está fuera del plano de imagen, no está contenido en

---

5. Richard Beer-Hofmann, *Paula*, Verlag der Johannespresse, Nueva York.

la imagen, aunque él posibilita la perspectiva de una imagen, así el espacio de la trascendencia supera el plano de la mera inmanencia, aunque es él el que lo constituye.

Las cosas poseen un valor y un sentido en la medida en que pueden transferirlo a un otro, a algo superior, en la medida en que ese valor y sentido se pueden sacrificar en aras de alguien: en esto consiste la auténtica relatividad de los valores.

En una palabra, y aunque suene a paradoja: las cosas valen para ser sacrificadas. El sentido sacrificial constituye el verdadero valor de las cosas. Y lo que determina en última instancia el precio de una cosa es su posible destino para algo superior; en último término, para lo supremo: «a mayor gloria de Dios». Y cuando Mefistófeles dice en el *Fausto*: «Todo lo que existe, merece la desaparición», sólo necesitamos variar una palabra para que signifique esto: el valor de lo que existe consiste en poder ser sacrificado por algo superior o, en aras de lo supremo: ser sacrificado con peligro de perecer.

Tal es el sentido último del sacrificio: sólo el oferente confiere sentido a la ofrenda, le da un valor, le da un precio (*Preis*): dar sentido es renunciar (*Preisgabe*).

No retiene valor lo que retengo, sino que obtiene valor lo que sacrifico.

Ahora bien: el hombre puede negar a las cosas su sentido sacrificial: puede impedirles que sean lugartenientes de algo superior o de lo supremo: del «Señor», como dice Beer-Hofmann; el hombre puede impedir que las cosas se dejen sacrificar, puede rehusar el «acto» de renuncia.

Este olvido es el fundamento y la raíz de toda desesperación. El lenguaje mismo, en su profunda sabiduría, ha anticipado todo este tema: el hombre se ve «arrastrado» a la desesperación, pero hace «acto de» renuncia. Lo que subyace en la desesperación es un afán del hombre por no dejar que las cosas sean lo que deben ser: «Lugartenientes» sino que, por el contrario, queden fijadas en su lugar y él mismo quede atrapado en las cosas. La orientación hacia los valores –por ejemplo, los valores actitudinales–, característica del «acto» de renuncia, está muy lejos de este «verse arrastrado» a la desesperación.

Nosotros diríamos que el hombre desesperado está delatando que había endiosado algo. Está delatando que ha absolutizado algo que sólo posee un valor condicionado, un valor relativo.

¿Qué hace, en cambio, el oferente en el sacrificio? Reconoce que hay algo superior, más valioso que lo que él ofrece. Reconoce, en suma,

Ensayo de una patodicea

con esta conducta el orden jerárquico del universo. ¿Y qué hace el que rehúsa a las cosas el sentido sacrificial, al que no renuncia ni quiere hacer la ofrenda? Rompe el orden jerárquico de los valores independizando un valor. El hombre que no soporta la pérdida de algo o que no lo ha podido ganar ¿por qué desespera? Porque no quiere confesar que lo que ha perdido era sólo un «lugarteniente» de algo más valioso o del valor supremo, de la persona absolutamente valiosa, «del Señor».

Nosotros oímos contar el caso de un hombre que perdió el manuscrito de un libro en el campo de concentración; al principio no podía soportar la idea de tener que morir sin haber publicado el libro. Posteriormente hizo el «acto» de renuncia. Pero ¿qué hizo en definitiva aquel hombre? Parece ser que se preguntó: ¿qué clase de vida humana es esa cuyo sentido depende de que se publique o no un libro que uno ha escrito? Reflexionó sobre lo absurdo de hacer depender el valor de una vida humana del hecho de que el libro que uno ha escrito sea o no publicado.

Pero intentemos sondear la profundidad abisal que este reconocimiento puede abrir: es inadmisible que las circunstancias externas o los estados anímicos, que el afán de cumplimiento del ser y de autorealización en la esfera intelectual le reduzca y limite a uno la cosmovisión y la intuición axiológica en una única posibilidad: en la realización del sentido y de los valores de un modo determinado.

Es difícil ejemplificar estas cosas sin trivializarlas. Intentémoslo, a pesar de ello: Alguien «no ha tenido suerte en el amor»[6] y por esta razón está hastiado de la vida (tales personas acuden a diario a nuestras consultas). Este hombre está desesperado; es decir, según nuestra interpretación, ha debido de endiosar algo. Este endiosamiento, esta absolutización, consiste de hecho en actuar como si la suerte en el amor fuese lo decisivo en la vida, *poniéndolo* por encima de todo. ¿Y qué otra cosa significa endiosar sino colocar algo por encima de todo?

Otro ejemplo, quizá menos trivial y más actual: hay muchas mujeres que se quedan involuntariamente solteras y sin hijos. Sabemos también que muchas de ellas están desesperadas en forma consciente o inconsciente; si lo están en forma inconsciente, tanto peor desde el punto de vista psicoterápico.

Puede parecer frívolo el intento de tranquilizar a esas mujeres y de desdramatizar su situación. Pero es preciso distinguir en tales casos entre tristeza y desesperación: Es triste que una mujer que desea tener

---

6. En mi obra *Ärztliche Seelsorge* (p. 147-150) hago notar que la expresión «amor desgraciado» es contradictoria.

esposo e hijos se quede sin uno y otros. Pero esto sólo puede ser motivo de desesperación para una persona que ha endiosado tales objetivos y hace del cumplimiento de esos deseos una *conditio sine qua non* del valor de su vida. Tener marido e hijos constituye un valor en la vida de una mujer, y la realización de estas posibilidades confiere valor y sentido a su vida; pero sería fatal no perder de vista la relatividad de estas dos posibilidades de dar un sentido a la existencia de una mujer, absolutizarlas, endiosarlas. Sería fatal que una mujer se comportara como si la condición de casada y de madre fuese, no una posibilidad, sino la única posibilidad axiológica.

Tales personas consideran la vida digna de vivirse con una sola condición: la de casarse y tener hijos. Pero, como dijo una vez Paul Polak, no se pueden poner condiciones a la vida.

Esto significa que no hay que esclavizar el corazón. El corazón, es decir: la persona íntima; no es lo que uno tiene, sino lo que es en lo más profundo: la verdadera persona; no la instintual, sino la espiritual. El Antiguo Testamento se refiere a la persona en este sentido cuando habla del «corazón». Así dice que el hombre debe «amar a Dios con todo el corazón, con toda el alma y con todas las fuerzas». Esto significa que el hombre debe amar a Dios bajo todas las condiciones, en todas las circunstancias, aunque se vea privado de todas las posibilidades en la escala de valores, relativos, aunque corra peligro de perder el penúltimo valor, que es la vida. Lo que se le pide es la disposición a darlo todo, a entregar, renunciar y sacrificar: la disposición incondicional al sacrificio.

Tomemos otro ejemplo de endiosamiento: Supongamos que alguien considera la amenaza de una enfermedad psicótica (ya se trate de miedo fundado o de mera angustia fóbica, de psicotofobia) como una razón suficiente para el suicidio. ¿Por qué considera absurda la vida y por qué está desesperado? ¿Qué es lo que ha endiosado? Ha endiosado la mente, haciendo de ella una condición indispensable de todo sentido y valor vital, algo que él necesita para seguir viviendo. Ahora bien, nadie está inmunizado contra una enfermedad psicótica, pero todos pueden inmunizarse contra la desesperación.

Sólo puede estar desesperado alguien que ha endiosado algo, que pone algo por encima de todo. Esto significa que la única posibilidad de inmunizarse contra la desesperación es anteponer a todo lo demás la tarea de conservar la vida bajo cualquier condición y circunstancia. La vida incluye el «amor desgraciado», la soltería y la infecundidad, también la posibilidad de sucumbir a una enfermedad psicótica. La tarea es: mantener la existencia que se nos ha dado, a la que nos han «arrojado», en expresión de Heidegger, o que nos han «brindado» desde la trascendencia, según Jaspers; conservar esta existencia según el leal saber y entender de cada uno. La entrega a esta misión es lo único que nos puede inmunizar, no contra un amor desgraciado, no contra la infecundidad, no contra la enfermedad psicótica, etc., etc., sino contra la desesperación.

La sobrevaloración, el endiosamiento –raíz de la desesperación– rebasa la vida y alcanza la doctrina, la teoría, la filosofía; el endiosamiento acarrea la desesperación, no sólo en la esfera personal, sino también en la esfera real. El que duda de la existencia de un super sentido y *por ello* cae en desesperación, está endiosando algo: la *ratio* como única posibilidad de búsqueda y de interpretación del sentido. El hombre fáustico fracasa en este endiosamiento de lo racional como fracasa su caricatura, que es el neurótico obsesivo:[7] el perpetuo cavilador y suspicaz que persigue por vías racionales la seguridad al cien por cien en la esfera cognitiva y en la esfera pragmática. En lugar de fiarse de la profunda sabiduría del corazón, el espíritu «inconsciente», es decir, no reflexivo y no intelectualizado, en lugar de confiar en esa emocionalidad (en sentido lato y profundo) y aceptar la provisionalidad y ocasionalidad de la vida, quiere aferrarse a la racionalidad.

Así se comprende lo que significa la expresión *sacrificium intellectus*, que ha tenido tan mala prensa: también se puede endiosar el intelecto, y también este endiosamiento conduce a la desesperación cuando el hombre lo subordina todo a la comprensión del ser y del sentido. El «sacrificio del entendimiento» significa simplemente el reconocimiento de que hay algo más elevado que él, que es preciso estar dispuesto a sacrificarlo, a renunciar a él. El *sacrificium intellectus*, en efecto, no es la renuncia al intelecto, a la *ratio* como tal, sino sólo la renuncia a su endiosamiento, una renuncia, por tanto, condicionada, la renuncia a elevar la *ratio*, la razón, al rango de valor incondicionado.

El hombre que consuma este *sacrificium intellectus* no se resigna a una falta de sentido, al supuesto absurdo del ser ni de la realidad; acepta simplemente la inefabilidad del supersentido. Y lo que le libra de la desesperación ante el aparente absurdo es su confianza en el supersentido oculto. Una confianza que incluye la renuncia a la cognoscibilidad del supersentido en favor de la fe en él.

---

7. Cf. *Ärztliche Seelsorge*, p. 175-184, y *Die Psychotherapie in der Praxis*, p. 167-168.

Homo patiens

Nos hemos referido varias veces al sentido sacrificial de las cosas. Ahora bien: las cosas poseen, además, su propio sentido, su propio valor. Pero ¿en qué consiste este valor propio? Tomemos un ejemplo trivial: yo tengo un duro en la mano. Este duro ¿vale realmente un duro? ¿O tiene un valor distinto según que yo lo retenga o se lo dé a un mendigo? ¿No tiene un valor superior para éste? ¿Y no puede darse a alguien que le otorgue un valor incalculable? ¿Y no es esto conferir al duro su valor propio? Así resulta que, dando el duro al mendigo, confiero al duro una plusvalía; socorriendo al mendigo, contribuyo a la plenitud de sentido del duro, a conferirle su valor propio.

Vemos, pues, que la virtud de la justicia, tan ensalzada en el Antiguo Testamento como supremo valor personal, no es sino la justicia «real» *(Sachgerechtigkeit)*:[8] el «realismo» *(Sachlichkeit)*. Pero hacer justicia a las cosas (res), ser realistas con ellas, significa elevarlas a su máximo valor posible. Esto, en el fondo, no se aplica sólo a las cosas, sino también a los seres humanos, a las personas. Cuando ayudamos a un ser humano, cuando le «curamos», no hacemos sino elevarle al valor supremo que a él y sólo a él le está reservado, al valor más elevado posible que corresponde a cada persona.

Max Scheler definió la «salvación» como el valor más elevado que puede alcanzar una persona.

Hemos hablado, al hilo de la problemática de los valores, del valor de las cosas y también de la persona como valor. Ahondemos en el análisis del valor personal, de la dignidad de la persona humana.

El poeta austríaco Jura Soyfer, muerto en un campo de concentración, compuso un poema cuyos últimos versos transcribimos:

> Único modo de liberar
> al hombre que duerme en nosotros:
> preguntarnos a cada instante si hombres somos
> y a cada instante contestarnos: No.
> El boceto somos mal pergeñado
> del hombre, aún por dibujar.
> Un pobre telón para la gran escena.
> ¿Hombres nos llamáis? Aún no: aguardad.[9]

---

8. A la justicia material o de cosas, que da origen al *ethos*, corresponde frente a las personas el amor, el *eros*.
9. *Vom Paradies zum Weltuntergang*, Globus-Verlag 1947, p. 21.

En este impresionante poema se habla del hombre como «proyecto» y del hombre «por dibujar». Recordamos a este propósito un dibujo del humorista americano Saul Steinberg donde se ve el perfil de un hombre que sostiene un lápiz en la mano y con el que dibuja su propio contorno.

Vemos ya dónde desemboca todo esto: en la pregunta de si el hombre «por dibujar», el hombre en el sentido de Soyfer, podrá completarse un día en el sentido de la imagen de Steinberg. Con otras palabras: ¿el hombre es capaz de esbozar su propia imagen sin mirar un modelo?

Sabemos que en el existencialismo se habla mucho de que el hombre puede proyectarse a sí mismo y de que debe «inventarse». De este modo, un poema y una caricatura nos han introducido nada menos que en la problemática del autoproyecto y la autoinvención del hombre: un proyecto y una invención sin modelo previo cuyo trasunto fuese el hombre.

Nosotros oponemos a la tesis de que eso sea posible nuestra propia tesis, que dice: la «invención» del hombre, la *inventio hominis*, se produce en la *imitatio Dei*.

De ese modo todo confluye en la pregunta: ¿el hombre es imagen y semejanza de Dios o Dios es una mera superimagen del hombre? Esta pregunta se puede modificar: prescindiendo a nivel heurístico de que Dios se revele (prescindiendo, pues, en principio y experimentalmente, por decirlo así de toda revelación), la pregunta se puede formular en estos términos: ¿Dios es un descubrimiento o una pura invención del hombre? Porque si el hombre es una invención de sí mismo, también el modelo será invención suya.

Según Heidegger, el hombre se anticipa a sí mismo. Nosotros constatamos un estado de cosas similar al hablar de la vida como su propio sentido y al sostener que esa vida que es el sentido de la vida es una vida «facultativa», mientras que la vida cuyo sentido «es», es la vida fáctica.[10] Aplicando esto al ser humano, el hombre como debe ser «anticipa» al hombre como es. De ese modo este «anticiparse» es la condición de toda posibilidad, de toda variabilidad: de toda autodeterminación, autoconfiguración y autoeducación.

---

10. Cf. mi *Existenzanalyse und die Probleme der Zeit*, Amandus Verlag, Viena 1947, p. 38: «Ser hombre significa no ser fácticamente, sino facultativamente.» La misma idea parece desarrollar Ortega y Gasset: «Ninguno de nosotros es un factum, sino un faciendum» (discurso en el centenario de Goethe en Aspen, Colorado, 1949).

Todo esto encuentra un contrapunto «filogenético», si vale la expresión: también la humanidad se anticipa a sí misma y esta anticipación es la condición de su despliegue y desarrollo: de su progreso en constante invención.

Así topamos de nuevo con el tema del progreso, con el tema no sólo de la autoinvención, sino de la invención en el sentido trivial, técnico, de la palabra. Hemos hablado ya del progreso técnico, externo, y de la ambigüedad de todo progreso técnico. En efecto, ¿qué es el progreso? Progreso es tanto el progreso desde la penicilina a la aureomicina, pasando por la estreptomicina, como el progreso desde la bomba atómica, pasando por la superbomba, hasta la bomba de hidrógeno.

Pero, aparte esa ambigüedad, hemos intentado demostrar que no existe el progreso automático, al menos fuera del campo técnico.

Tampoco es posible el progreso de la humanidad más allá de ella misma –por encima de todo lo que es y de cara a lo que debe ser– sin un modelo previo, sin un modelo ofrecido desde fuera, propuesto para su cumplimiento y realización.

El progreso, pues, tanto el «ontogenético» como el «filogenético», no es automático ni autónomo, ni espontáneo ni independiente.

Sólo se supera el nihilismo aceptando la existencialidad del ser humano. Y sólo se supera el humanismo reconociendo la trascendentalidad del ser humano.

Con la demostración de que el hombre no está determinado estrictamente por fuerzas y potencias vitales y sociales, sino que se ve libre de ellas y es responsable de la autodeterminación, hemos recuperado la existencia del hombre más allá de los hechos biológicos, psicológicos y sociológicos. Ahora, con la inclusión de la trascendencia en la teoría del ser humano, se trata de recuperar una imagen del hombre que responda a su esencia, destacando en ella el rasgo de su trascendentalidad. Una imagen del hombre en consonancia con su ser desborda los marcos de la facticidad y también de la inmanencia. La imagen del hombre no queda completa en el marco de la inmanencia. O el hombre se concibe como imagen y semejanza de Dios o deriva en mera caricatura de sí mismo.

Hemos dicho que el hombre no puede ser su propia medida y criterio. El hombre sólo puede medirse con el Absoluto, con un valor absoluto, con Dios. Aceptar esta medida significa aceptar el modelo ofrecido. Pero medirse con Dios no significa enfrentarse a Dios. En este horizonte se puede comprender quizá esa interpretación del mito de la caída original que Martin Buber ofreció una vez: «Los hombres presumieron "ser como Dios" y perdieron el sentido de la vida, que consiste en llegar a ser como Dios; lo unico que consiguieron de ese modo fue el conocimiento de la dualidad de lo divino y lo humano, la "ciencia del bien y del mal"».[11]

Si volvemos a lo dicho sobre el sentido del sacrificio, el sentido sacrificial de las cosas, y preguntamos qué es lo contrario de «hacer un sacrificio», la respuesta es: recibir una paga. Así se comprende que lo más contrario a toda ética sea el cálculo sobre los efectos de la buena acción, la especulación con los resultados de la obra buena, la obra que «reporta intereses».[12]

Está claro que debe condenarse esa *pseudo-ética*, que es inexcusable el imperativo de ser honesto, ser bueno, sin tener en cuenta los efectos o los resultados. Es preferible hacer una obra buena por nada que hacerla buscando una recompensa: tal puede ser el lema. Larochefoucauld da la siguiente definición: «La verdadera valentía consiste en hacer sin testigos lo que uno es capaz de hacer delante de los demás.» O quizá habría que añadir la definición de moralidad propuesta por un periódico sueco, que presentó el ejemplo de un hombre que pasó cerca de un mendigo ciego, le arrojó una pieza valiosa y luego saludó quitándose el sombrero sin testigos presenciales. El gesto de aquel hombre parece absurdo, pero en realidad fue un gesto desinteresado, lejos de todo oportunismo, utilitarismo y pragmatismo. Nosotros creemos que este ejemplo vale por un tratado de ética: un tratado contra toda ética de los resultados.

También el nihilismo debe interpretarse en cierto sentido y hasta cierto punto como una reacción contra la ética de los resultados. También el nihilismo «prefiere la nada a la recompensa»: ni por algo ni por alguien, ni por una cosa ni por una persona, ni siquiera por Dios ni por el cielo.

Aquí, en esta rebelión, en este rechazo de la apetencia moral de los efectos, vemos nosotros una de las raíces del nihilismo. Es la *negación del cielo burgués*, es la *recusación del pequeño bienestar prolongado hasta el infinito en el cielo*. El mismo fenómeno encontramos en el arte actual: ésta, tildada de nihilista, busca la verdad pura, aunque sea al precio de la desnudez. Busca con apasionado afán arrebatarle al tiem-

---

11. *Vom Geist des Judentum*, Munich 1916, p. 58.
12. Propaganda de un puesto comercial de sorteo por clases: «Toda buena acción produce beneficios, y yo confío en que todos mis clientes obtengan muchos aciertos en los sorteos».

po la ficción vital. No es extraño que ese afán lleve a escenas atroces en el teatro, escenas en el sentido más auténtico de la palabra. Si el arte «arrebata al tiempo la ficción vital», como acabamos de decir, si «vacía» la vida en el sentido más auténtico de la palabra, dejándola desnuda, hay que hacer notar que la vida ya había preparado el terreno: en los depósitos y arsenales de bombas, en los campamentos de prisioneros y en los campos de concentración, la existencia del hombre quedó «al desnudo»; la existencia en sentido material y en sentido espiritual; no sólo en el sentido de lo que «uno es», por usar las expresiones de Schopenhauer. Lo que uno tenía fue destruido por las bombas, y sólo quedó lo que uno era: el ser humano. El hombre desnudo, el hombre reducido a su nuda existencia: sólo quedó él.

¿Quedó realmente solo? Porque si estaba solo, ¿con quién conversaba? Recordemos aquella carta de un joven médico que describía cómo, mientras aguardaba el momento de la ejecución, hablaba consigo mismo, en aquella «situación límite», sobre temas que a veces coincidían con los que describe el análisis existencial. Pero ese hombre ¿habla realmente consigo mismo? ¿Sólo mantiene monólogos?

Caben dos posibilidades de interpretación: La primera es que el hombre en sus monólogos más íntimos –en situaciones límite– habla realmente consigo mismo; contra esta interpretación hay que objetar que es una tautología. La segunda interpretación propone que ese hombre habla en realidad con Dios, que tiene a Dios como interlocutor; cabe alegar contra esta interpretación que es teológica y, por ello, descartable.

Sólo restaría una tercera posibilidad: ese hombre está solo en su situación límite y dialoga con la nada. Pero esa nada resulta ser algo en extremo positivo: viene a ser «el todo». Y en realidad, en el fondo, no existe tanta diferencia entre ambos extremos.

Dios es todo y es nada. ¿Cuándo es «nada»? Si se intenta aprehenderlo en un concepto y comprenderlo, se resuelve en nada. ¿Y cuándo es «todo»? Cuando se entiende por nada lo inaprehensible, lo inefable, pues entonces esa nada le dice a uno «todo».

Eso inefable, innombrable es, como sabemos, el punto angular de toda jerarquía de valores; en su nombre emanan todos los mandamientos: en nombre de aquel que no tiene nombre.

Y a eso inefable, innombrable, a esa «nada», el hombre trata de tú. Ahora avistamos la solución del problema; ahora entendemos la necesidad de dar un nuevo giro a la pregunta, más allá de las antítesis y las alternativas: el problema no debe abordarse tautológicamente ni teológicamente, sino dialógicamente: dialógicamente en el sentido de Martin Buber y de Ferdinand Ebner. El acto espiritual siempre es bifronte: el hombre está ordenado a un tú, y ya la psicología evolutiva y la psicología infantil saben que la palabra «tú» precede a la palabra «yo». El monólogo es un caso límite y especial; lo propio y originario es el diálogo. Y precisamente cuando no hay nadie para dialogar, cuando el hombre se dirige aparentemente al vacío, a la nada, entonces habla con el Tú eterno: eterno porque el hombre siempre le ha interpelado, aunque de modo inconsciente, y siempre se ha visto interpelado por él. Porque la primera palabra que dirigimos a ese Tú es siempre una respuesta.

Es cierto que el hombre debe estar a solas para advertir que no está solo, que nunca lo estuvo; debe estar a solas y sólo entonces puede notar que sus monólogos son y fueron siempre diálogos.

La «nada» con la que el hombre habla parece ser mera nada porque no es un ente de tantos, sino el fundamento de todo ente: el ser mismo: hasta tal punto se parece a la nada. «Si pasa junto a mí, no lo percibo; si me roza, no lo advierto» (Job 9,11).

Es fácil demostrar que el positivismo es en realidad un nihilismo encubierto. Y también es fácil demostrar que el supuesto nihilismo es en última instancia una teología inconsecuente, una teología «negativa».[13]

No vamos a decir que el nihilismo sea consciente de esto; es verdad lo que afirma Leo Gabriel sobre el existencialismo nihilista: que es el último grito, mas no la última palabra. Y también la filosofía existencial cumple el dicho de Bacon de Verulam: «Poca filosofía aleja al hombre de Dios, mucha filosofía le acerca a Dios.»

El hombre «desprevenido», «presintiendo la nada», presupone a Dios.

Esa nada es el negativo, el reverso del ser. «Podrás ver mi espalda, pero mi rostro no lo verás» (Éx 33,23).

II. ANTROPOMORFISMO

Si enim caelum et caeli caelorum te capere non possunt, quanto magis domus haec quam aedificavi (3Re 8,27).

---

13. «Hoc ipsum est Deum cognoscere, quod nos scimus nos ignorare de Deo quid sit» (Tomás de Aquino, *In Dionys.* c 7, 1 4 med.).

En tanto que existo, existo de cara a un sentido y a unos valores; en tanto que existo de cara a un sentido y a unos valores, existo de cara a algo que me rebasa necesariamente en valor, que es de un rango esencialmente superior a mi propio ser; en suma: yo existo de cara a algo que no puede ser algo, sino que tiene que ser un alguien, una persona o –por exceder totalmente de mi persona– una superpersona. Es decir: en tanto que existo, existo de cara a Dios.

Ya dijimos que el valor supremo está ligado a «personas valiosas» (Scheler) y que es obvio pensar que el valor supremo, el supersentido, esté vinculado a una superpersona. A propósito de esta conclusión por analogía, de esta extrapolación del mundo a un supermundo, preguntamos anteriormente si esta vía no conduce a un antropomorfismo. Tratemos de contestar a esta pregunta.

Hemos hablado ya del peligro de antropocentrismo. Si el antropocentrismo tiende a endiosar al hombre, el antropomorfismo tiende a humanizar lo divino.

Lo que hemos buscado es un acceso al sentido del sufrimiento. Esa búsqueda nos ha llevado al verdadero ser del hombre y, a través del sentido del sufrimiento, hasta el sentido último de la vida. El verdadero ser del hombre es la existencia y el sentido último de la vida es la trascendencia. El camino que emprendimos en nuestra crítica del nihilismo nos llevó del automatismo a la existencia; el camino elegido en nuestro análisis de la crisis del humanismo nos ha llevado de la autonomía a la trascendencia. Sólo desde la trascendencia se puede encontrar el sentido último del sufrimiento.

Esto invita a abordar el problema de la teodicea. ¿Tenemos derecho a plantear esta cuestión?

Tanto el análisis existencial como la logoterapia tienen, no sólo el derecho, sino el deber de abordar esas cuestiones, y esto por una razón sencilla: ya en el ámbito de aplicación psicoterapéutica, ambos métodos tropiezan con la problemática religiosa. El análisis existencial, según se desprende de nuestras investigaciones sobre religiosidad inconsciente,[14] se esfuerza en poner fin a la represión de la religiosidad hacia el inconsciente; y la logoterapia se ve obligada a eliminar la resistencia contra la religiosidad consciente. Pero, contrariamente al psicoanálisis –del que se toman estos dos conceptos–, nosotros sostenemos que esa resistencia no se puede anular mediante la transferencia, sino

---

14. Cf. *Der unbewusste Gott*, Amandus-Verlag, Viena 1948, 1949; vers. cast.: *La presencia ignorada de Dios*, Herder, Barcelona 1994.

mediante la confrontación. Hemos declarado muchas veces que al psicoterapeuta no le está permitido trasvasar su cosmovisión al paciente.

Nosotros hemos podido constatar, frente a Freud, que no se da sólo un inconsciente instintivo, sino también un inconsciente espiritual, que no hay sólo una sexualidad inconsciente, sino también una religiosidad inconsciente; pero fue necesario señalar, frente a Jung, que esta religiosidad inconsciente pertenece al inconsciente espiritual. Limitarse a hacerla consciente es quedarse a medio camino; es preciso refutar todos esos razonamientos contra la religiosidad que obligaban a ésta a hacerse inconsciente, es decir, que justificaban la represión, o a permanecer inconsciente, es decir, que justificaban la resistencia. De ahí que una de las tareas de la logoterapia en lo que respecta a la religiosidad inconsciente y consciente, sea el mostrar la falacia de toda argumentación contra la religiosidad.

Si es verdad que sólo se puede entender al hombre desde Dios, también lo es que el hombre sólo puede encontrar el acceso a Dios partiendo de sí mismo, del hombre mismo. Cuando se trata de enseñar a otro el camino hacia Dios, no podemos partir de lo racional, sino que debemos hacerlo desde lo emocional. Hay una nostalgia tan honda en el fondo de nuestro ser, que sólo puede referirse a Dios. Vemos así que no es la autocomprensión de la existencia como fenómeno intelectual lo que nos acerca a la realidad de Dios, sino la autocomprensión de la existencia como anhelo. Pero el anhelo posee una relevancia metafísica, posee su dignidad ontológica. Franz Werfel parece tenerlo en cuenta cuando dice en un pasaje: «La sed demuestra la existencia del agua».[15]

Al igual que el anhelo, el amor puede marcar un camino hacia Dios: *amo, ergo est*. Esta tesis no posee mayor ni menor fuerza demostrativa que la tesis *cogito, ergo sum*. Si en esta última el acto de pensamiento apunta al yo como sujeto, en la primera el acto de amor ilimitado apunta a Dios como su objeto.[16]

Esto, en cuanto a la distinción entre la vía racional y la vía emocional para llegar a Dios. Queda otra distinción, igualmente necesaria: la distinción entre la vía intelectual y la vía existencial:

En toda opción de fe hay tantas razones teóricas en favor de una posibilidad como en favor de otra; por ejemplo, en favor del absurdo de la existencia como en favor de un sentido último, en favor de un

---

15. *Der veruntreute Himmel*.
16. Frankl, *Zeit und Verantwortung*, Deuticke, Viena 1947, p. 40.

supersentido. Así, tanto la existencia de Dios como su no existencia son una posibilidad teórica, pero sólo una posibilidad, no una necesidad. A mí me pueden forzar a saber, mas no a creer. La fe empieza justamente cuando yo tengo que elegir, decidirme por una de las posibilidades, cuando los platillos de los pros y los contra se mantienen equilibrados: entonces el sujeto que elige y pondera se pone a sí mismo, pone el peso de su existencia en uno de los platillos de la balanza. La fe no es un pensamiento del que se ha quitado el nivel de la realidad de lo pensado, sino un pensamiento incrementado con la existencialidad del sujeto pensante.[17]

De la cuestión de la existencia de Dios pasemos a la de su esencia. La cuestión de la esencia de Dios, de su modo de ser, sólo se puede abordar dialécticamente. Por eso es preciso admitir aquí una paradoja: *la paradoja de la absoluta trascendencia y, a la vez, la absoluta inmanencia de Dios, de su infinita lejanía y su infinita proximidad.*

En cuanto a la trascendencia, sabemos que Dios es en rigor impensable e inefable; sólo es posible creer en él, amarle. En esta perspectiva todas las tesis de las teologías aparecen como simples ecuaciones, ecuaciones con una incógnita, metáforas con el único tema del Dios «desconocido». Dios es absolutamente inconmensurable con todo lo cismundano, lo terreno, lo humano, lo temporal. Hemos elegido deliberadamente el adjetivo «terreno», pues quizá esta cuestión se exprese con la máxima nitidez en el símil bíblico según el cual los pensamientos de Dios distan de los pensamientos humanos como el cielo de la tierra; pero si la tierra está en el espacio, el cielo es el espacio mismo, la representación simbólica de la dimensión espacial.

Siempre que llegamos a los límites del mundo (en la investigación y en la enseñanza), o tropezamos con ellos (en la vida y en el sufrimiento), siempre que topamos con la trascendencia, la actitud óntica debe transformarse en ontológica. Cuando no nos movemos ya a nivel intramundano, tampoco podemos pensar en categorías intramundanas.

Es verdad que nos vemos obligados a transferir estas categorías a lo trascendente, pero entonces sólo son aplicables en sentido «traslaticio», en sentido análogo.

Ya se indicó que la analogía lleva a la extrapolación; pero extrapolar es lo contrario de reducir. Cuando concluimos de un estrato entitativo a otro, nunca debemos retroceder, sino avanzar. Nunca podemos rebajar, sino realzar. Nunca podemos resolver lo superior en lo inferior,

---

17. Frankl, *Der unbedingte Mensch*, Deuticke, Viena 1949, p. 78.

Ensayo de una patodicea

sino que debemos «superar» lo inferior en lo superior, en el doble sentido hegeliano de la palabra.

Un ejemplo de reducción indebida es la interpretación de la idea de Dios en el sentido del psicoanálisis, según el cual constituye una proyección de la imagen paterna (como la conciencia es una introyección). El psicoanálisis olvida que esta teoría de la proyección es a su vez una proyección, en consonancia con la proyección típicamente psicologista de los fenómenos desde el espacio de lo espiritual al plano de lo psíquico (cf. lo dicho en p. 220).

Debemos evitar obviamente que nuestros «avances» sean erróneos: en ese caso, pero sólo en ése, cometeríamos un antropomorfismo.

Es preciso tener presente lo que puede considerarse como principio de toda analogía, extrapolación y avance: *Lo máximo esencial de lo inferior está incluido en lo superior como su mínimo esencial.*

Es decir: siendo el espíritu humano de índole personal, no podemos concluir sin más que el espíritu divino sea igualmente espíritu personal; la conclusión correcta es que el espíritu divino es al menos tan personal, pero en rigor es suprapersonal.

Nada se pierde con esta disolución en lo superior; nada se pierde, salvo lo «demasiado humano» del hombre: lo eterno del hombre[18] pasa intacto a lo superior.

Para hacer esto más comprensible, tratemos de justificar esta idea de la extrapolación y el avance con la teoría de Uexküll sobre el medio ambiente. Esa teoría, como se sabe, fue revisada y corregida por Scheler y por Gehlen en el sentido de liberar al hombre de la impotencia frente al medio ambiente: el hombre no sólo tiene un medio ambiente, sino un mundo (cf. lo dicho en p. 278). Pero no debemos olvidar que esta relación «medio ambiente - mundo» debe ampliarse al supermundo, en sentido scheleriano, y a su persona correspondiente es decir, a la superpersona en nuestro sentido.

Esa doble relación puede compararse a las relaciones de la «sección áurea», y nosotros no dudamos en afirmar que el medio ambiente es al mundo como el mundo es al supermundo. Podemos especificar más este tema diciendo que el instinto es al sentido lo que éste es al supersentido.

Esta comparación de la «sección áurea» es deficiente, como toda comparación. La comparación no es válida en el sentido del cálculo matemático: Dios, el correlato personal del supermundo, el sustrato

---

18. Scheler, *Vom Ewigen im Menschen.*

personal del supersentido, es el «totalmente otro» y, como tal, incalculable, como su «providencia» es imprevisible para el hombre. Lo infinito es inaccesible; pero ¿nuestra comparación no incluye también en cierto modo este momento? Nuestra comparación apunta, aparte la relación de las partes entre sí, a la relación de una parte con el todo. ¿No se relaciona el supersentido con el todo? En suma: nuestra comparación es correcta porque no se limita a explicitar la relación de los elementos relativos, sino que explicita también la relación de lo relativo con lo absoluto.

Resumiendo: Los enunciados sobre Dios sólo tienen un valor analógico: Por ejemplo, los enunciados sobre su personalidad: Dios es cuasi personal, es super-persona. Otro tanto hay que decir de los atributos: Dios es bueno, es «la bondad misma»; pero lo y no lo es, en cierto modo, ya que él es para nosotros «la bondad misma», o el amor, exactamente como para una planta puede ser sol o lluvia, y para un animal puede ser alimento, guarida y nido.

Pero nosotros osamos extrapolar, personificar, basándonos únicamente en una esperanza y una fe: que nosotros mismos –que somos personas y no superpersonas, que tenemos un mundo y no un supermundo– somos imagen y semejanza de la superpersona.

Hay otra razón para presentir (para «concluir por avance») que Dios no puede menos de ser persona. Frente a la idea spinoziana de que aquel que ama a Dios no puede desear que este ser perfecto le corresponda en el amor, nosotros opinamos que el amor sólo puede dirigirse a una persona y no a una cosa; debe ser amor a un quién y no a un qué, a un tú y no a un ello, y por eso no puede ser un amor panteísta.

En el punto focal, el absoluto se transmuta en un ser concreto, la divinidad panteísta en un Dios teísta y lo espiritual en el espíritu personal; en suma: en un tú.

Pero el hombre se resiste a tratar de tú a Dios: para el hombre actual, toda concreción de Dios es un escándalo; le parece escandaloso y ridículo imaginar al «buen» Dios como un *abuelo* de barba blanca, etc. Y, sin embargo, los rasgos antropomórficos o, como dice Scheler, antropopáticos que la fe de los niños y la fe infantil (no pueril) de los adultos incluye en su imagen de Dios, esos rasgos esclarecen mejor el verdadero ser de Dios que la noción metafísica de un absoluto abstracto.[19] La noción metafísica se forma excluyendo los elementos antro-

---

19. Cf. Konrad Lorenz: «Si ustedes consideran globalmente el contenido de verdad que hay en una cosmovisión, el contenido de verdad de la aldeana de Grünau y el

pomórficos, pero debe pagar un precio alto: su precisión y validez formal implica un empobrecimiento y un vacío de contenido.

Como se sabe, los extremos se tocan en el punto de mayor tensión polar. Así, en lo concerniente a la paradoja de la trascendencia absoluta y la inmanencia absoluta de Dios, se produce un tránsito dialéctico de la trascendencia a la intimidad. Se trata de «tú» a alguien íntimo. Si no se dice «tú», se dice «usted». En el pasado, los niños no tuteaban ni siquiera a sus padres, y nosotros mismos no tratamos ni siquiera de «usted» a un director, a un decano, a un rey, sino de «Excelencia», «Alteza», etc. Pero a Dios se le trata de tú, a ese Dios cuyo nombre influye tal reverencia al hombre que éste evita su nombre; hablando con Dios, el hombre habla con el tú más íntimo que se puede concebir. Sí, el hombre sólo puede tratar a Dios de «tú», porque quizá no se puede hablar «de» Dios, de «él».

Pero esto es inevitable. Hay que hacer constar, a pesar de ello, que la personalidad de una persona sólo se revela en el momento de tratarla de tú, y que esto es tanto más válido en el caso de la superpersona. Nosotros diríamos que existe aquí un paralelismo significativo: si en la cosificación del hombre el yo pasa a ser un *ello*, y en la masificación de la humanidad el «nosotros» pasa a ser el «se» impersonal, en la despersonalización del concepto de Dios el tú degenera en un él. Y, esto, aunque se escriba Él, con mayúscula, o ÉL, con mayúsculas. Una vez perdida la existencialidad de la relación personal, se pierde la personalidad misma, es decir, su condición de «tú».

¿Cómo se salva el tú? ¿Qué es capaz de respetar a Dios como un tú? La *oración*: es el único acto del espíritu humano que puede hacer presente a Dios como un tú. La oración presentiza, concreta y personifica a Dios como un tú. Tal es el aporte de la oración en su sentido más amplio, que no incluye sólo la plegaria sin sonido, sino incluso sin palabras: *como hay canciones sin palabras, hay también oraciones sin palabras, y como aquéllas son las más hermosas, éstas pueden ser las más religiosas*.

Por lo demás, no hay por qué menospreciar el hecho de que «la desgracia enseñe a rezar». No se ve por qué la oración en la desgracia sea menos auténtica, menos propia, menos radical. *Yo prefiero la religión*

---

contenido de verdad de la cosmovisión de B.F. Skinner, verán que la aldeana que cree en la inmaculada concepción de María y en Dios y los santos está más próxima a la verdad que el behaviorista» (Konrad Lorenz y Franz Kreuzer, *Leben ist Lernen*, Piper, Munich 1981; nota a la nueva edición de *Anthropologische Grundlagen der Psychotherapie*).

que se profesa cuando a uno le van mal las cosas (en los Estados Unidos se llama la «Fox Hole Religion») a la religión que sólo se profesa cuando le van bien (yo la llamaría «Business Men Religion»). Como ocurre tantas veces, las ruinas hacen levantar la mirada al cielo.

La oración hace presente a Dios. Pero como acto del espíritu humano, es un fenómeno fugaz; es una atención instantánea, súbita, a Dios. Pero, al igual que un cristal nace en un punto de cristalización donde se yuxtaponen nuevos cristales, el acto de oración cristaliza en el *símbolo*. La oración pasa, el símbolo permanece, y en el símbolo se puede renovar y rejuvenecer el acto de presentación de Dios. Lo que aporta la oración es la intimidad de la trascendencia; lo que vence el símbolo es la fugacidad de la representación. El contenido inmanente del símbolo permite acceder una y otra vez al objeto trascendente. La condición para ello es que este contenido inmanente sea diáfano, que deje traslucir el objeto trascendente. Para que sea diáfano, es necesario no tomar el símbolo al pie de la letra. Sólo cuando arde desde el acto intencional, brilla en él lo trascendente. El símbolo debe conquistarse en cada nuevo acto.

Lo absoluto no se aprehende «con» el símbolo, sino «en» el símbolo. Un ejemplo puede ilustrarlo: no podemos ver el cielo aunque lo iluminemos con los más potentes reflectores. Si vemos algo, una nube, esto demuestra que no es el cielo lo que vemos. Y, sin embargo, las nubes (visibles) son el símbolo del cielo (invisible).

El aporte del símbolo se puede comparar al efecto de la perspectiva. Si ésta introduce en la segunda dimensión la tercera, y hace adivinar el espacio en el plano, el símbolo, el símil simbólico, hace aprehensible lo inaprehensible. Lo que ocurre es que nosotros no somos conscientes de ello, que la analogía entre la perspectiva y la metáfora no es más que una metáfora. Por eso Jaspers tiene razón y dijo la última palabra sobre este tema cuando afirmó que ser metáfora es sólo una metáfora.

Hay una necesidad metafísica en el hombre, pero hay también una *necesidad de símbolo*. La vida cotidiana del hombre medio demuestra lo arraigada que se encuentra esta necesidad de símbolo. El hombre realiza constantemente gestos simbólicos. Los realiza cuando saluda a alguien y cuando desea algo a alguien. Desde una óptica racionalista, utilitarista, todos estos gestos carecen de sentido, por inútiles y sin objetivo. En realidad son todo lo contrario de carentes de sentido; son simplemente inútiles y sin objetivo o, más exactamente, son simplemente inútiles con respecto a un objetivo.

Ensayo de una patodicea

Colocando una lápida a un muerto, el hombre no realiza una acción provechosa para el difunto. Pero tal conducta tiene otro sentido si asumimos la idea de la religión judía según la cual el servicio que se presta a un difunto tiene un gran valor moral precisamente porque es desinteresado. Pero no sólo se erigen monumentos a los seres humanos, sino también a los animales –parece ser que también al sinnúmero de perros que fueron sacrificados en los experimentos reflexológicos de Pavlov–. ¿No es conmovedor este gesto simbólico? Ningún perro, vivo ni muerto, se ha beneficiado de ello; la investigación, tampoco; pero la necesidad simbólica, las necesidades del corazón, la sabiduría vital de todo un pueblo le jugó una mala pasada al racionalismo y dio un mentís a su utilitarismo. Recordemos una frase de Pascal: *Le coeur a ses raisons que la raison ne connaît pas*; el corazón del pueblo ruso, ese corazón que latía en aquel gesto simbólico, tenía sus buenas razones para dedicar un monumento a los perros muertos: razones que el entendimiento y la razón desconocen, razones que el racionalismo y el utilitarismo ignoran totalmente.

Siempre que el entusiasmo religioso se expresa sin símbolos, entra en conflicto con la tradición confesional. El entusiasmo religioso tiende a perderse en lo nebuloso, a diluirse en lo vago, a desvanecerse en lo indefinido. Por eso reclama la forma, una forma que lo limite, una forma simbólica: la ritual, lo ceremonial, lo institucional; en suma: la tradición confesional. El entusiasmo religioso, primariamente amorfo, tiende a fluir por el cauce preformado de la confesión tradicional; sin ésta, se ve amenazado por la ambigüedad.

La tradición confesional se ve amenazada, a la inversa, por la rigidez y el agotamiento cuando pierde pulso existencial. Cuando la religión se trueca en confesión, lo dinámico se vuelve estático. Este cambio entraña el peligro de hipostasiar lo estático, de congelarse en el contenido dogmático y en la forma ritual. Si el peligro para la religión es la disolución en la vaguedad, desvanecerse en lo informe y lo ilimitado, el peligro para la confesión (que debe conjurar el primer peligro) es la pérdida del contenido religioso en la forma o en la congelación de la forma. *La sangre sin venas se derrama; las venas sin sangre se esclerotizan.*

La confesión es sólo forma, camino. Cuanto más se busca la meta, menos se discute sobre el camino y se ve éste únicamente como camino hacia una meta. Esto se llama tolerancia.

A la fe no le está permitido congelarse; pero debe ser firme. La fe rígida fanatiza; la fe firme es tolerante. El que no se mantiene firme en la fe, se aferra fuertemente al dogma rígido; el que está firme en la fe tiene las manos libres y las extiende a los demás para estar en comunicación existencial con ellos.

Hay una interferencia entre mi actividad y la creencia de que todo tiene en definitiva una meta. Esta fe ¿no entorpece y paraliza mi voluntad? Esta fe ¿no autoriza a decir: cualquier cosa que uno haga, es buena (como suele decirse: cualquier cosa que uno haga, está mal), al menos *sub specie aeterni*?

Hay que contestar a eso que no debemos preocuparnos del efecto, sino de la intención. La intención es nuestra; el efecto es de Dios. Apenas cabe prever el efecto que su providencia dará a nuestra intención. Cada cual debe cumplir su deber según su leal saber y entender: es lo único que procede. Es un error empeñarse en escrutar la providencia.

Cuando un médico receta u opera, no debe pensar en la gracia ni en la providencia, no debe preguntar si es instrumento de la gracia y si está al servicio de la providencia, sino que se ha de concentrar en la receta y en la operación. Cuanto más se entregue a su labor, será mejor instrumento de la gracia, más obrará la providencia a través de él (cf. lo dicho en p. 253).

Un último problema: el problema de la teodicea. Pero ya el mero planteamiento de la teodicea es un antropomorfismo. La cuestión de la patodicea se limita a preguntar qué sentido tiene el sufrimiento; la teodicea, en cambio, pregunta qué motivo tiene Dios para permitir el sufrimiento y el mal. Pero el término «permitir» ¿no insinúa ya un compromiso que el Creador se vio obligado a contraer con la criatura?

Se dice, por ejemplo: el mal sirve para resaltar el contraste: si el hombre no sufriera, tampoco gozaría; como si Dios no fuese capaz de hacer una creación que se las arreglara perfectamente sin efectos de contraste, una creación donde no hubiera necesidad de tales contrastes. Se dice también que el sufrimiento purifica al hombre; como si Dios no pudiese crear seres humanos que no tuvieran necesidad de purificarse, o de fracasar para aprender. Tales respuestas a la cuestión de la teodicea son un grosero antropomorfismo. La prueba y la purificación introducen elementos humanos en las motivaciones del Creador.

La mejor respuesta que nosotros conocemos a la cuestión de la teodicea es la que se refleja en un chiste. El profesor de religión habla en clase sobre los milagros de Dios y cuenta: «Había una vez un hombre pobre; su mujer murió al dar a luz y él no tenía dinero para procurarse una nodriza. Entonces Dios hizo un milagro y al hombre le crecieron los pechos, con lo cual pudo amamantar al lactante.» Entonces salta el pequeño Moritz: «La verdad es, señor profesor, que no lo acabo de entender. ¿No habría sido más fácil que Dios dispusiera las cosas de forma que el pobre encontrase dinero en la calle como por casualidad? Así podría costearse una nodriza sin necesidad de que Dios hiciera un milagro.» A lo que replica el profesor: «Eres tonto, niño. Si Dios hace un milagro, él no necesitará gastar ni un céntimo.»

¿Por qué nos hace reír este chiste? Porque demuestra adónde conduce el aplicar a Dios los criterios humanos –que le obligan a hacer crecer pechos y a emplear las categorías de un comerciante–; o con otras palabras: el juzgar a Dios con mentalidad pragmática.

Vemos que no es posible comprender al hombre desde la inmanencia; por esa vía se incurre en un antropocentrismo. Pero tampoco se puede interpretar al hombre –sobre todo al hombre doliente– desde la trascendencia sin deslizarse hacia el antropomorfismo.

Sólo nos resta creer que todo tiene un sentido, un supersentido; pero no podemos saber cuál es ese sentido o ese supersentido, en qué dirección debemos interpretar el sufrimiento.

Ante las aporías de toda teodicea, la única postura adecuada es la de Job, que después de discutir con Dios y de formularle un par de docenas de preguntas sella la boca, anticipando el saber socrático de no saber nada.

Hemos hablado de «sección áurea» a propósito de la extrapolación. Intentemos ahora extrapolar en la cuestión de la teodicea. Si yo indico algo al perro con el dedo, éste no mirará en dirección a ese algo, sino al dedo mismo; si el perro es malo, se lanzará a atrapar el dedo. En una palabra: el perro ignora la función del siglo; es algo incomprensible en su rumbo.

¿Y el hombre? Tampoco él sabe interpretar los signos que pueden llegar del supermundo, entender el sentido del sufrimiento, captar la señal que éste le envía; también él se lanza contra el dedo indicador y le ladra al destino.

Así concluye nuestro ensayo de una interpretación metaclínica del sentido del sufrimiento con una pregunta en el aire. *Todo lo que* es término y *todo lo que* es definitivo queda siempre en el aire. La *Canción de la Tierra* de Gustav Mahler finaliza en un acorde sin resolver, justo en el momento de cantarse por última vez la palabra «eterno»: la *coincidentia oppositorum*, la armonía definitiva, la gran consonancia no se da en la tierra y desborda también el marco de una canción «de la tierra». La cuenta del hombre doliente sólo se cierra en la trascendencia; en la inmanencia es una cuenta abierta.

Homo patiens

Algo se cierra, sin embargo: se cierra el círculo de nuestras consideraciones. Porque en la cuestión del sentido del sufrimiento ocurre lo mismo que en la cuestión del sentido de la vida. Si esta cuestión ha de poder resolverse, debemos imprimirle un «giro copernicano», cayendo en la cuenta de que nosotros hemos de contestar y no preguntar, y de que la vida misma es pregunta: una pregunta que sólo podemos contestar responsabilizándonos con nuestra vida.

¿Y cómo se plantea la cuestión del sentido del sufrimiento? Exactamente así: el que pregunta por el sentido del sufrimiento (al margen de la creencia en el supersentido), olvida que el sufrimiento mismo es una pregunta, que somos nosotros los interrogados, que el hombre doliente, el *homo patiens*, es el interpelado: éste no ha de preguntar, sino responder, responder a la pregunta, aguantar la prueba: ha de «realizar» el sufrimiento.

Después de citar el lema de Nietzsche y su pregunta sobre el porqué del sufrimiento, podemos decir lo siguiente: En el modo de asumir el sufrimiento impuesto, en el cómo del sufrimiento, está la respuesta al porqué del sufrimiento. Todo depende del talante, de la actitud ante el sufrimiento; se entiende, ante el sufrimiento inevitable, el único susceptible de cargarse de sentido y el único que posibilita la realización de valores actitudinales.

La respuesta que el hombre doliente da mediante el cómo del sufrimiento a la pregunta sobre el porqué del sufrimiento es siempre una respuesta muda; pero –repetimos, al margen de la creencia en supersentido– es la única respuesta que tiene sentido.

Una última observación referida, no al hombre doliente, sino al semejante doliente, al hombre condoliente: Si el sufrir tiene sentido, también lo tiene el compartir el sufrimiento –la compasión–; y como el sufrir, el compadecer es mudo: el lenguaje tiene límites.

Donde las palabras dicen tan poco, huelga toda palabra.

SELECCIÓN BIBLIOGRÁFICA SOBRE LOGOTERAPIA

Libros

Bulka, Reuven P., *The Quest for Ultimate Meaning. Principies and Applications of Logotherapy*, Philosophical Library, Nueva York 1979.

–, Fabry, Joseph B., y Sahakian, William S., *Logotherapy in Action*, Aronson, Nueva York, Jason Aronson, INC., 1979.

Caponetto, Mario, *La voluntad de sentido en la logoterapia de Viktor Frankl. Estudio crítico*, Instituto de Ciencias Sociales, Buenos Aires 1985 y Ediciones Gladius, Buenos Aires, 1984, 2ª ed.

Dienelt, Karl, *Von der Psychoanalyse zur Logotherapie*, Uni-Taschenbücher 227, Ernst Reinhardt, Múnich-Basilea, 1973.

Fabry, Joseph B., *La búsqueda de significado. La logoterapia aplicada a la vida*, prólogo de Viktor E. Frankl, Ediciones LAG, México 2008.

Fizzotti, Eugenio, *De Freud a Frankl. Interrogantes sobre el vacío existencial*, Ediciones Universidad de Navarra, Pamplona (España) 1978-1981.

Frankl, Viktor E., *Psicoanálisis y existencialismo. De la psicoterapia a la logoterapia*, Fondo de Cultura Económica, México-Buenos Aires, 1950-1990.

–, *Um psychologo no campo de concentraçao*, Editorial Aster, Lisboa.

–, *Psicoterapia e sentido da vida. Fundamentos da logoterapia e analise existencial*, Editora Quadrante, São Paulo 1973-2003.

–, *A psicoterapia na pratica*, Editora Pedagogica e Universitaria, São Paulo 1976.

–, *Psicoterapia y humanismo ¿Tiene un sentido la vida?*, Fondo de Cultura Económica, México-Madrid-Buenos Aires,1978-2002 (6ª reimpresión).

–, *La presencia ignorada de Dios. Psicoterapia y religión*, Editorial Herder, Barcelona 1977-2002 (12ª reimp.) (edición portuguesa: *A presença ignorada de Deus*, Sulina, Porto Alegre; Sinodal, São Leopoldo; Imago, Río de Janeiro 1993- 11ª ed.).

–, *O homem incondicionado*, Armenio Amado, Coimbra 1968.

–, *Teoría y terapia de las neurosis*, Editorial Herder, Barcelona 1992-2008.

–, *La idea psicológica del hombre*, Ediciones Rialp, Madrid 1965-1999.

–, *Fundamentos antropológicos da psicoterapia*, Zahar Editores, Río de Janeiro 1978.

–, *El hombre en busca de sentido*, Herder, Barcelona 1980-2003 (22ª ed.). Nueva traducción: prólogo de José Benigno Freire; 2004-2007.

Selección bibliográfica

—, *Ante el vacío existencial. Hacia una humanización de la psicoterapia*, Herder, Barcelona 1990.
—, *Trotzdem ja zum Leben sagen. Ein Psychologe erlebt das Konzentrationslager*, Kösel-Verlag, Múnich 9ª ed. 2009.
—, *La voluntad de sentido*, Herder, Barcelona 2008.
—, *Anthropologische Grundlagen der Psychotherapie*, Huber, Berna 1975-2005 (3ª ed.).
—, *La psicoterapia al alcance de todos*, Herder, Barcelona 1992-1995.
—, *El hombre doliente. Fundamentos antropológicos de la psicoterapia*, Herder, Barcelona 1987-2003.
—, *Der Mensch vor der Frage nach dem Sinn*, Piper, Munich 1979-2009.
—, *Psychotherapy and Existentialism*, Simon and Schuster, Nueva York 1967-1985.
—, *The Will to Meaning. Foundations and Applications of Logotherapy*, New American Library, Nueva York y Hodder and Stoughton, Londres, 1978-1988.
—, *The Unbeard Cry for Meaning Psychotherapy and Humanism*, Simon and Schuster, Nueva York 1978.
—, *Logoterapia y análisis existencial*, Herder, Barcelona 1990-2003.
Leslie, Robert C., *Jesus and Logotherapy, The Ministry of Jesus as Interpreted through the Psychotherapy of Viktor Frankl*. New York and Nashville, Abingdon Press, 1965.
Takashima, Hiroshi, *Psychosomatic Medicine and Logotherapy*, Dabor Science Publications, Oceanside, Nueva York 1977.
Tweedie, Donald F., *Logotherapy and the Christian Faith*, Baker Book House, Grand Rapids, Baker Book House, 1961; ed. rústica 1972.

Capítulos de libros

Ascher, L. Michael, «Paradoxical Intention. An Experimental Investigation» en *Handbook of Behavioral Interventions*, Hrsg. von A. Goldstein y John Wiley, Nueva York 1980.
Bazzi, Tullio, «Consideraciones acerca de las limitaciones y las contraindicaciones de la logoterapia», en *IV Congreso Internacional de Psicoterapia*, Editorial Scientia, Barcelona 1958.
Dienelt, Karl, «El análisis existencial de V. E. Frankl como explicación de la existencialidad personal», en *Antropología pedagógica*, Aguilar, Madrid 1979.
Frankl, Viktor E., «Análisis existencial y logoterapia», en *IV Congreso Internacional de Psicoterapia*, Editorial Scientia, Barcelona 1958.
—, «Logoterapia y religión», en *Psicoterapia y experiencia religiosa*, Ediciones Sígueme, Salamanca 1967.
—, «Reductionism and Nihilism», en *Beyond Reductionism*, Arthur Koestler (ed.), Macmillan, Nueva York 1970.
—, *Die Sinnfrage in der Psychotherapie*, en *Suche nach Sinn*, Styria, Graz (Austria) 1978.
—, «Der Mensch vor der Frage nach dem Sinn. Empirische und klinische Befunde», en *Glaube und Wissen*, Herder, Viena 1980.
Keppe, Norberto R., «Logoterapia», en *A medicina da almo*, Hemus, São Paulo 1967.
Mira y López, Emilio, «La psicoterapia existencial de Frankl» en *Psiquiatría*, Librería

Selección bibliográfica

El Ateneo, Buenos Aires 1955.
—, «La logoterapia de V. Frankl», en *Doctrinas psicoanalíticas*, Editorial Kapelusz, Buenos Aires 1963.

Artículos periodísticos

Ascher, L. Michael., Employing Paradoxical Intention in the Behavioral Treatment, «Scandinavian Journal of Behavior Therapy», 6 (1977) 28.

—, y Jay S. Efran, *Use of Paradoxical Intention in a Behavior Program*, «Journal of. Consulting and Clinical Psychology» 46, 1978, 547-550.

—, y Ralph, M. Turner, *Paradoxical intention and insomnia: an experimental investigation*, Behav Res. & Therapy Vol.17, 1979, 408-411.

Broggi i Guerra, Francesc: *El concepte de naturalesa humana segons l'anàlisi existencial de Frankl*, en «Annals de Medicina» 65 (1979) 641.

—, *El análisis existencial y la logoterapia de Frankl (La tercera escuela vienesa de Psicología)*, «El Correo Catalán», 14 y 21 de octubre de 1979.

Fabry, Joseph B., *Aspects and Prospects of Logotherapy: A Dialogue with Viktor Frankl*, «The International Forum for Logotherapy», 1 (1978) 1979, 3-6.

—, *Logos y existencia en psicoterapia*, «Revista de psiquiatría y psicología médica de Europa y América Latina», 2 (1955) 153.

—, *Análisis existencial y logoterapia*, «Revista de psiquiatría y psicología médica de Europa y América Latina», 4 (1959) 42.

—, *Reintegración de la psicoterapia a la medicina*, «Panorama médico», enero de 1963, 6.

—, *Problemas de actualidad en psicoterapia*, «Psicología Industrial», 5 (1965) 13.

—, *Labirintos do pensamento psicoterapéutico*, «Humboldt. Revista para o mundo lusobrasileiro» 6 (1966) 81.

—, *Dar un sentido a la vida*, «La actualidad española», 21 de noviembre de 1968.

—, *A logoterapia e o seu emprego clínico*, «Servicio bibliográfico Roche», 38 (1970) 29.

—, *La logoterapia y su uso clínico*, «Servicio bibliográfico Roche», 38 (1970) 53.

—, *O vazio existencial*, «Servicio bibliográfico Roche», 41 (1973) 9 y 13.

—, *El sentimiento de la falta de sentido: un desafío a la psicoterapia*, «Sociedad Argentina Asesora en Salud Mental» (1974) 22.

—, *Psiquiatría y voluntad de significado*, «Istmo (Revista Cultural)», número 82 (septiembre-octubre 1972), 5.

—, *Neurosis y sentido de la vida*, «Istmo (Revista del Pensamiento Actual)», número 107 (noviembre-diciembre 1976), 5.

—, *Determinismo y humanismo*, «Psychologica (Revista Argentina de Psicología Realista)», n.° 2 (enero-junio 1979), 25-35.

Idoate, Florentino, *El análisis existencial de Viktor E. Frankl*, «Revista de Filosofía de la Universidad de Costa Rica», 2 (1960) 363.

Keppe, Norberto R., *Analise existencial - Logoterapia*, «Arquivos» (Universidade de São Paulo), 1, 23.

Meseguer, Pedro, *El análisis existencial y la logoterapia de Viktor Frankl*, «Razón y Fe» (1952) 582.

Musso, Vanni, *Terceira Escola Viennese*, «Folha de Tarde», 1 de marzo de 1974, 4.

Selección bibliográfica

Pavia, María Teresa, *La amistad (Comparación entre Aristóteles y Frankl)*, «Istmo (Revista del Pensamiento Actual)», en el número 107 (noviembre-diciembre de 1976), 58.

Pelegrina, Héctor E., *Viktor Frankl en la Universidad de Navarra*, Revista: «LOGO: teoría, terapia, actitud», Buenos Aires Año XV, Nr. 28, mayo 1999, P.17.

Popielski, Kazimierz, *Karol Wojtyla and Logotherapy*, «The International Forum for Logotherapy» Volumen 2, n° 3, primavera 1980, 36-37.

Sardi, Ricardo Joaquín, *Viktor Frankl. Una vida dedicada a la búsqueda de un sentido*, «Mendoza» (19 de marzo de 1980) 6.

Solyom, «Comprehensive Psychiatry», 13 (1972) 291.

Películas y cintas magnetofónicas

Frankl, Viktor E., *Logotherapy*, una película producida por University of Oklahoma Medical School, Department of Psychiatry, Neurology and Behavioral Sciences.

–, *Frankl and the Search for Meaning*, una película producida por Psychological Films, 3334 East Coast Highway, Suite 252, Corona del Mar, California 92625.

–, *Youth in Search of Meaning*, cinta magnetofónica producida por Youth Corps y Metro Cable televisión, 56 Bond Street, Toronto, Ontario M5B 1x2, Canadá.

–, *Therapy through Meaning*, cinta magnetofónica producida por Psychotherapy Tape Library, (T 656), Post Gradduate Center, 124 East 28th Street, Nueva York, N.Y. 10016.

–, *Existential Psychotherapy, two cassettes*. The Center for Cassette studies, 8110 Webb Avenue, North Hollywood, California 91605.

–, *The Defiant Power of the Human Spirit: A Message of Meaning in a Chaotic World*. Berkeley Community Theather, nov. 2, 1979. Disponible en el Institute of Logotherapy, P.O. Box 2852, Saratoga, CA 95070, USA.

–, Joseph Fabry, Mary Ann Finch y Robert C. Leslie, *A Conversation with Viktor E. Frankl on Occasion of the Inauguration of the «Frankl Library and Memorabilia»*. The Graduate Theological Union, 1798 Scenic Avenue, Berkeley, California 94709.

ÍNDICE DE AUTORES

Adams, E.K. 55
Adler, A. 16 57 63 133 160 216
Allers, R. 138 182 216 255 281
Allport, G.W. 28
Aristóteles 148
Avancini 98

Bacon de Verulam 291
Baeck, L. 147
Bally, G. 173
Balthasar, H.U. von 230
Barber, L.S. 75
Beck, E. 130
Becker, A.M. 239
Beer-Hofmann, R. 281s
Bergson, H. 246
Bertalanffy, L. von 55
Berze 180
Binnet, A. 222
Binswanger, L. 34 40 133 145 146 160 163 167 173s 186 190s 245 265
Bismarck, O. 242
Bloch, E. 17
Bolk 122
Börner, W. 73
Boydstun, J.A. 77
Brady, J.V. 30s
Brentano, F. 111 214
Broca, P.P. 120 123
Brunswik, E. 110
Buber, M. 179 288 291

Bühler, Ch. 27ss 32 35s 38s 48 75
Bühler, K. 75 164
Bulka, R.P. 75
Burkhardt, J. 129
Byers, W.J. 59

Cannon, B.W. 27
Caruso, I.A. 209
Cermak, I. 54
Croce, B. 109
Crumbaugh, J.C. 18 25 63

Darwin, C. 152
Davis, J.M. 49
Dehmel, R. 260 285
Descartes, R. 115
Dewey, J. 247
Dilthey, W. 107
Driesch, H. 114 146
Dubois, E. 121
Dubois, P. 26 215

Ebner, F. 291
Economo, C. von 121s
Ehrenberg, R. 93
Eibl-Eibesfeldt, I. 64
Einstein, A. 115 155 275 278
Eisenhower, M.S. 56
Elkins, H. 35
Ellis, H. 174
Ey, H. 208

Índice de autores

Fabry, J.B. 75 79
Farnsworth 26
Fenz, W.D. 188
Feuchtersleben, E.F. von 109 197
Fink, E. 109
Forstmeyer, A. von 74
Förster 128
Fraiser, A.R. 75
Franz, A. 120
Freud, S. 16s 23 27ss 32 35 43s 46 48 57 62 64 69 82 133 160 174 198s 211 216 221 223 233 268 279 293
Fromm, E. 35 38
Fromm-Reichmann, F. 35
Frosch, W.A. 65
Fröschaug 242

Gabriel, L. 88 291
Gagel 128
Gebsattel, V.E. von 174 222
Gehlen, A. 160 214 279 295
Ginsberg, G.L. 65
Goethe, J.W. 232
Goldstein, K. 35s 55
Gregorio de Nisa 136
Günther, J. 276

Haddenbrock, S. 130ss
Faeberlin, P. 150 208
Haldane, J.S. 92
Hartmann, H. 29 51 223
Hartmann, N. 45 99s 120 139 141 177
Hartwig, T. 236 238ss
Hegel, G.W.F. 173 175
Heidegger, M. 29 94 102 106 145 174 184 237 285 287
Heintel, E. 93
Heisenberg, W. 99s 157 184
Herzog-Dürck 233
Hirsch, J. 222
Hitler, A. 805 244
Hoff, H. 123s 129
Hofstätter, P.R. 216
Hölderlin, F. 74 187 259 267
Horney, K. 35
Husserl, E. 109 115 214

Hutton, E.L. 130

Jacoby, G. 110s
Jaspers, K. 15 88 99 102 145 149 175 234 237 251 255 285 298
Jung, C.G. 127 216 243
Jung, R. 30

Kalischer 121
Kallmann, E. 193
Kant, I. 13 19 32 63 93 106 110s 140 147 207 216 237 244 248
Katzenstein 120
Keller, W. 36
Kielholz 221
Kierkegaard, S. 14 217 221 223
Kinsey, A.C. 184
Klages, L. 100 124
Kleinsorge, H. 98
Klitzke 17
Klumbies, G. 98
Kneucker, A.W. 124 176
Knickerbocker, I. 27
Kocourek, K. 50
Koestler, A. 251
Kohler, C. 17
Köhler, W. 164
Korzep, R.L. 59
Koskinas 122
Kratochvil, S. 16 63
Kreuzer, F. 79
Krippner, S. 75
Kropotkin, P. 219
Künkel, F. 169
Künzli 221s

Lange, F.A. 221
Lange, J. 151
Lange-Eichbaum, J. 222
Larochefoucauld 289
Le Bon 147
Le Shan 53
Leet, B. 16
Lenin, V.I. 106
Leove ben Bezalel, Y. 160
Liebermann, M. 128

Índice de autores

Long, J. 77s
Loosten 222
Lorenz, K. 45s 65 76 122 157 214 296s
Losskij 111 114
Lukas, E.S. 14 63 81 254

Mach, E. 103
Maeder 216
Mandel, J. 72
March, A. 164
Marx, K. 17
Maslow, A.H. 29 35s 63
Masserman, J.H. 28s
Matussek, P. 197
May, R. 39
McCourt, W.F. 49
McGregor, D. 27
Meier, A. 24
Meinertz, J. 197
Mendel, G. 142
Menninger-Lerchenthal, E. 190
Meyer, A. 130
Meynert, T.H. 120
Milner, P. 30s
Minkowski, H. 155
Mitscherlich, A. 185
Moniz, A. 129
Munk, H. 121
Muralt, von 222
Murelius, O. 27
Murphy, L. 24

Neumann, J. 242
Nicolás de Cusa 160
Nietzsche, F. 35 204 240 302

Odegärd, O. 242
Olds, J. 30s
Orlick, T. 60
Ortega y Gasset, J. 287

Palágyi 109
Pascal, B. 273 299
Paukner, G. 187
Pavlov, I.P. 17 160 299

Perls, F. 40
Pfänder, A. 16s
Píndaro 15 183
Piotrowski, Z.A. 35
Planck, M. 93ss 121
Planova 63
Plessner, H. 185
Polak, P. 17 24 87 263 284
Portmann, A. 160 188 214
Pötzl, O. 122s 125 128s 174 194

Rabe, A.J. 77
Reitmann, F. 130
Rilke, R.M. 67 134 173 211 262
Rogers, C.R. 35 46s
Rohracher, H. 181
Rothmann 120
Rothschild, F.S. 34
Rückert, F. 261
Ruskin J. 232

Sahakian, W.S. 75
Salomé, L. 23
Sargent, G.A. 81
Scheler, M. 22 31s 103 134 160 209 211 214 267 279 286 292 295s
Schelsky, H. 62
Schilder, P. 147
Schiller, F. 128 181
Schläpfer 104
Schnitzler, A. 217
Schopenhauer, A. 290
Schultz, J.H. 35
Seif, L. 32
Selye, H. 56
Shapiro, T. 65
Sherif, C.W. 55s 74
Shneidman, E.S. 264
Silesius, A. 109
Sledge, W.H. 77
Solomon, P. 49
Soyfer, J. 286s
Spiegelberg, H. 16s
Spinoza, B. 83 158 167
Stengel, E. 129
Stern, W. 212

Índice de autores

Stoll, W.A. 239
Storch, A. 41
Stransky, E. 95 130 132ss 190
Straus, E. 174 245 263
Sträussler 122
Strotzka, H. 127
Stumpfl, F. 152
Suominen, Y.K. 213
Szondi, L. 152 181

Thiel, M. 40
Tomás de Aquino 158 291
Tournier, P. 127
Trakl, G. 209

Uexküll, J. von 173 295
Undritz 104

Valéry, P. 274

Versluys 122
Virchow, R. 241s
Vischer, F.T. 94
Vymetal, O. 16

Watson, J.B. 160
Weisskopf-Joelson, E. 15 48
Weizsäcker, V. von 114 125
Werfel, F. 293
Werner, G. 30s
Wertheimer, M. 20 75
Wilder, J. 225 227
Wittgenstein, L. 276

Yalom, I.D. 71
Yarnell, T.D. 24s

Zehnder, M. 132
Zutt, J. 41

ÍNDICE ANALÍTICO

Aborto 143
Acción 256
Adoctrinamiento 81
Afán de rendimiento 232
Agresión, agresividad 56 74 79
Alma genérica 172s
Análisis
   didáctico 81 219 227
   nihilista 81
Antagonismo noopsíquico 100 187
   psiconoético véase Antagonismo
   noopsíquico
Antropomorfismo 291s 296
Arte 159 244ss 289s
Arrepentimiento 268
Autocomprensión 213
   axiológica prerreflexiva 76 90
Autoconfiguración 255s
Autorrealización 15 35ss 48 69 145 250
Autotrascendencia 13 35 38 40 53 62s
   69 145 163 200 214
Azar 156

Biologismo 227
Bomba atómica 243 248 288

Caducidad 39 49 80 171s

Caleidoscopismo 40
Campos de concentración y de prisioneros de guerra 70 77 82 151 198 219s
   243 260 265 271ss 283 286 290
Carácter 183ss 255s
Causalidad 154ss
Ciencia 19s 45s 92ss 140 152s 156s
   160 177 227s 234 238s 278
Colectivismo 184
Compasión 302
Comunidad 241
Conciencia
   moral 23ss 76 227
   psicológica 168ss
Condiciones socioeconómicas 55 78 80
   117 235 241
Confesión 299
Conformismo 18 22s
Conocimiento 164
   absoluto 116 251
   existencial 116s
   objetivo 251
Contracepción 66 142s
Credo psiquiátrico 139 191
Criminalidad véase Agresividad
Culpa 34 67 78ss 134 193 196 211
   colectiva 79 243s 273

313

Índice analítico

Deporte 55-61
Depresión endógena 34s 73 126 139 142 190ss
Derreflexión 59s
Desenmascaro de los desenmascaradores 228 237 240
Deseo
  de placer 14ss 31 37 231
  de poder 14ss 31 37 197 229
  de sentido 14 16 20 31 33 56s 63 197 230s
Desesperación 282-285
Despersonalización 126 174
Determinismo 46 79s 108 138s 157s 175-183 221 239ss 259
Diálogo socrático 51
Diferencia dimensional 45
Dimensiones 19s 44s 155 158ss 165 281
Dios 116ss 157 236ss 250 275s 281-301
Distanciamiento de sí mismo 100 180s 187-195
División sujeto-objeto 39s 109ss 113ss
Dolor 105 134 187s 208 211 267ss
Drogadicción 21 71 75

Eclecticismo 217
Educación 22s 144
Electrochoque 131 135ss
Ello 28 127s 133 180
Encuentro 63
Escepticismo 228
Espacio y tiempo 167s 172
Espiritismo 101ss 168s
Espíritu 49 100-161 185
Esquizofrenia 146
Estar con otro 111 146
Estrés 56

Eugenesia 142 144
Eutanasia 81 138 269
Evolución 44
Existencia 16ss 21ss 142s
Existencialismo 37 39

Fatalismo neurótico 181
Fe 68 139 157 252 293s
Felicidad lis 13s 32 62 68s
Fenómeno específicamente humano 31 45 55-61 159 186 198 235
Fenomenología 25 109
Figura del tiempo 173
Filosofía 26 43-51 251 259 278s
Finalidad 155
Fobia 126
Frustración existencial 16 32 57 73

Gestalt 75
Giro copernicano 302
Grupos de autoayuda 79

Haecceitas 148 164
Herencia 150 152
Hiperacusia de la conciencia 34
Hiperintención 14s 58ss
Hiperreflexión 14s 58s
Hipnosis 98
Historia 247 254
Historicidad 173s 247
Homeostasia 28 32 35 48 55s 69
Homo patiens 20 68 261 277
Homunculismo 196 206 243
Humanismo 196
Humor 68 82

Idealismo 107s 118s
Imperativo categórico 63 80 244
Inconsciente 169s 173 224s 243 256 281 291ss

Índice analítico

Instinto 17 27 30ss 143 178-188 195s 224ss
Intención paradójica 59s 82
Intencionalidad 115 166 170 205 213s 221ss
Investigación sobre gemelos 150 193
Leucotomía 129-134 268
Libertad véase Determinismo
Libro 265s 283
Logoterapia 24s 33 59 80ss 92 180 183 186ss 214ss 275s
en grupo 49 79
desguruficación de la 82
investigación empírica de la 14 17s 24s 33 75 77 254

Marxismo 44 240
Masoquismo 262 266s
Materia 118ss 124
Materialismo 46 118s 124 134 136s 176
dialéctico 106 118s
histórico 118s
Matrimonio 142ss
Medicina intensiva 265 268ss
Medio ambiente 151 255
Melancolía anestética 257
Metaclínico 93ss 135
Metempsicosis véase Reencarnación
Miedo 199
Milagro 153s
Monadologismo 36s
Monantropismo 52-54
Monólogo 290s
Moral ontologizada 20
Muerte 67s 80 133s 162-173 207 262ss
Mysterium iniquitatis 78

Narcoanálisis 127s 134
Necesidad de guía 253

Neoaverroísmo 31
Neurosis 15 32 58 64 223
de paro laboral 72
noógena 18 33
sexual 15 32 58 64 223
Nihilismo 81 102s 164 204ss 238 276ss 289
Noodinámica 40 224
Noología 92
negativa 164

Objeto 112s 212
Odio 244 272
Ontología dimensional 45 158-161
Optimismo trágico 68-83
Oración 297
Ordenador 18s

Pansexualismo 46
Paranoia 192s 222
Patodicea 300s
Patología del espíritu de nuestra época 241
Patologismo 208ss 221ss
Paz 52s 74 83
Pensamiento unidimensional 19
Persona 63 135-139 146-150 162-172 177s 180-194 209ss 212ss 230 255s 280
Personalidad 183 185 255
Perspectivismo 210
Pesimismo 246
Placer 13s 29ss 58 64s 143s 222ss 262
principio de 29s 35 211 223s
Poder de resistencia del espíritu 88 140 187s
Política 53 78 237 240-245
Positivismo 164
Potencialismo 38s
Principio de individuación 250

Índice analítico

Problema cuerpo-alma 96-105 141 148 157 175
 psicofísico véase Problema cuerpo-alma
Procreación 64 143s 150s 284
Progreso 288
Providencia 176 300
Proyección 19s 45 159
Psicoanálisis 46 199 220-228 230-234 243
Psicocirugía véase Leucotomía
Psicofarmacología 125s
Psicología 115 205s
 desenmascarante 225 227s
Psicologismo 15 206ss 212ss
Psicosis 34 134ss 150 190ss 208
Psicoterapia 215ss
 en grupo 127
Psiquiatría 229 242

Racismo 227
Razas de hombres 246
Reacción en cadena
 de la bomba atómica 248
 de los ejemplos 247
 psicológica 248
Realidad de ejecución 108
Realismo 106
Reduccionismo 18s 45 62s 204 227
Reencarnación 167s
Reflexión 164s 169
 crítica 119
Reír véase Humor
Relación véase Ser diferente
Relativismo 210 228 236
Religión 29 66 141 149 161 237s 240 275 278 297s
Renuncia 258
Responsabilidad 23 38s 46 78ss 107 139 171 193ss 220 246s

capacidad de 194
 estatua de la 79

Sábado permanente 123
Sabiduría 20 46
Sacrificio 264s 267
Sentido 19ss 75s 155 180 219s 223s 249ss 285ss
 cuestión del 249ss
 de la vida 22 37
 ilusión del 22
 órgano del 21s 76
 orientación del 49 53 70 183 219 230 244
 universales del 22
Sentimiento del absurdo 18 57 63 71 73 81 209
Ser 108 168 250
 diferente 163s
 y tener 108 180 185
Sexualidad 62-66
 humanización de la 65
Símbolo 298s
 necesidad de 298
Síndrome neurótico masivo 73
Sobrevivir 169
Sociedad 240
Sociologismo 227 234-237
Solipsismo 107
Subhumanismo 227
Subjetivismo 40 42 235
Sufrimiento 67s 76s 132s 210s 254-270 277
 audacia para el 261
 capacidad de 134 210 218 255ss
 sentido del 23 50 77 204 254-271 292 301s
Sujeto 112 213
Suicidio 73 190
Super yo 28 181

Índice

Superpersona 280 292 295ss
Supersentido 49 75 155ss 251ss 276 277 292 294ss 301s
Teleología 20 45
negativa 20 45s
Televisión 56
Teodicea 300
Tercer mundo 17
Terribles généralisateurs 205
Tests logoterapéuticos 14 18 24 71 76
Tolerancia 299
Totalidad 141 146 175 185s 209 278
Totalitarismo 18 22s 144
Tortura 188

Tradición 17s 20s 33 73
Trascendencia 275-278 292
Tríada trágica 78
Tú 63 291 296s

Unidad 141 146s 175 185s 209 278

Vacío existencial 16 22 32s 57 63
Valores 21 24 37s 76 78 178 183 224 254 286
Vivencia
de ¡ah! 75
del *déjà vu* 174s

Yang-yin 113
Yo 79 125s 131 180 183 212 227 290